U0740143

陇上学人文存
LONGSHANG XUEREN WENCUN

陇上学人文存

郑汝中　卷

郑汝中 著　马　德 编选

甘肃人民出版社

图书在版编目（CIP）数据

陇上学人文存．郑汝中卷 / 范鹏，王福生总主编；郑汝中著；马德编选．-- 兰州 ：甘肃人民出版社，2016.12
ISBN 978-7-226-05046-0

Ⅰ．①陇… Ⅱ．①范… ②王… ③郑… ④马… Ⅲ．①社会科学－文集②敦煌学－文集 Ⅳ．①C53 ②K870.6-53

中国版本图书馆CIP数据核字(2016)第297337号

出 版 人：王永生
责任编辑：王建华
封面设计：王林强

陇上学人文存·郑汝中卷

范鹏 王福生 总主编
郑汝中 著 马德 编选
甘肃人民出版社出版发行
（730030 兰州市读者大道 568 号）
兰州新华印刷厂印刷
开本 890 毫米 × 1240 毫米 1/32 印张 12.375 插页 7 字数 322 千
2016 年 12 月第 1 版 2016 年 12 月第 1 次印刷
印数：1~1000 册
ISBN 978-7-226-05046-0 定价：60.00 元
（图书若有破损、缺页可随时与印厂联系）

《陇上学人文存》第一辑

《陇上学人文存》第二辑

《陇上学人文存》第三辑

《陇上学人文存》第四辑

总 序

陇者甘肃，历史悠久，文化醇厚。陇上学人，或生于斯长于斯的本地学者，或外来而其学术成就多产于甘肃者。学人是学术活动的主体，就《陇上学人文存》（以下简称《文存》）的选编范围而言，我们这里所说的学术主要指人文社会科学研究。《文存》精选中华人民共和国成立以来，甘肃人文社会科学领域成就卓著的专家学者的代表性著作，每人辑为一卷，或标时代之识，或为学问之精，或开风气之先，或补学科之白，均编者以为足以存当代而传后世之作。《文存》力求以此丛集荟萃的方式，全面立体地展示新中国为甘肃学术文化发展提供的良好环境和陇上学人不负新时代期望而为我国人文社会科学事业做出的新贡献，也力求呈现陇上学人所接续的先秦以来颇具地域特色的学根文脉。

陇原乃中华文明发祥地之一，人文学脉悠远隆盛，纯朴百姓崇文达理，文化氛围日渐浓厚，学术土壤积久而沃，在科学文化特别是人文学术领域的探索可远溯至伏羲时代，大地湾文化遗存、举世无双的甘肃彩陶、陇东早期周文化对农耕文明的贡献、秦先祖扫六合以统一中国，奠定了甘肃在中国文化史上始源性和奠基性的重要地位；汉唐盛世，甘肃作为中西交通的要道，内承中华主体文化熏陶，外接经中亚而来的异域文明，风云际会，相摩相荡，得天独厚而人才辈出，学术思想繁荣发达，为中华文明做出了重要贡献。

近代以来，甘肃相对于逐渐开放的东南沿海而言成为偏远之地，反而少受战乱影响，学术得以继续繁荣。抗日战争期间作为大后方，接纳了不少内地著名学府和学者，使陇上学术空前活跃。新中国成立之后，人文社会科学领域的专家学者更是为国家民族的新生而欢欣鼓舞，全力投入到祖国新的学术事业之中，取得了一大批重要的研究成果，涌现出众多知名专家，在历史、文献、文学、民族、考古、美学、宗教等领域的研究均居全国前列，影响广泛而深远。新中国成立之后，人文社会科学几次对当代学术具有重大影响的争鸣，不仅都有甘肃学者的声音，而且在美学三大学派（客观派、主观派、关系派）、史学“五朵金花”（史学在新中国成立之后重点研究的历史分期、土地制度史、农民战争史等五个方面的重点问题）等领域，陇上学人成为十分引人注目的代表性人物。改革开放以来，甘肃学者更是如鱼得水，继承并发扬了关陇学人既注重学理求索又崇尚经世致用的优良传统，形成了甘肃学者新的风范。宋代西北学者张载有言：“为天地立心，为生民立命，为往圣继绝学，为万世开太平”，此乃中华学人贯通古今、一脉相承的文化使命，其本质正是发源于陇原的《易》之生生不已的刚健精神，《文存》乃此一精神在现代陇上得到了大力弘扬与传承的最佳证明。

《文存》启动于中华人民共和国成立六十周年之际，在选择入编对象时，我们首先注重了两个代表性：一是代表性的学者，二是代表性的成果，欲以此构成一部个案式的甘肃当代学术史，亦以此传先贤学术命脉，为后进立治学标杆。此议为我甘肃省社会科学院首倡，随之得到政界主要领导、学界精英与社会各界广泛认同与政府大力支持，此宏愿因此而得以付诸实施。

为保证选编的权威性，编委会专门成立了由十几位省内人文社会科学领域著名学者组成的专家指导委员会，并通过召开专题会议研讨、发放推荐表格和学术机构、个人举荐等多种方式确定入选者。为使读者对作者的学术成就、治学特色和重要贡献有比较准确和全面的了解，在出版社选配业务精良的责任编辑的同时，编委会为每一卷配备了一位学术编辑，负责选编并撰写前言。由于我院已经完成《甘肃省志·社会科学志》（古代至 1990 年卷，1990 至

2000年卷）的编辑出版工作，为《文存》的选编提供了坚实的基础和基本依据，加之同行专家对这一时期甘肃人文社会科学发展的研究，使《文存》能够比较充分地反映同期内甘肃人文社会科学的基本状况。

我们的愿望是坚持十年，《文存》年出十卷，到2019年中华人民共和国成立七十周年之际达至百卷规模。若经努力此百卷终能完整问世，则从1949至2009年六十年间陇上学人以“人一之、我十之，人十之、我百之”的甘肃精神献身学术、追求真理的轨迹和脉络或可大体清晰。如此长卷宏图实为新中国六十年间甘肃人文社会科学全部成果的一个缩影，亦为此期间甘肃人文社会科学学术业绩的一次全面检阅，堪作后辈学者学习先贤的范本，是陇上学人献给祖国母亲的一份厚礼。此一理想若能实现，百卷巨著蔚为大观，《文存》和它所承载的学术精神必可存于当代，传之后世，陇上学人和学术亦可因此而无愧于我们所处的伟大时代，并有所报于生养我们的淳厚故土。

因我们眼界和学术水平的局限，选编过程中必定会出现未曾意料的问题，我们衷心期望读者能够及时教正，以使《文存》的后续选编工作日臻完善。

是为序。

2009年12月26日

目　录

音乐文物研究

敦煌飞天艺术研究

敦煌书法研究

音乐人物传记

编选前言

一

郑汝中老师1932年出生于北京，1944年到延安参加革命，新中国成立后在北京中央机关从事机要秘书工作，1956年响应党向科学进军的号召，来到安徽，先后在安徽艺术学院和安徽师范大学从事音乐艺术教学工作。1986年又从安徽来到地处西北大漠戈壁深处的敦煌研究院，从事敦煌壁画音乐舞蹈图像的研究和敦煌壁画乐器仿制，以及作为资深的中国书法家协会会员，从事敦煌书法的研究。1987年加入中国共产党，1994年离休。一生充满传奇色彩。

2004年，郑老师72岁，他在总结自己大半生经历的时候深情地写道：

今逢甲申猴年，是我的本命年。六十年前的甲申，我还是个12岁的孩子，在日本统治下的北平，经人带领投奔了解放区，徒步走到延安。从此，我这条命就交给了国家，天真地卷进了革命的洪流，犹如一叶小舟转向沧海，任凭风云变幻，随波逐流，漂泊了六十个春秋。六十年峥嵘岁月，我目击了封建社会的解体，日本投降，国民党旧中国的垮台，解放区的天，延安战时共产主义的供给制时期。在一种朦胧的理想主义的熏陶下进入了社会主义，我的童年充满阳光。进入青年时代，命途却不幸多舛。新中国成立之后，社会动荡……政治运动接踵，我也未能幸免。直到80年代拨乱反正，社会平稳，我才算出局。总之是经历了风雨见了世面。转瞬六十年,我已年逾古稀。离休之后,远避尘嚣,终得一片净土。

二

郑老师到甘肃工作比较晚,从1986年调入敦煌研究院至1994年离休,实际上正式的工作时间只有8年左右。但这8年,郑老师像是一个长跑运动员一样跑完了一般人需要十多年或二十多年的里程。他来甘肃之前并无敦煌方面的基础,一切都是从头学起。由于兴趣和使命感的驱使,他不辞劳苦,跑洞窟,爬楼梯;接着是睡地下室,下车间,十分努力敬业;也正是由于身处山中,田野考察也好,资料整理也好,很快进入了研究状态,一切做起来得心应手;加上他为人正直诚实,生活朴实,敦煌研究院老先生们如史苇湘、贺世哲、施萍婷、李其琼等对他的工作都称赞不已,也乐于帮助他,使得他在短时间内获得成效;他在社会上也有很好的口碑,得到各方面的关注。这也是他能短时期内取得如此重大成就的原因之一。

从1986年调入敦煌研究院到莫高窟,开始石窟壁画乐舞调查,速度之快,在科研领域也属罕见。一年后1987年国际学术讨论会上发表论文《敦煌壁画乐器研究》一举轰动学术界!特别是日本泰斗级学者藤枝晃先生赞赏有加。1990年"敦煌乐器仿制研究"经甘肃省科委立项后即行仿制,1991年完成第一批,由文化部组织大型专业技术鉴定会,吕骥、阴法鲁二位为主任,20位专家的鉴定签名,最后形成鉴定书,明确是新中国成立后最全面的一次乐器改革,定位于中国民族乐器复兴之起步。后荣获文化部科技进步二等奖。由于兴趣和勤奋,他争分夺秒,潜心研究洞窟壁画乐舞,写出许多重要的论文,后续集成专著,一直以来都是音乐舞蹈院校有关乐舞方面的最权威的教材。

郑老师对自己的敦煌壁画乐舞研究进行过如下总结：

我的研究是以音乐考古学为坐标，以图像音乐学的学科观点来研究敦煌壁画中的音乐图像。用调查、统计、分类、比较、分析的方法，来诠释其中的史学价值和文化内涵，重点放在图像研究方面。

郑老师对自己的敦煌壁画乐舞研究做过如下总结：

全部研究（论文）有两个重点话题，即："乐伎"和"乐器"的研究。

乐伎，是指在壁画中音乐的表演者（舞蹈都称为舞伎）。这些乐伎各有名目，各司职守，在洞窟不同角落，表演乐器。总的来说都是对佛的奉献和礼赞。但她们的等级、地位不同，出现的场合也迥异，笔者经过考证与归纳，进行分类，列表说明。其中可分两大类："伎乐天"与"伎乐人"，两类中各又分出不同的十余种名目的乐伎。

敦煌壁画乐器，是学术界极为瞩目的一项研究，它之所以受人关注，首要是其历史意义，它经历了北凉—北魏—西魏—北周—隋—唐（初、盛、中、晚）—五代—宋—西夏—元十个朝代。可以说，在世界上还找不出第二个遗址，能有如此连续近千年绘制乐器图形的地方。再就是它本身确是丰富多彩，品种多样，充分体现了我国古代社会音乐的繁荣兴盛。

壁画乐舞，毕竟是古代的美术作品，因此，不能当作实物来考查，它只是间接地反映历史的真实，因此，笔者比较重视这些壁画的产生和创作过程、创作的思维方法，也必须和绘画的技巧、构图形式的发展联系起来思考。这些乐舞壁画，具有原始思维的认识过程，有强烈的世代承传的集体创作意识，因此它的创作绘制，是一种程式化的表现方法，具有中国独特的审美意识和独特的表现效果。

郑老师还特别强调：

佛教在中国文化中，曾占有很大的比重。可以说在传入中国两千年的过程中，相当成功，它深入社会生活的各个领域，帝王和百姓都虔诚笃信，形成特定文化。而敦煌壁画中的音乐舞蹈图像，也就是这种特定文化的产物。其实，佛教的发展，促进了中国文化艺术的发展，而文化艺术的发展，也促进了佛教的传播。因此，不能低估佛教文化的积极作用。

郑老师离休后居住北京。2002年，应国家图书馆敦煌资料中心的邀请，为该中心举办的敦煌与丝路文化讲座做了"敦煌石窟音乐研究"的演讲，深入浅出地全面、系统地介绍了敦煌音乐，包括乐伎、乐器、乐谱等各方面的遗存和近人的研究情况，并提出许多新的研究设想。这篇讲座稿可以看成郑老师敦煌音乐研究的总结，此文收在本文集的"音乐文物研究"栏目中。

在研究方法和研究意义方面，郑老师的见解也是十分独到：

其实，"敦煌音乐"一词，并不十分确切，我们今日所言之"敦煌音乐"并非敦煌地区之音乐，而指古代的音乐，它包括壁画和藏经洞出土文献两个方面的研究，据此，应称之为"敦煌音乐史料研究"较为妥当。但是，专家们已成口语，约定俗成，亦毋庸为之正名。

中国音乐博大精深，虽然它遗存丰厚，历史悠久，流传广泛，但非常遗憾，今天的学者欲知古代真实的音乐状况，犹如隔雾看花，十分茫然。甚至，至今尚无一本可以依据的、系统的、清楚的音乐史著作。尽管古代文献有大量的音乐历史记述，甚至在正史廿四史中，都设有各朝代的"音乐志""乐志""乐记""律志"等专栏，但却是一些难以断定虚实的传说、典故，或以人物为中心的趣闻、轶事。如果把这些材料集中在一起，充其量，也只能算是一堆与音乐有关的史料。而且内容驳杂，含糊不清，世代相袭，道听途说。因此，从严格的意义上讲，不能算是音乐史。历史上也有过志士仁人修过乐史，只不过是缀接成集材料之汇编而已。主要的不足之处，其弊病是：从文献到文献，缺乏科学的调查与研究，缺乏系统的、综合的论证和分析；还有一个主要的症结,就是它只关注了帝王将相、上层社会的音乐历史,而缺乏民间的、民族的、下层社会的音乐调查,更没有过图像的搜集。

21 世纪末,音乐史学发生了重大的变革。随着音乐考古学、音乐形态学、图像音乐学的出现,以及有关人文科学、人类社会科学与自然科学技术的进展,音乐史学队伍也日益扩大,在观念上、研究方法上,有了许多新的突破和进步,开始了重新考虑改善音乐著史的设想。虽然起步较晚,现在仍属学科之骥尾,但它是进入了一个新的里程。

离开工作岗位之后的二十多年,郑老师一直在不断地研究和改进敦煌壁画仿制乐器,有大量的创新和改革设计,重做过一百多件并有部分申请过专利(方响、定音鼓、花边阮、箜篌),具有重大发明性质。郑老师将敦煌壁画仿制乐器定位于恢复、传承、创新和发展中国民族乐器。就鼓类乐器讲,中国鼓类很多,用途甚广。但今天在世界鼓行,没有作为乐器的中国鼓的一席之地——中国没有定音鼓!而敦煌壁画中鼓类乐器即反映中国古代就有定音鼓的!如壁画中的雷公鼓,是否可以通过仿制复原成为中国传统的定音鼓。这本身就是一项有重大意义的突破性的研究成果和发明创造。郑老师研制开发的方响,复原了已经失传的唐代打击乐器;依据壁画仿制的花边阮、葫芦琴等,在作为弹拨乐器使用的同时,改造成为拉弦乐器后,就成了西洋大型拉弦乐器(如大提琴);而壁画中的箜篌,本身就是西洋竖琴相类。因此,专家们肯定地说,这是一项全面的民族乐器的改革实践!

三

郑老师又是资深的中国书法家协会会员。他兴趣广泛,不仅自己的书法造诣很高,而且对中国书法有深入的研究和了解。到敦煌以后,在从事壁画乐舞研究的同时,在敦煌莫高窟又开拓了敦煌书法的研究领域，曾撰写许多敦煌书法论文，出版敦煌书法图录，实际上成为继香港饶宗颐先生之后的敦煌书法系统研究的大家之一。郑老师主持编辑出版了《敦煌书法库》《敦煌书法精粹》和《敦煌行草书法选粹》，将自己对敦煌写本书法本身的价值、意义、风格、特色等重要问题的精辟见解公之于世，对敦煌写本书法的研究和宣传起到了极大的推动作用。与此同时，郑老师在朋友和学生们的帮助下，先后自费出版了三册个人书法选集。谈到自己的书法，郑老师更是充满感情：

进入晚年，唯对书法兴趣未减，如痴如醉。余之作书，非借径沽名，居奇射利，纯属个人游戏，消遣而已；没有社会义务，因之不须张扬，毋庸褒贬，微不足道也。

汉字书法是个什么玩意儿？这是个颇为有趣的问题，至今未见哪位高贤能说清楚。古人书论甚夥，以愚之见，全是一些比喻附和形容；或喻为山崩雷电，或喻为禽兽龙蛇之形态，虽极富浪漫和想象，但未道出书法意义和真谛。近现代出现"书法美学"，所述多为源流、历史人物评价及感人书论的诠释，对于书法的性质，作用于人的科学特征，还是不甚了了。看来，书法之妙，是不可言喻的。

余本庸才，亦不可能说透彻，但是觉得说来也简单：书法，它只不过是一种符号，本身并没有独立意义，但它依附在文学和绘画这两个方面，就变成了一种独立的高雅艺术，一种中国文化。此外，书法和音乐有相同之妙，只能心领神会，凭借个人的悟性和感觉，联想和附会，见仁见智，形成不同的审美效果，捉摸不定的意识形态。

余长期耽于书法，乐趣即在笔墨之间，瞬间的变化，出奇制胜的效果。较好的作品多为偶成，多出于漫不经心，信手拈来。包括题款，都是临时的发挥。漫附数言，忽加赘语，或篇末补遗，与正文相映成趣。因之，我的创作原则就是即兴和率意，仅此而已！

余崇尚理想，恪守道德，希望国家强盛，百姓安宁富裕。让每个人都活得有尊严，平等，自由，是为大愿也！

四

二十年前的1996年，业师姜伯勤先生应邀为还是一堆手稿的《敦煌壁画乐舞研究》(出版于2002年)作了序，对郑老师的研究做了高度的概括总结和实事求是的评价。这是姜先生一生之中所写的唯一的一篇序言，先生曾多次提及为什么只写这篇序文的原因：一方面是因为郑先生的工作的意义和价值；另一方面也对郑老师的功底和水平，工作态度、吃苦精神等非常敬佩。在这里，我毫无任何悬念地将姜师这篇序文全文移录如下：

《敦煌壁画乐舞研究》一书，集结了郑汝中先生在敦煌十余年辛勤工作的丰硕成果。当本书出版之际，我回想起在1987年敦煌石窟研究国际讨论会上初识汝中先生的情景。那天，我拿着一幅有琵琶图像的粟特壁画图片，向郑先生请教。汝中先生谆谆教诲，至为恳切，至今仍令人不胜怀想。

也是在那次会上，我们恭听了郑先生《敦煌壁画乐器研究》的讲演。汝中先生绘制了一幅《敦煌壁画琵琶形态图》，绘出了琳琅满目的50种敦煌壁画所见的琵琶图式。讲演指出："这50种图形，基本可以概括一千余年的中国琵琶流传的形态，若再与今日基本定形的琵琶对照，可以看出这件乐器在我国发展的脉络。"日本著名敦煌学家藤枝晃先生听了这一讲演，当即赞赏说："只有真正在莫高窟做研究的人，才能写出这样的文章。"

藤枝先生的法眼十分犀利，他道出了汝中先生近十年工作的一个非常重要的特色：他的全部工作都来自莫高窟石窟现场。和一般从文献到文献的研究不同，也和一般走马观花的工作迥异。他一头在洞子里扎下来，一扎就是十几年。汝中先生在本书中采取的朴质而卓有

成效的方法是值得称道的,这个方法的特色是:

1. 穷尽敦煌壁画乐舞图像的第一手资料。在以往前人对“壁画乐舞”图像调查的基础上,反复穷搜,如50种琵琶图像,则是在调查492个洞窟中有乐舞洞窟240个、绘有乐器4000余件、乐伎3000余身、不同类型乐队500余组、乐器44种的总的情况之后,逐个遴选出来的。

2. 十分重视分类方法。这是一个极有成效而又常被人忽视的方法。段文杰先生近年在《段文杰敦煌论文集》中,反复运用分类方法进行研究。宿白先生1962年在敦煌所做讲演《敦煌七讲》中,也反复强调石窟研究中的各种分类方法。收入本书的《敦煌壁画乐器分类考略》,是极见功力的大作。

3. 在全面分类的基础上,进一步做特异性个案的分析,做出发明或证伪。一方面,发千古未发之覆,如对“花边阮”的发现和研究就是一个颇有新意的发现;另一方面,从乐理、乐器制作机理、文献等视角,对壁画乐器图形进行去伪存真的考辨。如指出画家想象出的一根弦的弯琴,不能将弦按及品柱,因而不可能用于演奏。

4. 作者严谨地界定了“壁画乐舞”“壁画乐舞图式”“壁画乐伎”“壁画乐器”“壁画经变乐队”这些特定概念的界限,始终把握住作者分析的对象是壁画图式或壁画乐舞图像。一方面,进行了类似图像志要求的分类研究,如《敦煌壁画舞伎研究》,将壁画舞伎分类为“装饰性的舞蹈造型”和“写实性舞蹈造型”;另一方面,也指出画工制作这些图式、图像时,“必然有一定的杜撰和虚构”。作者说:“经过仔细核对,一些文献、诗篇,都与壁画不十分吻合,因此实事求是地说,查无实据。”由此,作者与对历史文献及现代舞蹈术语用于解读壁画乐舞图像的生搬硬套现象,划清了界线。作者不同意把宗教曼陀罗图像解释为舞蹈,也不同意把佛之“手印”解读作舞姿,从而显示出作者严肃、严谨的治学态度,由此,得出了许多更加接近真实的结论。

5. 本书不是为研究乐舞图像而研究壁画乐舞图像，而是做出了图像的文化诠释。如对礼佛舞伎造型的研究,论及其所表现我国舞蹈史上的“身韵”;又如指出壁画模拟的缩小了的宫廷乐队的图像,乃以隋唐燕乐的“坐部伎”为主要模拟根据。更进一步把乐器图式的研究工作引向古乐器的复原仿制工作。

近世以来,研究隋唐燕乐的凌廷堪、邱琼荪诸氏,精于律吕;研究敦煌乐的饶宗颐先生,本人即是一位古琴家。娴于律吕及古器乐,是攀登中国音乐史研究高峰的重要前提。郑汝中先生多年从事琵琶教育,桃李芳菲。娴熟古乐,这也成为郑先生近年来致力于敦煌乐器复原仿制研究工作的一个重要出发点。

汝中先生的仿制乐器工作，是基于十余年研究工作所得的一个重要的学理上的实践。作者指出:“中国乐器的发展历史是枣核形的兴衰过程”,敦煌壁画所见乐器,是其发展中最兴旺的时期。“宋元之后逐渐衰落,以致有些乐器泯灭无存了,现今民族乐队所用的乐器,品种远不如敦煌古时丰富多彩。”由此,雄辩地论证了仿制敦煌古乐器的必要性和紧迫性。而收入本书的《敦煌壁画乐器仿制研究》,可以说是作者近年来心血的结晶。

郑汝中先生是一位性情中人。他的“率性由真”的个性,表现在他的“自由率意”的书法作品中。郑先生曾出版《雪墨书法选集》,他的作为“心画”的书法作品及风格,曾得到我的前辈肖弟先生的激赏。汝中先生在《敦煌书法管窥》一文中写道,“每览敦煌写卷,笔者有骤然惊绝之感”。认为敦煌书法的特点,“表现在自然,质朴,自由率意,不矫饰做作，不故弄玄虚”,“富于创造”,“泼辣大胆，不受什么法度的约束”。这些,也正是汝中先生所追求的美学理想,是汝中先生的夫子自道。

当本书出版之际，殷切希望本书作者在台建群先生及诸同道的支持下，把本书中已经开拓的工作坚持下去，祈望今后取得更大的成果。

五

乐舞研究也好、乐器仿制也好，书法研究也好，郑老师一个突出的特点，就是他自己本身为这几方面的内行专家，置身于山中识得山之真面目者，以此山识彼山，以今山识古山，由己及他，由表及里。

乐舞是艺术，书法在郑老师手里也是艺术。郑老师的演奏在青年时期就已闻名国内，培养了大量卓有成就的学生；郑老师的书法挥洒自如，出神入化；在郑老师身上，时时都展示着一股艺术家的气质和神韵，这种气韵在敦煌发挥到了极致。敦煌石窟的艺术氛围使得郑老师如虎添翼，不仅找到归宿，而且绽放出更大的能量！敦煌壁画乐舞研究和乐器仿制占领国际学术前沿，对于在敦煌壁画艺术中最具魅力，展现最高艺术境界的飞天壁画，也有深刻的领悟和独到的见解。《敦煌飞天艺术》一文高屋建瓴，在以往众多艺术大家之后进一步展示了其艺术魅力的理想境界。

郑汝中老师粗通水墨。1987年到敦煌的第二年，曾绘过一幅《少女吹絮图》并题诗曰："小小姑娘吹蒲公，随风飘逸入太空。轻轻飞上虚幻界，远离人间喧嚣声。"是他对艺术生活的追求。寥寥数笔，一种崇高的境界跃然纸上。

一个人在这个世界上度过一生，都要受到这个社会对他的检验，一般分为三个层次：敬业精神、社会责任心和历史使命感。对于一般人来讲，有一定的敬业精神就已经很好了，能做好自己分内的工作，完成各项任务，做出自己应有的贡献，提供一定的社会价值，应该就很圆满了。社会责任心者则进一步以服务于全社会为己任，把自己的每一份工作都与其对整个社会的贡献联系在一起，为全社会尽更大的义务。而历史使命感则是人生的最高起点，即视天下为己任，把自己的一举一动都与全人类共进步共发展绑在一起，也为了这个目标而无私奉献自己的才能与智慧。这就需要每一个人根据自己的实际情况，在人类社会进步与繁荣、创造与发展的历史长河中找到自己的位置。郑汝中老师少年时就参加革命，先后从事过行政和管理等工作。但到了青年时期便放弃了优越的工作和生活条件，甘愿做一名教师，为国家和社会培养了许多杰出的人才。近花甲之年时又依然远赴大漠戈壁，潜心研究中国民族乐器与乐舞并做出重大贡献。一步一个台阶，一步一个层面，在不断的奉献与创造过程中，发挥着巨大的作用，无愧于历史赋予的神圣使命！尽管到后来在事业的发展中受到限制，但郑老师还是用自己的努力，从小八路、老革命到教育家、艺术家，谱写出最完美的人生颂歌！

二十多年前，笔者在研究敦煌石窟营造史的过程中，同时研究敦煌石窟的营造者敦煌古代工匠——那些为我们留下取之不尽、用之不竭的文化艺术财富的历代创造者们。敦煌工匠的历史告诉我们：敦煌是一种精神，是中华民族的先民们留给我们的包容、奉献和创造精神！这种精神与敦煌艺术一样是世界人类最宝贵的财富。身处戈壁深山中默默奉献的一代又一代的敦煌人，都用自己的人生努力传承着这种精神。我为自己有郑老师这样的众多老前辈级的同事们而感到光荣、骄傲和自豪！从研究石窟营造和敦煌工匠开始，到多年前编辑史苇湘先生的文集，再到今天编辑郑汝中老师的文集，我都是在这种精神的感召下，含着激动的泪水，用颤抖的双手，为了列祖列宗，为了子孙后代，为了敦煌赋予我们的神圣的历史使命，责无旁贷，义不容辞！

马　德

2016 年 6 月 10 日

敦煌乐舞研究

敦煌乐舞壁画的形成、分期和图式

一、敦煌乐舞壁画的形成

敦煌壁画的形成,学者论说甚多,有“东来”“西来”“本土”“三合一”等说。本文只是探讨敦煌壁画中乐舞画的形成和发展。虽然,它和东来、西来不无关系,但它有其自身的来龙去脉,有其独特的文化内涵、思想体系和创作过程。笔者根据考察研究,认为敦煌乐舞壁画的形成与发展,有如下四个重要因素:

1. 中国传统乐舞画的延伸;
2. 理性的内蕴;
3. 符号的象征特性;
4. 乐舞壁画的创作。

凡此四项,是敦煌乐舞壁画形成的最基本因素。现依次阐述如下:

(一)中国传统乐舞画的延伸

音乐、舞蹈,乃人类文化最重要的组成部分。它以音响的组合、形体的表演,构成形形色色的表现形式,渗入社会生活的各个角落,标志着人类的智慧和文明。从大量世界文化的遗存看,无论哪个地区、哪个国家、哪个民族的文化历史,都以乐舞为先导,它甚至产生在语言和文字之前。尽管地球上各个地区文明的萌发有先后之别,但音乐舞蹈都是率先出现的。这种现象,根据摩尔根人类文化产生学的理论来看，应该说是一种自然的生态现象，是人类智能的反映，具有同步产生的特性。

我们的祖先，具有非凡的音乐舞蹈才能，因此中华民族的音乐舞蹈历史悠久。从世界角度看，四大文明古国希腊、埃及、印度及中国，都有自己的乐舞文化历史，但如做比较，细诘根源，其他三国远不如中国久远，远不如中国丰富、具有系统和延续性。

人类社会在产生音乐舞蹈的同时，也产生了绘画。作为一种文化的载体，绘画标记了古代乐舞历史，记录了各个时期的社会乐舞生活。它比文字记载更形象可靠。因此，古代的乐舞画，就是研究乐舞极为重要的史料。中国不但乐舞发达，乐舞画也是最丰富的国家。

中国乐舞画具有传统性，它有漫长的发展过程，甚至可以追溯到史前期的岩画、彩陶。氏族社会、奴隶社会和封建社会的绘画，都有乐舞的印记。我们将这些图像，用历史的眼光排列出一个序列，就可以看出音乐舞蹈的发展过程有以下几个时期：

原始乐舞文化时期

甘肃嘉峪关西北黑山石刻岩画，有一幅30人的舞蹈画面；

广西壮族自治区宁明县花山岩画，分布在明江、左江断崖峭壁上，有远古骆越民族即壮族祖先的乐舞图像，有上千个蛙形舞人，其中还有击鼓者；

云南沧源佤族自治区深山崖壁有五人圈舞乐舞图；

内蒙古阴山之北有崖画，其中也有舞蹈的图形；

新疆呼图壁县西南天山深处雀儿沟康家石门子岩画，在120多平方米的岩面上，绘有数百名男女热烈欢快的舞蹈情状；

青海大通县上孙寨出土的彩陶盆上，绘有手挽手的舞蹈队列，共三组，每组五人。

上述岩画、彩陶的乐舞，创作时间都在史前。据专家测定，它们先后产生于距今六千年至三千年之间，属于新石器时代，至少可以证实这是我国最早的乐舞画，产生在原始艺术萌芽时代。我们的祖先在广阔的国土上首先用绘画形式，形象地记录了当时各种乐舞的风姿，充分反映出远古时期的乐舞文化意识。内容有祭神、狩猎、战争、集会等，都以舞蹈的形态来表现，其中有单人舞、双人舞、群体舞等。这些图像都极为简单、原始，只是一些图腾、符号性的图画，符合《书经》“击石拊石，百兽率舞”和《吕览·古乐篇》“昔葛天氏，三人操牛尾，投足而歌八阙”等古文献对最早乐舞的记述。

春秋战国乐舞文化时代

浙江省绍兴市战国墓出土乐舞模型；

河南省辉县出土战国铜鉴乐舞图；

湖北省隋县曾侯乙墓出土的瑟上精美漆画为乐舞图案。

到了春秋战国时期，中国乐舞画进入一个具体、现实并具有构图情节的阶段，主要体现在青铜器铸造的铭文上或漆画上，反映出这个时期礼乐制度、宫廷乐舞的情况。

汉代乐舞文化时期

江苏连云港西汉墓出土漆食奁上彩绘击筑歌舞图；

四川成都杨子山二号墓汉代军乐鼓吹画像中有短萧、镜歌、骑吹车队图像；

山东嘉祥隋家庄出土画像石也有歌舞图；

河南南阳出现大量画像石刻，音乐舞蹈题材的甚多；

山东沂南出土百戏盘舞、钟鼓乐队图；

浙江海宁县安镇出土石刻乐舞图；

河南密县打虎亭壁画有乐舞图；

辽宁省辽阳市棒台子东汉墓壁画有乐舞图。

进入汉代，中国乐舞文化发生了巨大变化，宫廷乐舞开始变革，雅乐衰落,俗乐兴起,因之乐舞画的内容也呈现多样化。汉代的乐舞绘画主要是墓葬中的画像石、画像砖,在摩崖石刻、壁画、岩画、青铜器、陶俑、彩陶、漆画、蜡染、丝绣等多种艺术品上,也都有乐舞题材。其中有宫廷的作品,也有民间的作品。在构图上,已不是原始图腾画,也不是青铜器的饕餮纹,而是写实并具有情节的乐舞场面了。汉代的乐舞题材十分丰富,有历史故事,有神话故事,有出行图、宴饮图、百戏图,等等。

魏晋南北朝乐舞文化时期

南京市西善桥晋墓,有《竹林七贤图》,其中阮咸弹阮、嵇康鼓琴;

山西太原王郭村有北齐东安王娄睿墓,壁画有大型出行图,有卤薄军乐及乐舞图;

辽宁、吉林高句丽墓葬壁画有乐舞图;

甘肃酒泉丁家闸晋墓壁画中也有宴饮乐舞图;

甘肃敦煌市飞机场墓葬出土乐舞画像砖;

甘肃嘉峪关魏晋墓出土乐舞画像砖。

汉代以后,中国的乐舞又有很大的发展,魏晋南北朝更是关键时期。中国绝大多数乐器,出现在这个时期,绘画作品上反映得很明显。更重要的是此时佛教兴起,寺院林立,石窟壁画使乐舞画进入了一个新的表现时期。敦煌早期的壁画,在全国大气候的影响下形成新的契机,我们所见北凉时期的乐舞画,正是前代乐舞画的延伸。

敦煌乐舞壁画是传统乐舞画的接轨,它把中国的音乐画推进到一个新的阶段,环顾世界,大概没有哪一个国家能如此地表现乐舞,无论从范围、数量、题材、内容和绘画形式上,都步上了高峰。

(二)理性的内蕴

敦煌壁画中的天宫伎乐、说法图乐舞、装饰性的乐舞图形以及零碎的乐舞图像,并非印度传来的原型,而是在中国传统乐舞画的基础上，经过改造，转化成为佛教的宣传画，具有它特定的寓意和理性的内蕴。

众所周知，在佛教进入中国之前，中国的封建社会，已经形成以儒家理论为基础的文化，作为上层建筑的礼乐，已建立起一套为统治阶级服务的文艺教条和实践法则。

礼，就是政治，它原来的含义，是指祭祀中的器物和仪式，后来成为封建文化、儒家思想的核心，就是封建社会的社会制度、宗法观念、道德规范的总称，成为后世的政治纲领。

礼的含义十分深奥，很多儒家学派、哲人学者都有论述，概括起来，礼就是取法天地的高下有别，四时的轮转有序，六气的相互生发，万物生养的各有所宜的原则而制订出的社会管理办法、规章制度，进而引申为区别君臣、父子、上下、亲疏、尊卑的规范。经过理论上的不断调整、完善，它所关注的对象，不再是虚无荒诞的神性世界，而是面对纷纭复杂的社会现实，即使是对祖宗神鬼的祭祀，也是出于对人的服务。于是，礼的内容相当宽泛，上至天地神祖，下至人间世象，大到安邦治国，小到衣食住行，无不包容在内。为了管理社会，约束百姓，避免天下混乱，还制定了许多繁文缛节的条文，如郊庙祭祀，朝觐典章，宴飨仪仗，爵禄制度，辅国封疆，居产贡纳，伦理纲常，修身治业，教育士位，刑律法制，家庭婚姻等等，社会生活的方方面面，都有理性的说教，并制定了相应法规。其实，说来也简单，礼，就是封建社会的宗法制度和道德规范。

乐，就是艺术。古代的含义甚广，包括音乐、舞蹈和诗歌。我国乐舞文化比较发达，一直被统治者利用，视为专利。在古代社会，乐居极其重要的地位，儒生皆学六经，乐是其中必修的一个科目。统治者利用音乐一是满足享受，除了典礼、出行、集会伴有音乐之外，他们的宴饮起居、寻欢作乐，都要有乐舞助兴；二是发挥音乐舞蹈的政治作用，认为乐是教化人民的最重要的工具。于是,统治者将礼和乐并用,称为"礼乐"。

先秦之后,音乐、舞蹈就被蒙上了浓厚的政治色彩,而且还形而上学地附上了神秘的唯心主义说教成分。于是,音乐成为标语口号,成为政治文化的载体,一些哲学概念,都附加在了音乐上,诸如天干、地支、方位、四时、阴阳、八卦、五行、三纲五常、伦理道德,都用乐器来比喻和象征,势必出现形而上学、脱离艺术规律、僵化、空泛的倾向,并与民间音乐相背,走进了死胡同。

礼乐制度,古代还称"雅乐"。雅乐是宫廷和地方贵族用于宗教、政治活动和社会风俗庆典的音乐。历代王朝,都把雅乐建设视为头等大事,设置巨大的机构,有专职的官员,管理专业的乐舞演出和创作的班子。当时的乐府、乐署、教坊、梨园等,都是宫廷典礼、仪仗和歌舞表演的实体。这就是封建礼乐文化的背景。

隋唐,是我国历史上政治、经济、文化最繁荣昌盛的时期,乐舞也发展到了高潮。有部署地对前期雅乐进行了重大改革,主要是废除了许多笨重的青铜乐器,在民间俗乐的基础上,整顿了乐队的编制,同时也吸纳了一些外来的和少数民族的乐器,以管弦乐器为主,建立了"燕乐"的体系,兴起了全新的以民间音乐为主体的世俗音乐,加强了欣赏性。燕乐分为"七部乐""九部乐""十部乐",又有"坐部伎"和"立部伎"之分,每部音乐都有不同的乐器配置和地方特色。至此,中国宫廷音乐进入了具有高艺术水平、极具视听效果的历史阶段。敦煌壁画的乐舞场面,说法图中的礼佛乐舞,正是这种隋唐燕乐的现实写照。它从视觉效果方面,表现出了各种各样的乐器;又以写实的手法,渲染了宫廷乐伎、舞伎表演的欢乐,这种模式是中国宫廷生活的缩影。因此,前述礼乐文化出现在壁画上,仍然体现的是中国文化的理性主义精神,实际也是乐舞文化的人文精神在观念上的集中表现。换句话说,敦煌乐舞壁画,也就是封建礼乐文化的图解。当然,除了儒家礼乐思想之外,还有佛教自身的理性因素。

释迦牟尼的佛教和孔丘的儒学,产生于东方两个最古老的民族,诞生时间几乎同步,这是人类思想史上的巧合。这两个学派在中国交汇,兼容并蓄,和衷共济,并经过长期变革、发展,形成一种特有的意识形态,这就是中国式的佛教文化。

宗教,是人类社会一个永恒的文化主题。它既是观念性的意识形态,又是物质性的实体存在,既包容思想信仰、文化艺术、道德规范,也包含偶像、寺院、僧侣及宗教文物。它是人类文化生活中的一种现实,伴随着人类历史,已绵延数千年。不论哪个地区,哪个国家,哪个民族,几乎都有宗教现象,但是表现形式形形色色,并不相同。

马克思从社会的发展,从宗教对宇宙的认识,从宗教的阶级属性,从宗教的社会功能,从哲学的角度,做了许多精辟的论述,有一段经典的表述:“宗教是被压迫生灵的叹息,是无情世界的性情,正像它是没有精神的制度的精神一样,宗教是人民的鸦片。”(《〈黑格尔法哲学批判〉导言》)。他还说:“正如物象在视网膜上的倒影,它是一种颠倒的世界观。”(《马克思恩格斯选集》第1卷,第30页)

恩格斯也说:“创立宗教的人,必须感到宗教的需要,并且懂得群众对宗教的需要。”(《马克思恩格斯选集》第1卷,第30页)。

总的来看,应该说这些论断还是正确的。它是用唯物的客观的科学态度来认识宗教本质的。宗教,本身是一种政治活动,从来都是被封建统治者所掌握,借以奴役人民,成为蒙骗群众的工具。在中国,它不但有陈腐的一面,也有推进社会发展的积极一面。中国思想史的发展,文化艺术的进步,宗教起了一定的作用。

其实中国早期,并没有什么像样的宗教,也无固定的宗教崇拜偶像、祭礼和祈祷,主要崇拜的是祖先。再就是以人为神灵,或是儒家所推崇的先王、皇帝、圣贤。自从佛教传入中国后,佛教使中国的政权形式、社会结构发生了重大变化。佛教文化席卷全国,渗透到社会各个领域。它既是一种隐形的观念,又是一种显形的行为。作为观念,佛教有本身的教义,如:明心悟性、积善求佛、修行觉悟、普度众生等,它又吸收了儒家的理论,例如忠、孝、节、义、仁、爱等,已经植根于中国固有的意识中,成为一种新的佛教文化观念。作为行为,它干预整个社会生活,对政治、经济、文化、艺术等各个方面都有所制约,甚至越俎代庖,某些时候在一定程度上代替了政权的职能。

为什么佛教在中国能有如此的覆盖力和渗透力?笔者认为有三个重要原因:

第一,有官方的资助。佛教传入中国,最早是传入宫廷。根据文献记载:永平七年(64 年),汉明帝夜梦金人飞行殿庭,遂询群臣。太史傅毅答曰:"西方有神,其名曰佛,陛下所梦,恐即此人。"明帝遂遣中郎将蔡愔、秦景和博士王遵等 18 人去西域求佛。三年后,邀来西僧,得佛像、经卷,用白马运至洛阳,皇帝敕准兴建白马寺。自此以后,佛教流行全国各地,寺院林立,大多寺院是官府批准或赞助兴建的。僧人成为社会上令人羡慕的职业。从皇帝到地方官吏、文人、乡绅,无不笃信佛教,庶民百姓更是烧香拜佛,成为风尚。在某些皇帝统治时期,佛教成了国教。

为什么儒家观念根深蒂固的皇室、贵族轻易地转向佛教信仰,而将文化阵地拱手让给佛教呢?这主要是由于思想的契合,利益的均沾。在基本理论上,佛教与统治者有共识,并能互利。佛教进入中国之后,也极力宣传仁、爱、忠、孝,宣传等级制度的合法性,宣扬人生的苦难是由自身命里注定的,只有逆来顺受,苦苦修行,不断忏悔,才能解脱,并寄希望于来世。这是很合统治者胃口的。因此佛教得到了封建统治者即官方的支持。

第二，善于组织群众。佛教流传民间，不像儒家那样高高在上，脱离群众。佛教以其宗教信仰的凝聚力向社会各个阶层开放，深入民众之中，开展各种活动，家喻户晓。寺院成为沟通社会、联系百姓的重要场所。寺院的社会功能是多方面的，用现代的话来说，除佛事活动外，还起到了文化馆、医院、银行、学校、社会救济等作用，正因为如此，赢得了社会各阶层的信任和参与。

第三，宗教作为一种人类文化，和人类的其他文化形式总是密切相关、相辅相成的。佛教也不例外。佛教为了宣传教义，以寺院为中心，在全社会开展了各种文化活动。其意义是深远的。如文学、绘画、书法、音乐、舞蹈、百戏等的发展都与佛教的提倡、参与有直接的关系。

佛教寺院既是宗教活动的基地，也是百姓娱乐活动的场所。法会仪式活动，僧人的俗讲，变文的演唱活动，群众的节日喜庆活动等，也以寺院为集中场所；唐代的戏场，也多在寺院内，由僧人和专业者表演音乐、歌舞、杂技、幻术、百戏等。寺院音乐活动，往往成为主流；寺院音乐吸收民间乐曲，利用民间乐器的表演形式而建立了佛教音乐体系，既有宗教色彩，又具有浓郁、纯朴的地方音乐风格，因此，群众喜闻乐见。

为了美化寺院，佛教在建筑、雕塑和绘画艺术方面更是极尽苦诣，不惜耗费巨资，取得了辉煌的艺术成就。敦煌石窟艺术就是其典型。

石窟壁画，可以说是佛教面向社会开放的画廊，它是以建筑、雕塑、绘画的造型艺术方式，营造的天国世界，使人产生宗教快感，激发人们对佛的崇拜。特别是乐舞的图像，更使人产生对天国的向往，从而得到一种欢乐，进而升华为一种超脱现实的感觉。它是佛教文化的重要组成部分。

中国的儒家礼乐思想和佛教文化的结合，形成了儒学宗教化、宗教社会化的格局，这就是敦煌壁画中乐舞图像的理性内蕴。它主要还是显示封建社会的宗法观念、窟主的精神需要，已不是印度佛教的意义了，而是喧宾夺主，更多的是儒家的道德观念，浮泛的人文解说，是皇权的视觉标志。

（三）符号特征

敦煌壁画具有符号性质。

中国绘画，尤其民间绘画，有其独特的表现方法，主要特点是象征性和概括性，它由约定俗成的语言概念、人间物象凝缩成图形，又经过不断的重复、模仿，趋于定势，成为一种群体创造的意识形态。这就是我们要说的符号概念。

我们的祖先绝顶聪明，他们的绘画活动绝不是单纯地追求艺术趣味，玩弄颜色线条或构图形式，而是着重于寓意。往往通过一个固定的形象，象征隐喻地表达一种事理观念，成为哲理、文学、民俗的一种特殊表象，群众共识的一种情绪符号。尽管有时形而上学、牵强附会，或荒诞不经，但是群众喜闻乐见，成为中国特有的绘画语言。应该承认，这是理性的升华，艺术的最高境界。

笔者认为，从某种意义上说，佛教图像是符号构成的一种艺术载体，它把许多内容，诸如崇拜情绪、教义、佛传故事，甚至具体的佛经，都可以凝铸在一些常见的、固定格局的画面里，简单的图形、图案或人物，成为简括的特定语言的概念，这些又是具有组合性质的逻辑形式。譬如佛像、莲花、狮子、象、海螺、乐器、卐字、忍冬花纹，等等，这些符号形式互相联系，互相补充，构成一幅幅精美的图画，这就是佛教美术。

敦煌壁画的乐舞图像，很大成分是符号性质的，大概如下三种情况：

1. 象征性符号。把一些日常生活中所见的器物、花卉、动物等图形赋予特定的意义，不需解释，直观即可意会。

乐器是壁画中最常见的符号性图形，它有多种含义：

①不鼓自鸣——把各种乐器系以彩带，悬浮于空中。寓意天宫仙乐，自鸣于天宫，表示佛国天界的欢乐和对佛的礼赞、奉献。

②法器——天王所持琵琶，力士所持金刚铃。表示佛法的威力，有威慑镇压之意。

③华严海乐器——绘于华严经变中，华严海小圆圈内的诸多小乐器，表示一粒尘土、一滴水所反映的大千世界万物景象。

④千手观音图乐器——千手观音手持各种象征性的物件。其中有许多乐器，表示赐福人间，让世人幸福欢乐。

除乐器外，象征性图形还有很多，如传统文化中的龙凤、动物、植物及民间寓意吉祥平安的器物等。

2. 佛教性符号。佛教仪轨中具有指令性的专用概念化图形，如卍字、莲花、某些乐器、净瓶、金刚铃、金刚杵、狮子、大象、忍冬纹等。它们可寓指佛陀、佛法、净土以及吉祥、威严等。它们出现的场合也有严格规定。

3. 情节性符号。是一些具有情节故事的图形。相同的故事尽管在构图上有相似或相异的变化，但是经过多次的重复，约定俗成，一看就可得知他的内容和含义，形成一种综合凝练的概念，实际也具有符号性质。如：

天宫伎乐——手持乐器的菩萨，置于天宫栏楯宫阙内，表示天宫乐舞及其对佛的礼拜。

飞天伎乐——天空飞翔的天宫伎乐，首尾相接，表示天界的浩瀚。

伽陵鸟伎乐——说法图中的护法神，人首鸟身，表示对佛的守护和礼赞。

故事画中伎乐——在经变画和佛传画中有许多佛教故事，经过世世代代的描绘，最后形成程式构图，趋向符号性质。诸如文殊、普贤变，在狮子大象旁画有行进的乐队等。

法华经变：火宅图，绘有乐舞；

弥勒经变：嫁娶图，绘有民俗乐舞；

药师经变：九横死图，绘一女子弹琵琶；

报恩经变：树下弹筝图，绘善友太子弹筝；

乘象入胎：绘飞天托起大象，旁有乐队；

夜半逾城：绘太子骑马，旁有乐队。

这些图像，已趋定型，一看图就知道是什么经变、什么故事。按习惯说法，它们的构图已程式化了。在本文最后一节，笔者专列“图式”和图表，这些都是乐舞壁画的典型式样和分类，均属符号性质。

关于程式化问题，它在中国绘画，特别是民间绘画中，具有主导的意义，这是一种传统的表现方法。其实，在其他的艺术领域之内也有充分的体现，如中国戏剧舞台表演中，程式化手法有挥鞭即乘马，推敲似有门，两块方布即为车，叠架桌椅为山或为城，四个兵即一支队伍……与绘画中的程式表现有异曲同工之妙。在中国绘画中，类似的简略夸强、象征、比喻概括等手法，比比皆是。这大概是中国传统艺术共有的构思逻辑和发展倾向。

总之，敦煌壁画的符号性质是非常鲜明的，它的特点是将一些单纯的图形，或具有情节的图像，编成“语汇”，将各种图形组装成为一个整体，使人产生联想和意会，将形象转化成意象。这种概念效应，就是壁画最重要的符号特征。

可以说，人在本质上是一种“符号动物”。比其他动物高明之处就在于创造符号，传递信息，进行交际，以沟通人与人之间的意念、思想、情绪等。艺术作品往往就是不同形式的符号,它不仅仅限于语言文字,还利用图形、线条、颜色,也同样可以营造繁复的概念。这也是人类表达思维的一种手段。

(四)壁画的创作

敦煌乐舞壁画的形成,最实质性的问题还是壁画的创作。本文仅就创作意识和构图处理两个方面提出一些粗略的看法。

1. 壁画创作的制约

敦煌壁画的绘制者都是历代的画工, 他们虽有绘画技巧和艺术表现才能,但社会地位卑贱,是窟主雇来劳役。画工只不过是拿着粉本来为窟主依样炮制的工匠,实质上是进行了第二次创作。壁画创作是受很多客观和主观条件的制约的,大概有如下几个方面:

①窟主的要求制约着壁画的制作。窟主建窟一般有两个目的:第一是表示对佛的虔诚、奉献,对寺院的捐赠以显示功德;第二是要求尽可能把窟主画进去,树碑立传,光宗耀祖,以满足他们的权势欲望。这种动机,愈后来愈明显。原来只在洞窟下面写自己的名字和画供养人画像,且占很小的面积。唐、五代以后,供养人(即窟主)的画像越来越大,甚至绘制出专门歌功颂德的大型出行图,其中的乐舞场面完全是现实生活中的世俗乐舞,有营伎、卤簿及百戏等。

②佛教仪轨的限制。佛教建洞,主要是为教徒瞻仰佛像、观看佛画而领略教义,开窟塑像绘壁画是有比较严格的仪轨。如佛是偶像,是洞窟的主体,怎么去塑造,造像仪轨有严格的规定。壁画起烘托佛像、装饰洞窟的作用。它的绘制也按一定规格部署,什么方位,画什么内容,经变画画在什么位置,都是有讲究的。

③自然条件的限制包括财力和自然环境的限制,如建窟大小、精细程度、窟形、绘制面积等不尽相同,都必须因地制宜,随形就范。

④粉本的创意、画工的制作水平,都是壁画形成的重要因素。由

于画工艺术想象、理解力、绘画的技巧、知识范围,特别是画乐舞壁画的音乐知识都不相同,所以绘画的质量、效果迥异。其实,画工都是平民百姓,根本没见过宫廷,只是凭借朦胧的感觉、有限的知识而臆想出来的宫殿及贵族生活情况。因此,敦煌壁画,应属于民间艺术创作,画工基本属于一种原生意念支配下的创作活动,有一定的虚构性和随意性,画工虽比较大胆,画面比较生动、纯朴自然,但也有拙劣之处。

2. 画工的创作意识

存在决定意识。虽然石窟里画的是神的世界,但它是人画的,壁画的内容也是人间现实生活直接或间接的反映,神的造型也是人的形态。有虚构和幻想,如药叉、伽陵鸟、雷公、电母、东王公、西王母等,也还是人和其他动物的形态复合。一些具有神灵的动物,如龙、凤、麒麟,虽无实物可循,但还是现实中各种动物的拼合造型。

古人作画非常聪明,他们有强烈的民族文化意识,又接受了宗教要求,对现实生活很有观察力。在此基础上,用绘画表达了他们的感情境界,既表现了艺术个性,又体现了群体的创作意识,创作手法多种多样,主要有:

①写实与写意手法。古人是以双元的审美视角进行创作的,无论人、物和装饰图案,都是写实和写意并举的。比如画乐器,有时工笔细密,每个部件都描绘得很具体,甚至几根弦都清晰可见;有时则粗犷大略一笔带过,象征性地处理。如画排箫,只画一块三角形,或扁长方形的绿色块。画古琴只是一个黑色的框框。

②装饰手法。为了美化和规整地装潢洞窟,画工们多用装饰手法,创作了丰富的图案。比如窟顶绘制得五彩缤纷、绚丽多姿。乐舞题材的绘制,也充分运用了装饰画。如天宫伎乐、飞天和龛楣、背光,壶门的乐舞图,都是装饰性的壁画;就是说法图的乐舞,也充分表现了

装饰趣味。

③虚拟手法。这是画工想象力的表现。壁画中的许多图形,并非客观存在的,而是画工想象虚构的形象。如描绘的乐器就有杜撰、虚拟的情况。唐以后的壁画中,有一种凤首弯琴,就是想象出来的乐器,画工把琵琶和箜篌连接在一起,造型很漂亮,令人惊奇的是竟然流行了几个朝代。有学者在探究此乐器存在的历史,这是徒劳的。榆林窟第3窟窟顶画了一圈动物和装饰图案,造型很美丽,但这些动物却不是现实生活中的动物,都已变了形,如马生着翅膀。这些虚拟比比皆是。

④象征手法。这就是前面所述的“符号意识”,不再赘述。

⑤构图中“满”的手法。此为我国传统绘画,特别是民间绘画的常见手法,可能是古人的一种审美视觉倾向,即把画面填得满满的,甚至见缝插针,企望把所有事物都凑集在一起。用今天的审美观来看,有堵塞之感,但却是古代绘画的一个特点。敦煌壁画运用得尤其纯熟,特别是说法图,几乎都无空余之地了。繁复的画面,被处理得层次分明,密而不乱,很有章法。

3. 构图处理

构图处理,不同时期有不同的方法和形式。总的来看,是由不成熟到成熟、由拙至巧、由简至繁不断进步和发展的。

窟内壁画的总体布局,是经长时期酝酿而逐渐形成的。莫高窟的佛龛多开在西壁,主尊佛像面向东,以佛像为中心展开壁画的布置。佛龛内除佛像外,龛楣、背光皆绘伎乐或飞天伎乐;龛外之两侧绘文殊、普贤变,必有行进之伎乐。窟顶绘藻井、平棋,四坡多绘装饰性图案,寓示宝盖或天界。东壁有甬道门,两侧绘天王、维摩诘经变或供养人像。南北两壁绘各种经变,又分层次:上为天界,绘天宫伎乐,或飞天伎乐;中间为人界,画说法图,常见大型乐舞图;下层为地界,绘药叉,也有乐舞,寓意地狱。

乐舞题材的布置，在洞窟内是次要的，它表示对佛的供奉和礼拜。但实际情况是在各个角落都有绘制,愈到后来愈多,直到五代末期。这是世俗文化渗透、宗教淡化的结果,按理,乐舞应是佛教戒律禁止的,但表现在壁画上,非但不禁止,反而愈画愈多,成为壁画的主要内容。

洞窟壁画构图形式有这几样:

①横幅,横向长卷式构图。这是最常见的形式,如飞天、故事画、出行图等。

②竖条,纵向式构图。如文殊变、普贤变、屏风画、佛龛两侧之壁画。

③方块状画幅。如经变画说法图、壶门画。

④其他形式的构图,有梯形构图,如四坡之壁画;三角形构图,如龛顶两边三角带;圆形,如曼陀罗。

构图的空间处理,也是逐步发展进步的。如早期壁画是原生性构图,大多平拉铺排,把人物、什物,一律排列在一条横线上,背景空白,壁画人物以形象的大小和塑像不同的体量来区别地位的高低尊卑,这种众多形象互不遮掩的平列构图，只具二度空间。如早期天宫伎乐,虽平列铺排,但人物有正、侧、俯、仰的姿态,具有稚拙、简陋、生动的效果。

随着历史的进展,画工对如何表现画面景物的远近关系,逐渐在改进,形成了一种透视法则,开始用形象、位置、角度的关系,使画面显示出空间感,有了前后远近的层次关系。如:中央高大,突出佛的地位,而两侧对称压缩,并运用了俯视、侧视、平视交替互补的手法,初步解决了画面的纵深关系,掌握了三度空间的艺术表现方法,逐渐发展,能画出多层次、多人物、大场面的说法图,如莫高窟第148窟盛唐画的观无量寿经变，这是一幅巨型说法图，画中殿堂深远，人物繁多，有三层乐舞表演图，只有具有高超的艺术表现透视能力才能驾驭。这是很成功的一例。但是，也应该承认，敦煌壁画是瑜瑕并存，其中也有画得不好的。

二、乐舞壁画的分期

敦煌壁画的分期，一般用中国通史的以朝代顺序来分期的方法，或者按照历史上地区统治者、行政长官的统治历史来划分，通常分作北凉—北魏—西魏—北周—隋—唐（又分初、盛、中、晚）—五代—宋—西夏—元。但是，非社会史的其他专业学科都依样画葫芦如此分期，未必合适。我们所研究的乐舞专题，应以乐舞本身的发展规律来分期才是比较科学的。笔者经过多年的调查研究，以为应该从这几个方面来考虑：图像的乐舞内容，图像的艺术风格，构图的表现程式，绘画的技法特征。

根据上述分期原则，笔者认为敦煌乐舞壁画应该划分为四个时期：

早期——北凉、北魏、西魏；

中期——北周、隋；

盛期——唐、五代；

晚期——宋、西夏、元。

这样分期才符合敦煌乐舞图像的发展规律，这是由自身的形态特征所决定的，各期的具体内容和形态特征简述如下：

（一）早期的乐舞壁画

内容与分布形式：

①莫高窟北凉有音乐图像的洞窟 2 个，北魏有 10 个，西魏有 4 个。早期典型洞窟为第 275、257、435、285、249 窟。

②乐舞壁画内容有菩萨伎乐、天宫伎乐、飞天伎乐、化生伎乐、供养人伎乐、药叉伎乐、故事画伎乐。

③布局为横向分层形式：天宫伎乐与飞天伎乐并存，在壁面上端；菩萨伎乐在中间；药叉、供养人伎乐在壁画下端。

④乐舞图像多为单身表演，表演者局限在天宫栏墙之券门中，或在龛楣之内。

⑤乐器种类简单，除已有的管弦乐器、打击乐器外，多见吹奏单音之原始乐器，如海螺角、排箫等。

风格特征：

①早期洞窟为坐禅观像兼用，壁画构图单一，外来影响较重。

②某些本土绘画特点，如身短、体壮、半裸、袒胸露腹、赤足、大眼、深目、厚唇、直鼻、耳垂、消瘦、脸长。乐伎多为男性，衣冠服饰多为波斯式或龟兹式，多僧侣袈裟。菩萨伎乐着长裙，脚踏莲花，有头光；供养人伎乐着汉装，长褶。早期壁画人物动态活泼，拙朴自然。

绘画技法特点：

①绘制人物，以明暗法（凹凸法）和圆环晕染兼用，以色块表现明暗变化。也存在魏晋画像砖的线刻风格，后来变化为“小字脸”效果。

②用色以黑、白、土红、赭石、灰蓝为主，基调沉郁晦暗、稚拙古朴。

③进入北魏后期，西魏期间，技法进步，人物造型比例适度，逐渐摆脱西域画风。如第285窟的飞天造型汉化特征明显。

（二）中期的乐舞壁画

内容与布局形式：

①莫高窟北周有音乐图像洞窟12个，隋有52个，典型洞窟为第297、390、423窟。

②北周、隋代时间虽短，敦煌佛教却是兴盛时期，是壁画艺术的

转折时期。这一时期乐舞壁画内容有：菩萨伎乐、天宫伎乐、飞天伎乐、药叉伎乐、供养人伎乐、化生伎乐、故事画伎乐等。

③布局形式：北周略同西魏，进入隋代，中心柱改装，天宫伎乐逐渐消失，由飞天伎乐代替，药叉伎乐也逐渐消失。壁画仍为横向分层布置；出现说法图，为楼阁分层听法的形式；有了小型乐队和故事画中的世俗伎乐。供养人伎乐十分生动，如北周第297窟的树下乐舞，隋代第390窟的女性供养乐舞，均为观众瞩目的典型作品。隋代的飞天伎乐尤为生动，数量也骤增，除壁上端绘外，佛龛内外也大量绘制。

④乐器数量及品种增加，出现葫芦琴、号筒等。

风格特征：

①北周、隋代壁画风格特征明显，它是早期和后来盛期的过渡时期。这一时期的人物造型，由西域型而汉化，其特点为面相丰满，身壮体短，裸体已逐渐消失，服装男着袍服，女性为窄袖长裙，裙腰至胸口。飞天转为女性，曳裙边沿多为牙旗形。

②图案装饰多表现乐舞，音乐气氛浓重，如龛楣绘有化生乐伎。

绘画技法特点：

①线条意识及表现力增强，人物造型把握准确，构图简练概括，世俗性的故事画和供养人乐舞的造型都十分精美。

②用色以土红、赭石、灰蓝为主，多用暖色，整个壁画色彩基调热烈，生气勃勃。一改早期的阴郁情调，显得开朗，具有生命之活力。

（三）盛期的乐舞壁画

内容分布及形式：

①唐代有音乐图像的洞窟112个：初唐24个，盛唐45个，中唐30个，晚唐37个；又五代有13个。典型洞窟为第220、321、217、148、112、9、156、61、98窟。

②唐、五代是敦煌艺术的全盛时期，随着社会文化的繁荣，佛教

也进入最兴盛的时期,建大窟,修大佛,绘大壁画。洞窟内部的绘制已成熟定型。因之,乐舞壁画也出现了高潮。

此时壁画是精工细绘,追求细密多样,经变题材扩大,以大型经变为重点,气势雄浑,富丽堂皇,反映了大唐帝国的昌盛气象。

人物造型上,脸型丰满,体健;妇女贴花、蛾眉、靥妆、高髻。女性窄袖衫襦或长裙,是珠光宝气、雍容华贵的贵族仕女装束;男性则幞头褶袍或胡装,官俗分明。

③壁画中音乐舞蹈成分较多,主要是大型说法图的乐舞场面。有的大窟,画十余幅大型经变,一般经变说法图均有乐舞,以舞蹈为中心,两侧对称排列乐队,乐器繁复,多有变化,基本以宫廷燕乐为模式,象征简括地表现当时的乐舞情形。也出现屏风故事画,其中有社会生活、世俗性乐舞;文殊普贤变中,有立式行进中的乐队;飞天伎乐数量也骤增,说法图上方必画不鼓自鸣乐器。

④出行图中纯粹是反映历史、反映社会生活的乐舞。有卤簿军乐、营伎歌舞、百戏舞乐等。

⑤唐、五代出现乐器甚多,社会生活中的乐器在画中应有尽有,也出现了敦煌特有乐器花边阮、凤首弯琴、义觜笛等。

风格特征:

①敦煌壁画艺术进入成熟定型、程式化的阶段,也是敦煌艺术成就的最高峰,奠定了中国壁画的表现形式及技法,确立了线描人物画工笔重彩的基本形式。

②乐舞画也进入了高潮阶段, 充分地反映了大唐帝国的社会乐舞风貌,特别是河西走廊的乡土风情以及多民族交织的乐舞文化、宫廷和民间交汇的音乐舞蹈状况。因此,可以说,唐、五代壁画中的乐舞图像是神性世界表现的削弱、世俗内容的增强。它是以汉族宫廷乐舞为模式,以民间乐舞为直接依据而绘制的。

绘画技法特征：

①唐代的绘画技巧运用，在壁画中达到了高峰，而且淋漓尽致，从总体看，它是佛教艺术最完美的表现形式和最高的艺术水平。

②构图以初唐的场景小、人物少的平铺式说法图，发展到巨型的有三度空间的经变说法图。画面人物繁多，场景层叠，布局井然有序。有的经变画安排了三层乐舞，每级乐舞数十人，画工也能巧妙地处理透视关系，主次分明，人物疏密，避让得当，景物的远近纵深适度，画面极具节奏感。

③唐代的壁画仍然保持强烈的装饰性特征。藻井新样迭出，繁花似锦。佛龛、背光、边饰等极具匠心，精工细密，绚丽多彩，整个洞窟的装饰效果达到了极致。

④人物造型能力高超，尤其线描造型能力增强。另外色彩多用赭、红、青、绿、黑，特别是金色的大量使用，使画面浓艳辉煌。

⑤绘制的乐器也比较精细、准确、写实，使我们看到了那个时期乐器的形制、部件和极富工艺美术装潢的特征。另外也能看到各种乐器的使用配置、表演方式、演奏状态以及乐队建制等。

（四）晚期的乐舞壁画

内容与布局形式：

①莫高窟宋代有音乐图像的洞窟 6 个，西夏有 3 个，元代有 2 个。典型洞窟为第 7、55、454、327、465 窟和榆林窟第 3、10 窟。

②晚期为衰落期。宋代之后，河西走廊民族战争频繁，显教衰落，密宗兴起。这个时期敦煌地区的石窟寺也不景气，建窟很少，多是改建或维修。这个时期的壁画内容、题材、绘制形式，均沿袭前朝，进入程式化时期，个别大窟绘制精细，有场面大的画幅，一般均粗制滥造，呆板机械，流于粗劣。有些石窟不绘乐舞。

③我们所说的衰落是壁画的衰落，并不是当时乐舞文化的衰落，

其实宋代、西夏、元代的乐舞并不逊于唐代，是乐舞发展的重要历史阶段，只不过在壁画上没有反映出来。这个时期的乐器描绘更为写实。

④密宗教派占有优势，有些洞窟壁画是以曼陀罗形式表现的，一般不表现伎乐，但在曼陀罗中或其他场合也有持乐器的菩萨，莫高窟第465窟和榆林窟第3号窟最为典型。

⑤这个时期民族文化交织。人物造型，宋代沿袭前朝，仍为汉族仕女形象，线描敷色继承传统画法；西夏、元代有党项、吐蕃民族服饰的特征。

⑥榆林窟西夏第3窟和第10窟出现胡琴图像，这是见之我国最早的拉弦乐器图形，同时出现说唱音乐用的扁鼓等。

风格特征：

①宋以后，壁画多用绿色，有的洞窟满壁千佛，全用绿色绘制。西夏时期洞窟的窟顶，大面积绘制团花图案，也多用绿色。

②不绘乐舞，很少绘制乐器，也是这个时期的壁画特征。

绘画技法特点：

①汉族洞窟，多沿袭前期的构图、画技，但明显质量降低，粗制滥造者较多。

②其他少数民族绘制的洞窟，质量较高。榆林窟就有几个洞窟，技法高明，艺术水平超过莫高窟。

三、敦煌乐舞壁画图式

关于敦煌乐舞壁画的分类，笔者另有文章详述，这里不再赘述。在分类的基础上，将常见的、具有典型意义的图像归纳出14种图式，每种又有不同的构图形式。简表如下，并用图像显示图式内容和结构。

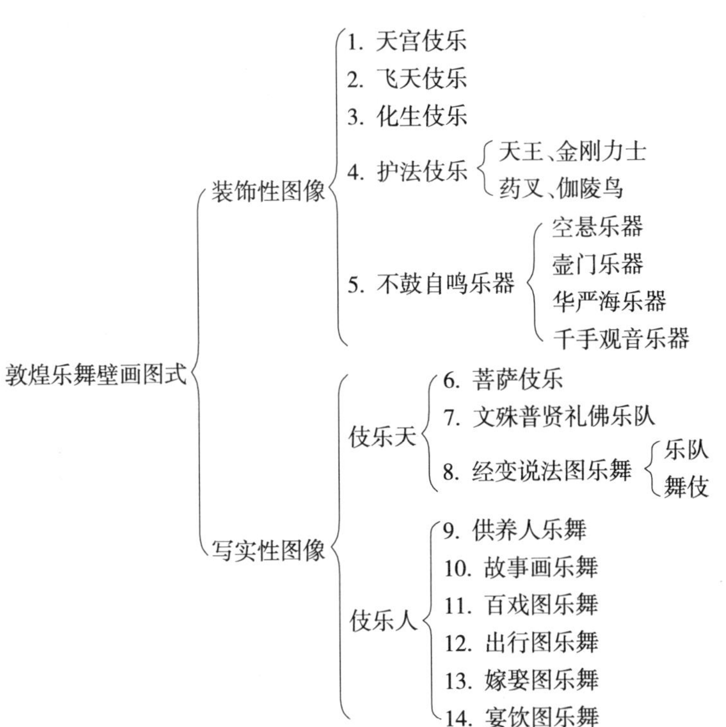
敦煌乐舞壁画图式
装饰性图像
1. 天宫伎乐
2. 飞天伎乐
3. 化生伎乐
4. 护法伎乐
天王、金刚力士
药叉、伽陵鸟
5. 不鼓自鸣乐器
空悬乐器
壶门乐器
华严海乐器
千手观音乐器
写实性图像
伎乐天
6. 菩萨伎乐
7. 文殊普贤礼佛乐队
8. 经变说法图乐舞
乐队
舞伎
伎乐人
9. 供养人乐舞
10. 故事画乐舞
11. 百戏图乐舞
12. 出行图乐舞
13. 嫁娶图乐舞
14. 宴饮图乐舞

敦煌乐舞壁画图式

图 1–1　天宫伎乐

图 1–2　飞天伎乐

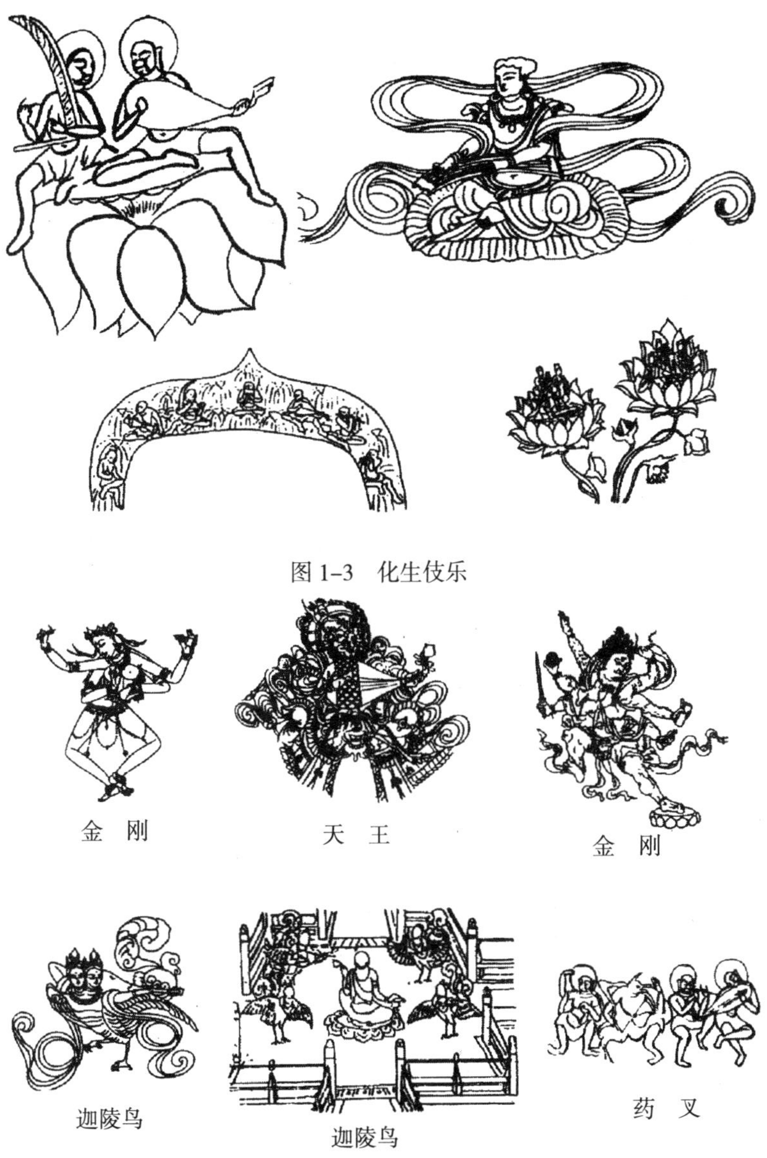

图 1-3　化生伎乐

图 1-4　护法伎乐

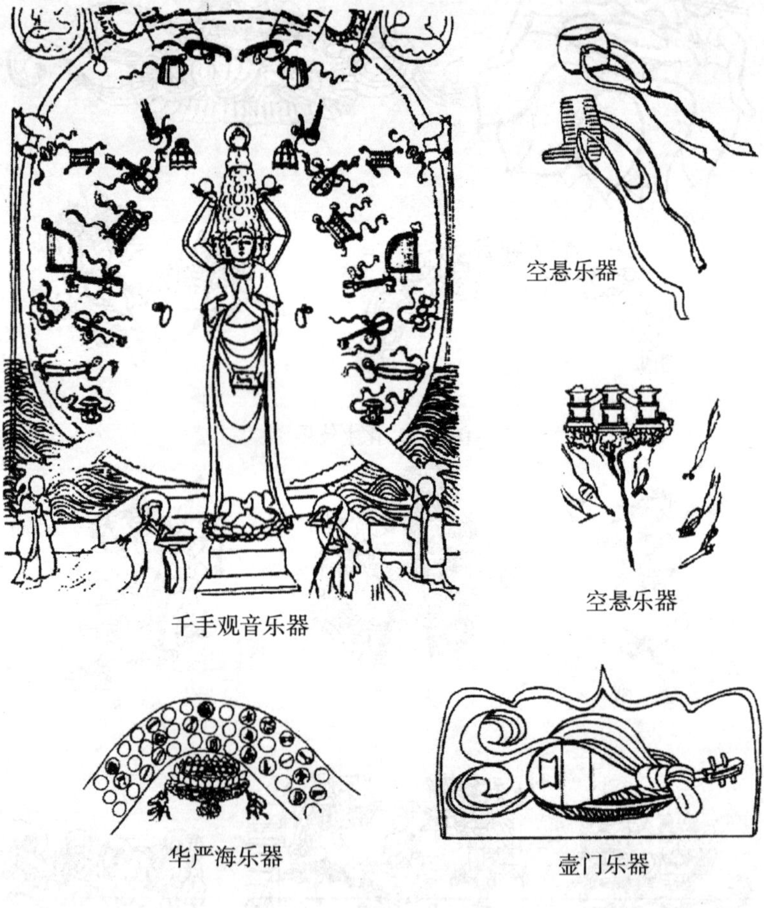

空悬乐器

空悬乐器

千手观音乐器

华严海乐器

壶门乐器

图 1–5 不鼓自鸣乐器

图 1-6　菩萨伎乐

图 1-7　文殊普贤礼佛乐队

图 1-8 经变说法图乐舞(乐队)(一)

图 1-9 经变说法图乐舞(乐队)(二)

图 1-10 经变说法图乐舞(乐队)(三)

图 1-11　供养人乐舞

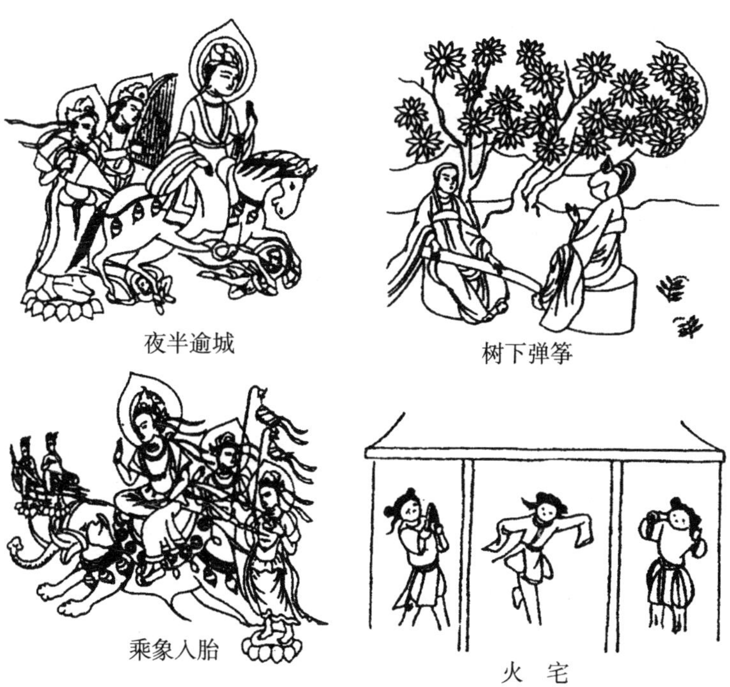

图 1-12　故事画乐舞(一)

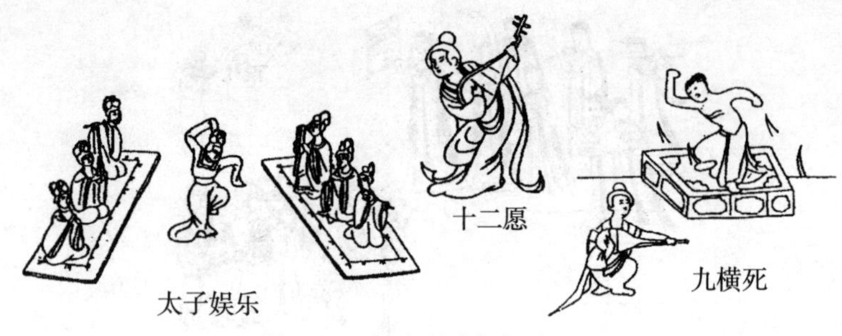

图 1–13　故事画乐舞(二)

图 1–14　百戏图乐舞

图 1–15　出行图乐舞

图 1-16　嫁娶图乐舞

图 1-17　宴饮图乐舞

附:莫高窟音乐洞窟统计表、莫高窟经变画音乐情况统计表

莫高窟音乐洞窟统计表

时代	北凉	北魏	西魏	北周	隋	唐				五代	宋	西夏	元
						初	盛	中	晚				
窟数	2	10	3	13	52	24	44	30	37	13	6	4	2
窟号	272	248	249	290	56	57	33	7	8	4	25	130	3
	275	251	285	294	62	68	39	43	9	5	55	327	465
		254	288	296	64	71	44	53	12	6	152	354	
		257		297	243	77	45	92	14	22	256	367	
		259		298	244	202	65	112	15	61	452	259	
		260		299	262	205	66	134	18	72	454		

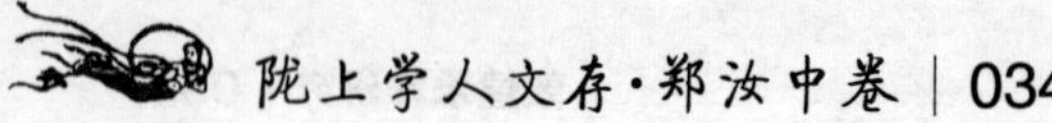

续表

时代	北凉	北魏	西魏	北周	隋	唐				五代	宋	西夏	元
						初	盛	中	晚				
窟号		263		301	266	209	83	135	19	98			
		431		428	276	220	91	154	20	99			
		435		430	277	242	103	158	24	100			
		437		438	278	283	113	159	29	108			
				439	279	321	116	197	54	146			
				442	280	322	117	200	76	261			
				461	282	329	118	201	85	351			
窟号					292	331	120	231	107				
					302	334	121	234	127				
					303	335	122	236	128				
					304	338	124	237	132				
					305	340	126	238	136				
					307	341	129	240	138				
					311	344	148	258	141				
					313	372	162	358	145				
					314	375	164	359	147				
					315	386	166	360	150				
					379	448	170	361	156				
					380		171	365	161				
					383		172	369	163				
					389		176	370	167				
窟号					390		180	449	173				
					392		188	468	177				
					394		194	472	192				

续表

时代	北凉	北魏	西魏	北周	隋	唐				五代	宋	西夏	元
						初	盛	中	晚				
窟号					396 397 398		199 208 216		195 196 198				
					400 401 402 404 405 406 407 412		217 218 225 320 345 353 384 387		227 232 337 343				
窟号					413 416 417 418 419 420 421 423 425 427 433		444 445 446						

莫高窟音乐洞窟 240 个，根据《敦煌莫高窟内容总录》1982 年版，统计确定洞窟时代，某些洞窟壁画实为后代重绘。

莫高窟经变画音乐情况统计表

经变名称	时代	位置	铺数	乐队组数
文殊变	中、晚唐，五代	前室西坡，甬道北壁，窟东壁西南、西壁北	28	22
普贤变	初、中、晚唐，五代	前室北壁，窟南壁、东壁门北，西壁中帐门南	29	24
弥勒经变	初、中唐，五代	甬道南壁、窟南北壁		
弥勒上生经变	隋，中、晚唐，五代	窟顶西坡，南、北壁	9	7
阿弥陀经变	初、盛、中、晚唐，五代，宋，西夏	前室北壁，窟西南，北壁、东壁门南北侧	37	42
西方净土变	盛、中唐，西夏	窟顶西坡，窟南、北壁	11	8
观无量寿经变	盛、中、晚唐，五代，宋	窟西、南、北壁，东壁门南侧	62	64
报恩经变	盛、中、晚唐，五代，宋	甬道顶，窟南、北壁，东壁门南侧	24	21
药师经变	初、盛、中、晚唐，五代，宋，西夏	窟南、北、东壁	64	62
金刚经变	中、晚唐	窟南、北壁	9	10
天请问经变	中、晚唐，五代	窟南、北壁	10	9
恩益凡天问经变	晚唐，五代，宋	窟南、北壁	9	9
金光明经变	中、晚唐	窟南、北壁，东壁门南北侧	5	4
维摩诘经变	晚唐，五代	窟北壁，东壁门南北侧	4	1

续表

经变名称	时代	位置	铺数	乐队组数
法华经变	中唐,五代	窟南壁	4	2
密严经变	晚唐,五代	窟北壁	2	1
佛顶尊圣陀罗尼经变	宋	窟北壁	1	1
劳度叉斗圣经变	晚唐,五代,宋	窟南、西壁	13	
楞迦经变	晚唐	窟西壁窟顶	1	
华严经变	中、晚唐,五代	窟北壁	10	
观音经变	盛唐	窟南壁龛顶	2	
千手观音经变	晚唐	窟南壁、东壁门上	2	
千手千眼观音经变	盛、晚唐	窟南壁、东壁门上	2	
金刚杵观音经变	晚唐	窟南、北壁	2	
如意轮观音经变	中唐	窟东壁门北侧	1	
不空绢索观音经变	中、晚唐	窟南、北壁,东壁门南侧	4	
千手钵文殊经变	晚唐	窟北壁	2	

敦煌壁画乐伎研究

在敦煌壁画中，大量留存着我国古代音乐、舞蹈的图像。这些图像，就是通过各种各样的乐伎，在各种场合、情节之中，表现了各种音乐舞蹈的内容。

各种乐伎，出现于壁画的各个角落，别开生面地展现了一幅幅古代乐舞活动的场景。实际上是情景交融，人神不分了，通过浪漫的艺术想象，把人们带到一个绚丽多彩、扑朔迷离的极乐世界，早已摆脱和超越了原有的宗教内容。

这些乐伎是什么名称，他们是什么身份、地位，他们是怎样分类的，他们的分布情况，在壁画中又是如何表现的，各种乐伎的由来在文献及佛典上又是怎么交代的，在漫长的历史岁月中，这些乐伎的形象又是如何衍变，如何发展起来的……这一系列的问题，都是人们需要知道的。因此，有必要确切地向读者做出解释。

本文就是笔者进行长期的考察之后，初步地分类和综合分析的结果。为了使读者比较清晰地看到脉络，请先看下面的分类表，然后根据此表的顺序逐项地说明。

天宫乐伎

根据佛经，凡佛国上界，一切从事乐舞活动的菩萨、神众，都可称之为天宫乐伎。但是，就敦煌壁画中，通常所谓之“天宫乐伎”，是指窟顶与四壁交界处、环窟四周，绘有带状之宫门栏墙，绘无数并列之方

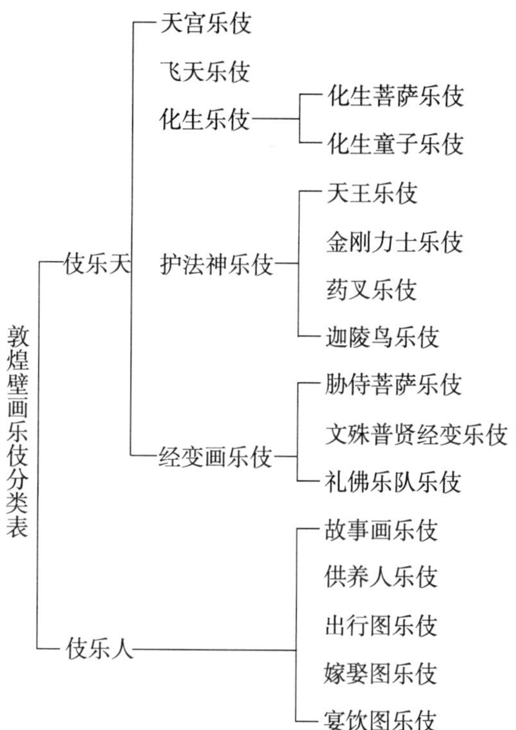

格，呈天宫圆券城门洞形，每个门洞之中，踞一奏乐或舞蹈之天人，这些天人，被称为天宫乐伎。

天宫乐伎是敦煌早期壁画的一种固定形式，从北凉经北魏、西魏至北周，一直延续至隋代，此后，这种形式逐渐消失，被飞天乐伎所代替。

天宫乐伎的造型生动、质朴、稚拙，无固定模式，数十洞窟，几乎没有相同的姿态。其造型多为男性，高鼻深目，双眉连成一线，头上束髻，上身裸体或着袈裟，或系裙披巾，其脸型及服饰有明显的西域特征。天宫乐伎的形态多变化，或持各种乐器，或合掌，或持花，或持彩带、花环,或以手势及身体的扭动呈歌舞状。在安排上,似无一定规律,一般为乐舞相间,有的洞窟奏乐者居多,有的舞蹈者居多。天宫乐伎在构图上,布局统一,有强烈的图案装饰效果,无数相连接的宫门,凹凸错落的栏墙,形成一条花环似的边饰,构图满而不塞。在技法上以西域明暗法与中原之勾线敷色并用,线条粗犷,色彩对比鲜明,充分地发挥了古代画家的艺术想象和构图的才能。

图 1–18 莫高窟第 249 窟天宫乐伎(西魏)

天宫乐伎的由来和依据有如下几种说法:

一、表现为“帝释宫”,即在帝释天所居宫殿,许多伎乐菩萨欢乐歌舞之美妙情景。帝释提桓因,原为印度神话之大神。《吠陀经》里言其能杀魔鬼,饮苏摩酒(即甘露,不死之酒),乃法力无穷之“天神”,印度教中称“因陀罗”。传说他出身于婆罗门,与知友三十三人,生前共修福德,后升天,为忉利天(亦称三十三天)之主,居住在须弥山之善见城内。天宫乐伎的“天宫”即其所居之宫殿,众伎乐天人则是宫内专司乐舞歌唱或散花之侍者天人,亦可称为菩萨。

二、弥勒所居兜率天宫的乐舞活动,释迦和弥勒都是禅修和观像的主要供奉对象。《佛说观弥勒上升兜率天经》有这样一段描述:“尔时此宫有一大神,名劳度跋提,即从座起遍礼十方诸佛,发弘誓愿,若我福德应为弥勒菩萨造善法堂,令我额上自然出珠……化为四十九重微妙宝宫,栏楯万亿摩尼宝所共合成,诸栏楯间自然化生九亿天子五百亿天女,天子手中化生无量亿万七宝莲花,莲花上有无量亿光,其光明中具诸乐器,如天天不鼓自鸣,此声出时,诸女自然执众乐器竞起歌舞。"这些奇妙的内容与壁画颇为吻合,特别是在壁画天宫乐伎的行列中常见一魔鬼似的大头像,此像即为大神劳度跋提。

三、还有认为天宫乐伎与飞天乐伎同出一辙,即天龙八神之乾达婆和紧那罗的转化。《大智度论》卷10:"乾达婆是诸天伎人,随逐诸天,有时为诸天作乐。"

根据以上数种说法,可看出敦煌壁画中的天宫乐伎,确是出之有据,来自印度之佛经。但是,天宫乐伎传入中国后,无论是造型、服饰、画法,以及手持之乐器都发生了变化。比如乐器,佛经所列之乐器,为数甚少,如"维那"(一种小型竖琴)到中国后却改换成琵琶、箜篌,连笙、排箫都上了阵,成为系列的中国乐器。这种转化使中国的观众都感到格外的亲切。

敦煌的天宫乐伎是音乐舞蹈图形在壁画中最初期的形式,这以后逐渐扩散,在壁画的各个角落都相继出现,使洞窟不仅肃穆,而且充满欢乐气氛。

飞天乐伎

敦煌的飞天,可称世界美术史上的一个奇迹,它以其独特的艺术形式,一直延续和发展着,其数量、其风格、其构思、其微妙是世界上无可伦比的;它的艺术效果,早已超越了它原来的宗教内涵。人们在观赏石窟之后,对佛像未必有多大的共鸣,但对那绚丽多姿的飞天,却留下不可磨灭的印象。

据统计,仅莫高窟绘有飞天4500身,其中持乐器的,我们称之为飞天乐伎者就有600余身,最大的飞天有2.5米(第130窟),最小者不及5厘米。

图1-19 莫高窟第428窟飞天乐伎(北周)

飞天乐伎的布局

在洞窟之中,飞天已经飞到每个角落,但从总体来看,它的布局还是有规律性的。

一、在窟顶、藻井的范围之内,在龙凤图案或其他中心纹饰之处,常绘一圈飞天。

二、在墙壁的上端,常沿壁画有飞天(即天宫乐伎之部位)。

三、在中心柱、佛龛内外。

四、在经变画中。

早期绘制飞天,并无严格位置,后来洞窟的布局逐渐定型,飞天也随之安排到固定的位置,即主要绘在壁之上端,沿窟四周。

飞天乐伎的衍变

早期洞窟,北凉至北周时期画得比较自由,形体粗犷笨拙,有浓厚西域风,身体的飞动凭四肢摆动,有时依靠衣裙的飞舞,而无飘带;这个时期的飞天,为男性特征,上身袒露,也有全身赤裸者,所持乐器品种不多，而且画得简陋，看不出演奏细节。

中期(隋唐时期)

隋代飞天，身体逐渐灵活，人物形态变化明显，由男性逐渐转为女性，衣裙裹足，有飘带飞动，多为牙旗状，线条粗犷而有棱角。进入唐代后逐渐丰富，乃至高潮。此时画工高手云集，技法及构思极为讲究，为了表现女性之体态婀娜，确实体现了当时“吴带当风”的绘画风格以及当时仕女画的艺术造型特点：脸型圆润丰满，体态雍容，裙带线条流畅、轻盈、飘逸。

晚期(五代、宋、西夏、元时期)

后期飞天乐伎，已进入程式化的衰落阶段，特点为白描勾线、施彩的仕女画风，线条功夫已臻成熟；飞天的表现多在于飘带的构图，加以云层、花草图案的陪衬进入了一个新的阶段，但变化不多，相袭雷同，比较僵化。

后期所持乐器品种剧增，很多在乐队中未曾绘制的乐器，在飞天中偶尔出现，如胡琴、手鼓、锣，等等，而且随着画技的提高，在描绘演奏状态时有所突破。我们可以看到某些乐器的演奏技法发展和细微的演奏状态，充分地表明了当时的音乐水平。

飞天伎乐一词，最早见于《洛阳伽蓝记》(547 年)，其卷二记载：“石桥南道有景兴尼寺，亦阉官等所共立也。有金像辇，去地三尺施宝盖，四面垂金铃七宝珠，飞天伎乐，望之云表。”由此可知，这个名词古已有之，而且正与敦煌石窟的发展同步。

飞天乐伎的由来

一、广义地说，是对佛的礼赞、供献、歌舞和散花，飞天的成分包括天龙八部、帝释梵天的司乐天人以及为佛奉献的供养天人和神众。

二、狭义地说，飞天就是印度神话中的乾达婆和紧那罗。由于宗教的需要，在佛经上有明文：飞天伎乐就是这二神的化身。如：慧琳

《音义》十一云："真陀罗，古作紧那罗，音乐天也，有微妙音响，能作歌舞，男则马首人身能歌，女则端正能舞，次此天女，多与乾达婆为妻室也。"据此，佛教将此二神列入"天龙八部"之内。此二神随着佛教理论以及艺术创作的需要，由原来狰狞之面目，逐渐演变成为雍容俏丽、眉清目秀的飞翔天人。此种转化，开始亦来自印度，经西域至敦煌在中国广大的土壤中培植，有所变异和发展，也可以说是一种高度的升华。如再与印度原型对照，面目已全非，实则大大超越。

三、还有一种说法亦值得注意，即和我国道教中的羽化升仙、羽人腾空的思维逻辑有关，因为中国佛教的发展过程，始终和道教的思想交织混淆。敦煌壁画中有许多这种迹象，如莫高窟 249 窟顶一些神话故事的图形，就有传统神仙家的思想。壁画中的雷公绘有双翼，各种神灵都有在天空翱翔升腾的意思。又如，距敦煌不远的酒泉丁家闸的墓葬，其中壁画就有羽人升仙的图形，彼非佛教，而且时间与敦煌建窟时近乎同步，由此可见，中国传统文化神仙家的思想在敦煌壁画中亦见烙印。

根据以上所述，笔者对飞天乐伎这一形态，有如下看法：

一、飞天的直系祖籍是印度，但到中国后，根据中国的佛教需要和民族的审美心理需要，进行了很大程度的改造，成为艺术园地中的一种奇葩。在中国，飞天最主要的一个特征是不依靠翅膀飞舞，而是凭借衣裙飘带凌空升腾，这就更富于浪漫和超脱。

二、飞天乐伎所持乐器的品种，随着社会文化的进展，随着石窟艺术的不断丰富，逐步增加，都反映了各个时期宫廷和民间世俗音乐的面貌，愈往后，乐器绘制得愈具体和现实。

三、飞天主要的任务是散花，为佛奉献供宝，持乐器，当然可以理解为对佛奉献音乐，为佛唱赞，但这不是主流。飞天乐伎在整个飞天的行列中还是少数，奏乐者只是其中的点缀。

四、飞天是一种固定的艺术形式,它在洞窟中只具装饰作用,无任何情节可言,主要是以其图案性的连续出现,使过于严肃的石窟气氛得到和缓,使人得到美感,从而在心理上得到平衡。

五、飞天是一种有动态的人体造型,有的学者把它列入舞蹈的范畴,是否妥当,值得探讨。笔者认为,作为舞蹈,它必须有自身的规律,如在某些应该表现舞蹈的场合,某些特定的情节,某些夸张或模拟的动作。还有,舞蹈不是孤立地存在着,必须是在乐器的伴奏下才能产生,只有具备这些条件,才可能称为舞蹈。在敦煌壁画中,一些佛像或菩萨,画工们为了创作上求得变化,不流于呆板,往往将其绘成有动势的造型,具有舞姿,飞天也属于此列,应否将其列为舞蹈,颇值得商榷。

化生乐伎

化生一词,为佛教常用术语,化生为四生之一。四生者谓人有四生:一曰胎生,二曰卵生,三曰湿生,四曰化生,化生者谓无所依托,借业力而出现者。"忽然而生者,如诸天、诸地狱及劫初之人",具体地说

图 1–20　莫高窟第 285 窟化生乐伎(西魏)

佛教所指的化生，即莲花中所生。“化”与“花”“华”同义，化亦即花。传说佛即生于莲花之中。《大乘义章八本》曰：“言化生者如诸天等无所依托，无而忽起，名曰化生，若无依托，云何得生，如地论释，依业故生。”

在敦煌壁画中，化生乐伎又可分两种类型，一为化生菩萨乐伎，二为化生童子乐伎。为了避免名称的烦琐，故统一称之为化生乐伎。化生乐伎，在敦煌壁画中表现得最为丰富，变化纷繁，形式多样，凡是在莲花上的乐伎都可称为化生乐伎。在洞窟中主要的分布情况如下：

①佛龛内外，立或坐于莲花之上的菩萨或童子，手持各种乐器。特别在正面龛楣之上，在各种花草纹、云纹的簇拥中，对称地排列数名化生乐伎，多为童子伎，形态生动变化多端。

②在人字坡之两坡，常绘有化生乐伎，多为男性菩萨，身着袈裟，直立，脚踏莲花，手持乐器。有西域特征，莲花简单而概括，只用绿色或黑色画一圆圈或以相连的五六个圆点或瓜子形点，是一种象征性的寓示。

③在经变画中，在礼佛乐队前面的莲花池中，常有一群光身的儿童在水中嬉戏，这就是佛经所说的化生童子，表示一种纯真无邪的生态现象，一般在这种场合都不持乐器。持乐器的化生童子乐伎，是在莫高窟第9窟，南壁下端（《劳度叉斗圣经变》之下）画有两朵大荷花，花瓣张开，里面坐着两组乐伎，一组为箜篌、琵琶、拍板、竖笛，一组为拍板、竖笛。两朵荷花并列，生动有趣。

④佛龛的下方或龛的左右下壁，称为壸门。壸门往往绘有很多方格，每格之内有一身乐伎。这种乐伎多坐在莲花上手持各种乐器，也属于化生乐伎。这种形式也有称之为“壸门乐伎”的。宋代画得特别讲究，人物和乐器线描都十分精致。化生乐伎和天宫乐伎、飞天乐伎一样，是对佛的礼赞和奉献，它的特点是比较分散，在任何场合都可能

出现。

护法神乐伎

护法神，即护持佛法之神，它是佛国的警卫系统，凡护法神中持乐器或作舞者，称为护法神乐伎。敦煌壁画中有如下数种：

天王乐伎

天王，原是印度古神话中的神祇，后为佛教所沿用，其说谓：须弥山之半腹，有山名犍陀罗，有四个山头，居四天王，各护一天下，称“护世四天王”所居处，称四天王天，为六欲天之一。六欲天是欲界中的最高等级，是超乎人鬼以上的天界，天神所居。六欲天分六重，第一天就叫“四天王天”，四天王为帝释天的外将。

公元1世纪，南印度出土石浮雕《诞生和七步》中有四天王形象，四天王并列，其手捧一长布，布上有佛脚印，象征佛行七步。

公元2世纪，北印度犍陀罗石浮雕《四天王捧钵》刻四天王立佛左右，双手捧钵。在印度的浮雕及传说中，四天王实际都未持其他法器或武器，更无持乐器者。传到中国后，天王的形象和职能有所变化和发展，成为手持法器，虎视眈眈，威慑吓人的神将，并身披中国式的甲胄，守护在佛窟或寺院之中，后在中国称为四大金刚。敦煌壁画中的天王很多，见之最早者北魏257窟中心柱龛外北侧，存有天王一身，早期天王手中并未持何法器，后逐渐持物，五代之后，出现一个手持琵琶者（西方广目天王）。此时洞窟窟顶四角，往往绘四身天王像，形体颇巨，大概有镇窟之意。146窟的天王，手持琵琶（这是莫高窟最大的一个琵琶），也有未持琵琶的（如98窟），看来持琵琶与否，并无明确规定，是由画工所掌握而已。

天王所持琵琶，并非作乐，实则为法器，因此，称之为“乐伎”有些勉强，但所持确为乐器，为了分类方便只得列入其内了。

后世天王，强调了“风、调、雨、顺”，此乃中国思维逻辑，用谐音以取吉利也。这个典故,始见于汉人伪托太公吕望的兵书《六韬》,后人把它同印度护世天王糅在一起是有可能的,这些从《封神演义》中查找,似不无痕迹可寻。更详确的根据还待考。

金刚乐伎

金刚为佛之侍从力士,为护法神,因手持金刚杵而得名。金刚乐伎者,持乐器之金刚力士也。在莫高窟所绘金刚力士者甚多,特别是密宗洞窟,一般手持金刚杵及金刚铃,金刚铃亦为法器。在元代3窟内,千手观音旁立有金刚乐伎,即手持金刚铃者。在148窟,有一手持乐器之六臂金刚,其六臂持三种乐器:金刚铃、横笛及琵琶,作同时演奏状。

药叉乐伎

药叉,也称夜叉,按佛经说,属于天龙八部,是佛国世界的护法神。据说他们勇健凶残,能啖鬼,是天界的一种小神灵。他们地位卑贱,形态丑陋,但也能作乐跳舞。这是敦煌壁画中一种很具特色的艺术形式。药叉乐伎绘于墙壁之最下层,与天宫乐伎上下对称相呼应,按理应称之为“地宫乐伎”。因为其形态丑恶,绘制粗犷、夸张,与上面的天宫乐伎正好形成对比。

其构图为一横排,并列绘出,所用颜色比较单调,多为土红及灰褐色或用两种颜色相间,深浅颜色对比构成一种装饰图案的效果。药叉乐伎以舞蹈动态为主,其形态令人可笑,身体短粗,肥胖,光头,上身赤裸,只穿一短裤,光脚赤足,一般不能直立,做蹲状,形若侏儒,但舞蹈动作生动,显示一种剽悍、有力度、狂热的运动,颇有生命力,特

图1-21 莫高窟第249窟药叉(西魏)

别是手位变化异常丰富。在其行列中还夹杂着兽头人身的夜叉。

其中有一部分,手持乐器,边跳边奏,所用乐器品种不多,多为各种鼓类,间或有琵琶、横笛、排箫等。

药叉乐舞,也是我国现实生活中的一种反映,这种形象和题材,主要来源于汉魏之后的乐舞百戏,出自“角抵杂技”。这从我国出土文物陶俑可见脉络。如:有些说唱俑、杂技俑,形态颇与敦煌药叉乐伎相符合。山东临沂金雀山汉墓中出土的彩绘帛画,就有“角抵图”,其形态与敦煌壁画中的药叉乐舞相类似。另外汉画砖刻角抵图也有形若敦煌药叉的形象。

在唐代宫廷曾流行表演过一种力士舞,后在民间也有流传,似与敦煌药叉乐舞伎造型有一定的关系。

伽陵鸟乐伎

在壁画中,有一种鸟身人首的图形,身体类似仙鹤,翅膀张开,两腿细长,头为童子或戴冠之菩萨首状。这种人首鸟身的图形,在壁画中被称为伽陵频伽鸟,其中有部分持乐器或作舞者,称为伽陵鸟乐伎。伽陵鸟也有画为双首鸟身的,佛经称“共命鸟”。

伽陵鸟出现的部位是:

图 1-22 莫高窟第 445 窟伽陵频伽(盛唐)

一、多数在经变画中佛的下方、乐队的两侧或前方、在水池前之曲桥或平台之上。一般对称排列,与礼佛乐队相似:中间一舞,两边各一二身,手持乐器伴奏。有些大型经变,还有两层伽陵鸟乐伎的。也有的不持乐器,作舞蹈飞跃姿势。

二、出现在经变说法图中佛的左右,在壁画的两侧边沿外,一般也是对称的。

三、出现于藻井之内或佛龛之内。

四、有极少数的飞天乐伎带有双翼，如180窟与伽陵鸟同时出现。敦煌莫高窟共有伽陵鸟乐伎80余身。伽陵频伽鸟的典故来自印度佛教，古人译经，名称不统一，曾写作歌罗频伽、羯罗频伽，或加兰伽、毗伽，可见均为梵音转译之讹。

在印度，伽陵频伽鸟指美音鸟，《正法念经》云："山谷旷野，其中多有伽陵频伽，出妙音声，如是美音，若天若人，紧那罗等无能及者，惟除如来言声。"传说：伽陵鸟声音美妙，当年释迦牟尼在祇园精舍修行时，伽陵鸟围绕其间，且歌且舞，妙音天模拟其声，奏"伽陵频曲"，阿难传之，成为"林邑八乐"之一。于是作为佛画的一种典故，凡绘制有佛说法及礼佛的场面，都绘有伽陵鸟乐伎，这就使壁画更加烘托出天国的欢乐和神秘之感。

斯坦因在新疆发现磨朗遗迹，见到有翼的神像，他曾这样写道："以这些壁画的构图和色调，把我引回到埃及罗马墓葬画中，所绘希腊少女及青年美丽的头部上去了，就希腊式佛教美术造像中，以有翼的爱罗神，为其直接的祖先……但是这些天使之成为真正中国境内佛寺里的装饰画像，却不难于解释，犍陀罗派希腊式佛教雕刻从有翼的爱罗神抄袭来的画像，实在用以代表佛教神话中，借自印度传说，普通称其为乾达婆的一般是飞天。"从这段记录中，可以看出斯坦因认为佛画中"有翼的神像"来源是希腊、印度，并认为与飞天同出一辙，是乾达婆的化身。

笔者根据敦煌壁画的考察分析，认为：

一、伽陵鸟在敦煌壁画中出现较晚，始见于唐代，即经变画的成熟时期。

二、是根据佛经的提示进行构图安排的。

三、现在壁画间伽陵鸟的造型，完全是中国的创造，它之所以选用了仙鹤的造型而没有仿照希腊雕刻带翼小天使的模式，是与中国道教的羽人、飞鹤、升仙有关系的。

四、乾达婆为天龙八部之一，虽然有很多的描述，但从未见有双翼的记载。

中国传统文化意识中，人有双翼，可以升腾飞翔的传说和构想，决不迟于希腊和印度。在我国西南云贵地区、在两广及越南出土的，约公元前5世纪至3世纪的部分青铜器，其上的花纹边饰，可见头饰羽毛、羽冠，或身披羽衣，衣着羽尾，或作鸟翔状的人物图像，后来都称之为“羽人”。近年在广西左江流域发现的岩画中，也有羽人的形象。在甘肃酒泉丁家闸的西晋墓葬中，也有羽人飞仙的画，就更与敦煌壁画有直接的渊源关系。因此，可以说敦煌的伽陵鸟乐伎的现象，是由中国的羽人意识，进行加工演变的结果。

唐代宫廷的乐舞，有许多关于羽人的创作和表演，如“霓裳羽衣舞”“鸟歌万岁乐”等节目，都是以鸟为主题、人来表演的艺术。敦煌壁画中的伽陵鸟乐伎，也正是唐代出现并发展的造型，也是宫廷歌舞艺术影响民间艺术的一种现实的反映。

笔者认为：希腊神话以及犍陀罗雕刻中确有带翼的天使，印度阿旃陀石窟中亦确有伽陵鸟的壁画，中国的羽人也确实由来已久。是谁影响了谁，是谁在先呢？很难说清。因为人类的繁衍，产生文化，是有其共性的。用图画来表现人类生活，是人类文化的一种必然趋势。艺术的产生，人类的思维逻辑的产生可能在全球产生巧合，就人长翅膀升空飞翔这个构想，显然是人类文化意识的一种同步现象。

经变画乐伎

经变画，也称变相，即将佛经之文学内容，转变成图画，有的画在纸帛之上，更多的是画在石窟壁上。传入中国的佛经，浩如瀚海，不可能都画出来，窟主及画师，只节选其中部分进行编绘。当然，先决条件是：符合统治阶级（包括窟主）的利益，符合佛教之教义，符合中国伦

理道德的说教规范，才予绘制。光是枯燥的说教不行，还得使广大的群众喜闻乐见，于是就发挥了画工们的智慧，通过节选、凝练、压缩和象征性的手段，经过近千年的艺术实践，终于产生了大量的经变画。敦煌壁画的经变画中，绘有音乐内容的佛经有27部，其中最多的是“药师经变”，莫高窟绘有64铺。其次为“观无量寿经变”，绘有62铺。“阿弥陀经变”（即西方净土变）37铺。所谓有音乐内容，就是其中有乐队和歌舞的场面。

经变画中绘有乐队，最早见之于隋代，这以前音乐演奏都是单身独奏的形式，自隋代就有小型乐队合奏。进入初唐，出现有大型乐队的经变画，即220窟，有28人的乐队，中间舞伎4人。这个乐队是莫高窟初唐壁画中人数最多的一组。而且乐器绘制得精细，品种也是最多的。

经变画都有一主体，主体即说法图，佛坐中央，侍从弟子胁侍菩萨左右簇拥，另外还有天王、力士神将等。在佛的前沿一般都有乐队

图1–23　莫高窟第112窟经变画乐伎（中唐）

奉献乐舞,乐队人数不等,排列形式也不相同,所持乐器也不尽相同。乐队之前还有化生童子、伽陵鸟乐伎。乐队及伽陵鸟左右对称排列,呈现一派和谐与欢乐的气氛。经变画中所绘的乐队形象有如下几种情况:

一、胁侍菩萨乐伎

众弟子、胁侍菩萨簇拥着佛,表示专心听法。这些菩萨一般不持乐器。而密教的某些瑞像则不然。如:不空绢索观音经变、如意轮观音经变等,在观音周围往往绘一圈菩萨,其中就有持琵琶的、持阮的、持弯颈琴的。因其头有圆光,是菩萨的形象,手持乐器,故称之菩萨乐伎。

还有一种情况,即大型法会场面,佛坐中心说法,云集的菩萨、金刚、神众等都在聆听说法,其间有持乐器者,也应称之为菩萨乐伎。

二、文殊、普贤经变乐伎

文殊和普贤都是释迦生前弟子,因其地位重要,在绘制壁画时,亦被列为偶像,成为洞窟常见的造像形式。他们的位置是佛龛两侧墙壁,或大门左右两侧,左边画普贤骑象,右边画文殊骑狮。这两铺像的外侧,画一些乐伎(也有不画者),人数不等,所持乐器也不尽相同,画工任意所致。这种乐伎有个特点就是排列零散无序,直立演奏。因此许多学者认为这就是“立部伎”。笔者认为:立部伎与坐部伎,不只看其是坐姿或立势,而主要应看所演奏乐器的种类。唐代宫廷分坐、立两部伎,殿堂上用的是室内乐的乐器,即为坐部伎,这种音乐文雅、细致。而殿堂之下,所用为吹打乐器,为露天广场行进之仪仗音乐,这种情况的演奏,称立部伎。立部伎所奏音乐高亢、激烈,具仪仗性质。而敦煌壁画中的文殊、普贤经变乐伎,所用乐器与礼佛乐队所用无甚两样,因此,不宜称此为立部伎。何况就是经变乐队,也有站立演奏的(如莫高窟361窟,初唐一幅经变画),所以不能笼统认定。

三、礼佛乐队

经变画中，佛殿前沿两边排列的乐队，称为礼佛乐队。由于经变画大小不等，礼佛乐队的规模、阵容也不相同，一般可分大、中、小三种。大的乐队为每边18人以上者，中型每边6至8人，小型的多为一边2至4人。中间舞蹈者，有1人、2人，或4人者不等。

有的大型经变画，多达3层乐队，而一般则为一层。两侧乐队席地而坐，中间有舞伎表现，舞伎衣着华丽，婀娜多姿，有持乐器舞者，反弹琵琶或持腰鼓，有的空手而舞。舞伎的组合安排，并非凭空臆造，而是有其现实依据的，这种依据，主要是模拟宫廷的乐舞。从敦煌壁画乐、舞伎的排列形式和乐器使用范围来看，它基本是隋唐燕乐的编制，经变画就是以此为模式进行绘制的。

礼佛乐队，在每铺经变画中，都具有独特的内容和处理手法，有着不同乐器的组合形式和处理方法。从大量的礼佛乐队的安排上可看出，显然是考虑到音响和音色的倾向，或以弦乐为主，或以吹打乐为主，有的甚至是打击乐的合奏。有部分的经变画画得十分精细、传神，把演奏状态描绘得十分具体，一些细微的演奏技法，甚至面部表情都表现出来了，这一切都是当时社会音乐生活的反映。它们是研究古代音乐的重要参考资料。

四、故事画乐伎

把佛经中的故事巧妙地构图，使人能理解，并有强烈的艺术个性，这是很了不起的艺术创作。画家们把许多情节淋漓尽致地表达出来，构图形式大不相同，有的近似今日的连环画，有的则是抓主要情节，凝缩在一个画面之内，作为象征性的特点，使人一看就知道是哪部佛经的故事。

故事画按其性质可分为：本生故事、佛传故事、因缘故事、经变故事、佛教史迹故事、佛教胜迹故事、中国传统神话故事。各类故事，在其细节中，壁画常有音乐舞蹈的活动场面。有些则因反复的模拟已成公式：如“乘象入胎”，在大象的左上方总画一组小型的伎乐。如“树下弹筝”就成了一种很流行的构图，这是《报恩经》中善友与利师跋国公主相会，以音乐表达爱情的故事，是佛经中的一个音乐故事。又如劳度叉斗圣图，很多洞窟，都表现这个题材，其构图标志就是狂风大作，钟和鼓倾斜欲坠的情景。61窟有幅太子娱乐图，这是乐舞表演的荟萃，是一个古代的音乐会。还有很多洞窟绘有“火宅”，此为《法华经》之《譬喻品》的图解，寓意耽于声色，如置身火宅，其画法总是有一个楼阁，其中有乐伎数人，楼阁外画火焰，是一种定型的小品。

还有一种情况，即在某一故事画中突然出现有弹琵琶、弹古筝或其他乐器的演奏情况，所云为何，不尽理解。

这些佛经故事画中的乐舞图形，虽然说的是天界佛国的事，但反映的还是世俗生活，与供养人的伎乐，不能截然分开，总的说都是以现实生活为基础而绘制出来的。

图1–24　莫高窟第146窟法华经变火宅喻品(五代)

伎乐人

在壁画中，凡是描绘人间世俗的音乐活动，其中奏乐作舞者，都是伎乐人。伎乐人也称“供养乐伎”。它在壁画中占的数量虽不及伎乐天多，但它是直接反映社会音乐生活的，比较客观地反映了世俗乐舞，现实性较强。

伎乐人有如下种类：

供养人，即为窟主和信奉佛教的人。窟主为了表示自己的虔诚和功德，为了得到佛所赐的福，往往把自己和眷属绘在墙壁上标出姓名，以求隽永。在绘制供养人时，有时也绘制一些乐伎，这些就称为供养人乐伎。譬如:莫高窟360窟(隋代)东南隅,有一小型的供养人乐队,为一女子仪仗乐队,前面3人为舞伎,后面有8人,全部为女性站立表演,为一造型十分优美的乐伎图。舞者长裙曳地,腰带高束,披有巾带,形体修长娟好,巾带飘垂。所用乐器,最前奏方响、箜篌,有两只琵琶并列,后排为排箫横笛等,十分潇洒自然。

北凉275窟,有两个吹角的供养人乐伎。两支角,均为大角,类若《张议潮出行图》之军乐画角,但无花纹。这种角显然不是自然兽角,而是皮革与木质合成。

297窟(北周)有供养乐伎5人为树下乐舞,其服饰具有河西走廊少数民族的风貌。

图1-25 莫高窟第297窟供养乐伎(北周)

出行图乐伎

出行图为有权势的窟主为自己树碑立传而绘制,出行图的篇幅都较大,敦煌地区有如下出行图:

①张议潮出行图
②宋国夫人出行图 } 莫高窟156窟

③曹议金统军图
④回鹘公主出行图 } 莫高窟100窟

⑤慕容归英出行图
⑥慕容公主出行图 } 榆林窟12窟

以上诸出行图以张议潮夫妇出行图最为精美。张议潮是晚唐沙州归义军节度使,因其收复河西,受到朝廷的诰封。创作这两幅出行图就是表述其出行之威武、热烈的盛况。壁画呈长卷形式,全画可分为三个部分:前面为骑兵乐队以及仪仗队,旌旗招展,鼓角齐鸣,气势威严雄壮,军乐为古代鼓吹铙歌之属,有八人鼓吹开路,四个画角,四个大鼓。军乐之后有一组歌舞伎表演若似吐蕃舞蹈。军乐后面这些乐舞伎应属“营伎”。

中间为张议潮本人画像。他身着大红袍,骑白马,在侍卫前呼后拥之下,非常威武、显贵。后部分为行进队伍,辎重和狩猎图。

宋国夫人是张议潮夫人,其出行图与张议潮出行图相对。以歌舞百戏为先导,后有肩舆和一辆极为豪华的马车。另有衣箱辎重。此图有两组乐队,一为百戏伴奏,一为舞蹈伴奏。这幅出行图的百戏场面使观众最有兴趣。一个大力士,头顶长竿,竿上有三童子,攀缘其上,做各种动作,可见一千多年前杂技和今日者类同耳。

《嫁娶图》为弥勒经变里的一个细节,在敦煌壁画中常见,有的复杂,有的简单。唯莫高窟 445 窟与榆林窟 38 窟的最为精致,富有特色,这是反映民俗的一个题材,图中描绘举行婚礼时的来宾祝贺及表演乐舞的场面。有来宾,有主人,有进食的仆人。有的虽然看不见新郎和新娘,但婚礼的欢乐气氛十分明显,而且是一个家庭音乐会。一些学者认为《韩熙载夜宴图》所描绘的情节与此构图相似,而且从时间上看,此为盛唐,彼为五代之后,此图就更有价值了。

宴饮图乐伎

宴饮图亦为壁画表示乐舞的一种形式,如莫高窟 360 窟(晚唐)《维摩诘经变》之宴饮乐舞图:有一长桌,两侧坐两排人宴饮聚会,同时有舞伎伴奏观赏,桌前下方一舞伎翩翩起舞。说明古代聚餐是有歌舞伎来助兴的。

莫高窟壁画乐伎分类统计表

种　类	数量(身)	起止时代	位　置	特　征
天宫乐伎	183	北凉—隋	四壁上端天宫栏墙上的城门洞内	为单身持乐器者，身体扭动突出
飞天乐伎	637	北魏—元	藻井四周、四壁上端、经变画上端龛内左右上方	单身飘舞奏乐
迦陵鸟乐伎	71	隋—宋	藻井和经变画中	单身奏乐和二或四身对称奏乐
化生乐伎	75	北魏—西夏	人字坡、龛楣、壶门、佛座身及经变画下端	在莲花中奏乐，部分为童子
菩萨乐伎	23	北凉—元	说法图佛之左右、曼陀罗中	单身端坐或站立奏乐
文殊普贤变乐伎	151	初唐—西夏	佛龛两侧、窟门两侧	菩萨乐伎之一，站立行进奏乐
天王乐伎	5	五代、清	窟顶四角、窟外门侧	形体巨大，手持琵琶
金刚乐伎	3	元、清	观音菩萨左右下方	体格健壮，手持金刚铃

续表

种　类	数量（身）	起止时代	位　置	特　征
经变画乐队乐伎	2192	初唐—西夏	中心塔柱塔座身、四壁下、佛龛下	半裸、强悍、持乐器、动作夸张
药叉乐伎	35	北魏—隋	经变画下部	乐队对称形式排列，端坐或站立演奏，人数不等，乐器配置多变，有时有两组甚至三组乐队
供养人乐伎	54	北凉—西夏	四壁下，世俗画中	写实
百戏乐伎	21	唐	经变世俗画中	为顶杆杂技伴奏
嫁娶乐伎	5	唐	经变世俗画中	弥勒经变中嫁娶婚礼伴奏
宴饮乐伎	3	五代	经变世俗画中	维摩诘经变民间宴饮图中为舞伎伴奏
出行图乐伎	47	晚唐、五代	窟顶、屏风画、经变画中	零散演奏
故事画乐伎	15	北周—初唐	南北壁下部	军乐及营伎

总计 3520 身

（本文首发于 1989 年第 4 期《敦煌研究》）

敦煌壁画舞伎研究

舞蹈，乃人类一种最基本的文化现象，因此，有人说舞蹈是“艺术之母”，颇有道理。它是最早产生的艺术形式，可以说，自有人类的同时就产生了舞蹈。人类把自身作为审美的对象，以形体的运动来表现生命，表达生活中的各种感情，这大概是世界文化萌发的共同规律。

人类产生舞蹈，紧接着就产生描绘舞蹈的图画，作为一种艺术语言，或称之为符号的岩画、地画、壁画等，为最初的绘画形式，形象地记录了先民的舞蹈意识，在全世界范围之内，这似乎是一种必然发展的生态趋势。毋庸赘述，我们从西班牙阿尔塔米的洞壁，从土耳其的恰尔塔许于克神殿，从埃及金字塔的建筑装饰中，从印度犍陀罗、阿旃陀寺院壁画中，从非洲发现的远古岩画，到我国发现的四川、云南、广西、新疆、甘肃的原始岩画和彩陶图案中，都可以看到舞蹈的图形，虽然目前尚未排出确切的年代次序，但可以说，这都是人类萌发舞蹈文化的最初形式，而且具有同步现象。

我们中国，是舞蹈文化最悠久、最丰富的国度，遗存的图像资料最多，敦煌保存下来的舞蹈图像，即为最有力的见证。它生动记录了我国自南北朝以后，历经十个朝代，直至元代，近一千年的时间跨度之内，我国舞蹈文化的社会风貌和发展概况，不仅具有独特的审美价值，也还具有极其珍贵的史料价值。

舞伎，与乐伎相对而得名，是指壁画中各种场合的舞蹈表演者，舞伎也和乐伎一样，分门别类地布于壁画的各个角落。总的来源，亦分天宫和世俗两大类。不论天上或人间的舞蹈都是当时社会生活的反映,表现天宫的舞蹈富有想象力,比较程式化。而人间世俗的舞蹈则比较具体和写实。二者有时也融合在一起,人神合一,难以区分神与人的界限。

这些具有舞蹈内容的图像,应如何分类?壁画中的布局?舞蹈特征?表现形式?在近千年绘制中的衍变和承递关系?与史籍文献的关系?民族属性?外来文化的影响?等等,这一系列的问题,对于研究者而言,也不是全无困惑,笔者经过考察与研究,仅提出自己的看法如下:

一、装饰性的舞蹈造型

供人顶礼膜拜的佛像,是敦煌壁画的主题,除了佛像之外,就是以释迦为中心的佛传故事画、经变画、经变故事画,或其他以宗教内容为主的图画。窟主为使这些题材得到最佳的说教效果,就雇用画工发挥了他们的艺术才能,以中国特有的单线平涂的绘画形式,长年累月地进行创作,形成了中国佛教壁画最完美的境界,并形成自己的体系。装饰性是敦煌壁画的特点,将一些题材安排在特定位置,有特定的人物造型手法,或有规律地重复、再现,或夸张变形,以图案的构图方式,再衬托正题佛画,使全壁壁画主次分明,协调均衡。敦煌壁画中所表现的音乐和舞蹈的题材,都属于副题,因此多采用这种装饰性的构图。

只谈舞蹈装饰画,大概有如下几种情况:

天宫舞伎

天宫伎乐,是壁画表现乐舞的场面,为敦煌早期壁画的固定形式。古时,“乐”字含义甚广,除奏乐之外,也包括舞蹈。天宫伎乐的由来,是根据佛经的提示,乃天界佛国,由天人组成,单身表演乐舞的构图形式。

天宫伎乐的布局为，在窟顶与墙壁交界处，环窟四壁，有一带状画面，画许多方格，象征宫门和栏墙，每格为一券形城门洞，踞一奏乐器或舞蹈的天人，这种形式，即为“天宫伎乐”，其中奏乐器者称“乐伎”，作舞蹈状者为“舞伎”。

天宫舞伎，多为男性造型，所绘人物，高鼻深目，有浓厚之西域画风。有的光头，有的束髻，有的饰菩萨冠，有的半裸，有的着袈裟，或系裙披巾。头上画有光环，以示为天人。

天宫舞伎的舞蹈姿态，描绘得生动、活泼，其在门洞中之造型，多为半身形体，因人多为半身之舞蹈状，主要表现在头、身躯、手臂和手势的变化，有正面、侧面、背面、俯仰，甚至倒立等等形式，身体的扭曲，手位的动作，表现出十分丰富的舞蹈形态。极具粗犷、稚拙、男性阳刚之美，一种力度的伸展和夸张。令人叹服的是，每一位舞伎都独具姿态，各不相同，显示了画工对人体、对舞姿的观察能力和娴熟的画技，每个舞伎都各具姿态，有奏乐，有做舞，有击掌，有做手势的，形成参差变化，全窟一圈连续起来，给人以强烈的运动感、秩序感，使一个宗教气氛森严的洞窟呈现出欢乐的气氛，使观者得到心理上的平衡。

天宫舞伎，是画家的舞蹈造型，无具体情节可言，也没有必要去考证跳的是什么舞蹈，可以说，是一种装饰性的乐舞壁画。

飞天舞伎

飞天，是敦煌壁画中最有特色的一种装饰画。这种形式从最早的北凉时期洞窟就开始出现，一直延续到元代，在不断的丰富和发展过程中，形成我国特有的飞天艺术，一种为世界人民瞩目的画题。

飞天画的是佛经所谓的“香音神”，是天龙八部中的“紧那罗”和“乾达婆”。此二神为能歌善舞的天人。飞天形象来源于印度，随着佛教传入我国。但在中国文化的土壤上，发生了质变，逐渐地形成中国式的飞天,我们从敦煌早期洞窟,还可见到有西方飞天风格的影子,有些类似印度阿旃陀的飞天,但很快就消失了。

飞天移植到中国来，嫁接了我国传统的文化意识，因素是较多的,而最主要的还是飞游霄汉、羽化升仙的道家思想。还有古时游龙飞凤的文化意识,如傅毅的“舞赋”就有“体如游龙,神为素蜺”之句。傅玄诗有:“退似潜龙婉,进如翔鸾飞。”显然,古人把舞蹈和飞翔、和龙凤联系在一起。而向往着人亦能在天宫翱翔。这大概就是飞天产生的主要思维逻辑。飞天有舞蹈的姿态,肯定也是接受了百戏歌舞的影响。

敦煌飞天,结合舞蹈,简括地说,有如下这样几个特点:

(一)由男性逐渐变化为女性。

(二)它不是凭借翅膀飞舞,而是凭借四肢、衣裙和飘带凌空飞舞,更具神秘和浪漫色彩。

(三)从绘画的角度看,敦煌飞天有一个发展的过程,不同时期,有其不同的风格特征。早期的比较粗犷、简单、身体笨拙,但朴实自然。隋以后有突进,造型多为狼牙旗状飘带,飞动较灵活。唐代是飞天的高潮,舞姿婀娜柔媚,动势轻柔飘逸,已形成娴熟的仕女画风格。五代之后趋于程式化,沿袭前人模式,比较僵化呆板,但线条功夫臻于成熟。总之,在飞天的创造中可以看出,宗教意识与人体美的审美情趣得到完美的结合。

(四)“天宫伎乐”从隋代开始消失,其位置由飞天代替,可以说,飞天是天宫伎乐的发展和升华。除此之外,在藻井、龛楣、龛内,以及窟檐,甚至经变画中,也常出现飞天的形象。

(五)从舞蹈的角度来看,飞天的造型是历代画家长期创造赋予的精美造型,飞天本身就具有一种动势感,可以理解当时画工创作时带有一些舞蹈意识,如飞天的飘曳、平驰、斜趋、升腾、俯降、扭转、伸臂摆腰等等动态,确是表现了一些女性的人体美造型。但是,笔者认为：飞天不宜完全理解为舞蹈，纵览全部飞天，仅莫高窟，就有四千五百余身，然而表现乐舞，还是其中的少数，而更多的是持花、散花，表示对佛奉献，和散芬芳于人世，赐福于人间，以示祥瑞。而佛经也是这么说的，称之为“散花天”。所以，飞天只是具有舞意的构图，谈不上有任何的舞蹈内容和情节。

化生舞伎

敦煌壁画可谓莲花的世界，造型纷繁多样，处处可见莲花的图案。其中有一种在莲花中奏乐和舞蹈的装饰画，称之为化生伎乐，也有称莲花伎乐的。这种安排，也来自佛典。

化生伎乐分两种形式，一为化生菩萨伎乐，一为化生童子伎乐，前者为莲花中仕女，后者为儿童。主要分布在：龛楣、壶门、枰棋，与经变礼佛图之莲花池中。化生伎乐，在其他角落也会出现，画工可任意布置。

龛楣是必须画有化生伎乐的，而且重点表现的是舞蹈，中心就是一个两臂平伸、做领舞状的化生舞伎，然后对称地依次往下排列，有的奏乐器，有的持花，有的振臂做舞，舞姿变化多端，表现得生动、活泼。有正面、侧面，或者倒立表演的舞伎，有全身站立的，也有半身踞坐在莲花之内的造型，所绘伎乐，各有姿态，决不雷同，显得格外有趣。

壶门，为佛龛下部，或佛像的坐床；常画许多方格，每格画有一或二身化生伎乐，也是乐舞相间。有一种舞伎，为头上梳有双髻之少女，立于莲花之中，伸臂做舞，这种造型，酷似现代表演之“荷花舞”。

化生童子乐伎，为壁画常见的形式，盖天真无邪之象征也，经变说法图，莲花水池中，常有光身儿童，嬉戏于莲花之中。在佛龛之内，龛楣、壶门，也有画童子舞伎者，显得气势活跃，充满慈爱与和谐。

古时舞蹈与莲花关系甚密，唐代“拓枝舞”，就是那时的荷花舞，民间还有“采莲舞”等等，但壁画中不能确定哪个是拓枝舞，只是具象意义。

药叉舞伎

药叉，也写作夜叉，它不是鬼，而是护法神，属于天龙八部，不过是天国之中地位卑贱的小神灵。因此绘制时，将其布置于壁画的最底层，与上面的天宫伎乐相呼应，形成强烈的对比。药叉伎乐图也是环窟绘制，成为装饰性图案，有时在中心柱下面也绘制一圈。药叉舞蹈，为男性舞蹈，动作夸张，刚健雄伟，有的也持乐器，但却是手舞足蹈。所用乐器有:鼓、横笛、琵琶、排箫等，品种有限的几件。夜叉面貌狰狞，形态丑恶，以丑角身份出现，所塑造的形象都是光头，半裸，下着短裤，袒腹，赤足，五短身材，肥胖而笨拙。舞蹈姿势，多为蹲腿分膝，不能直立，类若侏儒。药叉舞伎的构图，为横排，以不同颜色，如土红、灰褐、赭石等相间，形成一种阴森、滑稽、光怪陆离的效果，中间有的还夹杂着兽头人身的怪异形象，也一同跳舞。

药叉舞伎，虽丑陋笨拙，但丑中见美，饶有风趣，这种构思并非凭空创造，很显然是根据汉画像砖中角抵百戏图与古代陶俑、说唱俑而绘制。在文献中唐代的角抵舞、力士舞，很可能是药叉图的参考依据。因此它的艺术魅力无穷，传诸后世。

药叉伎乐图只见于北魏、西魏及北周，进入隋代就消失了。

二、写实性舞蹈造型

敦煌壁画中，有一部分是直接描绘舞蹈的图像，可谓名副其实的舞蹈造型，虽然还不如前项装饰性舞蹈图形数量多，但比较突出和具体，给人留下的印象是极完美的，这正应归功于古代艺术家精湛的画技。可以这样说，一幅经变画，其高潮和引人注目的中心，不一定是佛像，而是在为佛礼赞、做表演的舞伎身上。因为舞伎的造型生动、具体,活灵活现,描绘得惟妙惟肖。

具体的舞伎造型,有两类,一是经变画中说法图中的舞蹈;另一种是供养人中的舞蹈场面。

礼佛舞伎是大型经变画的一个部分,常画于壁画中心线的下方,画工对此经营布置极具匠心,虽然每幅经变画都有自己的面貌,但也有一定的模式可循,形成经变画的构图程式,大约是如此安排:佛居中心,周围弟子、侍徒簇拥。背景环境是以宫廷为依据而假设的模式,也附加着一些富有浪漫色彩的场景,如:祥云缭绕,玉宇层叠,宝幢经幡,亭台楼榭,回廊曲桥,荷池玉液,灯轮玉树,异兽珍禽。在全图的下部,有一平台,类似今日舞台,中间为舞伎表演,两侧为伴奏乐队。礼拜乐舞,根据壁画大小而因地制宜,有的绘制场面相当宏伟,有上下三层乐舞表演,如莫高窟第148窟。

礼佛舞伎有一人、二人、四人不等,不同时期,所着衣饰,所持舞具,表演的舞姿也各有千秋。唐代是经变画艺术的高峰时期,最为丰富和细腻。礼佛乐舞的场面,基本是隋唐燕乐、宫廷乐舞生活的写照,但人数、规模究竟不及宫廷之大,可以说是一种缩影。

礼佛舞伎一般都不是空手而舞,有持琵琶(多为反弹之造型),有击腰鼓,有做弹指,有持长巾彩带,有持花朵的,还有不持物以手势做舞者。

舞蹈的动态很值得研究,只是瞬间的停顿,却表达了各种内容,有的是运动中的旋转、跳跃,有的是与乐队传送眼神,呼应配合,有的含情娇媚,有的端庄典雅,有的刚健奔放,有的轻盈柔曼,从神情、步履中看出韵律与节奏,基本上符合古代舞蹈之软舞、健舞的形式规律。再加上巾带的回旋、飞动,丰富了背景的空间,就构成了一幅幅完美的舞蹈图像。

笔者认为,礼佛舞伎的造型,是我国美术史上极为珍贵的一页,它凝聚和记录了当时的完美风尚,是人体造型艺术的一个高峰。对舞蹈史而言,这里展现了我国各个时期的最佳舞姿,这里面确实有一种中华民族舞蹈的气质和灵魂,一种内在的“身韵”。在这里,我想借用一些舞蹈理论家的术语,把身韵归纳为:“拧”“倾”“圆”“曲”四字,把舞蹈动作又分解为“提”“沉”“冲”“靠”“含”“腆”“移”等字眼,以此来意会敦煌的舞姿,是最贴切不过了。敦煌壁画的舞蹈,确实有它的艺术内涵,如三道弯式的曲线特征、扭腰摆胯、吸腿勾脚、舒展的两臂张合等,都具有敦煌的舞蹈特色。

甘肃省几位舞蹈家,根据他们的观察,提炼、整理出一套敦煌舞蹈造型和基础训练教材,这是很有现实意义的研究,应该给以高度重视,能把死的资料,变成活的艺术创造,让全世界人民都能领会足以代表中华民族文化的敦煌艺术,这是我们希望的事业。

供养人舞伎是指人间世俗性舞蹈,可分为以下几个部分:

(一)供养人舞伎

窟主为标榜自己的功德,以求佛的赐福,往往把自己和眷属也写进洞窟,把自己称为供养人,以求隽永。有时也绘制一些社会生活,出现一些音乐舞蹈场面,虽然为数不多,但也别具风格,如莫高窟隋代第 300 窟,在窟之东南隅绘制了一组乐舞伎,其中乐伎八人,舞伎三人,全为站立表演之女子乐舞,舞者高髻细腰,长裙委地,披有巾带,体态修长娟秀,舞态轻盈,此图面积不大,但构图精美,具有装饰性风格。

另一北周第 297 窟,有一组供养伎乐,为树下舞蹈,舞者为男性二人,另有三人乐队伴奏,舞蹈似为民间舞,颇有西北地区乡土气息,有不加修饰、即兴而舞的特点。

(二)出行图舞伎

出行图,是我国汉魏以来,一种墓葬和石窟中常见的绘画形式,主要是为统治者表述功德、题示尊贵、耀武扬威,带有政治色彩的大型美术创作。敦煌壁画中,就有四处:①第156窟张议潮及其夫人出行图。②第100窟曹议金及其夫人出行图。③第94窟张淮深出行图。④榆林窟12窟之慕容归英出行图。前两幅尚完好,后两幅已漫漶不清。其中以张议潮、宋国夫人夫妇出行图最为精美,而曹议金夫妇出行图则为仿制。

张议潮为唐末河西归义军节度使,他率部驱走吐蕃占领军,成为瓜沙二州的统领,并受到长安的诰封。这幅场面浩大的出行图记载了他收复河西凯旋的状况,可谓一幅反映史实的名画。这幅长卷式卷画,有许多乐舞场面,有骑吹军乐,古时称为六纛的仪仗队,旌旗招展鼓角齐鸣。有文武百官列队迎接,有营伎乐舞表演。这一组舞蹈,有四男四女,相对而舞。男子着汉装,女子着吐蕃服装,屈肘甩袖、身体倾斜,很像今日之藏族舞蹈。

宋国夫人出行图,为百戏顶竿开道,继之也有一组舞蹈,为四女性舞伎,着花舞衣,花裙委地,振臂举袖,束汉族发髻,摆成四方阵式,相对而舞。这些舞蹈,比较真实地保存了唐代贵族家伎、营伎的制度和舞姿,反映了舞蹈的社会风尚,是文献中难以表述的形象资料。

(三)故事画中的世俗舞蹈

壁画中还有一些反映民间舞蹈的图像,这些舞蹈比较零散,规模也不大,往往为一两个人做舞,乐器伴奏人数也不多,表演的场合也在日常生活之中,似为即兴之舞蹈表演,舞者服饰与生活之中穿着无异,虽然篇幅很少,但反映当时社会舞蹈生活、民间表演艺术与民族生活习俗。

这些世俗性舞蹈,有的出现于经变画的副题屏风画中,有的在佛经故事画中,逐渐形成一种固定的情节、固定的构图方式,虽然寓意为佛教的主题内容,但描绘的都是世俗人情、民间社会风貌,舞蹈的构图虽然简单，但清新活泼、富有浓郁的民间情调。

我们可举一些常见舞蹈的实例来说明：

火宅乐舞图——为法华经之《譬喻品》的一个情节，告诫人们不要耽于声色，否则如置身火宅。壁画中所见甚多，常画一楼阁，似为小舞台，中有舞蹈者以及乐者，楼阁外火焰四起，寓示人在危险中而不觉也。

太子娱乐图——也称五欲娱乐图，描绘须达那太子，同情世人生老病死之苦，决心摒弃一切去修道；为阻止太子出家，后宫设粉黛舞伎，以声、色、香、味、触五欲诱惑；所绘音乐、舞蹈则表示声色之欲。莫高窟第 61 窟有一幅屏风画，其中几组舞蹈表演，集中地表现了当时代的舞蹈活动，即当时舞台效果。

嫁娶图——为弥勒经变的一个情节，此图壁画常见到，唯莫高窟第 445 窟，及榆林窟第 38 窟两幅最精彩，图中表现了民间举行婚礼的种种民俗仪式，都有舞蹈助兴、大家围观的场面。

十二愿舞蹈图——为东方药师变的一个固定情节画，表现人的企希，有十二种愿望，其中有一愿，即希望神灵赐福，愿有美妙的歌喉及灵活的肢体，于是画一女子做舞蹈状，或手持琵琶，边弹边唱边舞，以示这一愿内容。

九横死舞蹈图——这也是药师变的一个情节，与十二愿相对，表现人若做恶事，将有九种横死报应，其中一死为耽淫贪酒放逸而死，常画一乐舞场面，以舞蹈女子表示声色，姿态动势也颇有情趣。

宴饮舞蹈图——古时民间宴饮也常有乐舞助兴，壁画中有充分的反映，如晚唐第 360 窟之《维摩诘经变》，说居士维摩诘常深入民间，到酒店、妓院下等人居所宣传佛法，这幅画就是酒店的写照，为民间酒肆风俗特写，在丰盛的食桌前，一舞伎翩翩起舞，另一人持拍板伴奏，气氛热烈生动。

其他经变，也还具有舞蹈画面，如劳度叉斗圣、法华经变、观无量寿经变等都有许多舞蹈图形，这里就不一一介绍了。

以上为敦煌壁画舞伎的分类、布局和状况，除上所述，笔者还对其中一些实质性问题初步做了一些思考，兹分条略述如下：

一、敦煌壁画是我国中古时期的美术创作，所反映的舞蹈图形，已不是原始壁画那种图腾式朦胧的象征意识，也不是汉代画像那种稚拙、简略概括的舞蹈构图，而是进入了一个十分具体、写实、社会舞蹈生活已十分成熟、画技也显示多种风格的时代，唐代是壁画的高峰时期，所描绘的舞蹈标志着音乐舞蹈艺术、人体绘画艺术、物质文明、审美情趣都进入高水平的时期。

敦煌壁画反映的是神和人的两种世界，在这里“人神合一”，两种境界得到完美的和谐与统一。表现出宗教意识和世俗文化意识的交合，也体现出宫廷艺术形式和民间艺术风尚的融合。就以舞蹈图像而论，它是地地道道的古代人体艺术，它超越了宗教的范围，也超越了封建文化的教条，大胆而缜密。有趣的是，它还成功地取得了古代与现代在审美观上的一致，使现代人不但能接受，而且拍案叫绝。

二、壁画舞蹈与文献的关系：我国古代史籍中相当注意乐舞的记载，这些可以称为历史的材料，与壁画中的图形有什么实际的联系？许多学者旁征博引，寄希望于史书，想与壁画对应，在史书上找到创造壁画时的文字依据，笔者在这方面也曾做过一些探索，但结果是似是而非，牵强附会，乃徒劳之举。譬如：哪是坐部伎？哪是立部伎？哪是胡旋舞？哪是胡腾舞？哪是拓枝舞？是否会有秦王破阵乐？……经过仔细的核对，一些文献、诗篇都与壁画不十分吻合：因此实事求是地说，查无实据，不能生搬硬套。

笔者认为两方面都有虚实并布的现象，壁画是美术创作，吸取了宫廷和民间的音乐舞蹈的实际情况；但画工根据自己的想象力、知识范围、画技的工拙，都会有不同的表现，必然有一定的杜撰和虚构。而文献的撰写，亦存在这个问题，史书所记乐舞，多为宫廷御用文人所撰，他们也未必谙熟乐舞，还加上封建政治的制约，多为因陈相袭之论，因此亦带有很大程度的主观色彩，有严重的脱离实际的倾向，所以二者难以核对。

据此，笔者认为，壁画的创作依据，应是佛经，再就是当时赖以承前启后的粉本。文献上的材料，只能作为参考，绝不可作为根据。

三、外来因素：佛教和佛教画，都是印度传入我国的，但在中国文化的熔炉之中，印度原型的佛教画，已被逐步地改造，面目全非了，就连佛像，都也中国化了。但是，也并非外来痕迹荡然无存，还是有余绪可寻的。特别是舞蹈的造型，就大有外来的因素。

敦煌早期壁画的天宫伎乐、飞天的造型，就有外来的画风，从人物的造型、所着衣饰、画法构图，都和内地的壁画大不一样，我们很清楚地在印度阿旃陀、在阿富汗的白沙瓦、在我国新疆的库车等找到出处。

特别是经变画中礼佛的舞伎，笔者认为，和今日印度的民间舞蹈，有极大的内在联系，如仔细对照，所画舞伎的服装、衣饰、发式、花冠、胸前的璎珞、串铃，以及赤足、袒腹、半裸，以及手臂、手腕、足腕所佩戴的金镯，都可以在印度圣女的打扮上、习俗风尚方面找到依据。特别在舞姿上，礼佛舞伎多采取蹲跨，常取外开式分脚站立，身体拧曲，以及赤足、勾脚，手臂和手势也极为丰富，近今日印度舞蹈中的“手语”动作，以及女性“三道弯”式舞蹈造型。这一系列的特征，难道不是印度舞蹈文化东传的结果吗？

还有，就乐舞的表现形式，也不是和印度无关，乐器虽然转化为中国的民族乐器，但演奏形式，席地而坐，小型分散，与舞者同一平台上，相互配合，这也是印度的影响。这种形式如今在汉族地区发生了变革,而新疆的歌舞却始终保持。

四、民族属性:敦煌古时地处我国边陲,为丝绸之路的咽喉重镇,历史上曾是几个民族争夺和轮番占领的地方,因此,壁画上确是反映出多民族的文化特点。这主要还是在供养人题记和供养人画像上有所记载,还有就是在某些经变画中有局部的民族生活的细节。再就是出行图中的写实性舞蹈,有过吐蕃舞的迹象。

尽管敦煌曾为回鹘、吐蕃及西夏所占据,有许多供养人及游客,用少数民族文字留言。但就整个壁画的民族属性问题,笔者认为,这是以汉族文化意识为中心,所绘人物造型,社会生活风俗,还是以汉族文化意识为中心;所绘人物造型,社会生活风俗,还是汉族的习惯,绘画风格也是汉族绘画传统的延续和发展。笔者认为,就乐舞的造型来看,基本上是中原乐文化类型,和内地的洞窟、墓葬壁画是一脉相承的,而和新疆的石窟壁画截然不同。因此,可以说在壁画中的乐舞,基本是汉民族和宫廷与民间相结合的形态, 目前还尚未看到其他民族深远的影响。

五、佛画与舞蹈:敦煌壁画的造像,除了千佛画得千篇一律比较呆板外,其他佛和菩萨的造像姿势和手势,都具有一定的艺术趣味,追求动势和变化,而且形式相当的繁复。对于这些生动的造像,很多研究者根据不同的理解和欣赏角度,提出各种解释,说法纷纭,莫衷一是。比如:舞蹈家们说,这些壁画人物、造像,都是舞蹈的造型,并现身说法地意会这个是“山膀”那个是“云手”“卧鱼”“兰花手”“倒踢紫金冠”等等,用今天的舞蹈语言来对照并赞叹,有时竟有如此这般高难度的舞蹈训练,甚至,将莫高窟第 465 窟的壁画以及其他如“曼陀罗”造像等,皆视为绝妙的舞蹈造型;气功师们则认为,这些壁画的造型,都是古代的“导引图”,认为是当时打坐、运气、吐纳、掐诀等修行的图式; 体育界则认为其中有许多是古代某种运动锻炼的项目……

不一而足。

笔者认为,这种各取所需、望文生义、按图索骥的附会之说,是很值得深入商榷的。还是应回归在佛教的本义上来理解,不宜以现代化的审美观点和想象作为主观解释的依据。

古时,佛教建窟绘制壁画,目的在于宣扬佛教的教义和仪轨,弘扬佛法,赞颂佛祖,同时还带有浓厚的儒家礼教和政治色彩,因此,壁画的基调是庄严、肃穆,含有训诫和威慑的性质。其实,佛教本身并不提倡音乐舞蹈,因为它属于“声色”范畴,为世俗活动,系戒律所禁。在佛教的经典中,说得很清楚,如《沙弥戒》《比丘戒》中就有明文规定:“不观闻歌舞伎乐。”但从敦煌壁画的现实看,虽然是超越了规定,还是着力渲染了音乐舞蹈的场面。但尽管如此,也绝不是没有边际,还是有其严格界限的,应该认识到,佛和菩萨是不事乐舞的。而壁画中从事乐舞活动的,只限于供养菩萨或供养人。

佛和菩萨的造型,有立、坐、卧的姿势,供养菩萨除了上述三种外,还有跪和舞的姿态。这一切,佛教称之为“印相”。

除了身体姿势外,还有手的姿势,佛教称为“手印”,手印是佛的各种手势,寓意佛的期望和暗示,譬如:释迦佛有五种手印,为(一)禅定印(定印)(二)施无畏印(三)降魔印(触地印)(四)转法轮印(说法印)(五)施愿印(與愿印)。由此可见,佛像的手势,是有其特定佛教内涵和规范的,一般都是表示:接引、赐予、告诫、降服等等概念,绝不是舞蹈动作。

在佛画中,有一种称为“曼陀罗”的图像,是密教佛画的主要形式。曼陀罗为梵语:轮集、轮坛、坛城之意,是佛或菩萨的群体瑞像,其形式为圆形或方形,中间为佛本尊像,可画药师、弥勒、观音等,上下左右沿佛像四周,再画数圈菩萨像,由大及小,有数层之多,此为依照密宗仪轨绘制,所列菩萨,亦依佛典排列有序。但其形态多姿,有的做伸臂屈腿、身体扭动之势。曼陀罗的造像,为佛教僧侣修行、观像之用,因此,它是一种极为严肃的佛陀偶像,绝不应视为舞蹈。

（首发于1991年第2期《新疆艺术》）

新发现的莫高窟第275窟音乐图像

最近,敦煌研究院保护研究所,在莫高窟第275窟进行了一项墙壁移位,成功地将该窟宋代修建的南壁一隅,向东移位约两米,南壁被掩盖的十六国时期所绘的壁画得以重见天日。新揭露的壁画与南壁残缺的原壁画连为一体,全壁呈现四组伎乐,据此,可以说这是莫高窟最早的音乐题材图像,现对与此有关的问题探讨如下。

一、第275窟的壁画内容

关于第275窟的开造时间,当前学术界尚存分歧意见,基本有三说:一说西凉,一说北凉,一说北魏。其实,争议的范围不过几十年。总的来说,诸家都承认第275窟是莫高窟最早的一个石窟,与毗邻的第272、268窟为一组,是莫高窟现存最早的石窟,因此,极为引人注目,其历史意义、艺术价值弥足珍贵。

第275窟的窟型,盝顶,长方形,西壁塑三米高主尊交脚菩萨一身,仪态端详,头戴佛冠,坐狮子床,左右无胁侍,蹲踞二狮子。对此主尊定名,当时学者有两种观点,一说是弥勒,一说为释迦,均引经据典,旁征博引,论据充分,皆可信。

南北二壁,上端有一栏界,界之上,南北相对,各开三小龛,中塑小型交脚菩萨,龛下为壁画,分为三层:上层皆画一排飞天。中层为主体壁画。下层,南壁画一排供养菩萨,头顶圆光,脚踏莲花,寓示为天人;北壁为一排供养人,前八人为供养伎乐,吹大角、海螺、竖笛。南北壁三层壁画之下，绘垂角幔帷边饰图案。

图 1–25　莫高窟第 275 窟天宫伎乐图(一)

北壁主体壁画为本生故事，由西向东依次画：毗楞竭梨王身钉千钉，虔阇尼婆梨王身剜千洞燃千灯，尸毗王割肉救鸽，月光王系发施头。四组壁画(详见《敦煌莫高窟内容总录》)，表现前世佛善行、施舍、牺牲的本生故事。关于北壁的壁画内容，未见专家有异议。

南壁主体壁画，说法不一，有的学者认为画的是悉达多太子出游四门的佛传故事。也有的认为是释尊前世为月光太子，以自己的血骨施舍救人的故事。

笔者则鉴于全幅壁画的揭露，从展现出来整幅壁画的题材内容以及参考有关文献，据佛经的提示，认为这是一幅天宫伎乐图，依据是：

(一)南壁由于墙壁搬迁而揭露出整幅画面，内容统一，形象为四组天宫伎乐，是为天宫奉献乐舞的场面。所绘人物，头有光环，脚踏莲花，表示为天人。上有飞天凌空翱翔，下绘头有光环、脚踩莲花的供养菩萨，整壁为天界佛国天宫之气氛。

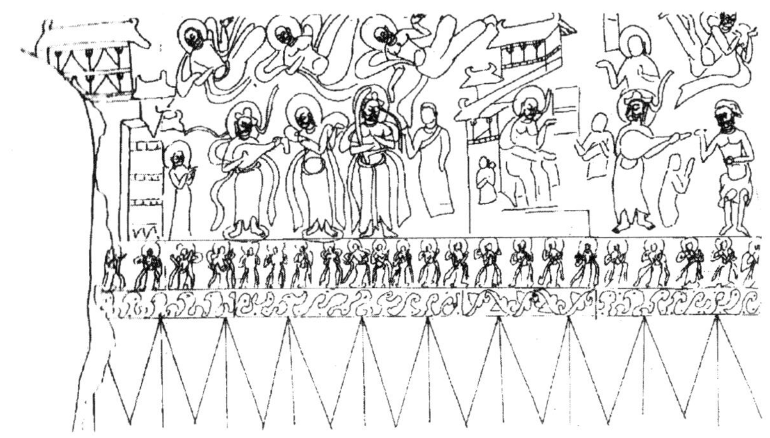

图 1-26　莫高窟第 275 窟天宫伎乐图(二)

(二)全画分段布局,画有楼阁数座,楼阁之左右是四组伎乐。每个楼阁之中,居有头饰宝冠、有光环的菩萨。旁有侍从,有聆听伎乐演奏。象征宫阙琼楼、玉宇千层、伎乐缭绕、歌舞升平的极乐世界。正如佛经所云:“彼天宫有三万二千微妙安乐所住之处,高阁重门,层楼大殿,轩槛窗牖……奏天伎乐。”(《方广大庄严经》第 1)。又:忉利天善见大城……纯金为之所围绕……城之四面为千门楼，中央金城帝释住处……“复有一小门,凡五百门,做倡伎乐及诸处戏。”(《立世阿毗昙论》)。

(三)宫阙中之菩萨,为何许人? 帝释天? 释迦? 弥勒? 亦尚存疑惑。

敦煌地区早期盛传弥勒信仰，把它解释成兜率天宫中的弥勒净土,亦堪称符合,因为许多佛经都说天宫伎乐的场面,源自未来佛弥勒在兜率天宫说法与进行种种妙乐之典故。根据《佛说观弥勒上生兜率天经》的内容,描绘弥勒上生兜率天宫的景象,表现天宫中种种妙乐之事。目的是劝众生往生兜率天,显示“三世诸佛出世,必前往兜率,乃下生成佛"的知欲乐足的含义。或者说,第275窟南壁所绘是最初创造的弥勒净土变的一种形式。

此外,本窟南北窟均出现半跏姿势的思维菩萨,据佛教仪轨之习惯说法,这也是表现弥勒的一种形式,往往用思维菩萨寓示弥勒和表现兜率天宫的活动。

但是,半跏坐的思维菩萨造型,也有视其为释迦牟尼在菩提树下成道,或在雪山中修行,因此有的学者结合本窟北壁的本生故事,认为此窟主尊是释迦,也出之有据,同样可信。其实,从佛教的传记上看,往往故事雷同,如出一辙,在记载释迦、弥勒、文殊等菩萨的故事时,经常混淆,说法同一。

关于天界、天宫的原始说法:欲界有六重天,其中包括四天王天、忉利天、夜摩天、兜率天、乐变化天、他化自在天。而印度壁画所表示的天宫伎乐,主要是说忉利天的帝释天宫中表演的音乐场面。帝释,也称释迦提桓因陀罗,为印度神话中的保护神,称其为忉利天之主,居须弥山顶之善见城,筑广厦楼阁称帝释宫。宫内终日有伎乐表演。乐伎也专指乐神紧那罗和乾达婆。这是印度石窟绘制天宫伎乐之主要依据。

但是,佛教文化传到中国,天宫的含义就发生变化,成为多元化、综合性、含混的天堂概念。描绘天堂,可指释迦,也可指弥勒,也可说文殊、观音等菩萨,甚至把中国诸神东王宫、西王母、雷公、电母也列入其内,并且随着壁画的演变,越来越和印度原说的距离相去甚远,逐渐形成完全中国化的佛教艺术模式,令人无法辨别原委。

(四)佛教建窟,绘制佛画,其目的就是瞻仰佛的形象,以佛的事迹、言论来感化教徒。而绘制伎乐场面,是表示对佛的礼赞和供奉,也是一种精神调节,通过禅修观像,加深信念,特别是对佛国极乐净土的向往和追求。

本窟南北两壁的壁画,正是两种不同的境界。北壁绘劫难、苦痛之现象,宣扬牺牲精神。南壁则描绘天宫乐伎,渲染佛国欢乐的场面。一苦一乐,形成强烈的对比,可以使观众得到心理上的平衡,相得益彰。

(五)南壁之壁画,原定为佛传故事悉达多太子出游四门。笔者之愚见,似有可商榷之处,特提出笔者之见解如下:

1. 出游四门,应是释迦牟尼生前为悉达多太子悟道出家的故事。悉达多太子拒绝各种享乐和引诱, 出游时遇天人化作老人, 对其点化,讲述人生之老、病、生、死的情节。这是一个十分哀痛的场面,不宜画出大量的伎乐欢乐歌舞。另外,据调查,在其他石窟亦有大量的出游四门的壁画,均不绘伎乐。

2. 壁画之西侧右下角,确有一老者,但为乞求状与老人对面,并非悉达多太子而是弹琵琶站立的乐伎。

3. 全幅壁画共绘三座宫阙,每座宫阙之内,居一戴宝冠、头有光环、旁有侍从的菩萨。有的学者认为西侧宫阙内是太子。太子似骑一马,因漫漶模糊,马的形象很难辨认,但从新揭出东侧的一宫阙中的菩萨,可以看出和西侧的画法、姿态完全相同。据此,说是太子出游的形象,就不甚符合,何况太子未出家前尚未成佛,不应是菩萨装束。

综上所述, 笔者认为此幅壁画的主题内容应是天宫伎乐和宫阙中观赏的菩萨天人。所以说,这是一幅天宫伎乐图,它只是描绘极乐世界的场景,未必有具体情节。

二、新揭露壁画的音乐图像

第 275 窟南壁新揭露的壁画,东西长约两米,上下宽一米半左右。东端的一米,已经漫漶褪色,残留的一部分壁画依稀可见一座与两侧略同的楼阁,中亦居一菩萨、楼阁左侧残留一弹琵琶伎乐,唯遗黑色线条的轮廓,而靠西侧的一半,因被墙壁长期覆盖,伎乐图像完好,线条清晰,色彩如新,甚至有原来晕染施色的层次感觉。

这组伎乐,为三身立式天人女性乐伎,头饰花冠、璎珞,上身半裸,有花环项圈,长巾绕体飘曳,细腰裸臂,佩臂钏、耳珰,着罗裙,妩媚婀娜,边奏乐器边舞蹈。从整幅壁画看,这组伎乐人数最多,当是构图的中心。三身伎乐,一横弹琵琶,一吹横笛,一奏箜篌。难得的是,此三种乐器皆描绘得十分清晰具体。笔者认为,它在乐器史上有重要的意义。

(一)如果确认第275窟为北凉所建,具体时间当在公元366—439年之间,那么,这个图像,在乐器史上就极为珍贵,因为这是所发现的魏晋墓葬壁画之后最早的乐器图像。在这之前的墓葬壁画、画像砖等也有过乐器造型,但都十分简略模糊,唯这组伎乐开创了敦煌石窟天宫伎乐、供养伎乐中描绘乐器实物的先河。

(二)关天琵琶形态的变化过程,莫高窟延绵不断地记录了近千年,第272、275窟是最早的图像,一共画了五只。早期所绘的琵琶,有鲜明的特征:曲项,颈短,四弦,四相,胴体为宽圆状。这种模式,并非偶然的,也并非仅敦煌所见,可以说自魏晋以来这种形制是全国性的。我们从东北辽宁棒台子壁画到敦煌附近酒泉丁家闸墓葬壁画都可以看到相似的圆腹琵琶。由此,我们可以看出琵琶的最初形制是由圆形向梨形发展的。

(三)第275窟新揭示的琵琶还有两个特点:其一,面板上所挖两个发音孔皆绘为圆形。这显然是采用阮的音孔形式,而非是月牙形的凤眼。其二,这组早期的琵琶均没有捍拨。古时为保护琵琶面板,在弹弦的部位贴置一条横带,上面绘彩图,多用皮革制作,称为捍拨。敦煌后来的壁画中才见琵琶上均绘有这种装置。

(四)本壁画中所绘箜篌,亦为敦煌最早的箜篌图像,它形体较大，已具备后来箜篌的形态，演奏姿态也颇为生动。

（五）从古代音乐图像演变的角度看，本窟的构图形式、绘画风格，确实体现了我国魏晋之后中西文化的交汇，从第275窟的壁画中可以明显地看到印度、西域的文化影响，完全可以从阿旃陀、克孜尔、库姆吐拉等地石窟壁画中找到模仿的原型，比如表演的伎乐混杂于天人、菩萨之间，边奏乐器边舞蹈，特别是人物的脸型、体态、服饰、巾带都具有西域人的特征。这确是佛教文化东传的见证。

但是，在接受西方音乐文化影响的同时，也体现了中国汉文化、绘画艺术的传统，这就是接受了汉画像石的风格，譬如横向分层的构图形式，就是汉画像石常用的构图方法，自第275窟始，敦煌壁画长期采用，一直延续到隋代。

除此之外，表述音乐活动的造型、人物画的技法，也受本土文化即酒泉、嘉峪关魏晋墓葬壁画的影响。它有那个时期先民绘画稚拙的情趣，也反映了当时当地的社会音乐生活。人物画面，尤其类似酒泉丁家闸墓葬壁画《宴饮图》的风格，线条明快生动，造型简略，设色凝重，但又有明显的发展进步。

同时，所用乐器比较丰富，仅莫高窟第275窟就出现琵琶、箜篌、横笛、大角、筚篥等五种。

（首发于1992年第2期《敦煌研究》）

“敦煌音乐”中的若干问题

一、关于敦煌音乐的概念

“敦煌音乐”一词并不十分确切。我们今日所研究的敦煌音乐，并非敦煌地区之音乐。我们目前有关方面的研究，主要是以探索音乐史为目的，研究和解释敦煌石窟中的乐舞资料，或从敦煌的某些文献中揭示古代音乐生活。据此，称之为“敦煌音乐史料研究”较为妥当。但大家已成口语，约定俗成，亦毋庸正名。

二、外来说质疑

现今，有一种倾向，即在论及敦煌音乐之内容，涉及整个音乐发展史时，外来之说甚占优势。“来自西域”“输入”“东渐”之说比比皆是。

所谓外来者，一指今新疆一带当时诸小国家；二指波斯、印度、希腊等国家。关于我国的乐律、乐器、乐谱内容以及表演形式，许多人说主要源于外国。我个人在这个问题上不能苟同，特别在乐器的考源上，觉得当今的流行说法很值得商榷，在此略举疑义于下：

我国人民在音乐方面的智慧和成就，以实物论，在相当长时期内都是居于领先地位的。仅从我国湖北省出土的战国墓葬中的乐器看，同时期的外国乐器远远落后于我国。

前些年出土的杭州河姆渡文化遗物，其中有许多骨质的笛子(有六孔的)，它们是六千年前的东西，可是至今却有人说笛子是西域羌族传给我们的，这能令人信服吗？

再以琵琶而言，我国见之最早的图形是在辽宁捧台子墓葬壁画上，而这壁画据专家鉴定为东汉晚期。由此看来，琵琶在东汉就已有了。现在有些学者却说琵琶是外来的。这些学者注意到外国壁画或文物中有类似琵琶图形，但没注意到外国的音乐史中并没有琵琶这种乐器的使用、发展和兴衰的记载。与此相反，我从新疆拜城克孜尔壁画中却看到，那些成套组合的乐器，那些乐器的演奏方式，正是和史书上记载的中原音乐相同。

因此，再进一步推测，今天印度阿旃陀壁画中的琵琶图形，怎么不可能是中国输出的呢？

我国和外国的文化交流绝非始于张骞。早在战国以前的周穆王就有西行之传说，并且中国的文化输出也并非仅西北“丝绸之路”这一渠道。

人类创造乐器，亦有其自然发展规律。这是与其民族文化、生活习惯、音乐活动、物产气候有关系的。任何乐器的形成都并非是一朝一夕，一个发明是经过长期使用、改造、变化的结果。有的乐器是从一个地区流传到另一个地区，然后在接壤的地区逐渐扩散。也有一种可能就是某个地区独自创造发展的结果。我认为西方的曼德林、吉他未必和我们的琵琶有血缘关系。新疆的弹弦乐器种类很多，冬不拉、独它尔、热瓦甫也都和琵琶是两回事。

唯有日本现在流行的琵琶，应说是中国输出的。

因此，研究一件乐器，追溯其历史时，不能只片面看其图形，必须把它的形制衍变过程、演奏技巧发展过程、表演形式及演奏的曲目内容，一并综合考虑。

对于中国的琵琶，我经过一些考察，认为是我们民族自己产生的乐器，是由圆形弹弦乐器派生而出的。这个问题我将另文专论，在此就不多述。

我对外来说提出异议,并非出于狭隘的民族主义,争论文化之所有权。而是尊重历史的真实,去伪存真,还其本来面目。

在古代,我国与外国音乐的交流是有的,但受外国影响甚微;如果说有影响,有渗透作用,那主要是在现代。

因此,我认为敦煌壁画中的乐器,绝大多数是汉民族在长期的音乐实践中创造出来的,并不一定都是由"丝绸之路"传来的外国货。

三、从"四天王"和琵琶之关系看"洋为中用"

外来的文化传到我国,人民是不会依样画葫芦地照搬的,都经过筛选、吸收、改造,使之变成自己的民族形式。这里以"四天王"为例:

"四天王",我国人民称之为"四大金刚"。原是印度古神话中的神祇,后为佛教所沿用。据佛经上记载,须弥山之半腰有山名犍陀罗,有四个山头,居四天王,为六欲天之一。四天王为帝释的外将。

印度有两处四天王的原始形象。一为南印度出土的、公元1世纪之石浮雕《诞生和七步》,四天王并列,共手捧一长布,布上有佛脚印,象征佛行七步。另一为公元2世纪的印度犍陀罗石浮雕,四天王立佛左右,双手捧钵。在印度,"四天王"的职能并非佛的警卫,手中也未持武器。但传到中国,这四天王却演变成虎视眈眈、威慑的形象,在寺院入口处充门卫。他们穿上了完全中国式的盔甲,每人手执一物作为武器。更为有趣的是,其中一位抱了个琵琶。为什么把乐器当武器,我长久困惑不解。后查阅了一些资料,想弄清四天王在我国之肇始及塑造这种形象的寓意。最早出现的四天王形象,还是敦煌石窟壁画与新疆克孜尔千佛洞壁画。如克孜尔千佛洞67窟之顶西北角残存一块壁画,是五个人物(神)的形象。其中间者可能是四天王之一,手执物已剥落不清。此窟阎文儒同志定为第四期,即唐以后。我见之最清楚的四天王画塑是北京居庸关云台门的"东方技国天"及北京东清陵地宫内之石雕天王像。文字记载的有"封神演义"第四十四回"四天王遇丙灵公”,第九十九回“姜子牙封神”。又稍晚,有明人王业《燕在阁知新录》云:凡寺门金刚各执一物俗谓风调雨顺字。执剑者“风”也,执琵琶者“调”也,执伞者“雨”也,执蛇者“顺”也。

在不同时代、不同地区的绘、塑之中四天王的形态、穿着、执物颇不一致,但四件法器逐渐定型,因此持琵琶在此略得解释。

由此可见佛教虽系外来,但流传至我国以后,即经过民族化的改造。劳动人民根据自己的想象和自己的逻辑思维方式、自己的生活情境,把它变成为自己民族的文化。

现在敦煌壁画中大量音乐、舞蹈构图,绝非出于印度之蓝本,其根源主流还是在我国。大部分音乐、舞蹈的构图,都是汉代“百戏”图演变发展的结果。

四、“反弹琵琶”未必是历史真实

敦煌彩绘壁画中有大量的歌舞、音乐场面,乃寓意上界极乐世界的歌舞升平。这些场面,实际上是各历史时期现实生活中的音乐、舞蹈活动的写照。但是不同时期绘制的壁画有不同的风格、特点,早期作品较粗犷、简练,形象单调,没有什么集体的音乐活动;愈往后愈趋复杂、细致,形式变化也趋于多样。唐代,敦煌壁画中的音乐、舞蹈形象最多。在一些经变的音乐场面中,乐器品种剧增,乐队的编制人数逐渐扩充。有的分为两个乐队同时伴奏,舞蹈亦是婀娜多姿,各具形态。其中有反弹琵琶者。造型奇特、新颖,为世人注目赞赏。因此在前几年大型舞剧《丝路花雨》中曾选用为舞蹈素材,取得良好效果。作为舞蹈艺术的再创造,运用这个素材是很好的,无可非议的。但从音乐史这个科学的角度来看,我就有点异议了。我认为敦煌壁画毕竟是美术作品,当时创作的目的是为了求得构图上的变化多样;为了造型的需要,很可能进行了一些装饰性的变形处理;也可能为了某种构图需要,在一定程度上脱离了现实生活中的真实性,根据想象,也可能杜撰、夸张绘出了一些脱离生活的图形。这就是我们今天所说的“源于生活,高于生活”。我认为反弹琵琶就具有这种因素。不能理解为它就是当时音乐、舞蹈的真实。

我查阅了一些资料,没有发现当时有琵琶放在身后演奏的记载,也没有以琵琶为道具跳舞的记述。凡是会弹琵琶的人都能明喻此理,琵琶并非是小件乐器,放在身后是不能弹的,而持此跳舞也并非方便之事。

我们在研究敦煌音乐问题时,不能形而上学,钻牛角尖。敦煌音乐图形毕竟是处于各个时期的画工手笔,他们的绘画能力、文化修养、生活阅历、音乐知识,也非尽善尽美。我见敦煌所画的乐器形状、大小、弦的数量,以及演奏者的姿势,尽管同一时期水平也不一致,出入亦很大。因此对某些图形只能作为参考以供分析,不能抓住一点视为一般。

我对敦煌第161窟壁画中的一具凤首箜篌倒有点想法。我觉得这具箜篌有独特的价值。我注意到此具箜篌不同于其他箜篌,它的特点是具有一个明显的共鸣箱,而这个共鸣箱是琵琶共鸣箱的变形。由此可看出琵琶与箜篌的关系。现在西方的竖琴就是一个大的类似琵琶形状的共鸣箱为主体的。这之间又有什么联系,还需进一步考查。

五、关于“敦煌琵琶谱”

上海音乐学院叶栋同志之《敦煌琵琶谱破译》公之于世后,我拜读了他的文章,也听了新谱的音响录音。显然这是经过很辛苦的研究过程,才取得的成果;这是一项科研的新成就,是一件有意义的工作。

我没有仔细研究过这份乐谱,尚无定性见解。但有些直观的感觉,感到一项研究,必须经得住科学的严峻考验,《破译》中恐存在一些问题。

(一)我有一个最大的疑虑,即这份二十五段曲的乐谱未必是琵琶谱。

这种乐谱似乎在其他地方亦见过。好像是一种管色谱,即工尺谱之前身,宋人称之为"宴乐半字谱"。但其中未见有任何琵琶术语、符号,而是多曲牌的联奏形式。

我似乎见过笛子谱筚篥谱也和此相同，记法一样。因此我估计"敦煌琵琶谱"可能是一种当时唐代器乐合奏的主旋律谱。

(二)日本林谦三氏做过创造性尝试和研究,最早用琵琶的手指序列来解释这二十个谱字。而叶栋同志基本还是沿用前人的成果,略加变动,只是定弦方法改变了一下。所谓"付诸音响的再现",亦仅是一种创造性的打谱工作而已。林氏的"解读"具有日本音调特征,而叶栋同志的"破译"颇具有现代民乐创作意味。两者距离虽然很大,实际上都还是有各自创作之成分。

(三)宣传这一成就用词欠妥。称"破译"及"千年绝唱今又再现",值得商榷。

(四)对此亦不应轻易否定。应组织力量仔细研究,寻求新的材料以为佐证。我想如果真有"敦煌曲谱",绝不可能只此一份,还有可能在其他处发现新的材料。在没有发现新的、相反的材料时,对叶栋同志的研究应持保护态度。

"敦煌音乐"中需要探讨的问题尚多,笔者在此谈了几个,其旨实为抛砖引玉。

（首发于 1986 年第 2 期《敦煌研究》）

敦煌曲谱研究简述

近些年来，中国音乐史论界，对敦煌曲谱的解释和评论，展开了热烈的讨论。这种争论仍在继续，除了中国之外其他国家的学者也参加了讨论，有日本、韩国、法国、美国等等。研究敦煌曲谱的人越来越多，这是件好事情，我们希望，这项研究能有突破性的进展。

本人对此曲谱，没有深入研究，但对各方面解释曲谱的学术论文非常注意，对各家之言均做以了解。现将敦煌曲谱和研究情况概括做以下介绍：

敦煌曲谱亦称“唐人大曲谱”“敦煌卷子谱”“敦煌琵琶谱”等，为藏经洞所出之一种遗书，编号 P.3080 背，是手抄竖写长卷，正面为《长兴四年（公元 933 年）中兴殿应圣节讲经文》，背面为一种符号型曲谱，有分段曲谱二十五首，每首曲谱冠有词牌性小标题：计有 1.《品弄》；2.《弄》；3.《倾杯乐》；4.《又慢曲子》；5.《又曲子》；6.《急曲子》；7.《又曲子》；8.《又慢曲子》；9.《急曲子》；10.《又慢曲子》；11.（佚名）；12.《倾杯乐》；13.《又慢曲子西江乐》；14.《又慢曲子》；15.《慢曲子心事子》；16.《又慢曲子伊州》；17.《又急曲子》；18.《水鼓子》；19.《急胡相问》；20.《长沙女引》；21.（佚名）；22.《撒金沙》；23.《营富》；24.《伊州》；25.《水鼓子》。这些曲目中，急曲子、慢曲子、又曲子、品弄等无内容，似为曲式或段落名称；具有词牌名称的有九首。其中几首为异曲同名，曲名虽有重复，但曲谱内容并不相同，亦应各视为一首乐曲。全谱有三种不同笔迹。共录谱字二千八百个。这些谱字系汉字之笔画最少者，或减略之笔画有的类似汉字之部首，或称之为“省文”“半字符号”。其有如下二十种形态：一、乚、ㄌ、⊥、エ、ス、七、八、几、十、匕、丨、冖、乙、マ、ム、ナ、し、之、ヤ 。曲谱除用这些音高符号作为谱字外，还附加一些辅助性符号：1.汉字术语符号：如，重头、重头尾、住、重头至住字煞、尾、记、重头至记字煞、火、重、王、第二遍至王字末、王字末、却从头至王字末、重头至王字、今、重尾至今字住、第二遍、合同今字下作至合字；2.点画符号：如，(1)ノ、(2)丁、(3)丶、(4)ㄣ、(5)ㄅ、(6)ロ、(7)ㄘ、(8)J、(9)リ、(10)ㄋ。共有数十种标记符号。它们可能包括：节拍、速度、反复、表情、调式、力度，及演奏手法等含义。本曲谱所用符号，仅少数与传世之几种曲谱符号有相同之处，更多的符号尚有待于解释。敦煌曲谱是我国迄今所见最早的曲谱。此卷于 1900 年被法国人伯希和劫至法国。现藏于巴黎图书馆东方部。

敦煌曲谱研究即对敦煌藏经洞曲谱的解释研究。敦煌曲谱流至国外，近数十年，国内外学者对曲谱展开了研究：基本有两种见解：一种见解认为是器乐谱，其中多数学者认为是琵琶曲谱，少数学者认为是筚篥谱；另一种见解则认为是半字乐谱，系工尺谱之前身。最早研究此谱的是日本学者林谦三，他从 1937—1969 年，先后数次发表论文，认为本谱为唐传之琵琶谱。主要根据为日本现存的一些古谱，记法与本谱有所相同。后又得到另一敦煌遗书，即 P.3539 之“二十谱字”指法表，以为佐证。于 1955 年他又将曲谱二十五首全部符号，用他的推算办法，译成五线谱用全音符号记写，没有节拍，因而不成曲调，亦不能演奏，但其首次提出了定弦与音高问题。1940 年我国学者向达，从法带回该曲谱照片，称之为“唐人大曲谱”。1954 年，我国学者任二北发表“敦煌曲初探”，虽系曲子词的研究，但也涉及敦煌曲谱，他对曲谱的九首曲名进行了详细的考证，并提出了拍、眼之说。1954 年，我国学者王重民在所辑《敦煌曲子词集》中，称本谱为“工尺谱”。1964 年，我国音乐史家杨荫浏在其《中国古代音乐史稿》中称此谱为“敦煌唐人乐谱”，认为本谱属于工尺谱体系，宋代称“燕乐半字谱”，是当时教坊间通用的记谱符号，很可能就是筚篥上所用的工尺谱。1981年，我国音乐学家叶栋发表了《敦煌曲谱研究》论文，并将曲谱译成五线谱；他吸收了林谦三和任二北的一些研究成果，用不同的推算方法，改变了琵琶定弦的音位序列，并参考我国民间音乐，将曲谱加了一些眼号，寻找出拍、眼的规律，使乐曲结构丰富，突破了林谦三谱只是全音符的面貌，并用所译之谱，施以配器，使之成为可以演奏，有一定音乐效果的曲谱，并录成磁带，付诸音响。叶栋认为：“敦煌曲谱是由一系列不同分曲组成的唐大曲，故这一卷子也可称为‘敦煌唐人大曲琵琶谱’，后又补充：‘这套谱可能为唐歌舞大曲，后来发展中曲、小曲连缀而成的又一种类型。作为琵琶谱来看，也可说是歌舞大曲乐队中的琵琶分谱，声乐伴奏谱，但也是骨干谱。’”并对唐大曲的板式、曲式结构等进行了阐述，还认为本曲谱与曲词、与声乐有密切关系，全曲由三种音阶：燕乐音阶、清乐音阶和古音阶组成。他的论文及译谱发表后，在国内外引起了震动，并展开了讨论。也有一些分歧性的意见，如是否属唐大曲，对节拍、板眼的处理，对定弦的处理等，提出了不同的看法。自此，学者论文及解释谱蜂起，音乐家何昌林、陈应时、席臻贯等也根据他们各自的理解，译出曲谱。曲谱的研究正逐步深入和发展。

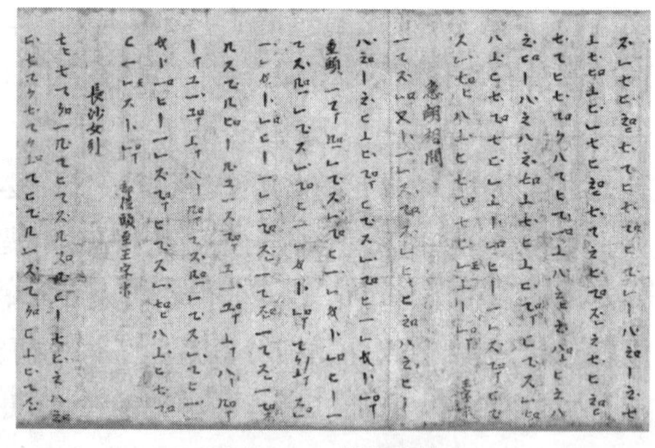

图 1–27　敦煌曲谱

（首发于《敦煌壁画乐舞研究》2002年）

敦煌壁画乐器
研究与仿制

敦煌壁画乐器研究

在敦煌壁画中,有一个极为壮观的音乐世界,这就是壁画中描绘着大量古代音乐表演和乐器的资料。现今,已经为中外学者所注意,认为这是研究中国和世界音乐文化的一个极为重要的领域,它将为研究古代的音乐历史提供现实的依据,属于世界性的文化遗产。

中国乐器,是中国文化的一个组成部分,它有悠久的历史,独特的形态,有自己的表演形式、丰富的音乐内涵和微妙的组合体系。敦煌壁画所描绘的乐器,正是这种古老文化的反映,令人惊叹的是,这种反映一直延续了一千多年,充分地体现了我们中华民族在音乐文化上的光辉历程,和先民们长期的音乐实践。

仅莫高窟统计有:音乐洞窟 240 个,乐伎 3250 身,乐队 490 组(其中经变画乐队 294 组),乐器 44 种计 4549 件。

敦煌石窟,除莫高窟之外,还有西千佛洞、东千佛洞、榆林窟、五个庙,共五个地区。唯莫高窟的规模最大。

我们所谓壁画上的"音乐",实际就是乐伎和乐器的图像。

本文就近年来对石窟音乐图像的调查,就规律性的问题,初步进行一些分析,敬希海内外有关同行学者给予指正。

一、乐器在壁画中的位置

在壁画中的各种乐器形态、表现形式和出现的部位,有如下三种情况:

(一)伎乐天或伎乐人的音乐表演场面。伎乐天乃壁画中“天宫”里的神众,是职司歌舞或乐器的上界的乐伎,这是佛教画经常出现的题材。天宫佛国,是佛教徒理想的极乐世界,寓意那里是个歌舞升平、普天同庆的虚幻境界。壁画中除了佛本身尊贵至上,受人顶礼膜拜之外,其他菩萨、仙众都有可能是音乐歌舞的表演者,都有持乐器表演的场合。而一切的歌舞活动,都是表示对佛的奉献和礼赞。

伎乐天的演奏活动形式多种多样,有单身的天宫伎乐、飞天伎乐、药叉伎乐和佛身边的胁侍伎乐、金刚力士伎乐、童子伎乐、羽人伎乐等等。也有集体合奏性质的乐队表演,多出现于经变画中,即各类的净土变、说法图中,人数众多,气势比较热烈。

伎乐天在壁画中出现的位置是有规律的,天宫伎乐、飞天伎乐多在龛楣、壶门及墙壁之上端,围洞窟一周,以宫门栏墙,或连续图案构图的形式出现。而药叉伎乐在墙壁的下端,其他乐伎则出现于各种说法图、佛传画之中。出现最多、人数最集中的还是经变画的乐舞场面。

伎乐人,是世俗音乐的写照,表现人间的社会音乐生活,一般是建窟主人,即供养人的家族活动,如宴饮、嫁娶、出行、军营仪仗等场面。在早期洞窟,供养人伎乐是为数甚少的,但到中期以后,把单一对佛的礼赞,逐渐转移到人间,洞窟内扩展了地方父母官、窟主的地位,甚至喧宾夺主,演变到对窟主的礼赞,出现了大型的“出行图”。综合了宗教、政治与世俗的需要,精心地设计了许多具有时代风尚的音乐活动。但总的比例来看,伎乐人的数量、规模都不如伎乐天那么庞大和正规。

不论在天宫或人间,乐器的演奏方式,都是一样的,是各个历史时期社会音乐生活的写照,是上层社会音乐生活的缩影。

(二)作为一种壁画的构图形式,即图案装饰,出现于画面之中。这是我国绘画的传统形式,即将各种动物、植物和日常生活用品,连贯地排列成一种固定的组合形式，成为一种主题画面的附属构图。这种用乐器构成的图案，叫作“不鼓自鸣”，在佛教的经变画中也有此说法，即将一些乐器的图形，每件都系有彩带，拟似缀于空间，寓示天界无人演奏，自会发出仙乐。“不鼓自鸣”常见于佛龛周围或主画说法图的上方边缘，常与其他花草、云朵图案相间，对称相同，极少数也有绘于壁画之间者。这种构图增加了天宫虚幻缥缈的意境。

将乐器作为图案，画在建筑物上，是我国古代的一种文化意识，也是一种拜物祭器，象征祥瑞的构思。“不鼓自鸣”不见早期洞窟，始于唐代，后来逐渐发展兴盛。

（三）作为法器出现。按佛教的传统，规定某些乐器作为法器，如壁画里某些场合出示的钟鼓、金刚铃、海螺、琵琶等，这时这些乐器的作用就不再是演奏音乐的工具，而是佛教的仪轨和礼器。它象征着佛法、神权。大凡持这些乐器的都是护法神，守护在佛的周围。这些乐器此时就具有威慑、镇邪驱魔的作用。这种法器至今在僧侣做佛事、唱念佛经时仍在沿用，计有钟鼓、木鱼之类。壁画中四天王就有一位手持琵琶。另外还有六臂金刚、千手观音，都是手持各种乐器，作为法器观念出现。金刚、夜叉面貌狰狞，手舞足蹈，其中也有手持乐器者，也是具有守护法器的概念。按理，佛教是印度传来，缘何动用了这许多中国乐器呢？显然，这是根据佛典进行了移植，是佛教中国化的一个例证。

其实，我国远古神话中，也有利用乐器作为象征的，如雷公击鼓，象征打雷；雷母持镜象征闪电。这些在敦煌壁画中也都有反映。

二、壁画所绘乐器的特点

（一）是历代王朝礼乐、典章制度形象化的图解，是上层统治者宴飨、集会、游行、娱乐的写照。其主要的特点，就是音乐的礼仪性的作用。

在我国漫长的封建社会中,音乐一直被利用作为政治工具出现。其主要的社会功能,就是仪仗活动。从周代开始,就产生了礼乐制度,所谓礼乐就是把礼和乐联系起来,认为音乐是从属于礼的,音乐是教化人民最重要的手段,也是建立权威、制造森严气氛最好的方法。在这种思想指导下,宫廷、贵族就十分重视音乐活动,各种政权设立了专门的音乐机构,收集了各种类型的乐器、民间的乐曲,组成了乐队,并规定了一系列演奏音乐的典章制度。最先,出现了雅乐形式,这是一种纯属礼仪性的乐队编制。乐器的绝大多数是青铜器铸造的,以打击乐器为主,也兼收了一些乐器,这些乐器看起来威武壮观,听起来气势磅礴,用于上层社会的宗庙、典礼、朝拜、集会等场合,起到相得益彰的作用。但是,这种雅乐发音单调,内容刻板,形式僵化,缺乏艺术情趣,长久如此,纵然帝王将相,也并不满足。于是从汉代之后,音乐制度发生了变革,逐步地摒弃了笨重的青铜乐器,吸收了民间的管弦乐器,以吹打乐为主的"俗乐"引入了宫廷、军营,于是从雅乐转向了俗乐,从集会礼仪性的打击乐为主的乐队,转入了以民间管弦乐为主体的俗乐,乐队增强了艺术效果,而且轻便灵活,室内、户外都可进行音乐活动。

敦煌壁画所反映的音乐内容,就是这种音乐制度变化后的迹象,所以,从建窟伊始,就开创了晋时音乐制度的新风。我们再也没有见到诸如汉代画像砖所反映的"雅乐"的场面。

但是,正统的礼乐思想,依然是历代的正统音乐的主题,这里依然强调的是音乐的礼仪作用,音乐还是礼仪的象征,即信仰、权力、地位、顶礼膜拜或歌舞升平的形象体现。应该说,这是封建文化最主要的特征。

(二)具有浓厚的中国民族、民间特色

敦煌壁画为我们提供了44种乐器。这些乐器形态各异,色彩丰富,绘制精美,而且表现形式多样。因而构成了一整套完备的乐器系列,看到这些乐器,使人联想到它们的音色、音质及特定的音乐效果,为我国独有,所以说,它们具有强烈的民族、民间特色。

说到乐器的民族属性,确有十分复杂的课题,因为乐器是表达音乐语言的工具。它们的产生、流传和发展,当然是受地域文化制约,有着民族、民间烙印的乐器的形成都是从一个地区开始,经过酝酿、实践,逐渐扩散,并为更多的地区接受。但是,人类所处地域不同,气候条件、经济文化程度不同,思维方式、音乐审美情趣亦不同。一定的历史文化背景,就产生了一定的音乐活动方式,音乐活动最主要的标志,就看乐器的选用。因此,世界上各个角落都在承前启后发展自己的民族乐器。

今天,世界上已有通用的乐器,即交响乐队所用的乐器,这是交通发展、人类文化交流的结果,但这毕竟是近代的事情。而世界的乐器历史,已经历了数千年之久,在漫长的历史长河中,乐器还都是民间、民族、各地区的文化,任何国家,都有它的民族乐器的历史。

但有一个事实应该说明,人类的乐器史,发展是不平衡的。中国古代,在创造乐器这方面,在世界上是遥遥领先的。今天见到敦煌壁画中,金碧辉煌、琳琅满目的乐器,而在当时,若环顾世界,可以说绝大多数的地区,在音乐上还处于蛮荒阶段。即使是当时的两河流域文明古国出现的乐器,以其品种、质量以及表演手段来看,都是不能与我国相提并论的。这一点,现存的敦煌壁画,就是最有说服力的证据。

当然,中国也是多民族的,现存的敦煌壁画上的乐器,也是长期民族、民间音乐文化融合、筛选的结果。在历史上各个时期的宫廷都进行过吸收或淘汰乐器的工作,特别是南北朝之后,通过文化交流,吸引了不少西域的乐器。譬如羯鼓、箜篌等。但是以汉族文化意识为主体的宫廷音乐,基本的乐器成分,还是汉族雅、俗乐的发展和继续。即使吸收了某些少数民族乐器,也是经过一番加工改造,使其汉化。所以说,乐队的乐器形态、演奏方式、排列组合,基本上还保持着汉族的文化意识形态。而且唐代以后,在乐器中的汉族文化特征,愈见强烈。如很多乐器,精工彩绘,在造型或工艺装饰上,常具有龙和凤的图形,很多乐器都是彩绘髹漆,饰用汉民族的纹饰图案,特点鲜明。

我们说乐器的民间特色,表现在它造型、装饰上的变化多端,有民间创造的情趣,特别是西北地区民俗风貌,体现在壁画中,可看出是以当地音乐风俗为基调的。

在乐器中,也有少量外来形式,是佛教传入中国后保留的原型,如海螺、金刚铃、串铃等。这些原系印度民间乐器为佛教所采用,后来成为宗教传统乐器,在绘制壁画时,习惯地予以保留,列入中国乐队之中。

(三)乐器组合的系列性

中国乐器品种之多,是世界所罕见的。我们的祖先,有着高度发展的音乐智慧,不但创造发明了许多乐器,而且创造了丰富多彩的演奏形式。在理论上,早有阐述和归纳。从西周(前11世纪左右),就已出现“八音”这个名词,八音即金、石、竹、土、革、丝、木、匏等八种以质料区分器乐种类的办法,这在当时来说,确是一种科学的概括,同时,也说明那个时期中国乐器已十分成熟和发达了。自此之后,乐器一直在发展和变革之中,每个时期都有淘汰和新生。到敦煌建窟,从壁画中可看到,中国乐器已经基本定型,并系列化了。关于乐器的种类,在文献中有过详细的记载,各个时期的宫廷乐队的编制,基本可以与壁画相印证。

从壁画上看,每一种乐器都不是孤立存在的,而是多种多样、互

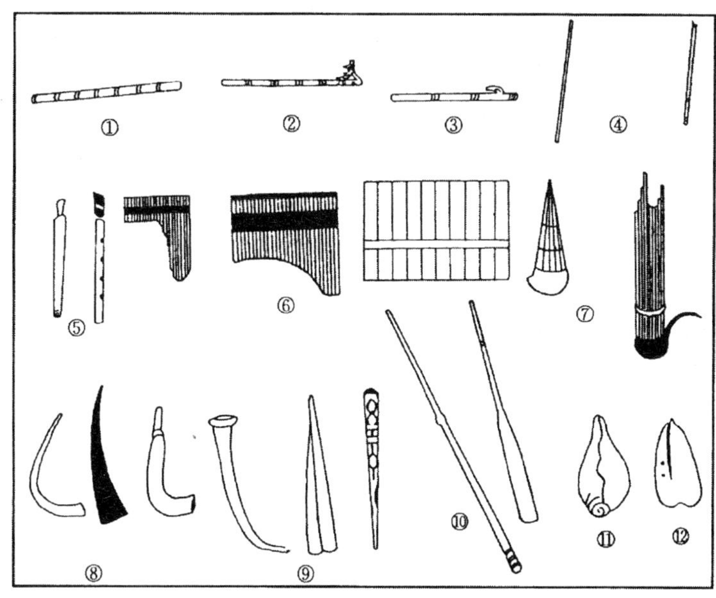

图 2-1　吹奏乐器

相关联、蒂结产生的,它们有群体、族类、派生的特征。如:

琵琶类:琵琶、五弦、葫芦琴、阮的系列;

琴　类:琴、筝、瑟的系列;

笙　类:笙、竽的系列;

笛管类:横笛、竖笛、异型笛、筚篥的系列。

这些相类的乐器,都有自己独自的音质、音色特性,也有相似、可以融合过渡的特性,因而系列化,具有中国的风格,在组合上是对称、相互依存而又互不雷同的。

(四)乐器的形制是多变性的

敦煌壁画乐器,在体态上的多变性也是一大特点。我们沿着历史的顺序,来观察每一种乐器的变化,很清楚地看出,每个时期都是变化万千、形态各异的。即使同一时期、同一种类亦不尽相同,似乎没有完全相同的样式。但是，又似乎有一种相对模仿的依据，它们之间又无过大的差异，总是游离在一种基本模式的左右。这种现象，我们仔细地研究它，并不是画家随心所欲进行艺术创作的，它主要是处于一种乐器发展和变革的过程之中。我国地大物博，音乐发展和乐器的流布，就是长期处于不固定的状况，就是存在着大同小异、各自创造、各具形态的特点。这一点就是在今日也存在这种现象。一种乐器，在不同的地区、不同的民族，都会有很大的差异。我们就以琵琶为例，在壁画中选出了 50 种不同的样式（图 2–2）。这 50 种图形，基本可以概括一千余年中的中国琵琶流传的形态。若再与今日基本定型的琵琶对照，可以看出这件乐器在我国发展的脉络。

其他乐器也同样，管乐器、打击乐器造型差别均很大。尤其打击乐器，几乎每绘一图形，都有其独有的形态。

这也反映出，古人在乐器创造时，思维是十分活跃的，是在追求

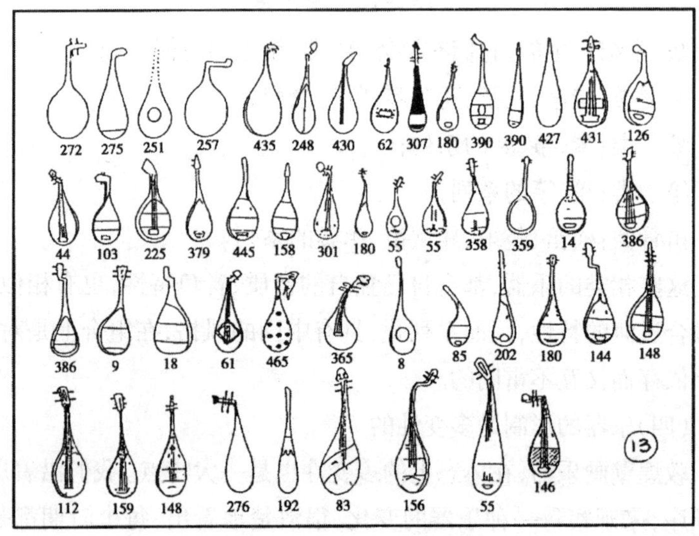

图 2–2　琵琶的 50 种样式

着改革和变化。因此,可以说我国的乐器,是长期处于相对稳定、持续发展变革之中的。

三、敦煌壁画乐器的构图依据

(一)敦煌壁画始于十六国的北凉时期,早期洞窟乐器绘得比较简单,还保持着西方佛教画的原始面貌,乐舞场面较狭窄,只见有天宫伎乐、飞天伎乐、药叉伎乐,没有大型音乐活动,乐器也寥寥无几。至隋代,始见小型合奏;进入唐代,则豁然开朗,出现大型经变画乐队,就整个敦煌壁画来说,唐代为中心。总的模式是以当时“隋唐燕乐”为依据,以当时唐代宫廷乐队的编制为蓝本,乐队的排列、乐器的配置、乐伎的服饰仪容则以隋唐燕乐的“坐部伎”为主要的模拟依据。因为画面空间有限,壁画只能因地制宜,可以说是描摹了缩小的宫廷乐队的图式,乐器的选用也是象征性的,一般在一幅画面中每种乐器只选一件,对称地组成画面。

(二)敦煌壁画的音乐图像,是我国汉代画像石刻的延续。这是中

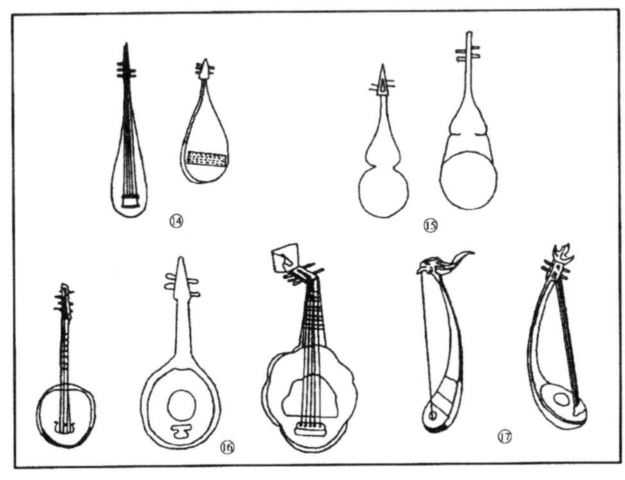

图 2-3　弹拉乐器(一)

华民族文化的一种传统形式。在汉代画像石、魏晋墓葬、壁画、砖画中,这种壁画题材的发展线索,还是很明显的。其实,这里面宗教的成分、印度佛教画的原始成分并不多,这是我国绘画的传统题材。不过,敦煌有所发展,汉代画像石刻所表现的音乐内容是当时的雅乐,比较粗犷、概括,而敦煌壁画则是经过发展,已经形成的伎乐,画面表现比较写实和具体,反映出各个时期的音乐风貌,特别是有些表现世俗的音乐场面,如莫高窟第 156 窟的两幅出行图,其中可以看到我国古代军乐、骑士仪仗的场面,鼓角列陈,威武雄壮。其中还有世俗歌舞,小乐队伴奏,百戏杂技,乐舞表演。这一系列的构图形式,都是先代绘画的继承,构思来自前代的"百戏图""出行图""歌舞娱乐图",与汉晋的绘画确有承前启后的关系。在壁画中还有零散的乐舞、伎乐表演图像,也和印度、新疆石窟的乐舞画面迥然不同,很显然是中原的绘画传统。

当然,敦煌的画工,有着极大的创造性,又为以后的音乐画,起了

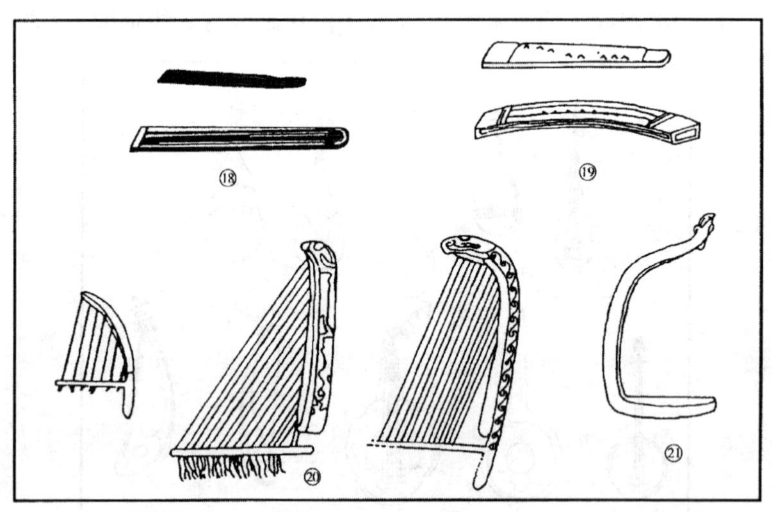

图 2–4　弹拉乐器(二)

承传的作用。譬如,我们从五代《韩熙载夜宴图》,从宋代的几幅表现音乐题材的名画中,也看到敦煌壁画的影响。

(三)是我国古代西北地区音乐生活的反映

在古代文献中,有“西凉乐”的名称,西凉即指西北地区,在历史上这个地区的音乐是比较发达的,它中介于中原和西域之间,因此隋唐燕乐中的“多部乐”中设有西凉乐一部,地位显著,它是多部乐中的主体。“西凉乐”是在汉族中原音乐的基础上,吸收了部分西北少数民族音乐而成。在西凉乐的范围之内,文献上还有“敦煌乐”之说。现今,对于“西凉乐”和“敦煌乐”虽然已经捉摸不到它的实质,但敦煌地处西凉范围,在当时,肯定音乐是有过盛况的。在壁画中,某些风俗性的乐舞场面,正是西凉音乐的实况,这与文献所述正可以相印证。特别是供养人世俗乐舞图像,从其形式、人物外貌、服饰上,可以看到西北地区的风俗特征。

四、从壁画看我国乐器之衍变

中国乐器的形成、流传、衍变的历程是漫长的。这些乐器不是哪一个人的创造,也不是敦煌地区的发明,是全国范围文化的结晶,而敦煌不过是一个集中起来的展览的橱窗。

近些年,一些考古资料表明,我国乐器的产生,要比史书记载早得多,在远古时期即五六千年前,中国境域之内就已形成了。如甘肃火烧沟,浙江的河姆渡,甘肃河西的许多地方,都出土了乐器实物,足可证明早期乐器文化。

上古时期,即春秋战国时代,我国乐器已经进入了辉煌的时期,很多乐器在这个时期已经形成,而且发展得很完美了。那时的青铜器铸造的乐器,无论在造型、发音上,都相当的精美、科学,这一点可以从湖南长沙马王堆汉墓中得到证实,这些出土的实物,震惊了中外,这可以说是上古时期我国乐器集中展览的橱窗。

而敦煌,反映乐器历史,则是中古时期乐器展览的橱窗。虽然它是图像展览,但是千余年聚集的图像,它的历史价值,也就不言而喻了。

因为敦煌壁画始自十六国,我国乐器在这时绝大多数已经形成,早在全国流传了,所以这里基本不存在缺环的问题,但也有一些乐器是在后期发现的,而在敦煌亦见反映,如:胡琴、铜钹等等。

我们观察全部乐器图像的发展变化,如果用现在历史的分期来作为阶段,显然不十分合适。我们还是用早、中、晚来划分这里的乐器衍变:早期音乐洞窟——北凉、北周;中期音乐洞窟——隋、唐;晚期音乐洞窟——五代、宋、西夏、元。

纵观全部音乐洞窟,很清楚地看到,早期洞窟比较简略;中期的隋唐时代,是创造表现音乐题材的高潮时期;晚期则趋于程式化,并逐渐走向衰落。

敦煌壁画乐器,在整个壁画历史过程中,具体衍变有如下之特点:

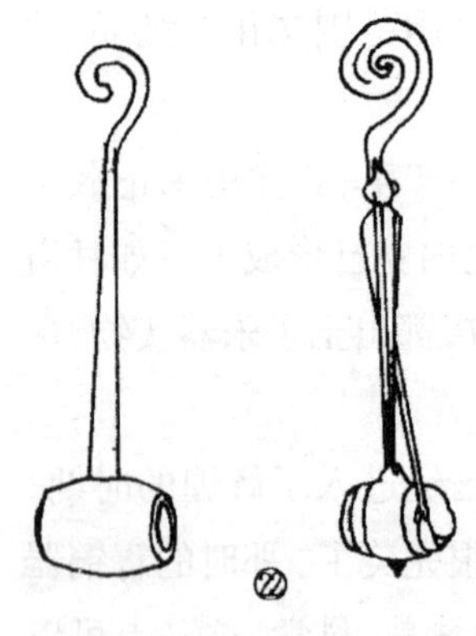

图 2-5　弹拉乐器:胡琴

(一)乐器的品种,从少到多。如最早的北凉第 272 窟,人称建窟之始者,只绘了四种乐器(琵琶、横笛、贝、横鼓),遂经北魏、西魏、北周逐步略有增加,发展不到十种乐器。隋代是个转折点,隋代时间较短,但这里建窟并不少,看来是个佛事活动兴旺的时期,在描绘乐器上较前有所进步。一进入唐代就骤然改观,初唐就新出 30 余种乐器。并且在描制上十分具体精致。有些乐器是最先出现,具有极高历史价值的图形，有些则是敦煌地区独创，而其他地区从未发现的图形，如葫芦琴、花边阮、弯颈琴、凤首箜篌、扁鼓、铜角等。

（二）乐器的形态是逐步演变、发展着的。有的乐器，是由一件本来十分简单、原始的乐器，随着时间的推移，逐渐地变革、丰富、推陈出新，使之逐渐完善丰富，并可能举一反三，由一种变成数种，使之演变成为系列化，进而定型成为一个族类。譬如，角的发展过程就比较典型。角，最初仅为自然之兽角，形态和功能十分简陋，但经不断实践变革，就变化了形态，加大了体形，发展成为画角，在古代军营中广泛使用。后来又进一步演变成为铜角，于是在中国就出现了铜管乐器，也可以说是世界铜管乐器的始祖。琵琶的演变，在壁画中也可看到端倪，早期所绘形态简单，并无任何装饰。琵琶的形体，除少数为瘦长的棒状琵琶外，绝大多数又都是宽圆形的，这其中可能与后来称为阮咸的圆形共鸣箱有一定的关系。但是，各个时期形制却不尽相同，笔者综合全部 600 余件图形，选出 50 种形制。如果我们将选出的 50 种形态的琵琶复制出来，肯定音色、音量有很大的差异。在敦煌，琵琶是出现最多的一种乐器，全莫高窟共绘有 685 件，可见其地位之显赫，可

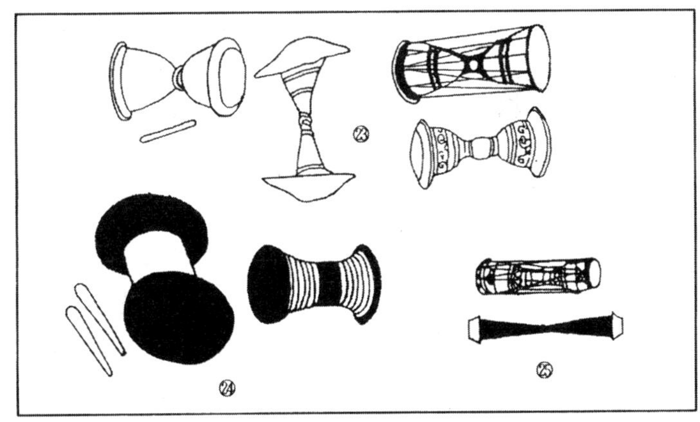

图 2-6　打击乐器（一）

以说是具有乐器的象征意义。根据琵琶的图形，古人又派生出葫芦琴、花边阮、弯颈琴的形态。打击乐器的发展、变化更为丰富,几乎每一种鼓的造型都不雷同,都有它独自的造型特点,看起来十分精美。我们注意到腰鼓的造型及其装饰,真是独具匠心。有些经变画中间腰鼓舞伎所用之腰鼓,装饰的花纹图形十分讲究,本身就是高水平的工艺精品。其他弦乐器、吹管乐器后世都重新油漆,装饰得十分华丽。

(三)我们还清晰地看到,随着乐器本身的发展变革,演奏者即乐伎的演奏技巧,也在相应地发生变化。应该说,这种因素是研究音乐图像学很重要的一个方面。乐器和演奏技巧，它们的发展是相辅相成、互相制约、相互促进的关系。早期洞窟,只绘天宫伎乐,虽然姿态很丰富,但仅为身体的扭动,重点在形体的表现,后来逐步地进入了音乐,有意识地发展到刻画演奏者的技巧表现,有明显的竞技动态。在手指、身体、乐器之间呈现了复杂的表演手段,而且面部富于表情,形成完整的具有韵律、节奏感的画面。譬如:第159窟的文殊变中,有一站立吹笙的乐伎,他全神贯注地连气吹奏,下面光裸着的脚,拇趾高抬,似乎在打着拍子控制节奏。这幅壁画,引起了很多人的兴趣。此外，打击乐器的表演,技巧表现更是丰富,大幅度地举臂敲鼓，给人以力度感觉。

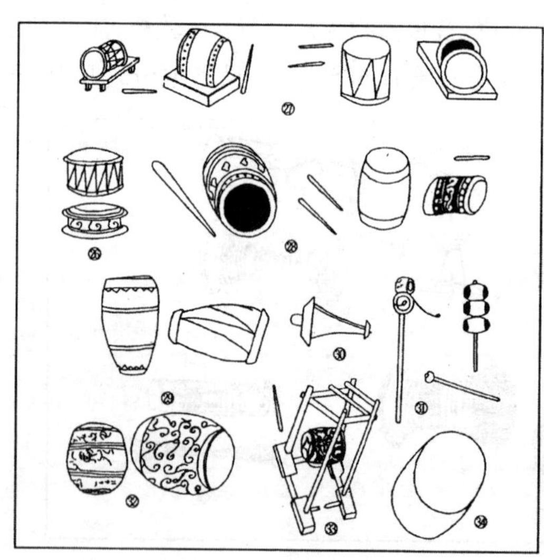
图2-7　打击乐器(二)

(四)演奏形式是由单身到集体,逐步发展的。早期洞窟都是独奏,不论天宫、飞天、药叉乐伎一格一格地环窟绘于壁画。从隋代才开始有小型乐队,至唐代突然出现大型乐队,如第220窟之东方药师变乐队,左右两侧竟达28人,每位乐伎手持一种乐器,布置有序,表情生动,每人都有自己的演奏技巧。此后,集体的合奏形式,即为壁画表现音乐场面的主要形式。关于乐队图像的队形排列及乐器的配置、组合形式,笔者经反复观察、比较研究,认为:基本上是画工任意布置,无固定之规律可循。因为是美术家创作构图,只求对称和透视关系,左右两侧人数基本相等,乐器以不同品种参差配置,很难确定其音乐效果安排意图。因此在乐器排列次序上,基本不定型。也有部分乐队,打击乐、鼓类置于前沿,拍板居高处,管弦乐器集中靠拢,这是画工有音乐修养,考虑到音响、力度、音色问题。而绝大多数是杂乱无章、任意布置的。

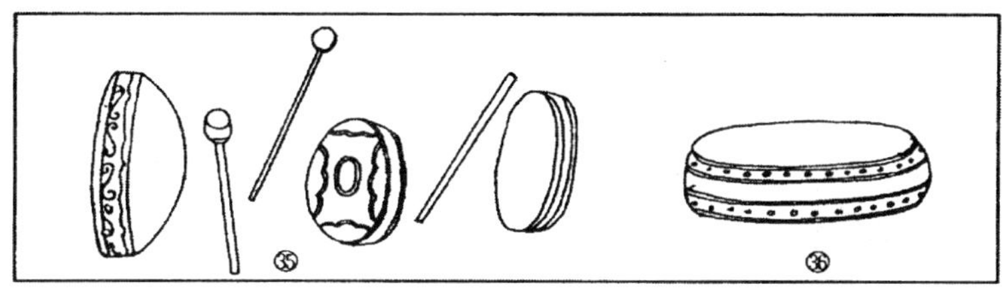

图2-8 打击乐器(三)

五、敦煌壁画的虚与实

敦煌壁画的写实性,就是它比较现实地反映了各个时期的社会风貌,人们可以从中得到古代的生活方式、物品的形态和使用情况。但是,壁画毕竟是美术作品,它不是摄影,往往在写实的基础上出现一定的想象、夸张、变形和虚构的成分。因为画工的主要意图,在于宣扬宗教的题材,由于艺术手段不同、风格技法不同,知识特别是音乐知识的局限,所以很可能出现偏离真实的现象。就以敦煌所绘乐器来说,其中就有很多“虚”的成分。

(一)在乐器形态上,所绘乐器大小比例、造型的准确程度常见有出入。

(二)所绘乐器大多细部结构上并不严谨,如:弦乐器画几根弦,安装几个轴子,管乐器设几支管、挖几个孔,打击乐的细部形态等,常见是疏漏与含糊的。

(三)在演奏姿势上常见错谬,如:左右手偶见反持,乐器倒置,里外、左右不分,乐器放置部位也出现常识性错误等等。

(四)在壁画中有个别乐器是画家想象、臆造出来的图形,是一种虚拟的产物,如“凤首弯颈琴”。笔者认为这是一种子虚乌有的乐器。它是由琵琶和凤首箜篌的造型混合嫁接而成的一种乐器的造型。实际上不可能存在这种乐器的,当时的文献也无记载。

我们从图形来分析,它的共鸣箱还是琵琶,但琴颈加长而弯曲成

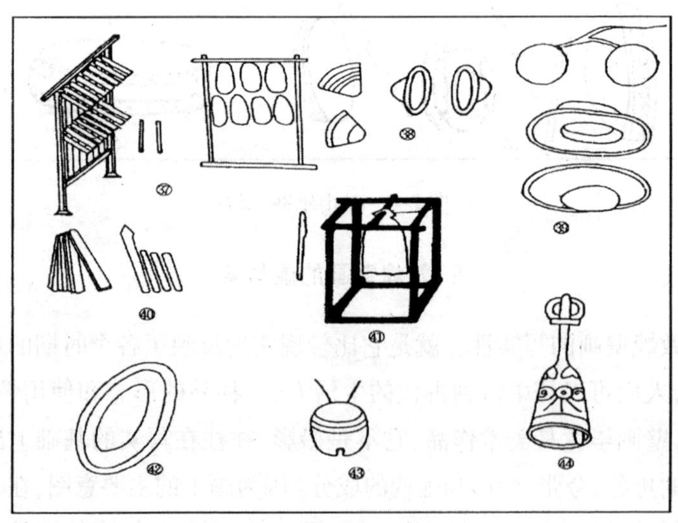

图 2–9 打击乐器(四)

为弓状,拟仿箜篌。如何系弦和按音呢?有的则系一根弦,悬空绷直于山口与缚手之间,因琴颈弯曲故而张弦不能贴及琴面,亦不能将弦按及品柱。还有的则荒谬地画四根弦没弯曲的琴颈,更不可弹奏。因此,这种乐器不符合发音原理,不可能成为乐器。

但是,这种图形在莫高窟先后出现了 20 余幅。为什么还相沿模制,甚至远远传到新疆呢?笔者认为,这是壁画粉本流传的结果。因其造型华丽,装饰性很强,有观赏效果,所以这种图形,曾经流传一时,但其究竟为虚构,以后自然会消失。在这里,有必要说明这一点:敦煌壁画只是间接、曲折地反映了古代音乐风貌,决不能视为实物和信证。我们研究时也只能作为一种参考性的史料,一定要客观地分析,因为这是乐器画而不是乐器。对于乐器画的流传,也不能视为乐器的流传。

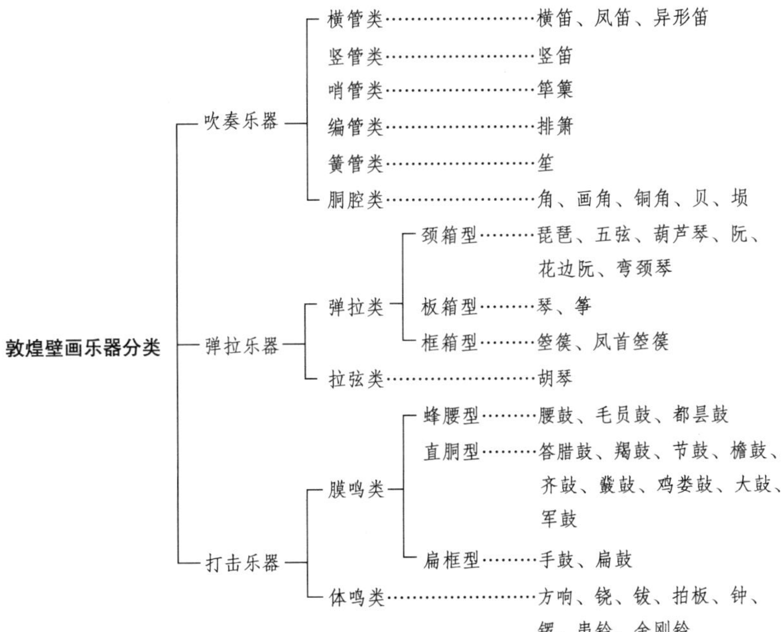

莫高窟壁画乐器统计表

种类		打击乐器																						弹拨乐器									吹奏乐器											
名称		腰鼓	毛员鼓	都昙鼓	鸡娄鼓	答腊鼓	羯鼓	节鼓	鼗鼓	齐鼓	檐鼓	大鼓	军鼓	手鼓	扁鼓	方响	铙	钹	拍板	钟	锣	串铃	金刚铃	琵琶	五弦	葫芦琴	弯颈琴	阮	琴	筝	箜篌	凤首箜篌	横笛	凤笛	异型笛	竖笛	筚篥	排箫	笙	贝	埙	角	画角	铜角
件数		306	11	6	74	108	82	8	64	4	10	11	4	5	2	52	15	75	464	13	20	210	5	689	24	5	27	65	26	176	278	1	505	2	27	276	196	288	345	54	1	6	4	5
时期 始见																																											
北凉		△																						△							△		△			△				△		△		
北魏										△	△														△			△									△	△	△					△
西魏																		△																										
北周					△				△																				△	△														
隋			△			△		△						△		△										△																		
唐	初			△			△												△		△						△														△			
	盛											△					△			△		△													△									
	中																																											
	晚												△																														△	
五代																																												
宋																																												
西夏															△								△									△		△										
元																																												

（首发于《1987年敦煌石窟研究国际讨论会文集》）

敦煌壁画乐器分类考略

敦煌壁画留存大量古代乐器图像，其数量之多，种类之丰富，表现之生动，延续之久远，举世叹为观止。它是中华民族文化的结晶，是先民长期音乐实践的积淀。历经北凉、北魏、西魏、北周、隋、唐、五代、北宋、西夏、元代，延续近千年，它反映了各个时期、各种乐器的形制和演变、演奏方法、组合形式，以及当时的社会音乐风尚。这些材料，为我们研究乐器史提供了极为珍贵的历史参考依据。

笔者对全部洞窟壁画中的乐器，进行了数次考察，将壁画中的乐器图像四千余件进行了分类、排比和统计，并结合古代文献，逐项分析，写成此文。不揣浅陋，仅将一得之愚，就正于识者，以求共同探讨。

一、吹奏乐器

横笛　横管类乐器，即今日流行之竹笛，为吹管乐器中的主要乐器，是壁画中为数最多者，仅莫高窟统计，共绘有 500 余支。壁画中始见于北凉，历代延续直至宋、元。笛，古字为篴，也称横吹，在中国源远流长。河南曾出土了 8000 年前的骨笛；浙江河姆渡出土有五六千年以前的骨笛；湖北隋县出土战国时期的竹制律管。笛子主要用天然竹管制成，有一吹孔，数个按孔。历代按孔数不尽相同。敦煌所绘横笛，从形制挖孔及演奏方法看，都与今日之横笛无甚差异。壁画中的横笛主要特征是不用笛膜。早期洞窟，绘制简单，有的绘有彩色花纹。在规格上，长短粗细及挖孔数很不一致，大多为六孔。在乐队中居重要之领奏地位,凡有乐队一般都有横笛,有时一组乐队连用数支横笛,显然是为了增加音量,突出高音声部之音响效果。

与横笛连类,有一种称为篪的横管乐器,周代已有记载和流传。篪与笛的分辨在于:篪六孔,两端封闭,全身髹漆,而笛不髹漆,也不封口。敦煌所绘均为笛。但在中唐第159窟绘有一只带花纹横笛,一端堵一塞状物,是否称此为篪尚待研究。只此一例而已。

异型笛　横管乐器。为敦煌特有的一种带钩横笛。其形态与普通横笛相似,唯在吹口一端,多出一小段枝杈状物,似竹节留存的一小段枝条。与发音无关,推测为一种装饰挂钩,便于携带或悬挂。这种异型笛初中期洞窟均未见,晚唐出现,延及五代、宋,愈后愈多,与普通横笛并存于壁画中。何故多此一小枝条?此笛名称是何,未见古籍载述。

现在称其为义觜笛者,也有称其为七星管者,皆不甚妥。义觜笛唐书有载"横笛加觜",何谓觜?横笛吹口处加一口托,高于吹口,似今日长笛。此图形又见于云冈石雕伎乐。七星管为陈旸《乐书》所绘横笛的一种,在横面一端加一环状小管。上述都不符合壁画之形态。唯日本奈良正仓院藏有与此类同者,那里的横笛、石雕玉笛,都在竹节处多出三条枝杈,敦煌仅有一条。估计正仓院所藏者是古时这种形制的横笛外传遗迹。为区别于以上各种,故暂名异型笛。

图2–10　凤笛榆林窟第10窟(元代)

凤笛　为横笛中的一种:即在笛之两端,装饰有凤头凤尾,并加以彩绘。见之于榆林窟元代第10窟,是敦煌壁画笛的一种变形。元史《礼乐志》载有:龙笛,七孔，横吹之，管首制龙头衔同心结带。龙与凤相对是古时宫廷乐器的装饰，是汉族文化意识的反映。

竖笛　古代竖吹之竹管气鸣乐器。古时竖吹之笛名称甚多，有：直笛、竖吹、单管、中管、幢箫、尺八等。现代称为洞箫。壁画中竖笛甚多，与横笛相对，二者是同时出现的姊妹乐器，其形制与今日之洞箫不同，与今日福建民间的尺八也不同，按孔均在一面，也无斜面或豁口形吹口，类似今日满口箫，按孔为六个，粗细与横笛相仿。

竖笛与筚篥在壁画中很容易混淆，仔细分辨可以区别：竖笛较长，有吹口，吹奏时两手靠下；筚篥较短，稍细，在一端插有哨嘴，按指靠上。

筚篥　古代哨管乐器，文献中亦称觱篥、悲篥，或笳管。即今日北方流行之管子。敦煌所绘筚篥，较今日管子稍长，其长度有时和竖笛相似，哨嘴也较大，管体较笛粗壮。筚篥出现在敦煌壁画的中期以后。

排箫　古代编管乐器。文献也称箫、参差、比竹、胡直等。敦煌壁画中的排箫位置显著，造型华丽，极富仙乐幻觉的意境。莫高窟绘有300余只，形态不尽相同，主要形制为两种：一为单排两端同样长度的竹管；二为一边长，一边短。这两种史籍都有明确的记载，前者称为底箫，后者称为洞箫。壁画中的排箫自北魏始，一直到元代。早期所绘多为洞箫。唐以后特别是五代至宋元，多为两边管长相等之底箫。由于画工的写意，早期所绘较模糊，有的仅画一方框，常涂以绿色，或画几条线，表示竹管，无法分辨细部结构。唐以后画得比较细致，但大小、长短、管数不相同，从其数量形态以及花纹、装饰的发展来看，排箫在古代是较重要的乐器，壁画中迦陵频伽鸟奏乐图中，多为手持排箫者。排箫具有音乐的象征意义。

笙　是竹制簧管类乐器，由斗子、簧管、吹嘴三部分组成。敦煌所绘的笙，这三个部位差异很大，基本形态是：圆形笙斗、木制，或匏制。

簧管数量及围匝的形式类似今日的笙，都有茶壶嘴状的吹嘴，但长短及弯曲的形式很不相同。笙在壁画中很普遍，莫高窟共绘300余只，北魏出现一直延续到最后。壁画上，早期只具轮廓，不易辨别细部；唐以后逐渐具体，大小长短比例和管数甚悬殊，但形制趋向一致。莫高窟第159窟西壁中唐所绘《文殊变》中，有一吹笙乐伎，神态极为逼真。他的演奏进入竞技状态，全身用力，大脚趾高翘，宛若击拍应节，沉浸在一种美妙的音乐气氛中。

角　古代胴腔类气鸣乐器，以兽角制成，多为牛角，是一种最简单的原始乐器，故以角命名。其发音高亢凌厉，适于远传声音，所以为古代军营所使用。角的来源，古人说法不一。它最先出现于游牧民族，由边疆传入中原内地，由北方扩至南方，再引入汉族的军营，成为古时军营乐器。从现代迹象看来，它的分布是全国性的。许多少数民族，至今尚在应用。角的衍变初取材于自然之兽角，后来改用竹木皮革等材料，最后发展为铜制。

从敦煌壁画，很清晰地看出角的衍变过程：即角—画角—铜角。角在敦煌壁画开始就有绘制，如最早洞窟北魏第275窟北壁有两个吹大角的供养乐伎，图像的角已非兽角，而为画角的形态，可能为竹、木等材料所制，未画花纹。兽角所制的小型角，早期天宫伎乐、夜叉伎乐也多有所见，如北魏第431、435窟。此后，角之所以逐渐消失，大概是因为发音单调粗犷，只能发一音，不适合参加乐队。

画角　绘有花纹的角。古时乐器，常彩绘花纹、图案等装饰。成语“杯弓蛇影”即为画角引出的典故，说明当时的画角，曾有龙蛇之类纹样的装饰。据文献记载，花纹、颜色标志着封建社会的等级，特别是在军营中，画角是区别管职等级的。《隋书·音乐志》载：“诸州镇戍，各给鼓吹、青角，中州以下诸镇戎，皆给黑鼓、黑角，乐器皆有衣并同鼓色。”莫高窟156窟之晚唐《张议潮统军出行图》中，有军乐一组，四名骑士鼓手前导，后有四名骑士引颈吹奏大画角。画角花纹清晰。军乐队气势威严、雄壮，是极为珍贵的我国古代军乐阵容图像。

铜角　气鸣类铜管乐器。敦煌壁画后期出现之乐器，是画角演变来的。见之于肃北五个庙西夏石窟及榆林窟元代第10窟。这两处的图像，对研究世界铜管乐器的历史，可能有重大的意义。笔者所知，西方也有类似图像，但已是16、17世纪的事了，我国的此种图像早于西方数个世纪。

据《旧唐书》记载："西戎有吹金者，铜角是也，长二尺，形如牛角。"后世军乐带喇叭口的铜管乐器相继发现，可见在中国是有相当长的酝酿过程。敦煌这种铜角，后来流传至全国各地，各少数民族对其有所发展，有的分两三截套装演奏，如蒙古族、藏族寺院音乐中的大号、筒钦。此外，彝族今日的长号，则与敦煌所绘一模一样。令人费解的是今日汉族民间却已失传。

贝　为胴腔类气鸣乐器。也称海螺、蠡梵贝。系天然之海螺磨穿为吹口，吹气后螺腔发音，音量甚大，呜呜长鸣，但无固定音高。敦煌壁画中，贝有三种用途：一作乐器，用于天宫伎乐、飞天伎乐或经变乐队之中。二作法器，护法神手持，作为仪轨、礼器之象征。三作供品，是对于佛的供奉礼品。贝，早期洞窟所见甚多，为早期印度佛教东传之原貌，后来佛教逐渐民族化，所见则少。这种乐器与角一样，为发音简单之乐器，演奏效果不佳，因此逐渐被淘汰。后期壁画多用作供品。

埙　为胴腔类气鸣乐器，我国最古老的吹奏乐器，用陶土烧制而成。周代已列入八音之土部。埙的形状为上锐底平，状如鸡蛋，古时形制大小、音孔多少，并不一致。殷代以后，埙一直为五音孔，到汉代发展为六音孔。埙的形状还有桃形、鱼形等。这种乐器上古时曾为雅乐必用之乐器，后来俗乐也用。但未被正式列入乐队。后濒于失传，但生命力很强，各民族民间仍作为儿童玩具尚在流传。藏族的扎令，彝族的布里拉、笛志挪,回族的泥哇呜都是埙的后裔。汉族民间也有流传。

敦煌壁画中,埙的图像见于第220窟南壁《阿弥陀经变》乐队,初唐绘制,其中一乐伎双手捧埙,只有二音孔,其他音孔为手指所按,不易辨清孔数,此埙甚大,大小似手掌。

二、弹拉乐器

琵琶　为弦鸣类乐器中弹弦乐器。其特点是共鸣箱为梨形,四弦,头部曲项或直项。弦之两端设山口及缚手。古时初设四相,后来设品柱。古时面板上还装饰有捍拨,并在面板上左右挖传音孔,称为凤眼。演奏姿势早期为横抱,明代以后,随技巧之发展,才演变为竖抱,演奏手法用指弹,或拨弹。

琵琶二字始自汉代之后,最早写作枇杷或批把,后在字形上与琴瑟连类,故书为琵琶。古时琵琶为广义之词,文献上将汉族和少数民族的各种弹拨乐器都泛称为琵琶。汉代琵琶,指的是圆形的阮,东汉晚期已出现梨形的样式,魏晋南北朝以后趋向定型,但称谓逐渐混乱,直到唐代,琵琶之名始固定,圆形的称为阮咸,梨形的称为琵琶。

敦煌壁画中,琵琶的图形最多,仅莫高窟就绘有689只,居所绘乐器之首位,凡画有音乐形象处必有琵琶,具有音乐的象征意义,从建窟之始,从未间断。在壁画中,可看出琵琶有如下特征:

(一)形式并不规范,一千年间持续描绘,变异甚多,其原因:一是画工创作时出于想象,因而在形态上有所出入。二是琵琶在漫长的历史岁月中,有个衍变改革的过程,不同地区、不同时期,差别确实较大。这说明它一直处在改革发展中,具有持续发展、相对稳定的特点。我们从600多个图形中,经过排比,选出50余种形态(见前文图2-2)。

(二)早期琵琶除极少数为窄瘦形外(见于北魏),多为圆形共鸣箱，隋唐以后基本稳定在宽圆形。名画《韩熙载夜宴图》所绘琵琶正与敦煌后期壁画相符，这种形态的曲项琵琶正是古时的标准形制。

（三）曲项和直项兼而有之。从壁画的实际情况来看，古时并不一定都是曲项琵琶，为数更多的还是直项的。唐以后曲项稍多，估计可能宫廷多用曲项，民间直项居多。

（四）早期所绘琵琶，只有四相及缚手，共鸣箱及面板上并无其他装饰，唐以后始见丰富，出现凤眼及捍拨，随后发展到通身彩绘髹漆。在腹板及背后绘有花纹图案，工艺性尤为突出。

（五）在演奏形式上，除少数反弹琵琶作为舞蹈造型外，大部为踞坐、横抱之演奏形式，琵琶发展缓慢，相当漫长的岁月是横抱演奏阶段。因其只具四相，只可发音 10 余个。仅左手把位按弦，演奏时横抱足可适应。

（六）用拨弹还是手弹？一直是研究琵琶学者所关注的问题。从敦煌历代壁画所见，似乎手弹与拨弹长期并存，唐以后用拨弹是主流，手弹是少数。

（七）敦煌所绘琵琶，均为四相，未见有加设品位者。敦煌遗画中，有一幅《炽盛光佛五星图》却有所不同。一仕女演奏琵琶。这个琵琶形制宽大，梨形，有四个相，在四相之下，附有三个品，二短一长，连同四相，即为七柱。此画题为乾宁四年（897 年），为唐昭宗时期。此可证实唐代琵琶已有设品的萌芽，音域已有发展。据推测，敦煌壁画中，阮及凤首弯琴，都设有品位，琵琶亦自然会增设品位，这是必然的发展趋势。

五弦　弹弦乐器。亦称五弦琵琶，是一种比琵琶多一条弦的琵琶。五弦与琵琶同时在壁画中出现，为姊妹乐器。文献记载，五弦出现于北朝之后，隋唐时期盛行。唐代诗文记事中屡见描述。隋唐燕乐的多部乐中，五弦列为正式编制。壁画中五弦唐以后偶然在大型乐队

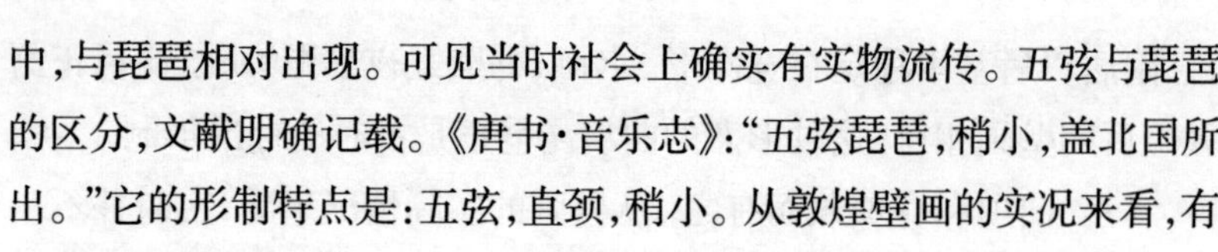

中,与琵琶相对出现。可见当时社会上确实有实物流传。五弦与琵琶的区分,文献明确记载。《唐书·音乐志》:"五弦琵琶,稍小,盖北国所出。"它的形制特点是:五弦,直颈,稍小。从敦煌壁画的实况来看,有如下之表现:

(一)形体与琵琶相同,只是多一轴、一弦而已。小乐队及零散伎乐不绘五弦,有时绘在"不鼓自鸣"图中。大型乐队往往五弦与琵琶并列,一般大小也与琵琶一样,如绘两只,往往其一即为五弦。

(二)五弦的图形数量不多,莫高窟只见 40 余个,与琵琶相比,为数甚少。这种乐器看来历代并未形成完备的独立的演奏体系。从敦煌可看出历史上琵琶还是主流。

(三)五弦的形态,壁画中是曲项、直项均有,并非有些学者所圈定的直项模式。新疆石窟,甚至印度石窟中,五弦四弦位也相兼并存,直项、曲项兼而有之。

(四)演奏方式及手法亦同琵琶。壁画中手弹拨弹兼而有之。未见有特殊演奏方法。

根据以上情况,笔者认为:五弦实际上是在琵琶的基础上派生出的一种乐器,诸如今日的二胡与中胡。有的学者说五弦与琵琶是来路决然不同的两种乐器,说五弦出自印度,琵琶出自波斯,而且形态各异。这种看法是值得商榷的。

葫芦琴 弹弦乐器,敦煌特有的一种乐器图形。属于琵琶类,可能是由琵琶演变来的。史书未见记载这种乐器,其他地区石窟也未见描绘。这种图形,莫高窟三处、榆林窟一处。葫芦琴有两种形制,隋代第 423 窟绘有《弥勒上生经变》,其中说法图绘一楼阁,有数伎乐演奏乐器,其一持葫芦琴。这是见到最早的一幅乐器小型合奏图。葫芦琴在面板上还绘有一对称的 S 形纹样,类似小提琴腹板上的下音孔。还有一种形态,初唐第 322 窟藻井北坡中一飞天乐伎持葫芦琴,上小,

下大，轮廓清晰，葫芦形。设四轸四弦，但相位不可辨。还有一幅五弦葫芦琴（第262窟）。上述几种图形都不相同，笔者认为是画工偶然的艺术创造，其造型根据就是琵琶。古时是否有用植物葫芦（匏类）制弹弦乐器，尚待考察。

阮　颈箱类弹弦乐器，又称阮咸。源自晋代竹林七贤之阮咸善弹此器而得名。唐武则天以后，才有阮的名称。其形态为正圆形共鸣箱，长柄，十二品柱，四弦（或五弦）。其历史比较久远，汉代画像石刻、晋代墓葬中有图形可寻。文献记载比琵琶的历史还早，最初也称作琵琶（秦琵琶或汉琵琶）。汉末傅玄《琵琶赋》实际描述的是阮。阮一直延续至现代，现今的月琴、秦琴等，都是阮的后代。敦煌壁画的阮，其特点为：

（一）始自北魏，以后历代均有描绘。

（二）阮在乐队中居次要位置，因之绘制不多，莫高窟共绘近百只。见之于天宫伎乐及大型乐队，小型乐队、零散乐伎则很少用。

（三）形态不统一，表现在共鸣箱的大小、琴柄的长短比例、琴头的样式、弦的多少均有悬殊。

（四）后期共鸣箱面板，也没有圆形捍拨，有的也挖有两只凤眼为出音孔，显然是受琵琶造型影响所致。

（五）演奏姿势为横抱。手法为用手弹或拨弹。

（六）阮与琵琶常绘制得十分近似，除共鸣箱为圆形外，常借用琵琶各种部件的画法，也有琴体饰以花纹重彩绘制者，有时其形状似圆非圆，接近琵琶。也有颈部弯曲状似弯颈琴者。

花边阮　在阮的族类中，有一种花边阮，是敦煌壁画中很有光彩的特异乐器，颇引人注目。莫高窟仅绘有两只，初唐第220窟《东方药师变》大型乐队中，盛唐第217窟南壁乐舞图中，尤以第220窟绘制最为精细。这是一种阮与琵琶造型合成的乐器。古时文献及其他石窟中均未见此种形式，因此可能是本地画家的艺术构想，当然也可能存在此种实物，观其结构，倒很合乎乐器原理。也可能当时是一种改革性乐器。这种乐器应属于低音的弹弦乐器，其特征为形体较大，扁平圆体共鸣箱，周围呈现花瓣形，琴头为曲项琵琶式样，折向后方，设五轸五弦，有较短之指板，上锐下宽，设四相，下有半圆形缚手系弦，演奏者横抱于胸前，用手指弹奏。这比较接近今日大阮的造型特点。花边形共鸣箱，在我国民间至今有所流传，广东、福建的秦琴、月琴，即有此种形制。敦煌所出花边阮，可以证实这种花边型乐器由来已久。

弯颈琴　敦煌特异弹弦乐器，为琵琶与箜篌相结合的乐器造型，有人称之为凤首箜篌，其实不妥。凤首箜篌在陈旸《乐书》中已有图样。这种弯颈琴，在敦煌也有未饰凤首的，它的琵琶成分更多一些，因此不能称为箜篌，姑且名为弯颈琴。这种图形出现在中晚唐以后，五代、宋、元一直沿袭绘制。其形状为：共鸣箱全如琵琶，面板上还有凤眼、捍拨、缚手，头部装饰有凤首，个别还置有品柱，大都无弦。有的绷

图 2-11　弯颈琴　莫高窟第 327 窟(宋代)

直一条弦,也有沿弯曲之琴颈画四弦者。主要特点为颈部细长且弯曲成弓状,一弦者,是将弦空绷直于山口至缚手间,因其琴颈弯曲,弦不可能贴于琴颈及板面,所以不能按音演奏。画四条弦弯曲者,更属不合理,弦未能直张,弯曲何能发音演奏?此琴大小也与琵琶相仿,横抱胸前,以手指弹奏。查历史文献并无此乐器的记载,中原地区亦无此种图像(唯新疆石窟中曾有此图形,绘制时间在敦煌之后,显然是流传模拟)。敦煌出现的图形并不多,莫高窟绘有27只。笔者将全部图样集中,对比研究,认为这种弯颈琴是画家的一种艺术构思,想象中的乐器,因为它根本不具备弦乐器的发音构造条件。但为什么又流传了几代,甚至传到其他石窟壁画中呢?大概是因为这种造型比较华丽,富有突出的美术效果,因此为画家所赞赏。笔者认为,壁画图像的流传,不等于乐器的实际流传。这实属画工创造的美术作品。

琴　板箱类弹弦乐器,亦名七弦琴,今称古琴,我国最古老的弦乐器。传说伏羲氏及神农氏创造。两千年来,延绵未绝,具有中国文化的象征意义。琴是古文献记载所有乐器中最丰富的一种。据传,北京国家图书馆曾藏“敦煌琴谱”,惜已散失,下落不明。琴,在古代无论雅乐或俗乐,都列为乐队编制,但俗乐用得不多。敦煌壁画中,有一些图像,为数甚少,显然是俗乐乐队嫌其音量窄小,在众乐器中,不易发挥音响效果。敦煌壁画乐队,主流是俗乐,多见的还是筝。也有些壁画,选用了琴,琴的特征还是明显的:如黑色、七弦、较窄小,无码有徽,但因画工写意,这里的琴绘制得均不甚明确,多处只是画一黑色长方框形物,其徽位、弦数、局部构件,均难辨认。仅从轮廓认为琴者20余只。第463窟北壁,有一西魏所绘琴图,长方形共鸣箱,一端有一半圆形缺口,形态怪异。琴的演奏方式,早期并未平置桌几上,亦如其他乐器踞坐斜放演奏,一端置于膝上,一端落在地上。这个特点在敦煌尤为明显,宋代之后琴才在桌几上平置弹奏。

第 61 窟南壁上绘《报恩经变·恶友品》,其中的《树下弹筝》榜题标明善友太子听弹的乐器是琴，为何人们却称之为树下弹筝呢？经查:佛经里描述这个故事弹筝和弹琴并存,这是古人翻译的失误。佛经从印度传入,原本为维那,此乃印度古代民间乐器。筝与琴都是附会之意,因此无须计较。

筝　板箱类弹弦乐器。亦称秦筝、古筝。春秋战国时已出现,流行于我国北方,与瑟为同类乐器,比瑟弦数少。相传由瑟分化而成。早期可能为竹制,后来衍变为木制,取材于桐桑。其形较瑟小,较琴大。音箱呈长方形,刳桐为体,匣式拼合,为适应弦的张力,面板上下左右均成一定弧形,也便于雁柱排列。筝的弦数,在不同时期、不同地区,多寡不一,古时一般为 12 或 13 弦,每弦只发一音,设一雁柱(琴码),可左右移动,以调节音高。筝的共鸣效果较好,音量较大,音色亦优美,因而各个朝代、各地区、各民族,长期使用流传,经久不衰,至今仍为我国很有特色的弹弦乐器。敦煌壁画中,筝的图形较多,古琴次之,未见有瑟。看来敦煌壁画乐器的选用,是与当时社会音乐风尚有关。瑟在汉代之后,民间逐渐淘汰,只见于文献所述之雅乐编制中。古琴虽丰富,但音量小,适于室内独奏,不宜参加乐队。敦煌乐器画所示,古筝属民间之俗乐,因之用筝较多。在敦煌一些乐队的图像中,多数为筝,有许多描绘得十分具体:雁柱、岳山、雁足,弦的排列及弧形琴体,甚至面板未经漆饰的木纹,都绘得十分细致,和今日的筝基本相似。可见唐时,筝已发展得十分完善。也有绘制简略、只具轮廓的。有时只绘一长方形框架,略呈弧形,表示筝的形象。筝的演奏形式,还是踞坐,置于腿上,平放或斜放均有。看来早期筝和琴都不置桌几上,也未有筝架。

箜篌　古代框箱弹弦乐器。最初名为坎候或空侯。从古代文献上看,我国流传过两种形制的箜篌:

(一)卧箜篌:这种箜篌,早在春秋战国时就在南方的楚国流传了。它是由琴瑟类派生而出的乐器。其形态特征为:长方形共鸣箱,在面板上粘有品位。嘉峪关墓及敦煌最近出土墓葬画像砖中可见。史书只有这个名称,未见具体的描述。卧箜篌,可能是在汉晋以前流行过的一种弹弦乐器。后来消亡,由筝瑟代替。国内除汉画像石及魏晋墓葬壁画外,已不见踪迹。但在邻国朝鲜,尚见遗存,那里的玄琴,至今还在演奏。辽宁辑安之高可丽墓壁画中,也有此图形,是否为古时我国的卧箜篌,尚待进一步研究。

(二)竖箜篌:这种箜篌与前述之卧箜篌,系两种在结构上完全不同的乐器。竖箜篌为一种三角形框架、竖立演奏、多弦的乐器。汉代以前未见,汉以后相当流行。南北朝以后的壁画、石刻、乐舞陶俑等图像资料中,多有发现。它属于世界上的竖琴体系。可能源自西亚、埃及和印度,这些地方古代的竖琴图像甚多,从时间上看均早于我国。埃及甚至在公元前一二千年壁画及雕塑中即有此图形。中国的竖箜篌很可能是随印度佛教文化,经西域进入中原的,当时佛经中常引用维那这个名称,此为印度民间流行的一种小型竖琴。《隋书·音乐志》记载“今曲项琵琶,竖头箜篌之徒,并出自西域,非华夏之旧器。”《通典》载:“竖箜篌,胡乐也,汉灵帝好之,体曲而长,二十二弦,竖抱于怀中,两手齐奏,俗谓之擘箜篌。”宋代吴自牧《梦粱录》卷 3 有段惟妙惟肖的描绘:“高三尺许,形如半边木梳,黑漆绣花,金装画台座,张廿五弦,一人跪而交手擘之。”唐代以后的箜篌就专指竖箜篌了。尽管这件乐器可能源于西方,但在中国也有千余年的流传历史,它逐渐地为中国所改造,成为中国的民族乐器了。我们从敦煌壁画中,已清楚地看到这一点。它在历代的描绘中,无论造型、构件装饰、演奏形式都具有浓厚的中国特色。壁画中箜篌相当多,仅次于琵琶,莫高窟绘有 200 余只。早期画得简单,形体小,一手持,一手弹,弦数也较少。唐以后的箜篌，多为大型彩绘，华丽壮观，边框饰有团花、团龙、团凤等纹样。综观敦煌箜篌，有两种类型：

(一)大箜篌，有三四尺高，置于地上踞坐抱置胸前，两手弹奏，外形华丽。

(二)小箜篌，比大箜篌约小一半，框架下部有一把柄(脚柱)，左手持举，右手弹奏。

箜篌为我国古代弦乐器，敦煌绘制的时代正是这件乐器兴衰时期，所以反映得很全面。明代以后这件乐器就消失了，它所以被淘汰，可能是有它的弱点，只靠框架共鸣，音量、音色肯定逊于古筝、琵琶。箜篌在我国境内，各民族、各地区现在都不复存在；唯邻国缅甸尚有一种桑柯，其形态有一弯形共鸣箱。现今，我国又出现复制和改制的箜篌，基本上参照西洋竖琴和古代的形制构造，较为成功；西方竖琴是近一二百年出现的改革性乐器。

凤首箜篌　敦煌壁画中特异乐器的造型。见之榆林窟第3窟西夏绘《千手观音图》中，凤首装饰，下端有一窄共鸣箱，边框呈现四边形，多弦。此图酷似现今缅甸民间之桑柯。此图即为唐书所载骠国所进之箜篌，还是画工绘制的偶合，或有所依据，尚待进一步研究。何谓凤首箜篌，宋代陈旸《乐书》也未说清楚。该书所绘的凤首箜篌，实际上就是三角形的箜篌，再加画上凤首。这种图形敦煌壁画中也有。现今很多同志把弯颈琴及画有凤头的三角形箜篌称为凤首箜篌，这是不妥的。

胡琴　拉弦乐器。古亦称奚琴、稽琴。我国弦乐器中出现较迟的一个种类。文字见之最早是唐代，《教坊记》有稽琴子条。孟浩然有“竹引稽琴，花邀载酒过”之诗句。其他文献言之者甚少。宋代以后记述较多。陈旸《乐书》有专条记载：“奚琴，本胡乐也，出于弦鼗形亦类焉。奚部所好之乐也。盖其制，两弦间以竹片扎之，至今民间用焉。”并随文附插图。莫高窟未见胡琴图形，安西榆林窟第 10 窟（元代）及第 3 窟（西夏）绘有大小共四只。此图形为一鼓形筒，琴杆插入小鼓中，类为今之坠胡状，有千金隔弦，有码，二轸，二弦，头部为卷苏形，筒侧有一弓，直线，是竹片还是马尾，不能识辨；其演奏姿势为左手持琴，右手持弓，与今日胡琴奏法相同。榆林窟胡琴的图像，是我国壁画中最早出现的拉弦乐器图形，可以证实，在西夏至元代，胡琴在西北地区确已流行。此为壁画中胡琴之最早者。

图 2-12　胡琴　榆林窟第 10 窟（元代）

三、打击乐器

腰鼓　蜂腰型膜鸣乐器，其特征为细腰，鼓形状如两个碗，底部对接而成，两端张以皮革，以绳收束，使皮膜绷紧，敲击发音。也有用绳束，类似今日鼓，将皮膜钉粘在边框上。腰鼓演奏方式是系于腰间，或置于面前，踞地演奏，用手拍或杖击发声。腰鼓在我国历史悠久，种类变异甚多。最早可追溯到史前。敦煌壁画中，从早期北凉至元代，一贯始终，从未间断，而且形类繁多，几乎每一只都有其特色。它在壁画中不仅出现于乐队，而且是舞伎表演的重要道具。在经变中，常有腰鼓独舞,或与反弹琵琶合组的双人舞蹈场面。腰鼓的图形,早期较简单,愈后造型愈精美,装饰亦愈丰富,彩绘花纹雍容华丽。显然是一种具有高度工艺水平的装潢性乐器。乐队中腰鼓起领奏的作用,往往集中排在前列,有时一个乐队,连用数只,前排全列腰鼓,可见其气势。

毛员鼓　腰鼓的一种。名称常见于唐代文献,多部乐中列入编制,曾用于天竺、龟兹、扶南乐中。杜佑《通典》载:“毛员鼓似都昙鼓而稍大。”陈旸《乐书》绘有具体图形。敦煌壁画中有这种毛员鼓。我们分辨的办法,是将腰鼓稍大型者、鼓面隆起者、腰身略粗者,称之为毛员鼓。莫高窟第237、258窟有此图像。根据文献,与都昙鼓、腰鼓不同处,毛员鼓用手拍击,不用鼓槌。这也是一种区别方法,但有例外。敦煌所绘鼓类,用手拍,或槌击,兼而有之;还有一手执槌,一手拍击。因此,不能绝对分清。所以我们把粗大形的腰鼓定为毛员鼓。

都昙鼓　古代腰鼓的一种,其名称文献中多见。唐代杜佑《通典》载:“都昙鼓似腰鼓而小,以锤击之。”我们认为,把那类细长、直径较小的腰鼓称之为都昙鼓,是比较符合文献所述的,敦煌壁画中有此图像。

答腊鼓　古代直胴形膜鸣乐器。形状为扁平圆筒状,中间没有细腰,鼓面也为两片,由绳索连缀绷紧,鼓面直径略大于鼓框。演奏时一手托鼓,一手拍击,弹叩摩擦鼓面。古时也称揩鼓。敦煌壁画中出现频繁。图像为鼓身短,鼓面直径大的直胴,用手拍击,状若今日的小军鼓。后来失传,汉族乐队则用一种扁鼓取代。

羯鼓　古代膜鸣乐器。羯指古之月氏。羯鼓从西域传入中原,在中原得到改革和发展,成为重要的打击乐器。羯鼓之名,始见于南北朝,盛行于唐。唐代羯鼓是乐队首席,居指挥地位;当时羯鼓发达,曾有羯鼓专用乐曲,以独奏形式出现于社会上层音乐表演之中。文献记述,唐明皇就能击羯鼓,还创作了一大批独奏乐曲,因此传为佳话。敦煌壁画反映了唐代音乐的盛况，羯鼓出现甚多，一般置于乐队前列，或居于高处，看来有控制全局、统领乐队节奏的意义。敦煌的羯鼓有两种形式，一为直胴状，一为直胴而又有绳索牵连，均横置于小木床上。演奏者或手拍或杖击，只参加乐队合奏，在敦煌壁画中尚未发现有羯鼓独奏时的图像。

节鼓　古代膜鸣乐器。即今日全国通行之堂鼓。鼓框木制，两面蒙皮，以小钉固定，鼓腔中间直径略大于两侧鼓面，大小不等。节鼓是中型的鼓，这是汉族传统鼓。这种鼓壁画中多有出现，一般不用于乐队，多出现在零散伎乐的场面，如中唐第 158 窟，一菩萨乐伎就敲击此鼓。

檐鼓　古代膜鸣乐器。隋唐时用于西凉、高丽诸乐部，《旧唐书·音乐志》载："檐鼓如小瓮，先冒以革而漆之。"其形态为一头大，一头小。敦煌出现数只，如莫高窟第 249、45 窟，后来不复见。这种鼓可能也是西域传来。现今维吾尔族音乐，在演奏吹打乐时常用一黑色鼓，此即檐鼓的形状。现今称之为纳额热的鼓，是铸铁鼓腔。

齐鼓　古代膜鸣乐器。隋唐时用于西凉、高丽诸乐部。《古今乐录》描述为"齐鼓如漆桶大，一头设齐于鼓面如麝脐，故曰齐鼓。"敦煌壁画中有这种鼓，形状若腰鼓，一头略大，横系于腰间，鼓面有一突出圆形物，即所谓之脐。此鼓之脐为何物，在音响上有何特征，尚不能得知。此鼓在云冈石雕乐伎图像中也有。看来并非虚构，是有其根据的。敦煌齐鼓见于西魏第 285 窟，后来不再出现。

鼗鼓　古代膜鸣乐器，也写作鞉鼓、鼗牢，即今日民间流传之拨浪鼓。此鼓由来已久，远在《诗经》中即有"应田悬鼓，鞉磬柷圉"的记载；《周礼·春官》："掌鼓鼓簸。"郑玄注："如鼓而小，持其柄摇之，旁耳还自击。"敦煌壁画所绘甚多，为一木柄，上串数枚小鼓(一至四枚)。演奏这种乐器的乐伎，通常兼操两件乐器，同时腋间还夹一鸡娄鼓。

这是隋唐燕乐独特的演奏形式。早期鼗鼓绘制简单，后来绘饰彩色图案，造型至为精美，通常鼗鼓为二三只小鼓交错重叠，单手摇动发音。

图 2–13　都昙鼓和鼗鼓

鸡娄鼓　古代膜鸣乐器。为球形鼓，两端张以皮革，鼓面直径甚小，演奏时挟于腋间，一手拍击，夹鼓之手臂还持鼗鼓，摇晃同时发音。《事类赋》引《古今乐录》曰："鸡娄鼓，正圆，面首尾，可击之处平，可数寸。"陈旸《乐书》载："左手持鼗牢、腋夹此鼓，右手击之以为节焉。"敦煌壁画中鸡娄鼓甚多，独奏合奏均用之；有时不一定操两件乐器，单独打击鸡娄鼓者也有。唐代鸡娄鼓雕漆彩绘，异常瑰丽，如莫高窟第 12 窟、220 窟，榆林窟第 25 窟，均为典型图形。

大鼓　古代膜鸣乐器。亦称建鼓，唐代文献中称为大鼓，为佛教庙宇起居时报时工具的"暮鼓"。在音乐活动中有时也用大鼓，宫廷乐队有此编制。敦煌壁画不见于各种音乐图像中，只见于经变画《劳度叉斗圣》中，与钟相对，置于框架之中。

军鼓　古时军乐队之专用鼓。见于莫高窟第 156 窟《张议潮统军出行图》，此为大型世俗仪仗场面，雄壮威武。前面引路骑马的数名军乐队员右手持槌，四马驮军鼓，鼓身扁平，立于马背，很似今日军乐所用之大军鼓。这是研究我国古代军乐的重要图像资料。

手鼓　古时扁框膜鸣乐器。形似今日新疆手鼓，其形扁平，木框只一面蒙皮；演奏时一手持鼓，一手拍击，或以小槌击之。与今日不同者唯边框无小铁钹或小环；鼓面绘有图案。莫高窟及榆林窟均有描绘，早期未见，出现于唐以后宋元时期。

扁鼓　古代膜鸣乐器。如今日民间说唱音乐所用之书鼓。鼓身扁圆，中间略突出，两面蒙皮，周围以小铁钉固定。只见于榆林窟第3窟西夏千手观音图中，是敦煌壁画后期的乐器。

方响　古代有音律的打击乐器。文献记载始于南北朝之梁代，敦煌见于隋代壁画大型乐队中。其形类似编磬，由十余片薄厚不同、上圆下方、长方条状铁板组成，编缀于木架上。方响有两种悬挂方式：铁板一端挖扎系绳依次悬挂，或在铁板中间穿孔斜挂，一般上下两排。古代雅乐和俗乐都将方响列入编制，多用于宫廷，民间很少使用。

铙　金属体鸣乐器。又称铜铙，与钹同类，对击发音。此器可能随佛教由西方传入，是佛事活动的法器，也称之为浮瓯。马端临《文献通考》："铜铙，浮屠所用浮瓯，器小而清，也俗谓之铙。"铙和钹在于大小之别，小者为铙，大者为钹。敦煌壁画中屡见描绘，大中型乐队常用，形如今日之小镲，但中间小碗比小镲略大，边沿稍窄。

钹　金属体鸣乐器，与铙同类，比铙大。钹为铜制，中间隆起呈半球状，有孔穿绳，手持对击发音；钹的中间隆起部分较铙大，因此发音低沉。钹亦来自佛教，是常用法器，后引入世俗乐队。钹在东晋时已有记载，《法显传》有"敲铜钹"之语。唐代钹也写作跋或拔。钹是壁画后期的乐器，为数不多。莫高窟、榆林窟均有描绘。

拍板　木制体鸣乐器，亦称檀板、棹板，简称板。其为上圆下方之长条木板数片缀合，一般四至六片，双手对击发声。古时拍板与今日戏曲所用的板不同，现在的板，两片对击，其中一片是由两片捆扎而成，一轻一重，一手操作。敦煌拍板图形，始于初唐，大中小乐队合奏中均有，愈后愈多。有时一个乐队连用数只，在乐队中排列。其他乐器均无定局，唯拍板必居排头第一位，看来是起指挥作用。如果八字形排列的乐队，两排第一人均为拍板。经变画中迦陵频伽鸟往往持拍板。唐以后比较突出，也是音乐的一种象征。五代、宋、元绘制的拍板最多。

钟　金属体鸣乐器。钟为我国古代雅乐队的主要乐器，后因其笨重，民间很少流传，宫廷乐队也逐渐淘汰。佛教传入中国后，是寺院报时的工具，与鼓相对，悬置于钟鼓楼，寺院必用之器。壁画里的钟不是表演性乐器，出现于《劳度叉斗圣经变》中，一些图案中也有，如榆林窟第3窟。

锣　金属体鸣乐器。古时也曾称为钲、铜锣、沙锣。锣原为古时青铜乐器的一种，唐代曾专指盘形铜锣。敦煌第220窟《东方药师变》乐队中，有两个乐伎演奏铜锣，表演姿态特殊，击响后抛入空中。锣为一扁平之圆盘，可见当时也列入乐队编制中。另外，在飞天乐伎画中也有锣。锣奏法有两种，一为手拍击，一为以小锤击之。

串铃　印度民间乐器。原名金基尼，《法华经》有记载。为一种金属空心小球，边有缺口，内藏小珠，将单个小铃串连成环链，即为串铃，摇晃则发音。原为印度妇女之传统饰物，舞蹈时系于手足，顿足拍掌发出节奏性音响。此物佛教借用，在敦煌石窟常饰于早期壁画中的菩萨、天宫伎乐的项上；隋唐之后，衣饰逐渐汉化，串铃逐渐消失。一些壁画的垂幔流苏图案中偶尔见到串铃的痕迹。

金刚铃　金属体鸣乐器。佛教传统的法器，也是佛事活动的专用仪轨乐器。为有柄的小钟，中间有舌，手摇发音。印度和中国藏汉僧侣至今沿用。壁画中早期未见，中晚期甚多，尤其密宗常用，多为金刚力士手持，有时多手观音也持。这里不作乐器，象征着一种神权威力。莫高窟第3窟元代密宗说法图中，金刚力士所持堪为典型。

通过以上44种敦煌壁画乐器，我们可以看到以下几个问题：

(一)敦煌壁画音乐图像之珍贵，在于它从北凉至元代，延续了近千年，这是世界上罕见的奇迹，我们从中可看到中国乐器的演变发展过程。

（二）壁画所示乐器，毕竟为古代艺人之美术创作，并非摄影，因此难免主观杜撰虚构，尽管称其为现实性的反映，也仅是间接曲折的反映，是一种模糊的音乐史料，可供参考，但不能视为信证。

（三）中国乐器历来就有多变性的特点，相对稳定又不断变革，因此某一特定乐器的形状是殊异多变的。不同时代，不同地区，形制不同是必然的。敦煌是西北地区的文化橱窗，它在一定程度上表现出中国音乐文化的面貌，但也有很大的地域特征。中国幅员辽阔，各地都有地方性的文化模式，因此，不能孤立地研究敦煌，尚须与全国各地石窟、墓葬比较研究，才会全面。

（四）研究乐器的发展史，还应结合活的材料，即与今日民间乐器进行比较。一些与外界隔绝的密林山寨有很多少数民族。少数民族音乐文化都十分丰富，很可能遗存着古代乐器，这也是一个必须深入研究的领域。

（五）中国乐器的发展历史是枣核形的兴衰过程。敦煌壁画是其最兴旺的时期，宋元之后逐渐衰落，以致有些乐器泯灭无存了。现今民族乐队所用的乐器，品种远不如敦煌古时丰富多彩。这种下坡路是很值得思考研究的。

（六）中国乐器，古代在世界上居于领先地位。先民们善于吸收、消化和改造外来的文化，把外来乐器改造成自己民族的乐器。我们的祖先有极其卓越的音乐才智，发明创造了许多种乐器，为世界音乐文化做出了贡献。今天世界上有些乐器究竟是谁传给谁的，都不宜断然做出结论，还有待深究。我们的乐器，不但影响了邻国，甚至有许多可能远渡重洋影响了世界。今日世界上民间乐器有数千种，和敦煌所示的古代乐器图形有何关系，尚须进一步追溯。

附

敦煌壁画乐器分类表

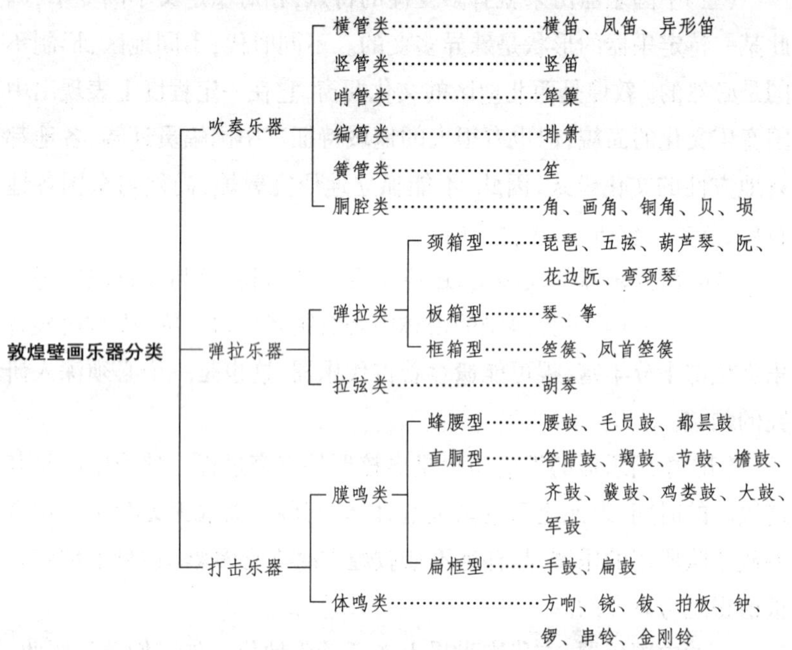

（首发于 1988 年第 4 期《敦煌研究》）

敦煌壁画中的几种特异乐器

敦煌壁画中的音乐图像，是研究音乐文化历史极为重要的一个领域。半个世纪以来，有愈多的学者意识到，要探索中国古代的音乐风貌，认识中国音乐文化的发展过程，在敦煌宝藏中，可以得到许多启示。

在壁画中表现音乐，是用乐器造型来体现的，其中绝大多数乐器，是各地流传通用的乐器，但也存在着少数其他地区未曾见过的乐器，在此，我仅将其中几种敦煌独有或具有特殊性质的乐器，略做分析研究。

一、异型笛

在敦煌壁画中，有一种横笛，其形态异乎寻常：即在吹口部位下方，突出一小段枝杈状物，似为竹节中留存的枝条，也若一段细小之管状物，这种突出物部位并不十分固定，大致是在吹口一端，此异型之横笛，早期壁画没有发现，出现在中唐之后，晚唐、五代、宋代出现最多。究竟是何乐器，其突出物有何功用？与普通横笛有何区别？应称何名？均值得研究。

为了判断其名称和性质，有这么几条材料，可作旁证和比较：

1. 史书上记载，有一种“义觜笛”的乐器，如唐书《音乐志》有这样描述：“横笛皆去觜，其加觜者谓之义觜笛。”

2. 陈旸《乐书》中，在绘制大量图录中，有一种所谓“七星管”的，

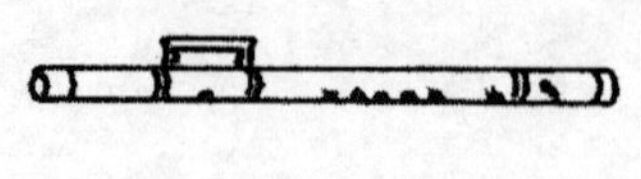

略似敦煌之异型笛，唯其突出的是一段方形环状的细管，与敦煌的也不甚相同。

3. 日本正仓院所藏乐器中，在横笛中，有一种在管端第一个竹节处，留有三条枝叉，此外，那里还有石雕的横笛，也仿照这种横笛，留出三条枝叉。看来在横笛上留出一段或数段枝条，是唐代以后的一种形制。

根据以上的材料，我认为敦煌所绘的这种横笛，不宜称之为"义觜笛"，因为不是在吹口上装有何物。义觜笛，是吹口上装有口托，类似今日西洋长笛。这种形制的义觜笛在云冈的石雕伎乐中可以见到，也不宜称之为七星管，因其不是环状突出物。与敦煌相连的倒是日本正仓院所藏之实物属于同样性质。

根据在敦煌所绘的30余幅这种横笛图形来分析，它实际还是一种普通横笛，其突出枝杈，与发音无关，可能是一种装饰形式，或为便于携带的挂钩。于是壁画画工依葫芦画瓢，成为很长时间横笛的绘制模式。为了区别普通的横笛，我们暂称之为"异型笛"。

二、铜　角

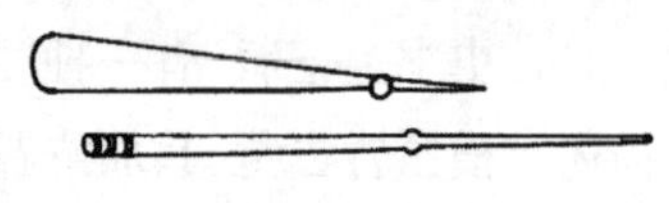

铜角是一种金属制成的管乐器，其形细长，在我国出现得较晚，莫高窟尚

未见有，但敦煌地区的榆林窟和五个庙，已发现之，绘制时间为西夏及元代。铜角在唐代的文献中已有记载：《旧唐书》："西戎有吹金者，铜角是也，长二尺形如牛角。"实物及图形见之较晚。古时一直列为军营所用之乐器。宋、元之后逐渐发展，至明、清已风行全国。在形制上也有所发展，成为套接加长等各种形制。

敦煌出现的铜角，正可以看出从角到铜角一系列的发展过程，即角→画角→铜角的演变，在壁画中显示了各个时期的图形，而且逐步发展到十分成熟的地步。

敦煌出现的铜角，比西方出现的铜制号角，要早几个世纪，现在还没有证据，说西方后来的铜角是中国输出的结果，但这种铜管乐的始祖，确是最早见之于中国的敦煌。而据欧洲的音乐史介绍，那里至16、17 世纪，才出现一种和今日敦煌壁画完全相同的铜角。因此，西方在追溯现代铜管乐器来源时，有说是受中国影响的，看来也不无道理，敦煌壁画便是最好的见证。

铜角起源于古代的军乐，后来也扩散到民间，也为少数民族所接受，特别是宗教音乐中，列为重要的乐器。如蒙古族、藏族寺院中，又经过了一番改革，出现了蒙古族的"大号"和藏族"筒钦"这类的大型吹管乐器。至今，在西南少数民族中，还有使用和敦煌壁画完全一样的乐器。而奇怪的是汉族的音乐中，却已消失不复存在了。

在敦煌壁画中，铜角是出现得较晚的乐器，因其发音单调，并未列入乐队，只见于不鼓自鸣图之中。

三、花边阮

在莫高窟，有一种弹弦乐器，造型奇特，颇为观者注目，其形状为一种琵琶与阮相结合的乐器，共鸣箱扁平，周围呈现花瓣状，琴头折向后方，为古时曲项琵琶式样，设五轸、五弦。琴头连接共鸣箱的为一较短、上窄下宽之指板,设四相。共鸣箱下方有半圆形缚手,系五根弦,演奏者横于胸前,用手指弹奏。

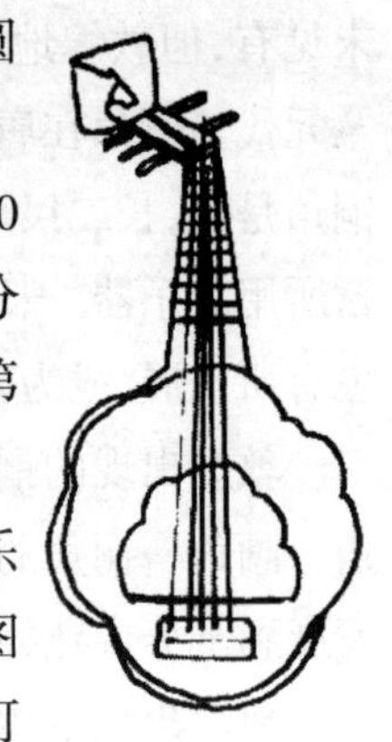

这种乐器,在莫高窟共有两只,一为初唐第220窟北壁之“东方药师变”说法图乐队中,绘制得十分精细、具体,在乐队中十分突出;另一个是在盛唐第217窟北壁之观无量寿说法图不鼓自鸣乐器之中。

这种乐器,史书上未见记载过,宋代陈旸《乐书》也未列入,在中原、新疆的壁画中也未见有此图形,国外古代乐器图录,也未发现类似者,所以,可以说是敦煌独有乐器。此为何物?有人称之为五弦,有的称之为五弦琵琶,笔者认为均不甚妥,因其属于阮的类型,为和琵琶、五弦、阮有所区分,故而称之为花边阮。

花边阮是古代的一项乐器改革,这种造型、结构,充分地体现了先民的智慧,是一件很合乎乐器科学的乐器,如果依样仿制,可以成为现实的、发音完美的乐器。它是一件古时的低音弹拨乐器,与今日反复改革之后的“大阮”极为相似。但比今日大阮造型还美丽。可见古人在距今千余年前在乐器改革的道路上,是很有见地和成效的。

花瓣形的弹弦乐器,今日在民间还有流传,福建、广东、江苏,民间有种“秦琴”,就采用了这种花边的造型,当是古代的遗制。

四、葫芦琴

此乐器为敦煌独有。在莫高窟见有三处:

1. 第262窟(隋代)绘一五弦葫芦琴。

2. 第423窟(隋代)在“弥勒上生经变”画中有一说法图绘一楼阁,有数乐伎演奏,其中一乐伎即持葫芦琴,这是莫高窟见之最早的一幅乐器小型合奏图像。

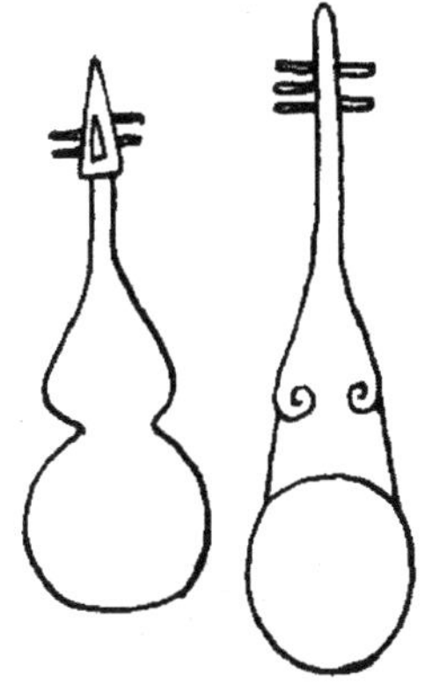

3. 第 322 窟(初唐)在藻井北坡飞天伎乐中,一乐伎持此,此虽也是葫芦琴,较前二者有所不同,共鸣箱葫芦形轮廓更为清晰,设四轸四弦。

从以上来看,葫芦琴有两种形态。实际上此种乐器,还是琵琶的一种变形。在古时是否用天然之葫芦(匏类)做共鸣箱为弹弦乐器,未见记载,估计还是有可能的,做成琵琶状的葫芦琴,只见于隋代及初唐,后遂消失。也可能为本地画工的一种艺术创造,仿琵琶图形绘制,实际上未必有此实物。

在史书上,有“葫芦琴”名称,但说的是琴筝类乐器。没有壁画上葫芦琴的记载。

五、弯　琴

在敦煌地区,几个石窟都出现一种弹弦乐器,它介于琵琶与箜篌之间,其形态为:头为凤首装饰(也有不用凤首者,以其他图形装饰),共鸣箱全如琵琶,面板上亦有凤眼、捍拨、缚手,有的还画有品柱,大小也似琵琶,与琵琶不同者,为颈部细长,弯曲成弓状,拟仿箜篌,大多未画轸子,有的系一根弦,悬空绷直系于山口至缚手之间,因其琴颈弯曲,故而弦不能贴及琴面,亦不能将弦按及品柱。有的画四根弦,沿琴头弯曲而出,弦未能直,如何弹奏?这种乐器演奏者持琴也一如琵琶,横抱于胸前,用拨或手弹。

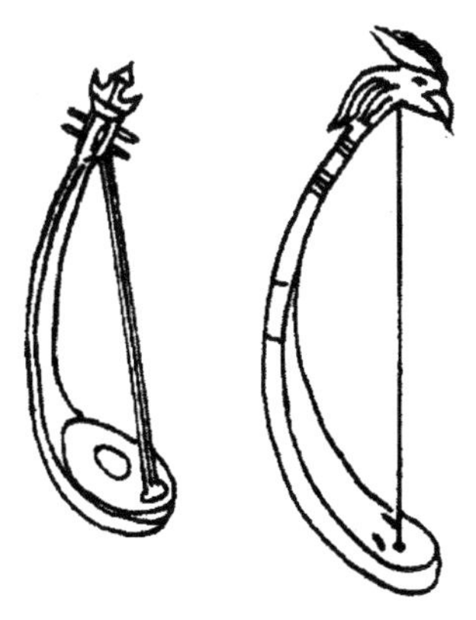

这种弯头琴出现于初唐,后来中断,

在晚唐以后又出现,五代、宋代最为兴盛,宋、元代也有效仿绘制者。

此乐器不见史书记载,宋代陈旸《乐书》也未列入,此为何物?近些年一些学者称之为“凤首箜篌”,也有称之为“一弦琴”者。

笔者认为:从共鸣箱的形制推断,它不应属于箜篌类乐器,何谓凤首箜篌,在敦煌壁画中可以找到确切的答案,在安西榆林窟有一处就画得很清楚,这是一种具有四角形态的框架,下端有一窄共鸣箱,与普通三角形箜篌不同者,在于它用共鸣箱,而不是依赖框架发音,其形态很似今日缅甸民间流行之“桑柯”。在古时所谓“凤首箜篌”即如是。陈旸《乐书》所绘之“凤首箜篌”即与此相符。

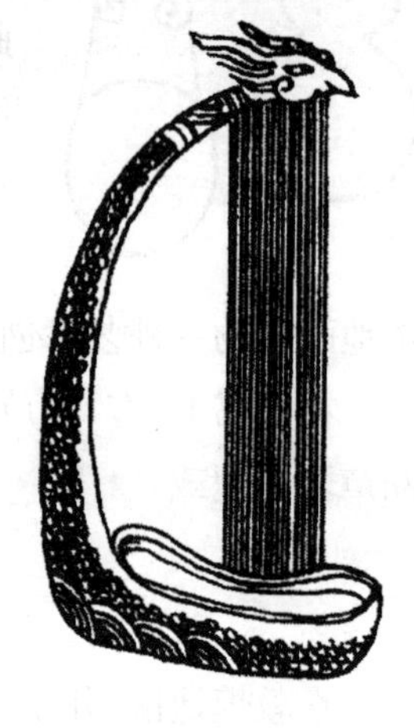

因此,它既不是琵琶,也不是箜篌,也不是凤首箜篌,我们暂为之定名弯琴。这种弯琴在敦煌除莫高窟外,榆林窟、西千佛洞均存在。

笔者认为,弯琴实际上是不合乎发音原理,不可能存在于现实中的乐器。其弯形指扳,是无法按弦的。只装一根弦,也只能发一散音并不足以成为乐器,所以我认为这是画工的艺术创造,是一种假设、虚构的乐器。

但是,为什么在壁画中,辗转摹效,还持续了相当长的一段时间,甚至波及新疆也具有这种图形?这是因为:这种造型还是别致的,又加以彩绘渲染,在乐队之中,显得格外的华丽、突出。因此,作为美术作品,就有可能受到欢迎,一再地传抄模仿。但是,因其不可能成为现实,后来也就自然会消失的。

在这里,还要说明这样一点,即敦煌壁画所反映的音乐、毕竟是古代画家的美术作品,当时画家的阅历、文化知识、音乐知识及夸张的手法,都可能使作品偏离现实。我们说敦煌壁画可以反映当时的社会生活,但也是间接、曲折地反映,今天只能作为参考,不能视其为实物和信证。

因此,这件乐器纯属子虚乌有,只是一种造型,没有当作实物研究的价值。

六、胡 琴

在榆林窟 3 号窟(西夏),10 号窟(元代)出现了古代胡琴的图形。近些年很为人惊叹,一共出现了四只,尤以 10 号窟飞天乐伎手持的描绘得最为精细。这个胡琴的形制特点为:琴筒为鼗鼓状,琴杆略呈扁平,木制,类似今日的胡琴杆,千金设在顶端;下面皮膜上有码,头部为卷苏状装饰,造型颇为华丽;有两轸、两弦,在两弦之间,有一长弓托于琴筒之上。演奏方法也类如今日二胡。

这个图像,是壁画中最早出现的拉弦乐器,这为研究我国的拉弦乐器,提供了一个极为珍贵的史料。

我国拉弦乐器,最早见于史书者,唐代即有“稽琴”之称,如“教坊记”中即有“稽琴子”一目。同时孟浩然有“竹引稽琴入,花邀载酒过”之诗句,其他音乐记述中所见不多。可见唐代还是个萌芽阶段,并不普及。但至宋代,稽琴记载就很多了。当时有“奚琴”的记载。陈旸《乐书》中就介绍说“奚琴,本胡乐也,出于弦鼗,而形亦类焉,奚部所好之乐也,盖其制,两弦间以竹片辅之,至今民间用焉”。其文还附插图,为一竹竿插于小鼓之中，未画琴弓。

从榆林窟的图像来看，与陈旸《乐书》所示基本相符。但在琴头、琴杆的千金、码及弓的造型上，比《乐书》所绘有长足的进步。

胡琴在莫高窟未曾发现，可见其为敦煌壁画晚期出现的乐器。也说明在西夏时期，我国西北地区胡琴已确实流行了。

（发表于1988年北京国际敦煌学术讨论会及1988年第5期《新疆艺术》）

榆林窟第三窟千手观音经变乐器图

一、千手观音经变图概述

安西榆林窟第3窟东壁，有一幅千手千眼观音经变图，这幅壁画，和敦煌地区其他的观音画像都不相同，它的内容十分丰富，具有十分珍贵的美学和史学价值。

这幅千手观音画像，为西夏晚期所绘，时代背景是11世纪初—13世纪初（1038—1227年）。西夏是以党项民族为主体，包括汉、藏等兄弟民族，在河西走廊地区建立的封建割据政权。榆林窟有很多壁画，多方面地反映了这个时期的社会面貌与物质文明。

本观音图，系据佛典《千手千眼观世音菩萨广大圆满无碍大悲心陀罗尼经》所绘，简称《千手观音经变图》。

观音，梵名：Avalōkitē vara，原译为观世音、观自在，唐代为避讳唐太宗李世民之“世”字，改称观音，后世一直沿用。

观音是从印度佛教转变为中国佛教的佛理和仪式，从传统宗教进入世俗宗教，是中国人选择偶像崇拜的一个具体的例证。观音崇拜自南北朝始就流行于民间，愈后愈趋于成熟，扩及全国各地区各民族，成为深受人民喜爱的最重要的一个佛教偶像。

观音刚传到中国，有它独特的发展过程，即由男性转化为女性，设想她慈祥、美丽、具有母爱特征，她能保佑人们，解救众生苦难，而且有求必应，因之民间奉为偶像。随着在社会上长时期地受崇拜，观音的形象愈加完善和丰满。后来,观音菩萨由一个佐佛弘道的普通菩萨转变成具有多种功能的神祇,并且融进了中国文化的各个领域。由于佛教派别的不同,寺院中的观音造像亦呈现出多种多样的变化,提出观音有三十三身之说。三十三身观音,就是指观世音为说法而化现出来的种种变化的形象。

千手千眼观世音菩萨,也称大悲观音,是佛教密宗造像的主要题材。据密宗经典所载,千手千眼观世音菩萨,是佛在降魔时才出现的一种特殊形象,其身份与佛相等,用一千只眼与手,表示庇护和普度一切众生的广大圆满而无碍之义。因此,世人供养千手千眼观世音菩萨可以得到息灾、增益、敬爱、降伏等四种成就。本幅千手观音经变图,绘五十一面观音站立像,有五十一头,每头有三只眼,头叠数层,最上层为佛像。整个构图,正如《千手经》所述:"叠头如塔,分臂如蔓,千眼遥视,千手接应。"本幅壁画呈圆形画面,白描勾线,略施淡彩,线条功力纯熟,形象准确。

从宗教立场说,本图主旨还是弘扬佛法,宣传观世音菩萨无上功德,其一千只手,各持一物,以手造物赐福,施惠于人间,功德无量,佛法无边。

实际上,这幅画不同于一般的经变画,它的全部内容是人间的物像,以器物为主题的器物画。全图以观音散开的千手中,展现了人世间所企望的各种事物,描绘了社会生活的各个方面,这里有:农耕、手工作坊、交通工具、生产工具、生活用品、佛教仪轨用物、禽兽、花卉、百戏、乐器,等等。其中有些器物画得惟妙惟肖,颇富乡土情趣,如木工的斧、锯、锛、墨斗、曲尺、剪刀等等,农具如犁、耙、锄、铲、斗等,还有冶炼图中的鼓风机,酿酒图中的蒸馏大灶,踏碓捣米图中的杠杆机械传动装置等,这些都反映着当时的社会生产和物质文明。

全图共绘各种事物、器物的小构图约 160 件,在二三平方米的画面中，绘制如此浩繁的内容，而且布局合理，错落有致，显然是一幅极具匠心的力作，观者无不视为奇迹。

这幅千手观音经变图的文物价值，是不言而喻的，因为它本身涉及的内容范围，就是一个社会生活的小百科。所以在历史研究中，对西夏时期的工农业生产、科技、交通、民俗，乃至乐舞艺术等方面，都具有极为珍贵的研究价值，是窥视古代社会风貌的一个形象的窗口。

根据这幅经变画的内容和表现形式，从绘画分类角度看，这是一幅典型的器物画。

二、略述器物画

中国传统绘画，从形式上看，分类比较仔细，称为画种的有：山水画、人物画、动物画、花鸟画、界画等等。敦煌也有这些分门分类的壁画。有一种专门表现器物的，即以器物造型为主题的绘画，叫什么画呢？笔者认为，诚然是“器物画”这个领域内，这确是客观存在的绘画品种中的现实。敦煌壁画中确实存在着不少幅独立描绘各种器物的画。其实，这是中国特有的一种文化现象，它与西方的静物画亦不完全相同，它不是单纯地表现一种器物的外形、质感，而是富有多种因素，具有象征、比喻、谐音等隐含其中的逻辑概念和审美意识。因此，器物作为一种绘画的主题，而且形成风俗，它似乎已构成了中国绘画的一个门类。

纵观敦煌壁画中的器物画，论其性质，大致可以分为如下五个方面：

（一）写实性

为客观反映器物的形态，用工笔技法描绘器物，要求形质相似。也要求画工细致观察生活，构图时抓住主要特征，不但强调形的准确性、强调透视关系和质感特征，而且强调器物的细部结构。用线条勾勒出器物的基本形态轮廓。千手观音经变图所绘器物,就具有这种特性。

(二)写意性

在绘制器物时,有时不用工笔画法,而用写意手法,不求形似和精细,是夸张和变形,在构图和物像的取舍上有很大的随意性,以主观的意象为出发点,以特定的内容为构图形式的依据,往往是力求简约,只有轮廓、基本形态,不注意细部。如壁画中的"不鼓自鸣",所绘乐器有的用写意手法,用笔简括:画琴,只用墨笔勾一长方框;画排箫,只用绿色画一三角形色块,人们也能意会。

(三)象征性

即将器物附加某种特定的观念,用寓意和比喻来绘制各种器物,此时的器物图形,已经成为一种象征性的符号,它已经超脱出原来形态的概念。比如:花瓶象征吉祥,表示平安,因为"瓶"与"平"谐音。海螺象征供奉,是一种对佛供献、礼赞的含意。形形色色的乐器则象征音乐,表现天宫极乐世界、仙乐缭绕的意境。这种把器物图形转化为一定的意象,是一种中国文化特有的现实。其中蕴含着十分复杂的意识逻辑,它渗透着儒、释、道家的观念,也渗透着民间的习俗、风尚,把一些器物看作为一种特定的符号,形成一种中国绘画的意识形象。这种文化现象,到后来就愈见发展,甚至渗透到佛教的仪轨之中,譬如后来佛教寺院中四天王,其手中执物就有塔、琵琶、伞、蛇四种,主要是寓意"风""调""雨""顺"。约定俗成,成为风尚。

(四)装饰性

器物画本身就是一种装饰性的绘画。器物画在壁画中或建筑画中,往往具有概括性和程式化的因素,一般都是与其他画种相互配合。或辅助其他主题性绘画出现,也有以器物为主题单独出现的,因此,为避免单调和呆板,就必须用装饰的手法来美化构图,力求饱满和均衡,这样就需要创造一个装饰背景,附加一定的陪衬,使器物的主题簇拥在各种纹样和边饰之中。如壁画中的“不鼓自鸣”,就是在每件乐器上缀有一根飘带,并间隔绘花草纹样,组成规律的图案形式,这样既美化了构图,也渲染了天宫缥缈的、仙乐自鸣的神秘气氛。

(五)宗教性

将佛教的教义、仪轨融合在中国绘画中,这是敦煌壁画最主要的一个特征。作为器物画也同样被披上一层宗教的色彩,久而久之,在人们的意识中就形成特定的宗教观念,使人看到一些器物,就联想到宗教,有一种神灵附之的宗教神秘感。如有一些物件被佛教选用为供品法器,像海螺、莲花、花瓶、香炉、金刚杵、琵琶等,都具有佛教的象征作用。经过着重的渲染、强化,已成为一种宗教意识。实际上也已超越了原本器物形态范围和观赏目的,形成一种佛法、权力、威慑、镇压、降服或期望的宗教符号。

综上五种特性, 可以看出器物画在敦煌壁画中确是一种客观存在的画种,并且有它极为丰富的内涵。

三、一幅西夏乐器图

壁画中的器物画,所占比重最大、篇幅最多的是乐器。

乐器,绘于壁间,出现在各个角落。除了大量为天宫伎乐、由奏乐者手持着之外,在佛教画中,有一种称为“不鼓自鸣”的传统形式,即将各种乐器缀以飘带,置于壁画之空间。按佛经所说,是天界佛国的一种现象,寓示天国为极乐世界,在虚无缥缈的太空,时有仙乐缭绕,悬浮于空中的乐器,表示无人演奏,自有音乐齐鸣。

本图所列乐器,按理是千手观音赐福于人间,手中的每个乐器上都还缀以飘带,显然画工作画时曾按常规之不鼓自鸣处理的。这是传统佛画的手法。因此,今日把它理解为不鼓自鸣,亦无不可。

现在,我们将此幅千手观音经变图的其他物件摒去,只留乐器,展现在我们面前的就是一幅种类十分丰富而又绝妙的西夏时期的乐器图谱。

本图共绘乐器16种,自上而下排列于观音像之两侧,左右相同而对称,计有:筝、拍板、笙、钹、方响、琵琶、钟、金刚铃、排箫、箜篌、胡琴、鼗鼓、阮、锣、扁鼓、腰鼓。

图2–14 榆林窟第3窟千手观音经变图

本幅乐器图有如下特点：

(一)它是整个敦煌石窟壁画中表现乐器品种、数量最多的一幅经变画。

(二)图中所绘乐器比较准确、具体、完美，比较集中地反映了当时的社会音乐生活，比较写实地描绘了宋元之间我国西北地区西夏统治时期的我国乐器的形制。绘制的画工，显然是谙熟乐器者，并较其他壁画中的乐器更为写实，具有高超的画技和观察能力。

(三)西夏时期为敦煌石窟建造和绘制的尾声，这幅乐器图，显然是吸取了前朝壁画的一些成就，集前人绘制乐器之经验，并创造性地补充了一些新的内容。因此可以说，这幅乐器图是后期壁画总结性的一幅作品。

(四)西夏为党项少数民族政权。这个地区壁画有许多少数民族的文字题记，民主服饰特点比较强烈。但本图所列乐器，除胡琴当时为少数游牧民族的乐器外，其余还是表现汉族音乐文化的乐器品种。据此，可以看到当时西夏政权具有兼收并蓄的政策，吸收了大量的汉族音乐文化，继承了佛教壁画传统。

(五)壁画中所列乐器，标志着西夏时期，我国乐器文化已经进入一个相当成熟的时期，在乐器的品种及其形制上已趋于稳定。这些乐器的造型、结构、工艺装饰与今日传世的乐器已基本相同。虽然此后历经数百年的历史，但乐器的形态没有什么变化。

(六)千手观音经变乐器图中，有几件乐器造型奇特，是其他地区石窟所未发现者，颇有深入研究之价值，为胡琴、凤首箜篌和扁鼓。

四、三件独特乐器

(一)胡　琴

敦煌地区石窟，胡琴的图形只见于榆林窟。其他地点的洞窟壁画中，包括莫高窟，均未发现，可见这确是出现较晚的敦煌壁画后期的一种乐器。

在榆林窟，共发现四只胡琴，两只在第10窟(一为西壁飞天手持，一为东壁不鼓自鸣)，另两只在第3窟(东壁左右相对的千手观音经变中)。有趣的是，四只画的不尽相同，归纳起来，三只是一种，为木制圆筒，蒙有皮膜的胡琴；另一只是板胡形制，系蒙有木板的扁筒形制。而今日的胡琴类、拉弦乐器，也没有超出这个范围。令人惊叹的是，西夏时榆林窟所绘胡琴，这两种琴筒的形制已臻于完备了。

胡琴的出现，标志着我国拉弦乐器的兴起。近代，关于胡琴的由来，一直是音乐史学争议的问题，长久以来说法纷纭，莫衷一是。从文献上看，是比较早的，但确切的原形见之较晚。榆林窟的四幅图形，比较可信地证实了这样一个问题：西夏晚期即公元1200年左右，中国的西北地区确已出现了胡琴。

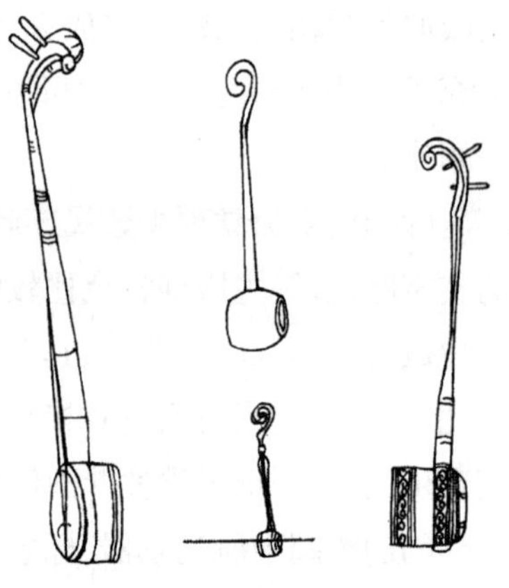
图2–15 胡琴

从文献上看，胡琴的来源，如下几项材料一直是音乐史家持为信证的依据：

1. 认为唐代《教坊记》中所记稽琴，即胡琴的前身名称。该书所列曲目中，还有“稽琴子”一则。《事林广记》云：“稽琴，本稽唐所制，故名稽琴。二弦，以竹轧之，其声清亮。”因此，有的学者认为唐代就出现了拉弦乐器，稽琴就是胡琴。但是，只此文献只言片语，语焉不详。稽琴究竟为何形态，只说用竹片拉的叫稽琴，恐还不能肯定胡琴出于唐时。

2. 宋代沈括《梦溪笔谈》卷5乐律条援引沈括自作的《凯歌》词

云:“马尾胡琴随汉车,曲声犹自怨单于。”这一句诗倒比较形象地说明在宋代即有马尾胡琴了。但是,胡琴一词,古代是多义的,古时曾把琵琶也称为胡琴,而这里的胡琴,究竟是指为何样共鸣箱的乐器,亦不明确。

3. 宋代陈旸《乐书》中有“奚琴”一项,绘有图形,文曰:“奚琴,本胡乐也,出于弦鼗,而形也类焉,奚部所好之乐也。盖其制,两弦间以竹片轧之,至今民间用焉。”陈旸为福建人,他所画的奚琴图,今日福建南曲以及闽南民间音乐仍流行此种乐器,但“奚”地是指今河北省北部靠内蒙古的地区。

4. 见之宋人画《蕃三报乐图》,其中五人奏乐,每人持一件乐器,内有一人演奏一件类似琵琶形状的乐器,首有四轸,琴身装有品柱,但用一细杆马尾弓演奏之,这可能就是称为“火不思”的拉弦乐器。

5.《元史·礼乐志》载:“胡琴,制如火不思,卷颈、龙首,二弦,用弓捩之,弓之弦以马尾。”这说明元代有用弓拉奏的二弦火不思,当时把这种乐器称为胡琴。

根据上述五条文献资料,只能看出唐以后至元代这段历史时期内,已在民间流行用马尾弓拉的弦乐器,其形制一为小筒形,一为琵琶状。但究竟是何形态,始于何时何地,尚不甚了了。

榆林窟第 3 窟、第 10 窟的胡琴图,对研究我国拉弦乐器更无疑是增加了一个有力的证据,它可表明如下几个问题:

1. 榆林窟壁画胡琴图是迄今所见最早的胡琴图像,其绘制时间为西夏晚期,约在 12 世纪,也是敦煌地区唯一的和后期的作品。可以说,这是我国见之图形最早的拉弦乐器的史料。

2. 榆林窟壁画胡琴图,说明在我国西北部河西走廊早已出现拉弦乐器,它的流传应远在西夏之前,不限于少数民族,汉族民间也早已流传。因此,这就对一些学者认定胡琴最早产生于我国南方、起源

于长江流域之说，提出了一个重新研究的课题。

3. 查世界拉弦乐器史，今日世界流传之提琴，其历史也仅有三百年。埃及出现过类似板胡类的拉弦乐器壁画图形，其绘制时间为15世纪之后。印度亦出现得较晚。古代壁画雕塑多为弹拨乐器，弓弦乐器的产生是近代的事。据此，榆林窟的胡琴图形，可称世界上拉弦乐器之始祖。就以壁画乐器来说，还未见有先于此者。

4. 榆林窟壁画所绘胡琴，形制相当完善，为木制琴杆，有合理的琴筒、蒙皮膜或木板，有琴弓、千金、琴码，头部为卷苏状，已具备后世民间流行的各类胡琴的基本形态，因此可以看出它比较真实、可靠，并非杜撰之作，符合这类乐器的发展规律。

(二)凤首箜篌

箜篌，是我国已经失传的一种弹弦乐器。

在敦煌地区壁画中，箜篌和带有凤头的箜篌图形甚多，仅莫高窟就绘有三百余只，看来古时这件乐器尤其显要。但何谓凤首箜篌，至今议论纷纷，笔者根据考察，认为榆林窟千手观音经变图中的箜篌图形，应该称为凤首箜篌。

1. 敦煌地区壁画所绘箜篌，大多不是凤首箜篌，主要特征为三角形框架，不论其是否雕饰有凤头，应以其共鸣箱的形态作为判断的依据。

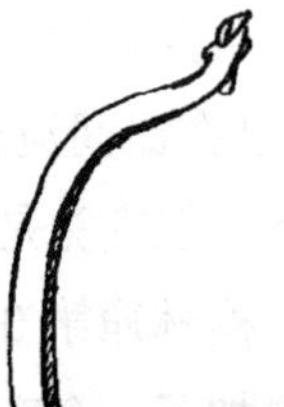

2. 本图之箜篌，呈四角框架，与众不同的是它绘有一个共鸣箱，虽很窄小，但显然是一个发音的胴体，具备弦乐器发音、振动、共鸣，并显示音量的物理条件。这绝不是画工偶然之创造，必有其现实根据，有过实践、熟知乐器的构造规律才能绘制。

图 2-16　凤首箜篌

3. 本图所绘凤首箜篌，在文献上是可以寻觅到根源的，《唐乐志》曾有记载：唐代贞元中，骠国(即缅甸)进献乐器中就有凤首箜篌。这种乐器在今日缅甸仍在流传，现名桑柯，为一弯形弦柄，下有一船形共鸣箱。榆林窟的凤首箜篌，其形态就与桑柯有近似之处，看来其中定有某种渊源关系。

宋代陈旸《乐书》中，也有“凤首箜篌”条目，注文曰：“出于天竺伎也。”所绘图形类似本图之凤首箜篌，有一扁平之共鸣箱，看来古代确实有这种实物。

4. 敦煌壁画中还有一种弯颈琴的造型，很多学者著文称之为凤首箜篌，这种乐器造型实际是弯头琵琶，不应属于箜篌之类。笔者已有过论述，不在此赘言了。

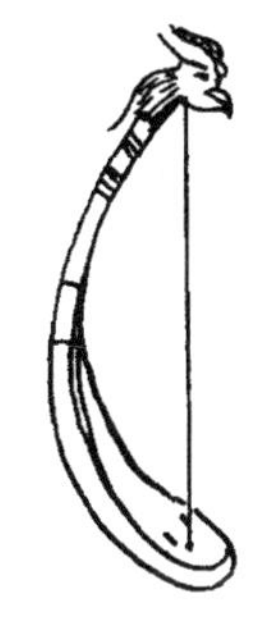

图 2-17　弯颈琴

(三)扁　鼓

千手观音经变图出现的扁鼓有重要意义：

1. 扁鼓的造型在我国早已有之，本身并不稀罕，据查，战国时就有，且有实物可据，如 1965 年湖北江陵望山一号楚墓出土一件悬于木架之上、造型十分精美、漆有花纹的扁鼓。但实际上扁鼓并未见后来广泛流传和使用。文献亦无这种鼓的记载，隋唐燕乐以及壁画中，鼓类名目繁多，长期绘制，基本上已形成一个鼓的系列，但唯独没有这种鼓。榆林窟这种鼓的造型，可以说是突如其来的一种鼓型。这是当地的民间乐器，在敦煌壁画中亦为首例。

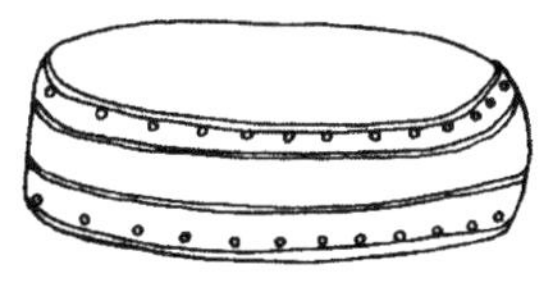

图 2-18　扁鼓

2. 本鼓为木制，扁圆形，两面蒙皮，边框中部略突出，鼓面直径小于边框，鼓皮是沿鼓边缘用小钉固定，不是答腊鼓那样以绳索绷拉。这种扁鼓，今称之为“书鼓”，为曲艺说唱音乐专用乐器。

3. 千手观音经变图中扁鼓的出现，是当时社会上讲唱文学和民间说唱音乐兴起的一个标志。

我国曲艺源宗于讲唱文学,有关学者都公认,最早的还见于敦煌变文以及后来流行于河西走廊的宝卷、唱赚、鼓子词等民间演唱形式。扁鼓图形的产生,也正是这个地区说唱音乐萌发并扩散流传的时期,这些民间说唱形式,最基本的伴奏乐器就是扁鼓,一直传至今日,人们就把这种鼓称为书鼓,因此,也可以说是一种民间讲唱活动的象征性的图形。

(4)南宋陈元靓之《事林广记》为一本古代社会民俗类书,其中绘有一幅插图名为"唱赚图"。此图可称是描绘当时民间说唱音乐的写照,是最早的一幅说唱图。图中绘一女子,敲击扁鼓演唱,旁二人以横笛、拍板伴奏,有趣的是,这个图形正可与榆林窟西夏时期的壁画相印证;观者数人着少数民族之圆领服装,戴圆顶官帽,这正与榆林窟多处出现的西夏供养人服饰相似。在《事林广记》中还记有唱赚曲谱和《全套鼓板棒数》,这是最早的打击乐记谱法,记载了这种扁鼓的演奏方法。

除此之外,宋代杂剧绢画"眼药酸",禹县白沙镇宋墓之"大曲图",在戏曲史上都很令人注目,其中都有扁鼓,也说明是这个时代的流行乐器,但在时间上略迟于本图。

五、千手经变乐器图与陈旸《乐书》比较

千手观音经变图是敦煌地区比较集中地反映乐器的壁画,笔者认为本图与陈旸《乐书》所绘之乐器图,正好珠联璧合,二者都是我国图像音乐学最珍贵的依据:

(一)陈旸《乐书》被认为是我国最早的一部音乐百科全书,也可称为音乐类书,它图文并茂,用图像记录了我国一定范围的音乐历史与音乐理论。《乐书》成书于北宋哲宗时(1100 年),但首刻出版问世

的时间为南宋广元六年(1200年),由陈旸后人三山陈侯歧完成。《乐书》的出书时间基本与榆林窟千手观音经变图的绘制时间同时,而千手观音经变图还略早于《乐书》十余年,因此可以说千手观音经变图也是我国较早的一幅乐器图谱。

(二)陈旸《乐书》有大量的乐器图形,是作者根据史书乐志中的文字资料,也参照了当时宫廷与民间流传的乐器实物,有一定的现实性;但作者根据儒家礼乐训义,是上层知识阶层为统治阶级修史、治论的产物,也有一定的形而上学、脱离音乐实践的倾向,而千手观音经变乐器图则属于民间的产物。它虽然不及《乐书》所列乐器名目繁多,但是比较朴实和具体可信,为当时社会民间音乐生活的真实反映,每一件乐器都有根据地绘出了内容、特征、各种乐器的造型及细部结构,都符合使用规律。

因此,可以说陈旸《乐书》是上层知识分子从文献中整理总结出的音乐史料,而千手观音经变乐器图则是民间朴素的音乐史料,以现实为依据的形象写照。应该说,二者相辅相成,均有珍贵的史学价值。

(首发于《1990年敦煌国际学术讨论会文集》)

敦煌壁画乐器仿制研究

敦煌石窟(包括莫高窟、西千佛洞、榆林窟、东千佛洞、水峡口、五个庙等),在大量的古代壁画中,描绘了各个时期的乐器图像,这是中国,也是世界音乐史上最伟大的珍藏。敦煌石窟绘有乐器品种 44 种,共绘有各种乐器 6000 多件;可以说是当今世界上反映古代音乐生活,时间跨度最大,乐器品种数量最多,表现形式最丰富的一个形象的历史窗口。通过摄制敦煌地区石窟乐舞照片,建立音乐舞蹈方面档案,分类统计,对壁画中的乐器图像资料全面系统地进行观察,使我认识到,我国古代的乐器,无论在品种、数量、社会应用上,远比今日传世的乐器丰富多彩。于是我萌生了一个想法:能否将此浩繁的乐器图像,进行筛选,择其典型,做成实物,使古代琳琅满目的乐器文化,再展现于今朝。或供研究,或供展览,或供演奏,无疑将是一种新的境界。

经过了论证和准备,以敦煌研究院音乐舞蹈研究室的名义,设立了"敦煌壁画乐器仿制研究"课题。本人担负了总体设计、绘制草图、筛选式样并亲至乐器厂车间监制的任务。共用三年完成。

一、设计思想

1. 仿制乐器,以壁画乐器图像为基本依据,选择其中具有敦煌特色的代表性乐器;造型、装潢、结构与今日传世乐器不甚相同的。根据这一主导思想,我在 6000 余件乐器图像中精选出 54 件,进行仿制,提交科学技术成果鉴定。其中打击乐器 15 种 22 件；吹奏乐器 7 种 12 件；弹弦乐器 11 种 19 件；拉弦乐器 1 种 1 件。这些乐器既包括了敦煌壁画乐器吹、拉、弹、打的四大种类，也反映了北魏、西魏、北周、隋代、唐代、宋代、西夏、元代等八个时代乐器的特点和发展状况；基本能够反映敦煌壁画乐器的特色。

2. 不单纯的复古，将乐器制成仅供观赏的展品，而是经过反复思考，力求使每件仿制乐器都可以使用，使其产生预期的音乐效果。因此，外观仿效敦煌壁画的原貌，而内部结构，则依据我国多年来对乐器改革的经验，及现代乐器的结构进行设计。以音响效果为前提，对部分乐器，在保持其壁画中的形态原则下，有意地将其比例放大，或缩小，使其具有特殊的视听效果，如方响，及琵琶、阮系列，打击乐器系列。

3. 制作乐器的材料。鉴于经费条件，不可能按原设想，完全用高级木材。我们和工人师傅研究，尽可能采用具有良好发音的、已公认的廉价的白木制作。如方响，我们经过试验，选用音色较好的铝合金材料。弹拨乐器的覆手一律采用竹制。琴弦则用今日通行的金属弦、尼龙弦或丝弦。

4. 乐器的律制，是十分重点的问题。其实，古代各种乐器的律制也未能统一，长久存在争论。从壁画中，更难辨识这个问题。因此，为了这些乐器能适应今日之演奏，除少数乐器沿用传统律制外（如古琴），其余均采用十二平均律的观念来处置。

5. 另外，弦乐应设几条弦，安多少品柱为宜？用拨子还是用手弹？竹管乐器设几管，挖孔的方式？古筝是否有架子？用现代的金属弦是否合宜？宫廷与民间的乐器，地区及地区间的乐器有何差别？等等一系列问题，都有待于在将来的实践中进一步地加以完善。

6. 乐器，是社会文化的一种标志。在古代，特别强调它的仪仗作用。因此,古代很讲究装饰和工艺的豪华色彩。大多数都采取金漆彩绘。而近、现代的乐器,则趋于简朴素雅,注重实用,相对地说,在装潢上就大为逊色,我们希望追回这种意识,把可以在乐器装点的部分都设计了装饰的绘图或图案。我们选择的都是典型的敦煌图案,包括故事画、佛传画、天宫伎乐、飞天等。

7. 由于壁画为画工的美术创作,是间接地反映历史,确实存在着随意性和虚构性。因此我在设计时非常重视对文献资料的研究、对照,使仿制的乐器都有历史依据。

二、设计与制作

在制作乐器之前,笔者做了大量的技术准备工作:

(一)全面集中壁画乐器图像资料(照片、临本)。

(二)参考有关文献资料,进行深入的考证研究。

(三)敦煌以外的资料调查与参考:

1. 参考了日本正仓院所藏乐器图像资料;

2. 参考了故宫博物院库藏清代乐器,对清代"丹陛乐"的乐器,以及清代"雅乐"的实物,进行了测量和分析;

3. 参观了北京首都博物馆(国子监孔庙)的古代祭孔乐器,以及祭礼仪式表演;

4. 参观参考了天坛收藏的清代宫廷祭祖的雅乐器;

5. 参观参考了中国艺术研究院音乐研究所收藏的中国古代、民间乐器展览室;

6. 参观参考了湖北隋县出土之战国乐器,以及长沙马王堆出土的西汉乐器;

7. 笔者三次至扬州,参考了扬州邗江出土之五代琵琶;

8. 参观参考了成都王建墓五代的伎乐浮雕;

9. 至西安陕西歌舞剧院，观摩了他们的《长安乐舞》大型歌舞表演，专程看了他们仿制的唐代乐器，对其中的方响、排箫，做了调查和参考。

（四）根据《敦煌壁画乐器考略》《敦煌壁画特异乐器》等论文的乐器分类、定名、考证分析，以及筛选绘制出的乐器图册，设计出乐器形态、结构的色彩图稿，再进一步提出具体的构想、尺寸、结构、做法的文字方案。

鉴于壁画都是平面构图，只具二维空间，内部结构、具体尺寸、部件配置、大小、薄厚均不得知，这就得根据我们多年对民族乐器的使用经验，研究和吸取乐器改革诸方面的经验和掌握的资料，提出具体的方案，把我的设计草图，我的设想，预期的音响效果、形制、做法，使工人师傅理解，变为他们的想法；在听了他们合理的改进意见之后，制造了样片，并反复地切磋了结构、尺寸、乐器细部的结构、造型和具体做法，及选择材料等问题。每件乐器都是经过反复推敲，才最后定稿，投入制作的。

全部乐器分为四大类（打、吹、弹、拉）共六十余件。现将其中主要乐器的制作情况，简述如下：

第一类为打击乐器

敦煌壁画中打击乐器十分丰富，仅莫高窟就有 1500 件，其中最突出的就是鼓类，形态多样，异彩纷呈。对照文献，我们一一为其定名，分析它们的用途和特征，确定做 18 种鼓，除了大小尺寸外，还考虑到内膛空间，鼓壁薄厚，革皮质料，蒙皮松紧程度，更注意到音色、音质等问题，制出后又加以绘制，形成了形态各异、音色不同的古代鼓的群体。此外，我们还试成两件具有音律的打击乐器，即方响和雷公鼓。

方响　是古代宫廷乐器，名称始于南北朝之梁代。《旧唐书·音乐

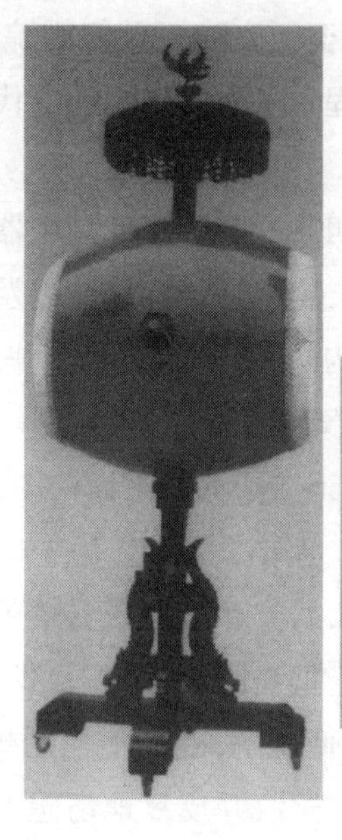

志》有详细的描述:说其形如铜磬,由十六枚大小相同的铁板组成,利用其厚薄敲发不同声音。实物曾见扬州出土之五代墓葬有此遗存,但只见木架。北京故宫博物院存有乾隆年间制造的方响。敦煌壁画中方响的图形很多。但古代方响的体积较小,状似后世的云锣,手持或放置演奏。这次我们将其放大,制成两排大型金属板块,类若古时编磬的乐器。为了寻求发音效果,经调查、试验,最后选用铝合金制成,一改古时铁制。为了音准,每一片都是在刨床上反复削磨而成,用仪表精心测量频率,最后以十二平均律制成二十四块成品。排列方法分二行,以大二度级进行序列,上下相差半音,无论何调音乐,都很容易演奏。再配上雕饰木架,外形亦颇美观。经物理音频测试,其谐振频谱表示,音色相当纯净,其程度堪与音叉媲美。测音的专家们认为这件乐器清越,纯正,刚柔相济,具有编钟的某些效果。造型亦雍容,华丽,有强烈的中国特色,而且音量大,制造简便,音位排列合理,转调灵活方便,适于首调概念强的乐队演奏。

雷公鼓　是根据壁画(如莫高窟第249窟,西魏壁画)雷公击鼓图形所启示,这种形象为雷公周身画的一圈小鼓,象征雷声。我又参照了现今流行的

“排鼓”,设计了一种在大圆环上放置大小不同的十面鼓,采取斜置侧放的造型,每个鼓的皮膜上置以金属压圈,可以伸缩,控制松紧,各鼓之间变小三度距离可定音调,击出旋律。实质上是创造了一种新型的民族定音鼓。但是鼓皮的质料,松紧的掣动、调节,音量音色的统一,还有待进一步试制。

第二类为吹奏乐器

这类乐器,在壁画中数量很多,是我国千百年来比较成熟和普及

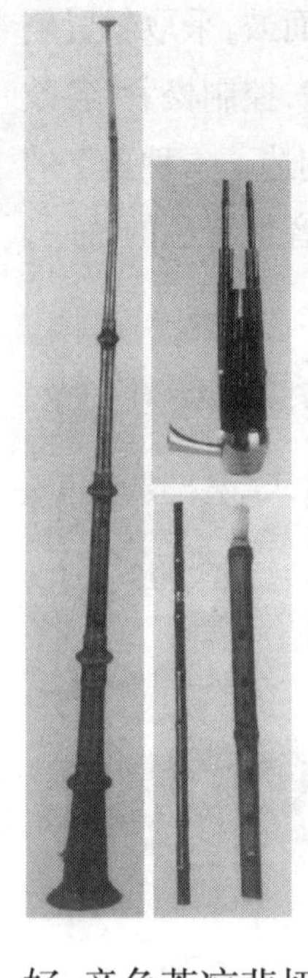

的乐器，传至今日，变化亦不很大，所以我基本依样仿制，改动不多。

管乐器的原料分竹制品、木制品、陶制品和金属制品等，而大部为竹制品。壁画中横笛和竖笛是最主要的，横笛即为六孔加膜之竹笛，竖笛古时文献称为尺八，但亦非今日之箫，从壁画看是今日之“顺笛”，故依样仿制。

筚篥　是古时重要的管乐器。敦煌壁画中，凡是带有哨子的竖吹乐器，就是筚篥。特点是比今日的管子略长一些。从文献的记载看，筚篥是古时宫廷、军营及民间俗乐中，乐队主要的声部。至今，我国民间仍有流传，今日称“管子”。我们仿制了两支，一为红木制，一为竹制；制成后，红木的声音类似北方大管子，竹制的类似广东的喉管，两支声音都很好，音色苍凉悲切，高亢凌厉，适于表达西部风情音乐。

笙和竽　是我国从春秋战国之后，就有出土实物的簧管乐器，是世界簧管类乐器的始祖。到南北朝时期已十分成熟。壁画上的“竽”“笙”实难分辨。据文献所述，大的称为“竽”，小的称为“笙”，管数亦不同。实际上汉代以后，竽和笙经过改善，已合二为一了，但文献还有“竽”的名称延续。这次据壁画的形态，做了两支，一大一小，大的称竽，小的称笙，全采用木斗，长吹嘴，音位排列，则据民间现流行的十七簧笙而制，声音洪亮。

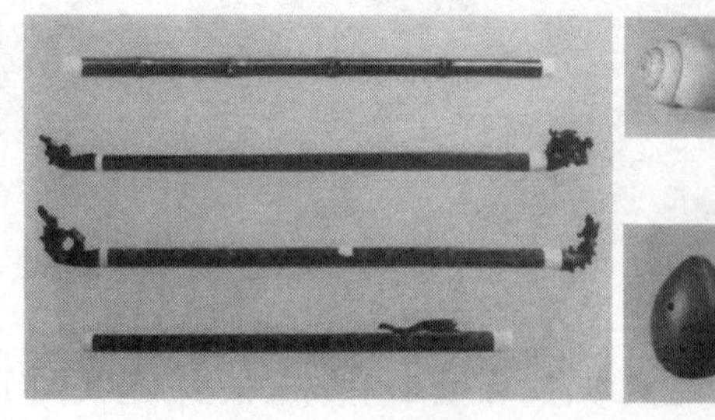

排箫　是竹制编管乐器，现在已经失传，但

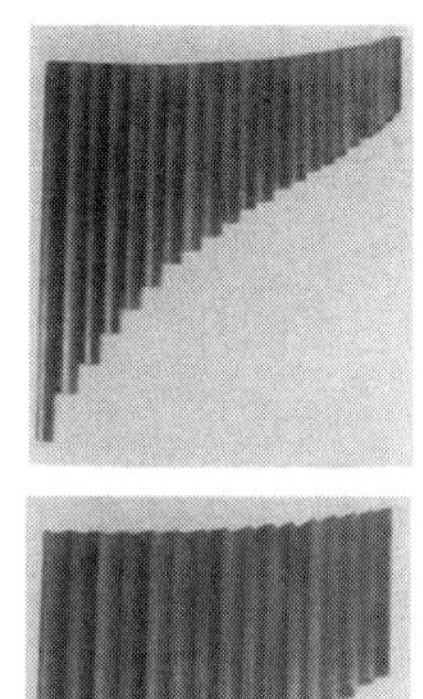

在敦煌壁画中出现得较多，是我国中古时期，社会常用之乐器。现制成三种形制：1.大三角形排箫(26管)。2.中方形排箫(19管)。3.小三角形排箫(19管)。做成后，音量、音准、音色都不错。由于这种乐器早已失传，还需要有人研究、发掘探索它的演奏技巧。相信今后，会在民族乐队中复苏和推广。

第三类为弹弦乐器

这类乐器，仿制时分三部分：

一是琴、筝、瑟等横放演奏的弹弦乐器。古琴，因有明确的制式，我们基本仿唐代“九霄环佩”式样制成，琴体为朱红色，效果甚好。

古筝　这种乐器，历史悠久，壁画上各个朝代都有反映，与现在传世的形制、结构，无甚差异，可见古时已经相当成熟。现分别以十六

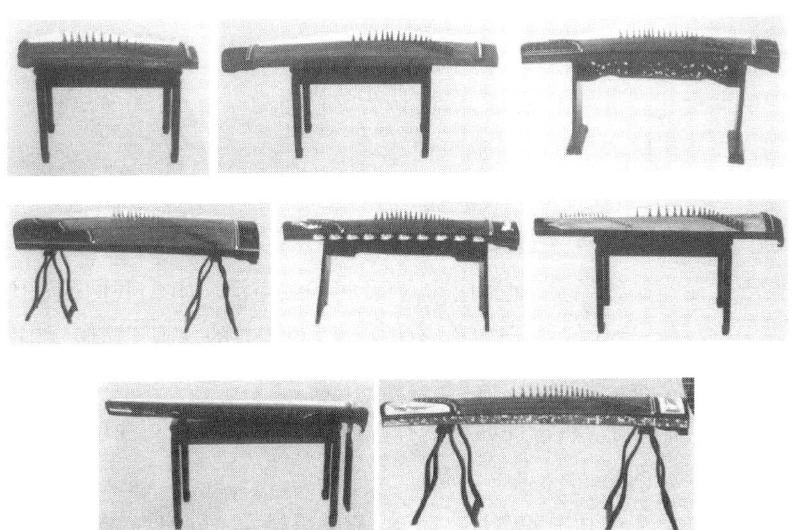

弦、二十一弦、二十五弦,制成三种。前二者为筝,后者二十五弦,亦可称其为瑟。我们力图有三种不同的音区和音色。我们在筝的装潢上颇费了脑筋,设计了“天宫伎乐”“飞天”花卉等敦煌图案。加强了乐器的工艺美术特点,彩绘华丽大方,使这件乐器外观得到艺术的升华。

琵琶　从680个琵琶图形的50种不同制式中，筛选了七种造型。有两支用硬木制成(一为红木,二为花梨),其中花梨的一支,按了四相,三品。这是根据:敦煌藏经洞出土的乾宁四年,绢画《炽盛光佛五星图》中之琵琶图形仿制，此琵琶图很明确地,在面板上绘有三个品。说明琵琶从唐代就有按品的趋势。除了两支上述常规形制外,我们根据壁画还制了几件特型琵琶:有瘦形棒状、小形高音、圆形方头(系列大、中、小各一支)琵琶,形态都有所变异,发音也不同,其内部结构头部形制,覆手、相、品及凤眼等部件上,也做了不同的处理。因此,琵琶的形态和发音就拓宽了范围,经测音和使用,有关的专家反映良好,特别对其中的低音和高音琵琶,甚感兴趣。认为它们将为现代民族乐队增添新的音色品种。

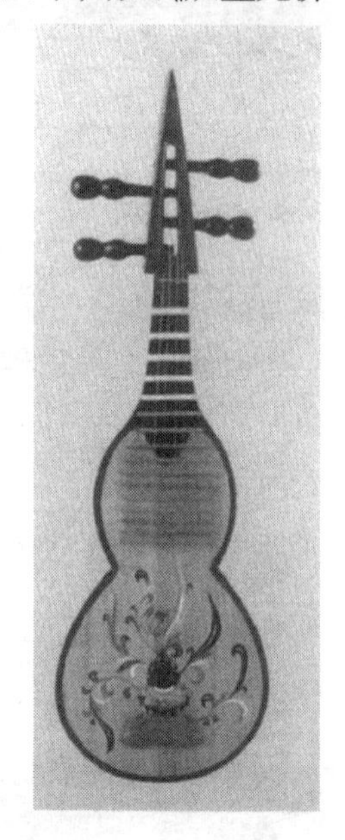

壁画琵琶,在捍拨上方都有一对挖空的“凤眼”,对乐器发音至关重要,有如提琴的F孔,据现代琵琶制作经验,面板挖孔,声音将导致空泛。为此,我们既要仿古,又要保持现代的科研成就。有的挖了凤眼,有的就画了凤眼,都收到良好的效果。

琵琶制成后,将每件面板的捍拨部位,都施以彩绘,选用了经变画中的典型图样,令人耳目一新。

五弦　在壁画中和古代文献中,和琵琶经常一同出现。笔者曾著

有论文,认为它是由琵琶派生出来的乐器。敦煌壁画中,两者在造型上没有严格的区别,只是多一根弦而已。经过调查,决定做一支直项、体型小、边沿略厚的形体。制成后,声音很美,音量较小,高音区音色较佳。

箜篌　是壁画中，在数量上仅次于琵琶的弹弦乐器。这件乐器后来所以泯灭失传，是与其共鸣箱窄小，发音不良有关。这次我根据壁画，做四种不同型制的试验。即小箜篌、大箜篌、带斗箜篌及双排改良箜篌，比较突出有效果的是大箜篌，有类似古筝的音量和发音韵味，反映也好。

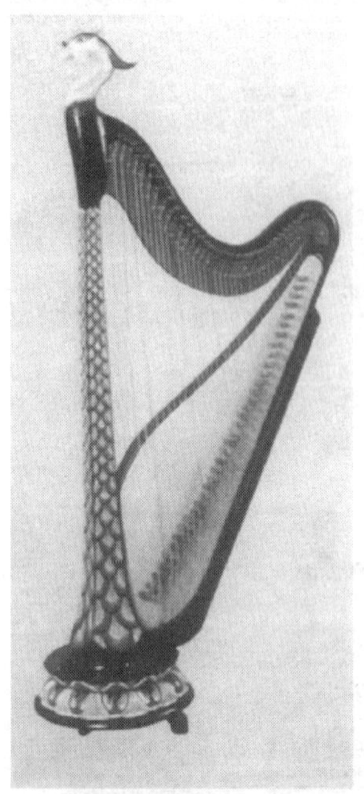

阮　为圆形共鸣箱的弹弦乐器。我也选出四种阮的形制，圆头阮、方头阮、长柄小阮、花边五弦阮，其中花边五弦阮为莫高窟220窟著名的一个乐器图像。经试奏，音色柔美，音量也不小，音域也比今日之大阮有所增宽，且造型华丽，是一件理想的低音弹弦乐器，有推广价值。

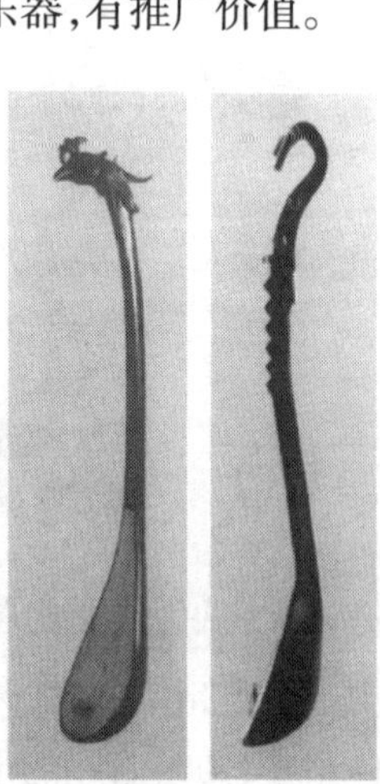

弹弦乐器中还做了几件有特色的乐器，可以说是敦煌壁画中独有，一般人未见过的乐器。即：四弦弯琴，六弦葫芦琴，效果甚好。

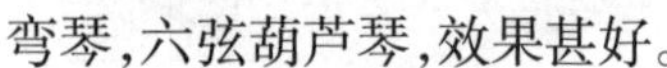

第四类为拉弦乐器

莫高窟壁画中，并未发现拉弦乐器，说明拉弦乐器出现是很晚的。榆林窟及东千佛洞出

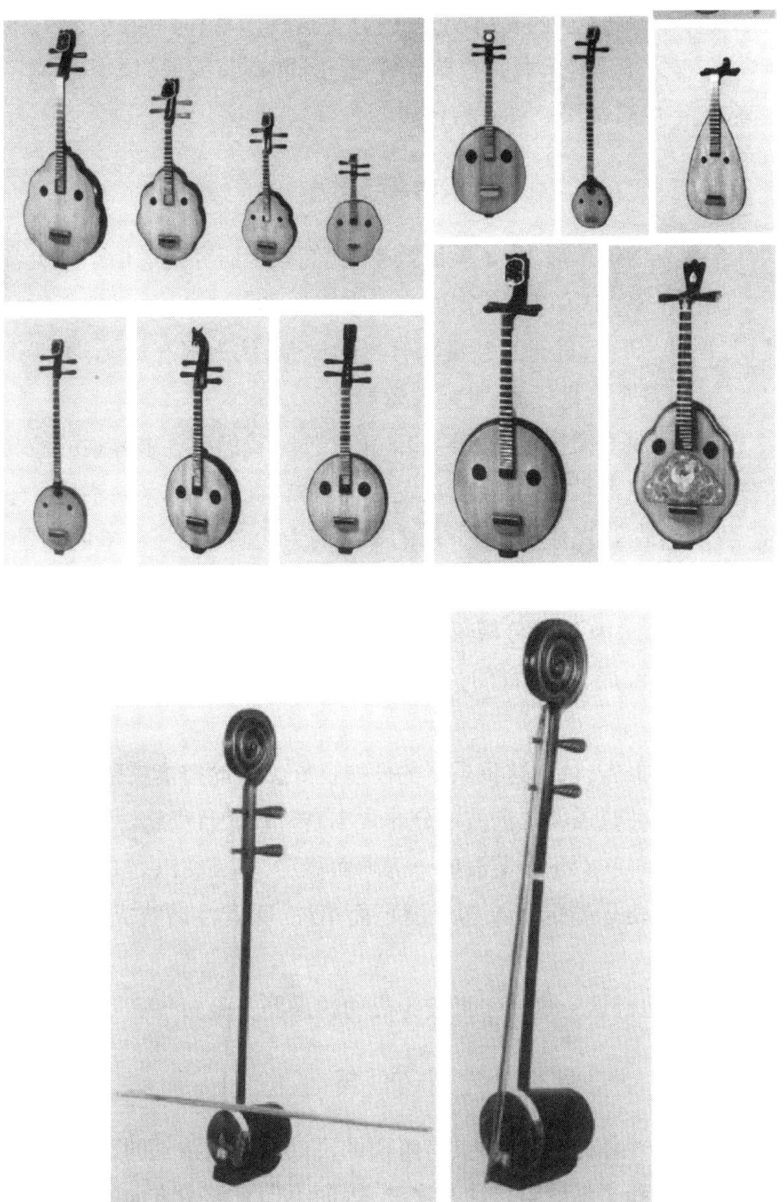

现的胡琴图，证实从西夏后期，就已有了这件乐器，时间在公元1200年左右。它与陈旸《乐书》的“奚琴图”近于同时期。我据胡琴图仿制了一高音、一中音胡琴。亦获好评。

三、试奏与测音

全部乐器竣工后，为了验证效果，我们敦煌研究院邀请了中央音乐学院民乐系、中国电影乐团的演奏家们为我们试奏。经过他们反复使用、斟酌、研究，进行了独奏和合奏的试验，认为很有意义，不但可以使用，而且是一批优质、上乘的乐器。

除了请演奏家提供主观性的评审之外，我们还寻求客观的检验依据。即从乐器科学的角度，从发音物理测量的方法，来观察这批乐器。我们邀请了中国艺术研究所的专家们为我们进行了音响的测量。由音乐学博士韩宝强先生亲自测试。他们用世界最先进的BK2023&BK2019信号分析仪，对每件乐器提出了频谱报告。对基音发生后的谐波成分、泛音的情况、音乐和噪音情况，提出了确切的数据（见附件）。

据频谱报告，认为这批乐器的性能良好。就此提出三条结论：

（一）各种弦乐器的谐波成分非常丰富、清晰，且稳定。

（二）各种吹奏乐器谐波成分清晰而稳定，基频突出。

（三）敲击乐器的谐波构成清晰而单纯，噪音性谐波成分极不明显。

据此，他们认为这是一批较为成功的乐器实验。

四、小　结

（一）仿制的这批乐器具有鲜明的民族风格和浓郁的敦煌特色。它已由壁画和文献资料转化为实物，因而不但有学术方面的价值，而且有实用价值。为我国音乐史的研究,提供了形象资料。

(二)弘扬中华民族音乐文化,提高人民对祖国古代音乐文化的认识,激发人们的爱国热情。

(三)开发了我国古代乐器宝藏,恢复了很多失传的乐器品种,丰富和充实了现有的民族乐队。

(四)这批有敦煌特色的乐器,如果再加上有敦煌特色的音乐作品,将可能出现一种“敦煌音乐”,一个有希望的音乐品种。

最后,我们清醒地认识到,我们这次的行动是在先人的成果上做了一些研究和探讨,也是新中国成立后,民族乐器改革的一个继续。不足之处还很多,譬如:乐器的型制、装潢的推敲,乐器质料的选择;乐器的系列组合;低音乐器的研制;律制、品柱的排列问题;琴弦的研究,以及乐器演奏技巧的形成和训练……都必须经过长期实践和探索。希望各位专家、学者以及全社会爱好者提出宝贵意见,以便进一步改进。

《敦煌仿制乐器》统计表

类型	编码	名称	仿制出处时代	备注
打击乐器	1	腰鼓 4	唐 321	仅见于榆林窟
	2	羯鼓 2	唐 126 112 172	
	3	鼓	唐 112 76	
	4	手鼓	宋 233	
	5	扁鼓	西夏	
	6	答腊鼓 2	唐 220 321	
	7	都昙鼓	唐 248	
	8	毛员鼓	唐 146	
	9	节鼓	唐 148	
	10	澮鼓	西魏 288	
	11	齐鼓	西魏 285	
	12	鸡娄鼓 2	唐 321	
	13	雷公鼓	西魏 249	
	14	拍板 2	唐 220 112	
	15	方响	隋	又称连鼓

续表

类型	编码	名称	仿制出处时代	备注
吹奏乐器	16	横笛 2	唐 220	
	17	竖笛 2	唐	
	18	筚篥 2	唐	
	19	排箫 3	北魏 西魏	
	20	笙	唐 445	
	21	竽		
	22	埙	初唐	
弹弦乐器	23	筝 2	唐宋	
	24	瑟	北周	
	25	琴	唐 321	
	26	箜篌	唐 217	
	27	琵琶 6	北魏　唐	
弹弦乐器	28	五弦	唐 172 320	仅见于莫高窟
	29	阮 3	北魏　唐	
	30	花边阮	初唐	
	31	大葫芦琴	隋 262	
	32	小葫芦琴	唐 322	
	33	弯琴	元 465	
拉弦乐器	34		西夏	仅见于榆林窟及东千佛洞

附

敦煌壁画乐器频谱测量报告

中国艺术研究院音乐研究所乐声学实验室

项目:仿制敦煌壁画乐器频谱测量

乐器:琵琶、阮、筝、瑟、琴、胡琴、葫芦琴、弯琴、五弦、排箫、筚篥、埙、笙、竽、横笛、方响等

时间:1991年10月18日—25日

地点:北京电影乐团排练厅(录音)

中国艺术研究院音乐研究所声学实验室(测量)

人员:徐桃英、顾伯宝、韩宝强

仪器:SONY TC-D6 录音机

B&K 2023 双通道信号分析仪

B&K 2019 绘图仪

流程:缺图

结果:详见附录1-39(略)

总结:从频谱看,仿制乐器在音色上都具有下列特征:

1)各种弦乐器的谐波成分非常丰富、清晰,且稳定。

2)各种吹奏乐器的谐波成分清晰而稳定,基频突出。

3)敲击乐器的谐波构成清晰而单纯,噪音性谐波成分极不明显。

中国艺术研究院音乐研究所乐声实验室

1991年10月25日

(首发于1992年第3期《敦煌研究》,此成果获文化部科技进步二等奖)

音乐文物研究

甘肃音乐文物特色

甘肃,得名于古代甘州(张掖)与肃州(酒泉),简称甘或陇。它位于中国的中心偏西、黄河上游,东邻陕西,南与四川、青海接壤,西、北分别和新疆、内蒙古交界。地形呈哑铃形,东西长1655千米,全省面积45万平方千米。甘肃的东南部重峦叠嶂,山高谷深;中、东部为黄土高原,河西走廊由东向西延伸,地势狭窄平坦。沿祁连山之走势,有绿洲、沙漠断续分布。西南地势高耸,为青藏高原的东北边缘。甘肃特殊的地理位置,使它成为古代"丝绸之路"的主要通道和中原通往西域的咽喉要地,是沟通亚、欧大陆的枢纽;中西文化在这里交融,众多民族在这里聚居;至今境内仍有汉、回、藏、蒙古、满、哈萨克、东乡、裕固等42个民族生活在这里。

甘肃是中华民族重要的发祥地之一。远在20万年前的旧石器时代,中华民族的祖先就在这片土地上生存。庆阳姜家湾、寺沟口旧石器时代中期遗址便是见证。进入新石器时代,甘肃大量的出土文物、文献记载乃至神话传说更为丰富。被中国人尊为"三皇之首""人文初祖"的伏羲和女娲,传说就出在甘肃,今天水、秦安一带,仍有他们的事迹流传。传说炎、黄二族也产生在甘肃,相传炎帝为陇西成纪女娲的女儿所生,后黄帝与炎帝会合,形成中华民族。此后,在甘肃又形成周和秦两大部落,这是汉民族的肇始。周族兴起于陇东泾水和渭水一带,活动范围遍及陇东与陇中,被称为"周道始兴之地"。这在考古发现的墓葬、出土的青铜器方面,有充分的体现。秦古称"西戎",相传秦祖杞子牧马西陲，其地望就在今甘肃的礼县一带。礼县大堡子春秋秦公墓地的发现，说明今天水、礼县、清水一带，正是秦族、秦国乃至秦朝的发祥地。秦统一中国后，在甘肃设置二郡，其时境内有戎、羌、月氏、乌孙、匈奴等民族生息。汉初，匈奴人赶走了大月氏，占据了整个河西走廊；汉武帝又击溃了匈奴，在河西设置四郡，并进行了移民屯田，修筑长城，重新开通了与西域的通道。魏晋之后的十六国时期，河西地区先后建立了前凉、后凉、西凉、南凉和北凉五个政权；虽总共仅百年光景，但其文化，尤其是佛教文化呈现出空前的发展，史称"五凉文化"；其时佛寺遍及甘肃全境，河西走廊石窟寺的兴建，更如雨后春笋。中原与西域的文化和贸易往来日益频繁。经过隋末的政权割据到唐的兴盛，甘肃的文化达到了一个历史时期的高峰，现存文物表明，这个时期文物的数量最多，质量也最好。其间，吐蕃、甘州回纥曾先后占领河西等地。至宋，党项人建立西夏，近200年间在甘肃河西一带，创造了独特的西夏文化。元代以降，中国政治中心转至内地，昔日繁忙的丝绸之路日趋冷落，甘肃的文化亦逐渐萧条。

一、乐器类

甘肃的馆藏音乐文物不算丰富，尤其是出土的乐器远比不上一些中原的文物大省。但其鲜明的地方特色则极具历史意义。

（一）彩陶乐器

20世纪80年代发掘的秦安大地湾遗址，已可确定为距今7000—8000年之间的古文化遗址。其中发现的许多制作规整的彩陶，可与两河流域彩陶文化的作品媲美，可同称为世界上最早的彩陶文化。在大地湾文化的基础上产生的仰韶文化，是黄河上游地区新石器文化走向高峰的时期。它以陕西、甘肃为中心，波及四周。仰韶早期的半坡文化，东传中原，西达河陇东部。仰韶中期的庙底沟文化，西到河陇中部,向东扩展到黄河、长江中下游地区。仰韶晚期,出现了地方类型的马家窑文化,包括石岭下、半山、马厂等相继发展的文化类型。此后又出了齐家文化、辛店文化、寺洼文化、沙井文化等,这一系列彩陶文化类型,展现了甘肃史前彩陶发展的脉络。

甘肃的彩陶乐器,是甘肃彩陶文化的重要组成部分。当人类开始制造陶器,创造生活器具的时候,其中的一些器皿,可以发出悦耳的自然声响,启发了人们制造乐器的动机。也许人类早期的所谓乐器,就是这些生活器皿、生产工具或玩具本身。两个陶碗对合在一起,或一个有胴腔的小罐,里面放进几颗石子和泥丸,摇撼就能哗哗发声。陶罐口蒙上兽皮,应该就是最早的陶鼓或土鼓。小口大腹的器皿、掏空的腔管,向里吹气就能呜呜地响,启发了人们去发明陶埙。甘肃发现的彩陶乐器正是陶响器、陶鼓和陶埙等人类发明的最早的乐器实物。

1. 陶响器　陶响器标本有球状、饼状、半圆形、圆柱形、花瓶形、罐形、龟形等,形态琳琅满目。纹饰也各有特色,有压模凸花,有镂空刻花,也有平面彩绘,甚至于素面无纹的。这些介于挂饰、玩具和乐器之间的文物,为人们进一步研究它的来源和用途提供了丰富的材料。其品种的多样,为其他各省所罕见。

2. 陶鼓　古文献中多有记载的陶鼓,甘肃所出甚多。其时间的跨度也很大,包括仰韶文化后期、马家窑文化各个时期的作品。其多作空筒状,两头一大一小,筒口外周沿有挂张兽皮用的犬牙状倒钩。鼓身置环形耳,可穿绳背挂。陶鼓多为夹砂红陶质,表面光洁,上彩绘有各种花纹,常见有几何三角纹、S形纹、菱形纹、波浪纹、锯齿纹等。近年学术界有人对“陶鼓”提出质疑,认为它可能是古时候的量器、漏器或座器。其实,古人用陶制鼓是存在的,我们另选唐代的一件彩釉腰鼓就显得十分重要,它对传世腰鼓的形制衍变与史前彩陶鼓的关系,具有研究意义。

3. *陶埙* 甘肃各地曾发现许多陶埙。这是古代从泥哨类玩具进化成为一器多音、有音律效果的乐器。特别是玉门火烧沟出土的20余件新石器时代晚期的陶埙,被认为是我国最早出现的陶埙。这些埙形体不大,均呈扁平鱼形,通体彩绘纹样,鱼嘴部为吹孔,两肩各一按音孔,鱼腹下有一按音孔。开闭音孔,可组成6种不同指法,可吹出四声、五声,甚至七声音阶。有录音为实据,它甚至可吹奏现代乐曲。这值得令人深思,中国的“律制”,源头究竟出自哪里?甘肃玉门火烧沟的古埙,为探讨远古律制提供了重要的线索。

(二)宗教乐器

本书中有关宗教的乐器,主要是来自拉卜楞寺的藏传佛教乐器。拉卜楞寺是中国藏传佛教格鲁派六大寺院之一,位于甘南夏河县,有着久远的历史,严格的教规。寺院包括佛殿、经堂和六大学院,规模宏大。高僧层出不穷。这里有最大的藏文图书馆,藏有藏文音乐书籍和曲谱。该寺有一个宗教乐队,叫作“道得尔”,有10余名音乐喇嘛,能演奏许多传统乐曲,也有专用的乐谱。乐器有唢呐、法螺、金刚铃、刚洞和筒钦,藏于该寺珍宝馆中,为明、清以来拉卜楞寺的传世之宝;其中有些乐器也流行于汉族民间,如唢呐。但藏传乐器的形制迥然不同,镶金错银,装饰十分富丽精致,开孔的方法也有所区别;这些乐器在藏传佛教的各种庆典、法会中起着重要的作用。

(三)其他乐器

除了以上所述之外,甘肃尚有一些乐器值得注意。

1. *石磬* 榆中马家凸出土的石磬为新石器时代齐家文化遗物。其年代较早,特别是形体较大,重达12千克。在今发现的同类遗物中不可多得。

2. *居延竹笛* 居延在今内蒙古自治区额济纳旗境内,为汉代边塞重镇。20 世纪在此出土了大量的汉简。1974 年在西汉张掖郡居延都尉府甲渠候官的官署所在地出土了一支竹笛。它是西北地区所见最古的竹笛实物。笛虽已干裂,且一端残损,但它仍为今天的研究留下了较为丰富的资料。如其一端以自然竹节封闭，指孔部分削成平面,用麻布缠扎和髹漆来防止开裂,保存了 8 个开孔,在 2、3 孔之间,有墨书“笙王”二字。因其前后开孔,应为竖吹之笛。

3. 武威弹弦乐器　古代的木制乐器极难保存下来，尤其在中国的北方,考古发现的实物就更为罕见。迄今为止,仅在江苏扬州邗江出土过五代的琵琶,其中较完整的一件可证明为明器。另一件已残。1980 年在甘肃武威南营发现了唐五原公燕王慕容羲光之妻武氏夫人墓。墓中出土的弹弦乐器就显得十分珍贵了。乐器已残,残件可辨分属 2 件乐器。据乐器的首、轸和琴杆的造型分析,应为今阮或月琴一类乐器的制式。邗江琵琶和武威弹弦乐器的制作均较粗糙。日本奈良正仓院所藏精美的唐代琵琶和阮咸，在国内的出土和传世的实物中尚未发现过。慕容羲光为唐代吐谷浑四世主,武氏夫人为武则天之侄孙女。从这一方面来说,武威弹弦乐器不仅留下了这类乐器自身的宝贵信息，也从一个侧面反映了唐皇室与当时少数民族间音乐文化的交往。

4. 琴　本书收录的古琴 2 例,一为“白云”琴,一为朱载堉琴,值得注意的是后者。琴上镌有“大明万历七年岁次壬午二月吉旦郑世子载堉按太簇尺造”字样。按铭文推算时间,造琴时间当为 1582 年。明琴传世甚多,但此琴的作者铭为朱载堉,就具有了特殊的意义。朱载堉是中国古代伟大的音乐理论家，十二平均律的数理原理“新法密率”的发明者;其所作之琴存世极少,此琴在制作上、音律计算上有何特别之处,值得琴史专家做进一步探讨。

应该指出,甘肃的青铜乐器发现较少,本书收录的编钟、铜鼓均非本省出土的文物。甘肃本地所出的青铜乐器仅有一些小型铜铃。不过,在最近破获的一起文物走私案中,涉及有编钟一组,出土于礼县被盗掘的秦墓。甘肃为古代周、秦的发祥地,秦始皇的祖籍就在礼县。这套编钟对研究目前知之甚少的秦人的音乐情况,以及秦代西北地区青铜器的铸造历史,无疑有较为重要的意义。

二、图像类

人类产生音乐艺术的同时,也产生了绘画、雕刻艺术。作为一种文化的载体,美术作品较忠实地记录了古代社会人们音乐生活的各个方面。在一定程度上,它所提供给研究者的信息量往往比单纯的乐器更大。这也是图像类音乐文物对音乐史学家的魅力所在。甘肃的古代音乐图像十分丰富,除了闻名于世的石窟壁画之外,还有岩画、乐舞俑、墓葬壁画和音乐文献等。

(一)石窟壁画

石窟寺是佛教文化的产物。佛教自东汉初年自印度传入,对中国的文化产生了巨大的影响,这种影响渗透到了政治、经济、思想、社会生活乃至民俗风尚诸多方面。至南北朝以后,佛寺成了社会活动的聚集中心,佛教成了联结宫廷、官署和民间虔诚信徒的纽带。建窟筑寺,书写佛经在各族人民中间,成为官民、僧俗间的一种社会时尚。从而孕育了极为丰富的中国佛教文化遗产。石窟寺主要产生在中国北方的黄河流域、黄土高原,甘肃是其最重要的几个分布地之一。全省共发现石窟寺60余处,著名的敦煌莫高窟便是它最杰出的代表。其他如天水麦积山石窟、安西榆林窟、永靖炳灵寺、庆阳北石窟、泾川南石窟,以及酒泉文殊山石窟、张掖金塔寺石窟、武威天梯山石窟、武山拉梢寺石窟、华亭石拱寺石窟等等,都有一定的代表性。甘肃石窟寺始建于十六国晚期,盛于北朝(北魏、西魏、北周),至唐达到高峰,宋、西夏、元趋于衰落。据记载,莫高窟、麦积山、炳灵寺、天梯山等石窟年代最早,这是除了新疆外中国石窟寺艺术研究的里程碑和分水岭,它们直接影响了中原石窟的产生和发展。石窟寺原为佛教徒顶礼膜拜、修行坐禅的场所,故多选择在远避城镇的山崖沟谷、风光秀丽的地方。石窟一般可以分为三种类型,即坐禅窟、礼拜窟和瘗窟。壁画造像主要设在礼拜窟内。

1. 举世瞩目的敦煌莫高窟　位于河西走廊西端、距敦煌市东 25 千米的鸣沙山东麓崖壁上,南北长 1.6 千米。史料记载,从汉代起,敦煌即为中国边陲重镇。莫高窟创建于前秦建元二年(366 年),经过历代不断开凿,至唐武则天时,已有 1000 余窟龛。后虽经历史沧桑、人为破坏和自然的风化侵蚀,终因地处偏僻、气候干燥的原因,保存下来一大批各个时代的洞窟。经统计, 现存编号洞窟 492 个, 壁画达 45000 余平方米,彩塑 2000 多身。1900 年,在几成废墟的第 16 号窟一侧窟内发现了藏经洞,出土了数以万计的古代文献资料、绢画及佛寺器物。由于当时清朝政府的腐败,致使大量珍贵文物流失国外。好在由于国外学者的重视, 这些资料被妥善保存下来。继国外学者之后,中国学者于 21 世纪加入研究行列,经过近一个世纪的探讨,于今形成了“敦煌学”这一备受学者们青睐的专门学科。

敦煌的音乐文物非常丰富,主要包括两大部分。一是音乐文献。它包括藏经洞所出的“敦煌曲谱”和“敦煌舞谱”,以及与音乐有关的卷子材料;敦煌变文、宝卷和曲子词中的音乐材料;敦煌遗书、社会文书中有关的音乐材料,如寺院的佛事活动记录,有关乐僧、乐工、音声人的编制、供给、节庆记事等;其他散见于敦煌写卷中的音乐资料,如佛经、唱赞、文学、诗歌、古代童蒙读物等;藏经洞出土的绢画、器物上的音乐形象资料。本书择要收录了敦煌曲谱、敦煌舞谱等文物。

二是敦煌壁画中的乐舞形象资料。为了宣扬佛教的教义,礼拜佛的偶像,佛教徒们就运用艺术手段,形象地图解和描述佛经内容。如尊像画、曼陀罗、说法图、经变画、佛经故事等。但是,在漫长的历史过程中,人们并不满足于那些枯燥的说教,也不满足于那些正襟危坐、僵化呆板的佛陀肖像,在壁画的创作发展中,逐渐融入了许多非神性世界的内容。除了画佛之外,夹杂了世俗生活,如历史故事、窟主题材,以及反映各个历史时期社会生活的景象,包括劳动生产、生活起居、交通商旅、歌舞音乐、杂技百戏、婚丧嫁娶等。反映了敦煌地区各民族社会生活的真实面貌。敦煌壁画中的音乐题材相当广泛,分布在洞窟的各个角落,多有固定的位置和构图程式。但是在不同的时代,绘画技巧、风格各有特色。可以说,每一幅壁画都有自己特有的面貌。据统计,莫高窟共有音乐内容的洞窟200余个,有各种乐伎3000余身,有大小不同的乐队约500组,共出现乐器44种、4000余件。

2. 敦煌莫高窟音乐壁画的形成和特色　在印度的佛经壁画中,音乐舞蹈的成分是很少的,也没有中国这么表现得丰富多样。敦煌壁画中大量的乐器图形和表演情节,并非印度传入时的原貌,很大程度上已经融入中国社会的音乐生活。中国乐舞壁画的造型、构图形式、题材内容的形成和特色,有以下几个方面:

(1)中国传统乐舞画的延伸　以绘画的形式来表现乐舞内容,是中国由来已久的传统。远古的岩画和彩陶、青铜器上的纹饰,已可说明"音乐画"漫长的历史和延续过程。汉代的画像石和画像砖,特别是魏晋南北朝时西北地区的画像砖对当时的社会音乐生活丰富的描摹,是直接影响和启迪壁画创作的关键。因此,莫高窟壁画绘制的音乐形象,从一开始就已非印度或西域的原貌,而是根据当地民间乐器及其表演形式进行的创作。

(2)理性的内涵　敦煌壁画中的音乐图形甚多,包括乐器图、天宫伎乐、说法图中的乐舞等。其中除了依照佛经佛规所示的天国景象进行构思外,还有一个重要的成分,就是融入了中国的礼乐思想,插入了寓意深邃的理性内涵。早在佛教进入中国之前,中国社会已经建立了它根深蒂固的、以“礼乐”思想为核心的儒学理论基础。“礼”,就是封建社会的宗法制度和道德规范;乐,则是用来体现“礼”制的一种手段,也有着浓重的政治色彩。古代“乐”字的含义甚广,它包含了音乐、舞蹈和诗歌。乐一方面是满足统治阶级享受的工具,除了典礼、出行、集会伴有音乐之外,贵族们的宴饮起居都要音乐助兴。另一方面则是音乐的政治作用,认为这是教化人民、驯服人民最重要的工具。佛教进入中国后,很快地就与中国的儒家“礼乐”文化融合,这主要是思想上的契合,利益的均占;在管理社会、治理人民方面,佛教的教义和儒家的思想得到共识和互利,调整了社会结构;寺院成为凝聚和联系社会各个阶层的中心,使社会得到平衡和长治久安。遍及各地的佛寺,其社会功能不可低估,用现代的话来说,它除了宗教活动之外,还起到了文化馆、医院、银行和文化娱乐诸方面的作用,赢得了社会各阶层的信任与参与。

石窟壁画可以说是佛教在各个历史时期面对社会开放的画廊。通过艺术形象营造了一种使人产生宗教快感而又能宣传佛教和儒家思想的精神气氛。佛教大量的绘制乐舞题材的图像,与其教义是不相符的,因为其戒律中就有“不事声色”的条款;但它又能自圆其说地解释为这是给佛的奉献,是指天国的极乐世界。这正好借题发挥,合拍地宣传了中国帝王的权威思想。隋唐之后的经变画、说法图实际上正是中国宫廷的缩影,它以隋唐宫廷的“燕乐”为基本构图模式。佛就是帝王的化身,渲染出一种宫廷威严豪华、金碧辉煌或欢乐的场面,应该说,这是皇权的视觉标志。中国儒家的礼乐思想与佛教的净土思想得到完美的和谐统一,这就是敦煌壁画中乐舞图的理性内涵。

(3)符号的特征　敦煌壁画存在着强烈的符号特性。中国绘画,尤其是民间绘画,具有独特的表现方法,主要特点是着重寓意;它往往通过一个固定的形象,象征、隐喻一种事物观念,表达一种哲理;或由某种约定俗成的语言概念、人间物象凝缩成一个图形,代表一种群众共识的情绪符号;又经过不断地模仿、重复、再现,在一定范围之内趋于定式;实际上不单是个人的创作,而是一种群体创作的意识形态,这就是所谓的"符号"概念。壁画图像正是许多符号构成的艺术载体。

其大致可以分为两种情况:一是象征性符号,一些简单的、日常生活所见的图形,如器物、动物、花卉等,赋予特征内涵,约定俗成,直观即可意会;如乐器系以彩带,悬浮于空间,寓意天宫仙乐自鸣,又是对佛的礼赞、奉献;天王手持琵琶,寓意护法,表示庇护人类、威慑邪恶之意;还有佛教专用的符号图形,如莲花、狮子、象、海螺、卍字、忍冬花纹等等。这些图形在洞窟内比比皆是,它无须翻译,很自然地互相关联,互相补充,构筑起一个大家熟识的、具有很强的感染力的文化氛围。二是具有情节性的符号,是由一个具体情节构成一幅图画,代表一个故事,或一个成组的语言观念,譬如"火宅""九横死""嫁娶图""树下弹筝"等许多画面,人们一看就知道它是什么经变、什么故事;其构图已经程式化,成为一种整幅图像的符号概念。

3. 敦煌壁画的创作　古人创作如此辉煌的音乐壁画时,是如何构思的?又是如何制作的?这是一个很大的课题,本文择要略述如下:

(1) 壁画创作的制约　壁画的创作及绘制质量要受很多条件的限制。一是窟主的要求:一般来说,窟主都是地区官宦、豪绅,其投资建窟,是表示对佛的虔诚和奉献,显示自己的功德,故要求尽可能把自己和家族也画进去,借以树碑立传,光宗耀祖,这就制约了石窟的内容、题材。二是佛教仪轨的限制:佛教建窟,主要是为教徒瞻仰佛像,观看佛画、变相,领悟佛经,故有着比较严格的仪轨。有专门的"画经”对壁画的绘制、方位、内容、尺寸都做了规定。三是自然条件限制:包括财力、自然环境的限制,都必须因地制宜,随形就范。四是画工本身的素质:画技的工拙、想象能力、知识范围,特别是画乐舞图像的音乐知识,都是制约质量的关键;画工绘制壁画是根据“粉本”(画稿)摹制的,可以说是第二次创作;有的画工地位卑贱,是窟主雇来的劳役;就音乐图像本身而言,有很大程度上是杜撰臆造的结果;他们没进过宫廷,更对音乐活动陌生,所以很多乐器画错了、画反了,甚至有很多失实的成分。如唐以后的壁画中出现一种“弯琴”,是由琵琶和箜篌合并成的一种造型;弯弯的琴杆作为指板,是不可按音发声的,故这种乐器实际不可能存在。但它却饰以凤头,造型很漂亮,后来一直沿袭传抄,直到元代。

(2)壁画创作的成就　从整个莫高窟的音乐壁画图像来说,精彩的作品比比皆是。如第156窟“张议潮出行图”、第220窟“药师变乐舞图”、第112窟“反弹琵琶”、第148窟“观无量寿经变乐舞”等,无论从其创作构思还是绘制技巧方面来看,均是高水平的杰作。他们用写实与写意的双元视角来进行创作,并且大量运用了装饰手法,使壁画绚丽多彩,满壁生辉。特别是在构图处理方面,从早期单线平涂、平列铺排的原始的构图状态,发展到后来能掌握三维空间,设计大场面的说法图,能处理多层次、多人物、具有各种纵深透视关系的画面,表现了由不成熟到成熟,由拙到巧,由简到繁的不断进步的过程,有一个画面甚至有三层乐队,却也能安排得秩序井然,着实令人惊叹。

4. 敦煌乐舞壁画的分类　敦煌壁画的音乐图像可作两种分类,一是乐伎的分类,二是乐器的分类。

(1)乐伎的分类　“乐伎”是中国古时对歌舞艺人的称谓。汉代就有这个名词,初为宫廷、官府或显贵蓄养,寻欢取乐之用,后扩及社会,有宫伎、官伎、营伎、家伎之分。“乐伎”和“伎乐”是两个概念,前者指音乐表演人,后者为表演内容和形式的总称。敦煌壁画所绘乐伎种类繁多,均出自佛典,主要分属天界和人间,分别称为"伎乐天"和"伎乐人":伎乐天是佛的侍从,簇拥在佛的身边,表示礼赞和奉献,构成一种理想的天国极乐世界;伎乐人或称供养乐伎,是世俗社会生活中的各种音乐表演者。

敦煌壁画中的乐伎可作如下分类:

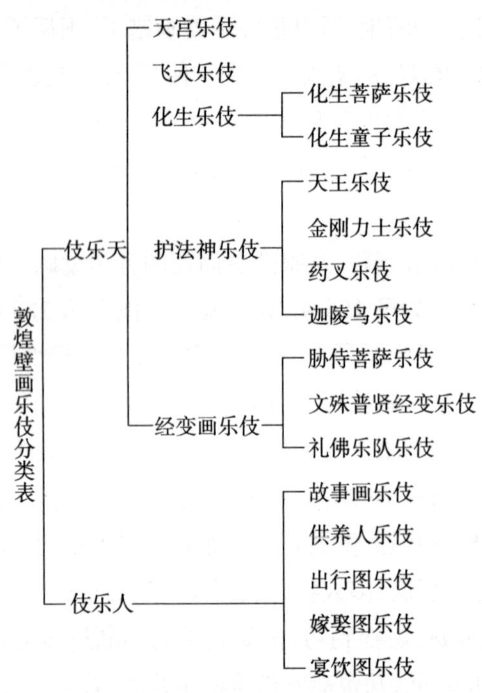

(2) 乐器的分类　敦煌莫高窟壁画上出现的乐器达4000余件,可分44种。它包含了自敦煌建窟以来各个历史时期的乐器种类,这无疑是中国乐器史方面一批极为重要的参考资料。例如琵琶,这是魏晋南北朝以后在中国兴起的乐器,壁画中出现的600只琵琶,其时代从北凉一直延续到元代,时间长达千余年,它的形制构造和演奏技法，它的发展和演变，在敦煌壁画中得到了生动的体现；又如箜篌的兴衰，古筝的形制，特别是中国鼓类乐器的多样性，在壁画中一览无余。

壁画中乐器的分类，可列下表略作说明：

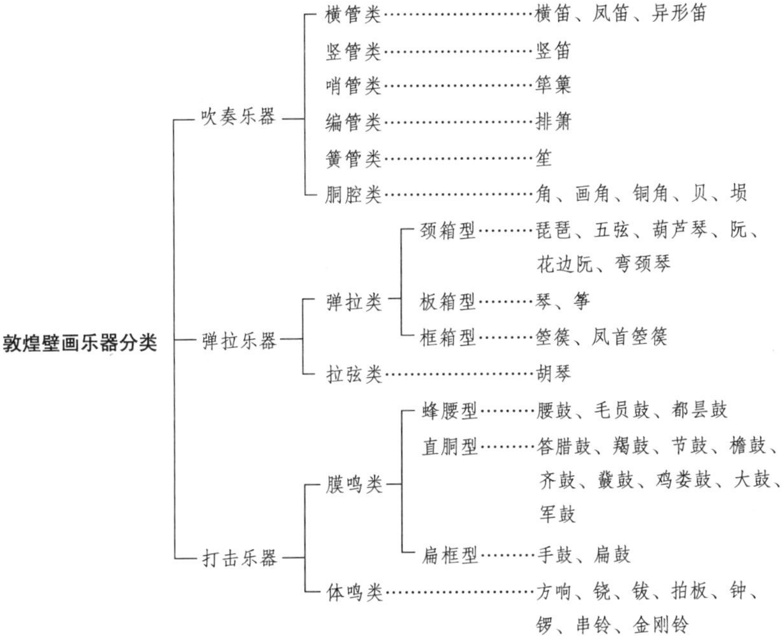

敦煌石窟中除了莫高窟以外，还包括附近的几个石窟。其中安西榆林窟的规模仅次于莫高窟。榆林窟又称万佛峡，现有洞窟 43 个，保存了唐、五代、宋、西夏、元各代绘、塑壁画，其西夏时期的壁画很有独到之处，可为莫高窟的重要补充。榆林窟第 25 窟南壁的“观无量寿经变”大型说法图中，绘有规模庞大的乐队，无论其对乐人表演情态，还是对乐器形制的描绘，都非常出色，是榆林窟最精彩的一幅壁画。榆林窟的第 3、10 二窟，及东千佛洞均绘有胡琴图，还是莫高窟壁画中未见的乐器,它的绘制时间,约在12世纪之初,比陈旸《乐书》中的奚琴图要早出数十年;这是中国见之最早的拉弦乐器图。它说明胡琴早在西夏以前就出现在西北的河西走廊地区,这对世界拉弦乐器的研究也有着显而易见的重要意义。

就全甘肃地区来说,在河西走廊、陇中、陇东的石窟都绘有反映音乐内容的壁画,与敦煌属同一类型,因其无更多的特点,不再赘述。

(二)岩画、墓葬壁画、画像砖和乐舞俑

1. *岩画* 岩画算得上是人类最为原始的绘画艺术。世界上曾不断地发现远古岩画的遗迹,但对它们确切的产生时间、产生的目的及绘画的方式,专家们仍是众说纷纭。不管怎么说,岩画作为一种客观存在,给历史学家提供了大量古代社会的形象资料。甘肃是中国发现岩画的主要省份之一。在肃北蒙古族自治县境内的野马山、马鬃山一带,以及酒泉嘉峪关的黑山,均发现了大量岩画。这些岩画都刻绘在避风山坳的岩面上,其题材主要是狩猎、放牧和原始崇拜活动,其中也包含了一些乐舞祭祀场面。从这些乐舞场面中,可见到单人舞、多人连臂舞等,舞者表现出一种热情奔放的姿态,与青海大通出土的彩陶盆上的舞蹈图有异曲同工之妙。黑山岩画中的舞人,上身被刻画为倒三角形,头饰羽毛,身穿长袍,束腰,一手叉腰,一手挥舞,十分生动细致。据专家考证,甘肃岩画的时代上限约在新石器时代晚期,下限延续至隋唐,是早期的游牧民族留下的遗迹,当与在甘肃境内生活过的匈奴、羌、月氏、乌孙等少数民族有关,是各个民族在不同时期创造的原始艺术,其构图与秦安大地湾地画人物形象、马家窑文化彩陶器上的人物造型大致相近。

2. *墓葬壁画、画像砖* 中国古代的重葬之风为今天了解当时的社会生活留下了大量资料。这些资料除了出土的古代器皿之外,也包含墓葬壁画和画像砖、画像石等图像类文物。构成了一种中国独特的墓葬文化。甘肃酒泉、嘉峪关等地出土的大量画像砖属魏晋时期，陇西、清水、漳县、会宁等地也出土了大量宋元时期的砖刻，这些被人作为"地下画廊"的历史遗迹受到史学家的重视。其中反映古人音乐生活题材的画像砖也相当丰富。本书所收录的画像砖可分三个时期，即魏晋时期、唐—五代时期和宋元时期。

(1)魏晋时期　其时河西走廊地区社会比较安定，酒泉、安西、敦煌一带是边陲重镇，经济比较繁荣，日常的音乐活动十分普遍；从这里出土的画像砖上，也可以得到印证。一些墓葬砖上，常见音乐表演的场面，当时的乐器有琵琶、阮咸、腰鼓、筝、竖笛等等。可以说，这应是敦煌乐舞壁画的前奏，也是中国绘画史上一个非常重要的发展阶段。从音乐史的角度来看，它是当时河西社会音乐活动的真实写照，因为此时的音乐活动已不仅是上层贵族的专利，也进入了寻常百姓之家。出土于敦煌平民墓葬的墓砖上，也可见到民间古筝表演的画面。

(2)唐五代时期　此时墓葬绘砖之风有逐渐减弱的趋势，但仍有延续。酒泉果园乡出土的模印画像砖，有古筝、阮等乐器的图像，画法为线描重彩，较接近敦煌壁画的风格，所绘乐器也比较写实。

(3)宋元时期　天水、清水、灵台出土的宋代刻绘砖所反映的又是一种风格，它与魏晋时期的画风迥然不同，可能与中原和南方文化的西传有关，特别与四川近年出土的墓葬绘画有密切的关系；如四川广元宋墓砖刻伎乐图像，就与甘肃陇西所出如出一辙：其画面上有四人奏乐图、五人奏乐图和宴乐图，主人着官服，侍者戴袱头，所用乐器有方响、横笛、箜篌、笙、竖笛、大锣；奏乐的形式已非席地而坐，演进为围桌站立演奏。此时墓葬画像砖之风有所反弹，内容也有变化，与佛教有关的内容减少。而多见二十四孝故事，或墓主生前活动场景的直接描摹。

甘肃发现的墓葬壁画也有重要价值。酒泉丁家闸5号墓保存晋代的墓葬图像,这些色彩鲜艳的壁画描绘了天上、人间、地下三个世界,创造了许许多多的人物和复杂的景物情节。其中“宴居行乐图”是一幅有名的乐舞图,图中的弹琵琶伎乐,是继辽宁棒台子东汉壁画琵琶图之后又一件珍贵史料,是音乐史学家考证琵琶历史常常引用的信证。

3. 乐舞俑　甘肃发现的乐舞俑不多,礼县博物馆所藏春秋歌唱俑,可与四川的东汉说唱俑和陕西的骆驼胡人伎乐媲美。这是历史较早的陶俑,表情生动,极富艺术情趣,忠实地体现了其时代特色,可为甘肃出土乐舞俑的代表佳作。

(三)文献

甘肃发现的音乐文献在中国音乐史上具有特殊的意义。其中特别是“敦煌曲谱”的研究,很长时间内一直是音乐史学界争论的热点。这些文献主要有天水放马滩秦简音律书、敦煌舞谱和敦煌曲谱、拉卜楞寺藏文曲谱等。

1. 天水放马滩秦简音律书　1986年,甘肃天水放马滩1号秦墓出土了一批秦简,其中发现有《旧书》之《律书》《占卦》部分。其本身虽非直接论述音乐的文字,但文中所涉及的诸多律名,对于了解资料匮乏的秦代音乐情况,以及音律与当时社会生活的联系,有着一定的意义。其中所引《律书》反映出来的生律法,与《吕氏春秋》的记载相吻合。

2. 敦煌曲谱和敦煌舞谱　敦煌曲谱和敦煌舞谱是敦煌莫高窟藏经洞之遗存,它们的发现,曾使21世纪的历史学界产生很大的兴趣。敦煌曲谱也称“唐人大曲谱”“敦煌卷子谱”“敦煌琵琶谱”,这是一种符号型曲谱,共写分段曲谱25首;每首曲谱冠有词曲牌性小标题;全谱有3种不同的笔迹,共录谱字2800个。这些谱字系汉字之部首或数字，有人称之为“省文”“半字符号”，这些符号共有20种不同的形态。此外还有一些辅助性记号，它们可能包括节拍、速度、表情、调式、力度及演奏方法等含义，有数十种之多。敦煌曲谱为伯希和于1908年从莫高窟劫走，现藏法国巴黎国立图书馆东方部，20世纪初无人知晓。直至20世纪30年代，日本学者林谦三开始研究；其后，中国学者向达、任二北、王重民也对曲谱进行了初步的研究。1981年，中国音乐学家叶栋发表了有关论文及译谱，并付诸音响，录成磁带。叶栋之后，海内外许多学者纷纷著文，发表各自的见解或译谱，形成一股至今方兴未艾的研究热潮。敦煌曲谱为中国现今所能见到的最早的、从严格意义上来说的乐谱。有关敦煌曲谱的许多疑问有待进一步深入研究。

3. 拉卜楞寺藏文曲谱　本书所收的几种古乐谱中，拉卜楞寺藏传佛教“道得尔”乐队的藏文乐谱值得注意。这是一种字符型乐谱，传说为北京传来之工尺谱对译而成，有其自己的读音体系。据说目前藏族地区唯其一家用此谱。其究竟始自何时，与寺院所用的“央移谱”有何关系，尚待专家研究。张掖等地的清代工尺谱，张掖大佛寺所藏之佛曲曲目等文物，均有一定的研究价值。其中张掖大佛寺佛曲曲目集中记录了大量佛曲曲牌名称，可与唐《教坊记》所列曲目相比勘，对后世中国佛教吸收民间乐曲情况的研究，很有参考意义。

甘肃的音乐文物不仅是丰富的，并且具有鲜明的特色。它是中国多民族文化交融、发展的结果，也是汇合东西方文化的结晶。从这一点上来说，甘肃的音乐文物，不仅对研究中国音乐史有特别的意义，它对世界文化史的研究也是不可或缺的重要物证。

（本文摘自《中国音乐文物大全·甘肃卷》）

中国石窟寺音乐图像概论

一、导　论

石窟寺是佛教艺术的综合载体,它包括建筑、雕塑、壁画等造型艺术。音乐舞蹈是佛教艺术的重要内容和形式。而音乐艺术又是佛教教义宣示、感化度众、行事仪轨等的重要手段之一。佛教起源于印度,佛教音乐自然也滥觞于印度。但是,佛教传入中国后,逐渐与中国文化相融合,形成了中国的佛教。中国佛教音乐同样也是中国传统音乐和印度传统音乐相结合的产物,中国石窟寺以鲜明的艺术形象反映出这两大音乐传统的结合。故可以说中国石窟寺音乐图像又是中西音乐文化交流的形象展现。

俯瞰中国佛教,包容和交叉着几个大的佛教文化圈。近代学者提出佛教文化圈的概念,这有利于从总体上观察和认识世界佛教文化的架构和分布。不论从历史的时空和佛教的文化特质看,中国佛教有西域佛教文化圈、中原佛教文化圈和藏传佛教文化圈,同时又与中亚佛教文化圈、南传佛教文化圈、日本和朝鲜半岛文化圈相交叉。从石窟寺分布情况看,中国石窟寺主要分布在中国西域佛教文化圈和中原佛教文化圈内。

西域佛教文化的突出特点和作用,就在于它是印度和中国中原两大佛教文化圈之间最重要的桥梁。印度佛教沿北传路线向外传播,首及中亚和西域。西域是一个文化底蕴很深的地区,佛教在西域得到进一步的发展,形成了有西域特色的佛教。中国内地佛教更多、更直接接受的是西域式的佛教,中国佛教的大乘、小乘,都与西域佛教有十分密切的关系。龟兹是中国小乘佛教的中介地之一,而于阗则是中国大乘佛教的策源地之一。故学者又称西域佛教是中国佛教的第二故乡。西域佛教艺术深受犍陀罗、秣菟罗佛教艺术的影响,同时也得到本地文化的熏陶,并吸收了丝绸之路带来的西亚艺术因素。西域佛教艺术在佛教艺术世界里独树一帜。随着佛教的传入,西域佛教艺术对中原佛教艺术也产生了十分深远的影响。

中原佛教,是在中原雄厚的文明基础上经过印度佛教和西域佛教的撞击、吸收、渗透、融合、改造而形成的。东汉初,佛教初入中原,开始时基本上依附中国古老的传统文化而生存;南北朝时,佛教得到与中原文化契合亲近和在各阶层扩大发展的机会;直至隋唐时期,汉地佛教全面成熟,成为社会的普遍信仰。此时,佛教经典翻译基本完成,宗派全部成立,形成比较长期稳定的、全面的文化和信仰模式。唐代以后,佛教更向民族化、民间化发展,并与中原世俗传统文化合流,佛教更为普及化。在佛教中原化过程中,佛教艺术同样经历了梵、胡、汉融合的历程。佛教建筑、雕塑、绘画、音乐、舞蹈已经完全是新的中原风格和气派了。

石窟寺的出现又与佛教的派属、观念有密切的关系。中国石窟寺所在的两大佛教文化圈,也正是佛教两大教乘主宰的地区。西域佛教石窟寺最集中的地区是龟兹,而龟兹长期流行小乘佛教,是葱岭以东最主要的小乘佛教基地,龟兹石窟壁画的内容主要反映的是小乘佛教特别是说一切有部的观念。内地石窟寺基本上反映的是中原大乘佛教思想。因此,我们观察和探究中国佛教石窟寺及其艺术渊源时,把握这个根本特点是很重要的。

石窟寺音乐图像从属和服务于当时、当地佛教的宗乘,但同时也反映着当地传统音乐文化的特点。中国石窟寺音乐图像和前述的佛教文化圈一样，基本上是以西域佛教音乐和中原佛教音乐两大类型划分的。

在探索中国石窟寺音乐图像的艺术源头时，我们的视线自然要落到中国内地传统音乐和佛教发源地——印度的古代音乐以及它们的媒介地——西域的古代音乐上。

中国号称“礼乐之邦”,有着悠久的音乐文明史,是世界上萌发音乐,创造音乐,发展音乐,实践和认识音乐最古老、最先进、最具延续性的国家之一。在中国很早就认识了音乐的教化功能和秩序作用,公元前6世纪中国出现了“晏子论乐”的理论。它与礼相辅相成,两者关系形同天地。《礼记·乐记》说:“乐由天作,礼以地制。”“乐者,天地之和也,礼者,天地之序也。和故百物皆化,序故群物皆别。”[①]儒家更是看中音乐的作用,他们认为音乐与政治相通,主张“礼节民心,乐和民声,政以行之,刑以防之,礼乐刑政,四达而不悖,则王道备矣”[②]。乐之所以能为教,是因为乐的形式最为人民喜闻乐见。乐可以“善民心,其感人深,其移风易俗,故先王著其教焉。”[③]

考古和文献资料表明,中国音乐的产生,可追溯到距今六七千年之前,即史前文化的新石器时期,从某种意义上来说,中国文化史在音乐方面的发端,是以古乐器的出现为标志的。由于历史沧桑变化,古代乐器流传下来的如凤毛麟角,而且多是中近古的遗物。除了乐器实物之外,遍及各地的岩画、地画和出土的彩陶上的音乐、舞蹈图形,反映出原始社会乐舞生活的状况。原始音乐图像随着音乐实践而诞生,是一种文化同步发展的现象。音乐图像的出现,为音乐史留下真

①中国音乐研究所,《中国古代乐论选辑》,1961年,第30页。

②同①,第25页。

③同①,第38页。

实而丰富的记录。我们对古代音乐的实况,很难揣摩,但从古代各种类型的音乐图像中,却可以窥视到各个时期、各种类型的社会音乐状况。因此,中国音乐历史的图像数据,比起文献数据具有更生动、更可靠和更为直观的价值。

中国音乐图像具有传统性,从史前的岩画、彩陶到氏族社会、奴隶社会、封建社会一脉相承。反映原始社会音乐舞蹈的图像,如甘肃嘉峪关黑山石刻岩画、广西花山岩画、云南沧源岩画、内蒙古阴山岩画、青海大通彩陶盆、甘肃秦安大地湾地画等都是有代表性的图像。这些史前的带有图腾、符号的乐舞图像,完全符合我国古文献所说“击石拊石,百兽率舞”“昔葛天氏,三人操牛尾,投足而歌八阙”等最早的乐舞记载。

到了春秋战国时代,乐舞图像进入了一个具体、现实并具有构图情节的阶段。主要体现在青铜器的铭文上和漆画上,反映出这个时期的礼乐制度、宫廷和上层的乐舞情况。有代表性的如浙江绍兴战国墓出土的乐舞模型,河南辉县战国铜鉴乐舞图,四川广汉三星堆青铜器及祭礼乐器和面具等。

进入汉代,中国乐舞文化发生了巨大变化,宫廷乐舞开始变革。雅乐逐渐衰落,俗乐兴起。乐舞图像的形式也多姿多彩,在画像石、画像砖、摩崖石刻、壁画、岩石、青铜器、陶俑、漆画、蜡染、丝绣等多种艺术品里都有乐舞题材。乐舞图像的内容也呈现多样化,有神话故事、历史故事,有出行图、宴饮图、百戏图等。有代表性的是:江苏连云港西汉墓的漆食奁彩绘击筑歌舞图,四川成都扬子山二号墓汉代鼓吹画像,山东嘉祥隋家庄画像石歌舞图,河南南阳汉代画像石乐舞图,山东沂南古戏盘舞、钟鼓乐队图,河南密县打虎亭墓葬乐舞图,辽宁辽阳棒台子东汉墓乐舞图等。

魏晋南北朝是中国音乐发展的关键时期,主要特征是中国各少数民族政权迭起,民族大融合,不同民族文化艺术大汇合;佛教与中国传统文化撞击、交流、全面发展,佛教艺术蓬勃兴起。佛教寺院、石窟遍及全国,佛教造像(雕塑、壁画)成为中国美术的一个主流。佛教石窟艺术的代表有甘肃莫高窟和河西走廊诸石窟、麦积山石窟、云冈石窟、龙门石窟等。除石窟之外,墓葬出土反映世俗生活的乐舞图像亦甚为丰富:南京西善桥晋墓的"竹林七贤"图,山西太原北凉东安王娄睿墓出行图里的卤簿军乐图,山西大同北魏琅琊王司马金龙墓石棺床乐舞图,辽宁、吉林高句丽墓葬乐舞图,甘肃酒泉丁家闸晋墓宴饮伎乐图,甘肃嘉峪关晋墓乐舞画像砖,甘肃酒泉西沟村伎画像砖,甘肃敦煌市晋墓乐舞画像砖等。敦煌石窟壁画中的音乐题材甚多,可谓中国内地佛教音乐艺术的最重要代表,是继汉代之后传统乐舞图像的接轨。石窟壁画使中国的音乐图像进入了一个新的表现时期和更好的发展阶段。

隋唐是我国历史上政治、经济、文化最繁荣昌盛的时期,乐舞也发展到了高潮。对前朝雅乐进行了重大的改革,废除了许多华而不实笨重的青铜乐器,在民间俗乐的基础上整顿了乐队的编制,同时也吸纳了一些外来的和少数民族的乐器,以管弦乐器为主,建立了"燕乐"的体系,兴起了全新的以民间音乐为主体的世俗音乐,加强了欣赏性。燕乐分为"七部乐""九部乐""十部乐",又有"坐部伎"和"立部伎"之分。每部音乐都有不同的乐器配置和地方特色。至此,中国宫廷音乐进入了具有高度艺术水平、极具视听效果的历史阶段。敦煌壁画的乐舞场面,说法图中的礼佛乐舞,正是这种隋唐燕乐的现实写照。它从视觉效果方面,表现出了各种的乐器,又以写实的手法,渲染了宫廷乐伎、舞伎表演的欢乐。这种模式是中国宫廷生活的缩影。因此,前述礼乐文化出现在壁画上,仍然体现的是中国文化的理性主义精神,实际也是乐舞文化的人文精神在观念上的集中表现。换句话说,敦煌乐舞壁画,也就是封建礼乐文化的图解。当然,除了儒家礼乐思想之外,还有佛教自身的理性因素。

西域是古代人类活动的大舞台之一，历史上曾有许多古老的部落、民族在这个大舞台上演出过威武雄壮的史剧,也在此创造了辉煌的文明。由于自然和人为的原因,包括艺术在内的史前西域文明遗存相对匮乏。但我们仍可从石器、陶器、石人等文物里窥视到古代艺术的韵味和风采。在音乐舞蹈方面,遍布天山、阿尔泰山、昆仑山的古代岩画为我们提供了珍贵的历史片影。在岩画中最令人惊异的是新疆呼图壁县康家石门子的岩画。整幅岩画刻满了男女人物,共计二百余人,有舞蹈场面和男女交媾的场面。舞蹈形象排列有序,有领舞者和群舞者,其中蕴含着音乐的节律。关于这幅岩画的时代,学者研究认为大概在公元前一千年的前期,属于古塞人的文化遗存。①

近年在新疆陆续发现古代竖箜篌乐器实物，填补了我国公元前音乐实物的空白。在且末县扎滚鲁克墓地发现了三件,年代约在公元前 5 世纪至公元前 2 世纪；②在新疆鄯善县洋海墓地也发现了两件,年代约在公元前一千多年。③这些重大发现,证明音乐是古代新疆社会生活的重要组成部分。这对中国和亚洲音乐史的研究无疑是有重大意义的。此外,在鄯善县鲁克沁镇出土的唐代竹笛,也是新疆古代音乐实物的重要发现。

我国史籍中关于古代西域音乐和中原与西域音乐交流的记载也是比较丰富的。西汉武帝派张骞出使西域得“摩诃兜勒”一曲。汉宣帝

---

①王炳华:《新疆岩画的发展、分布与工艺、彩绘》,《新疆师范大学学报》2004 年第 2 期。

②《新疆且末扎滚鲁克一号墓地》,《新疆文物》1998 年第 4 期;《且末扎滚鲁克二号墓地发掘报》,《新疆文物》2002 年第 1—2 期合刊。

③《鄯善县洋海二号墓地发掘简报》,《新疆文物》2004 年第 1 期。

时中原文化艺术输入西域,促进了西域乐舞艺术的发展。我们在龟兹早期石窟里,就能看到中原汉文化的一些影响。东汉始,西域乐舞艺术逐渐传入中原。灵帝时西域乐舞在长安皇族间流行一时,《后汉书·五行志》载:"灵帝好胡服、胡帐、胡床、胡饭、胡箜篌、胡笛、胡舞,京都贵戚皆竞为之。"魏晋以后,西域乐舞艺术蓬勃发展,见诸史籍的西域乐舞十分丰富。十六国、南北朝时期,以龟兹乐为代表的西域乐舞东渐形成规模态势,至隋唐时期达到高潮。隋代有三部"龟兹乐"(西国龟兹、齐朝龟兹、土龟兹)大盛于闾闬,朝野倾慕。唐代宫廷中"龟兹乐""高昌乐""疏勒乐""康国乐""安国乐"等乐部占据重要位置。西域乐舞向民间市井渗透发展与中原民间艺术逐步融合。这种大潮流的背景在于中原和西域政治的紧密联系和经济的频繁交往,同时中原与西域民族的融合也是重要的因素。西域音乐艺术的融入,为中原音乐艺术注入了新鲜的血液,同时中原文化也通过各种渠道传到西域,促进了西域本地艺术的发展与进步。

印度是南亚的文明古国,有悠久的艺术发展历史。佛教时代之前,印度历史上有一个长达一千多年的"吠陀时代"。这个时代以著名的《梨俱吠陀》《娑摩吠陀》《耶柔吠陀》《阿达婆吠陀》为标志。在《梨俱吠陀》中,对当时音乐环境做了描述。音乐舞蹈是古代雅利安人的主要娱乐形式。到了《奥义书》时代,出现了对音乐的功能和审美价值的论述。《唱赞奥义书》说:"此万有之精英为地,地之精英为水,水之精英为草木,草木之精英为人,人之精英为语言,语言之精英为'黎俱','黎俱'之精英为'三曼','三曼'之精英为'乌特吉他'。""乌特吉他"即高声唱赞,"三曼"就是唱赞的歌词。[①]可见古代印度将音乐置于极

①徐梵澄译:《五十奥义书》第三《唱赞奥义书》第一篇第一章,中国社会科学出版社,1984 年,第 71 页。

高的地位。古代印度还创造出音乐舞蹈的神众,乾闼婆与紧那罗就是两位著名的乐神和歌神。“吠陀时代”有关两神的神话甚多。此外,还有掌管诗歌、音乐的美音天(即辩才天)被奉为文艺大神。这些都反映出古代印度对艺术的追求。

佛教继承印度古代崇尚音乐的传统,而且有所发展和创造。在佛教诞生之时,就利用艺术手段和形式为其服务。造型艺术和乐舞艺术是推进佛教发展的两个有力的翅膀。尤其是音乐艺术,佛教给予高度的重视。在佛教的教义和经典里,有关音乐功能和价值的论述屡见不鲜。佛教将音乐与语言统称为“音声”。佛教从其善恶理念出发,将“音声”分为两大类,即清净之声和邪恶之声。凡符合佛教教义的都是清净之声。佛有三十二相,八十种好相貌。三十二相里有“梵声相,声音清净深远”,八十种好里有“声音不高不低,应众生心意,和悦与言”。关于佛教音乐观,在佛教典籍中论述十分频繁,《大智度论》卷九十三有一段论述,集中表述了佛教的音乐观:“……是菩萨欲净佛土故求好音声,欲使国土中众生闻好音声其心柔软,心柔软故易可受化,是故以音声因缘而供养佛。”①印度贵霜时代的佛教理论家摩咥哩制吒对佛教的赞颂音乐功能有六个内容:“一能知佛德之深远,二体制文之次第,三令舌根清净,四得胸藏开通,五则处众不惶,六乃长命无病。”②在佛教音乐观的引导下。佛教更重视音乐的实践。于是,诵经赞佛音乐活动称为举国的礼仪。“天竺国俗,甚重文制,其宫商体韵,以入弦为善。凡觐国王,必有赞德,见佛之仪,以歌赞为贵,经中偈颂,皆其式也。”③

---

①《大智度论》卷九十三,《大正藏》第25册,第710c页。

②《南海寄归内法传》卷四,《大正藏》第54册,第227c页。

③《高僧传·鸠摩罗什传》卷二,《大正藏》第50册,第332b页。

在佛教发展中，将音乐舞蹈列为供养之中，成为佛教做功德的重要内容。鸠摩罗什翻译的《妙法莲华经》中列出十种供养：一、花，二、香，三、璎珞，四、抹香，五、涂香，六、烧香，七、缯盖幡，八、衣服，九、伎乐，十、合掌。由于将伎乐列入供养之中，佛教音乐的地位得到进一步的加强和普及。

在佛教艺术造型里，吸收了印度神话的音乐舞蹈天神作为佛的护法神和胁侍者。乾闼婆与紧那罗双双被列入佛教的“天龙八部”护法神，后来此二神演变成人们喜爱的飞天、伎乐天。此外还将美音天、迦陵频伽(妙音鸟)，甚至自然界的树声、水声赋予佛教的理念，为佛教服务。

佛教传入中国内地，逐渐与中国传统文化相融合，形成有中国特色的佛教。佛教音乐亦与中国传统音乐发生交汇。首先，从理论上将印度佛教的音乐观与中国音乐观进行了融合创造。至南北朝时期，中国式的佛教音乐观已经形成。南朝梁僧人慧皎在《高僧传》中有一段论述：“夫圣人制乐，其德四焉：感天地，通神明，安万民，成类性。如听呗，亦其利有五：身体不疲，不忘所忆，心不懈倦，音声不坏，诸天欢喜。”宋赞宁《高僧传》曰：“……乃可谓宫商佛法，金石天音，哀而不伤，乐而不失，引之入慈悲之城，劝之离系缚之场。”这是印度佛教音乐观与中国儒家“礼乐”思想的结合，中国内地佛教以这些音乐理念为依据，在广大的寺院和石窟寺里，举行着既有洪亮震耳的梵响，又有浸人心扉的妙音的各种佛教音乐仪式和活动。

以上我们通过对中国内地、中国西域和佛教发源地印度音乐文化的概要叙述，可以清楚地看到，中国石窟寺所以出现丰富多彩的音乐舞蹈形象，有其深刻的历史文化背景。佛教音乐及其图像渊源于印度，传到了有着深厚文化底蕴的中国西域和内地，找到了使其生存发展的优越条件。而中国石窟寺的开凿，也为中国内地和西域传统音乐提供了延伸发展的空间，将世间多姿多彩的音乐图像羼入梵境丹青之中。故中国石窟寺音乐图像是显现中国音乐发展史的一个显要的史册。

总观中国石窟寺音乐图像，也十分清楚地展示出佛教文化圈的艺术特征。中原佛教文化圈内的音乐图像从乐器的来源、类型、形制、布局、排列以及功能特征基本上是一个体系，这个体系以敦煌莫高窟为代表。两个佛教文化圈的交汇点正是西域的高昌地区。我们讨论中国石窟寺音乐图像，就以敦煌与龟兹为集中点，兼及其他石窟，以此力求达到探讨中国石窟寺音乐整体图像的目的。

二、中原石窟寺

中国石窟寺为我国特有的文化形态。它运用一整套佛教文化符号和“编码程序”，在漫长的历史长河中发展和普及全国各地。人们在佛教各种教派思想的支配下，运用建筑、绘画、雕塑、音乐、服饰等学科成就，营造了佛教、石窟和寺院，反映了佛教的信念、伦理、道德、秩序、精神、理想，也包含了现实世界的世俗生活和世俗精神，是洞察历史、社会的一种载体。

佛教传入中国，经历史演变，今可分为三大教派：一是汉传佛教，也称显宗佛教，以汉文译经为主，以大乘佛教经典为主；第二种为藏传密宗佛教，它是公元 7 世纪之后，大乘佛教与婆罗门教结合形成后传入中国的西藏、蒙古地区，也称喇嘛教，其经典为藏文系统；第三种以小乘佛教为主，也称南传佛教，其经典属巴利文系统，流传在我国西南边陲傣族地区。

由于教派的属性、所供奉的偶像不同，所传经典及宗教仪轨的差异，更重要的是民族语言、社会生活方式的不同，所以在表现形式上极为悬殊。这三大教派在中国的境内都有石窟寺院的遗存，都有壁画或雕刻图像存在。其中也不乏乐舞的题材。

中原石窟寺数量巨大、分布广泛、内容繁复。音乐图像丰富的石窟,主要在中国的北方及西南地区。有代表性的如:

甘肃地区——敦煌莫高窟、安西榆林窟、玉门昌马石窟、肃南文殊山石窟、张掖马蹄寺石窟、武威天梯山石窟、炳灵寺石窟、麦积山石窟、庆阳南北石窟寺,以及宁夏南部的须弥山石窟等。

陕西地区——彬县大佛寺石窟、耀县药王洞石窟、富县石泓寺石窟、黄陵万佛寺石窟、延安万佛洞石窟等。

河南地区——洛阳龙门石窟、巩义石窟寺、渑池鸿庆寺石窟、安阳灵泉寺石窟、小南海石窟、浚县千佛洞石窟等。

山西地区——大同云冈石窟、太原天龙山石窟、平顺宝岩寺石窟等。

河北地区——邯郸响堂山石窟、隆尧宣雾山石窟等。

山东地区——济南千佛山石窟、益都云门山石窟、鸵山石窟等。

辽宁地区——义县万佛堂石窟等。

内蒙古地区——巴林左旗洞山石窟等。

四川地区——广元皇泽寺石窟、千佛岩石窟、大足北山石窟、宝顶山石窟、石篆山石窟、巴中石窟和安岳石窟等。

云南地区——剑川石窟等。

此外,在江苏、浙江、广西等地也有石窟零散分布。

以上石窟的音乐图像在数量、布局、配置、形态方面有所差异,但归纳而言,都属于中原地区。为了便于集中分析研究,我们选择最有代表性和典型性的几个石窟音乐图像进行讨论,从而对中原石窟寺音乐图像有概括的认识。

(一)敦煌石窟

敦煌莫高窟位于河西走廊西端,史料记载,从汉代起,敦煌即为中国边陲重镇:莫高窟建立于前秦建元二年(366年),经过历代不断开凿,至唐武则天时,已有一千余窟龛。后虽经历史沧桑,人为破坏和自然风化侵蚀,但因地处偏僻、气候干燥的原因,保存下来一大批各个时代的洞窟。1900年在第16号窟侧窟内发现了藏经洞,出土了数以万计的古代文献资料、绢画及器物。由于当时清朝政府的腐败,致使大量珍贵文物流失国外,所幸由于国外学者的重视,这些资料被妥善保存下来。继国外学者之后,中国学者于20世纪加入了研究行列,经过近一个世纪的探讨,形成了世界学者瞩目的国际显学——"敦煌学"。

敦煌的音乐文物非常丰富,主要包括两大部分:一是音乐文献,它包括藏经洞所出的"敦煌曲谱"和"敦煌舞谱"以及与音乐有关的卷子,敦煌变文、宝卷和曲子词中的音乐材料;敦煌遗书、社会文书中有关的音乐材料,如寺院的乐僧、乐工、音声人的编制,以及供给、节庆佛事记事等;其他散见于敦煌写卷中的音乐资料,如佛经、唱赞、文学、诗歌、古代童蒙读物等;藏经洞出土的绢画、器物上的音乐形象资料。二是敦煌壁画中的乐舞形象资料,如尊像画、曼陀罗、说法图、经变画、佛传故事等;在壁画的创作发展中,逐渐融入了许多世俗的内容,如历史故事、窟主题材,以及各个历史时期敦煌地区各民族社会生活的景象,包括劳动生产、生活起居、交通商旅、歌舞音乐、杂技百戏、婚丧嫁娶等。

敦煌壁画中的音乐题材相当广泛,分布在洞窟的各个角落,多有固定的位置和构图程式。但是在不同的时代,绘画的技巧、风格各有特色。

敦煌壁画的音乐图像有两种分类:一是乐伎,二是乐器。

敦煌壁画乐伎可归类如下:

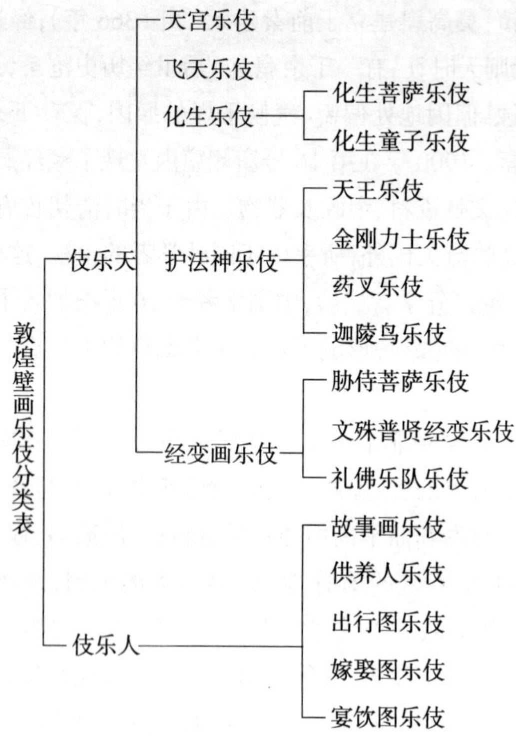

现对乐伎分别做介绍和考证：

天宫乐伎　敦煌壁画通常所谓之“天宫乐伎”，是指窟顶与四壁交界处绘有天宫圆券门洞之中的奏乐或舞蹈之天人。天宫乐伎从北凉经北魏、西魏至北周，一直延续至隋代。天宫乐伎的造型生动、质朴、稚拙。其形态多变化，有执乐器、花盘、彩带、花环，或合掌以及歌舞表演等。天宫乐伎主要表现帝释天宫或弥勒兜率天宫的欢乐歌舞之美妙情景。敦煌早期的天宫乐伎，有较浓的西域风格，随时代的发展，敦煌天宫乐伎的造型、服饰、画法、乐器都发生了变化，如乐器，印度的“维那”改换成琵琶、箜篌，又加入了笙、排箫等中原乐器。

飞天乐伎　敦煌飞天的数量、风格、构思和微妙都是世界上无与伦比的，仅莫高窟就绘有飞天四千五百身：其中持乐器飞天乐伎就有六百余身，最大的飞天有两米多，最小者不及五厘米。飞天乐伎主要绘在：窟顶藻井中心纹饰周围，墙壁的上端、中心柱佛龛内外和经变画内。北凉至北周时期的飞天乐伎比较自由，有西域风格。隋代飞天，由男性逐渐转为女性，衣裙裹足，有飘带飞动。进入唐代以后，飞天凸显女性之体态婀娜，具有“吴带当风”的绘画风格以及仕女画的艺术特征。五代、宋、西夏、元时期的飞天乐伎，已程式化，造型相袭雷同。但后期所持乐器剧增，有很多在乐队中未曾见的乐器。飞天是从印度神话乾闼婆和紧那罗演化而来的，在历史发展中，逐渐演变成为雍容俏丽、眉清目秀的飞翔天人。中原飞天还与我国道教中的羽人有关，敦煌壁画中就有道仙造像。

化生乐伎　敦煌壁画化生乐伎可分两种：一为化生菩萨乐伎，二为化生童子乐伎。化生乐伎，在敦煌壁画中十分丰富，主要分布在：佛龛内外，立或坐于莲花之上，手持各种乐器；龛楣上各种花草纹、云纹之中；人字坡之两坡，绘有男性化生菩萨乐伎；经变画中礼佛乐队前面的莲花池，常有化生童子在水中嬉戏；佛龛下方或龛左右下壁的壶门内，坐在莲花上手持各种乐器。

护法神乐伎　是佛国的护卫系统，凡护法神持乐器或作舞者，称为护法神乐伎。敦煌壁画中有：天王乐伎，敦煌壁画中的天王很多，但持乐器的很少。五代后，手持琵琶的天王(西方广目天王)出现较多。天王所持琵琶，实为法器。琵琶与中国民俗“风、调、雨、顺”的“调”谐音相配，求吉利之意。金刚乐伎，金刚为佛之侍从力士，持乐器者称之为金刚乐伎。莫高窟金刚乐伎，多在密宗洞窟，手持金刚杵及金刚铃。第148窟有一六臂金刚，其六臂持三种乐器：金刚铃、横笛及琵琶。药叉乐伎，绘于墙壁之最下层，与天宫乐伎上下呼应，实应称为“地宫乐伎”。有部分药叉手持琵琶、横笛、排箫等乐器，边跳边奏。药叉乐舞与汉魏之后的乐舞百戏流行有关，与我国出土文物陶俑“角抵图”形态相类似。迦陵频伽乐伎，敦煌壁画中有持乐器或作舞的迦陵频伽乐伎位于经变画中佛的下方、乐队的两侧或前方，在水池前之曲桥或平台之上，以及说法图中佛的左右，藻井之内或佛龛之内。敦煌莫高窟共有迦陵频伽乐伎八十余身。迦陵频伽乐伎始见于唐代，中国式迦陵频伽乐伎也与中国道教的羽人、飞鹤、升仙有关系。

经变画乐伎　敦煌壁画绘有音乐内容的佛经有二十七部。“药师经变”最多，莫高窟有六十四铺；次为“观无量寿经变”六十二铺、“阿弥陀经变”（即西方净土变）三十七铺。隋代经变画开始出现小型乐队合奏。进入初唐，始出现大型乐队，如第220窟，达二十八人，中间有舞伎四人。乐器绘制得精细，品种也最多。从乐伎、舞伎的排列和乐器使用看，基本是隋唐燕乐的编制，经变画中还有胁侍菩萨乐伎、文殊普贤菩萨乐伎、礼佛乐队、故事画乐伎等不同的题材内容，其中“树下弹筝图”就是很有特色的乐伎造型。

伎乐人　凡是描绘人间世俗奏乐或作舞者都属伎乐人。伎乐人也称“供养乐伎”，它客观反映了当时世俗乐舞生活，其史料价值很高。其中可分：供养人乐伎，有的供养人在绘自己和眷属形象时，也绘制一些乐伎。莫高窟第360窟（隋代）东南隅有一小型的供养人乐队，全部为女性站立表演，乐器有方响、箜篌、琵琶、排箫、横笛等。出行图乐伎，敦煌地区著名出行图有“张议潮出行图”“宋国夫人出行图”“曹议金统军图”“回鹘公主出行图”“慕容公主出行图”等。张议潮夫妇的出行图最为精彩，其中有军乐、舞蹈、百戏，十分壮观。嫁娶图乐伎是民俗婚礼时表演乐舞的场面。宴饮图乐伎，如莫高窟第360窟（晚唐）“维摩诘经变”之宴饮乐舞图，长桌两侧坐两排人宴饮聚会，同时有乐伎伴奏观赏，桌前下方有一舞伎翩翩起舞。

敦煌壁画乐器可归类如下：

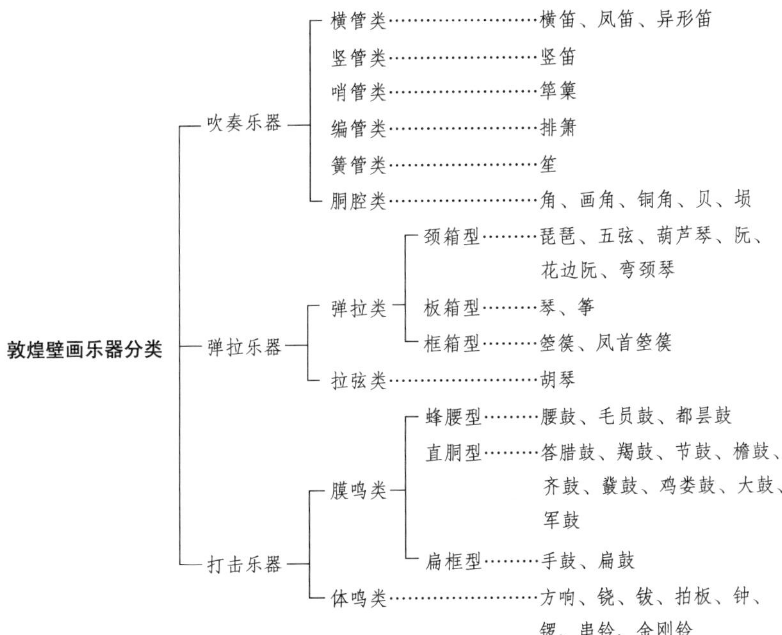

现对上述各类乐器分别做简要的介绍和考证：

横笛　吹奏乐器中最主要的乐器，在敦煌壁画里为数最多，仅莫高窟就达五百余支。从北凉始至宋、元历代都有。笛古字为篴，也称横吹，在中国源远流长。河南省曾出土八千年前的骨笛。敦煌壁画横笛的主要特征是不用笛膜，以六孔居多。横笛在乐队中，一般居领奏地位。

凤笛　为横笛的一种，因两端装饰有凤头凤尾而得名。《元史·礼乐志》载有："龙笛，七孔，横吹之，管首制头衔同心结带。"龙与凤相对是古代宫廷乐器的装饰。

异型笛　敦煌特有的带钩横笛。笛的吹口一端出一枝杈，既有装饰作用又可携带或悬挂。这种异型笛出现于晚唐，延及五代、宋。

竖笛　另有直笛、竖吹、单管、中管、幢箫、尺八等名。现代称洞箫。壁画中竖笛甚多，与横笛相对，二者是同时出现的姊妹乐器。

筚篥　亦称觱篥、悲篥或笳管。即今中国北方流行的管子。敦煌壁画所绘筚篥，管身稍长，哨嘴也较大，管体粗壮。筚篥出现在敦煌壁画中期以后。

排箫　也称箫、参差、比竹、胡直等。敦煌壁画中排箫位置显著，造型华丽。莫高窟绘有三百余只，有两种形制：一为单排两端同样长度的竹管；二为一边长一边短。史籍称前者为底箫，称后者为洞箫，敦煌壁画排箫自北魏始，一直到元代。

笙　由斗子、簧管、吹嘴三部分组成。敦煌壁画中笙的原型为斗圆形，都有茶壶嘴状的吹嘴。莫高窟共绘笙三百余只，自北魏起一直延续到最后，

角　用兽角制成，多为牛角。始于游牧民族。后来改用竹木、皮革等材料，最后为铜制。敦煌壁画记录了角的演变过程，即：角—画角—铜角。敦煌壁画的角最早出现于北魏时期。

画角　绘有花纹的角。古时乐器，常绘花纹、图案而装饰。成语“杯弓蛇影”即为画角引出的故事，其花纹、颜色还是军中等级的标志。《隋书·音乐志》载：“诸州镇戍，各给鼓吹、青角，中州以下诸横戍，给黑鼓、黑角，乐器皆有衣并同鼓色。”莫高窟第156窟晚唐“张议潮出行图”中，军乐中就有四只大画角。

铜角　是画角的演变乐器。见于肃北五个庙西夏石窟和榆林窟元代第10窟。据《旧唐书》记载：“西戎有吹金者，铜角是也，长二尺，形如牛角。”

贝　也称海螺、蠡梵贝，天然海螺加工而成。贝属于佛教的法器，

故又称法螺。音量甚大,其声勇猛喻佛说法之威力。后期敦煌壁画多以供养品出现。

埙　我国最古老的吹奏乐器。陶土烧制而成,周代已列入八音之土部。上古时为“雅乐”乐器。后来“俗乐”也用,在我国各族民间流传久远。敦煌壁画见于莫高窟第220窟“阿弥陀经变”乐队中。

琵琶　其共鸣箱为梨形、四弦,头部曲项或直项。初设四项,后来设品柱。古时琵琶为广义之词,凡各民族的各种弹拨乐器均称为琵琶。汉代琵琶指的是圆形的阮,东汉晚期出现梨形样式,魏晋南北朝趋向定型。唐代琵琶之名始固定,圆形的称为阮,梨形的称为琵琶。敦煌壁画琵琶图像最多,仅莫高窟就绘有七百余只,凡有音乐形象处必有琵琶,从建窟开始从未间断。

五弦　比琵琶多一弦,故称五弦。与琵琶同时在壁画中出现,为姊妹乐器。五弦出现于北朝之后,隋唐时盛行。《唐书·音乐志》:“五弦琵琶,稍小,盖北国所出。”其特点是五弦、直颈、稍小。

葫芦琴　敦煌壁画特有的乐器图形,可能是从琵琶演变而来。史书未见记载,其他石窟也未见。葫芦琴一般设四轸四弦,另外还出现五弦葫芦琴。葫芦琴是否用葫芦(匏类)制作,尚待考察。

阮　又称阮咸,晋代竹林七贤之阮咸善弹此乐器因而得名。唐武则天以后,才有阮的名称。其形态为正圆形共鸣箱,长柄,十二品柱,四弦(或五弦)。汉代画像石刻、晋代墓葬中有图形可寻。阮最初也称作琵琶(秦琵琶或汉琵琶)。汉末傅玄《琵琶赋》实际描述的就是阮。阮自北魏始以后历代均有。今月琴、秦琴等都是阮的后代。在阮的族类中,有一种花边阮,是敦煌壁画中的特异乐器,是一种阮与琵琶造型改革合成的乐器。

弯颈琴　敦煌特异弹弦乐器,为琵琶与箜篌相结合的乐器造型。有人称为凤首箜篌,其实这种弯颈琴,在敦煌也有未饰凤首的,它的琵琶成分更多一些,因此不能称为箜篌,姑且名为弯颈琴。这种图形出现在中晚唐以后,五代、宋、元一直沿袭绘制。

筝 亦称秦筝、古筝。春秋战国时已出现,与瑟为同类乐器。筝的共鸣效果较好,音量较大,音色优美,各朝代各民族长期使用流传经久不衰,至今仍成为我国很有特色的弹拨乐器。敦煌壁画中,筝的图形较多,和今日的筝基本相似。

箜篌 最初名为坎侯或空侯。我国古代流传过两种形制的箜篌:其一,卧箜篌。它是由琴瑟类源生而出的乐器。国内除汉画像石及魏晋墓葬壁画外,已不见踪迹。其二,竖箜篌。它是与卧箜篌在结构上属于完全不同的乐器。竖箜篌为一种三角形框架、竖立演奏、多弦的乐器。南北朝以后的壁画、石刻、乐舞陶俑等图像资料中多有发现。它可能源自西亚、埃及和印度。竖箜篌很可能是随印度佛教文化经西域进入中原的。《隋书·音乐志》记载:“今曲项琵琶,竖头箜篌之徒,并出自西域,非华夏之旧器。”《通典》载:“竖箜篌,胡乐也,汉灵帝好之,体曲而长,二十二弦,竖抱于怀中,两手齐奏,俗谓之擘箜篌。”唐以后箜篌就专指竖箜篌了。敦煌壁画中箜篌相当多,仅次于琵琶,莫高窟绘有二百余只。

凤首箜篌 敦煌壁画中特异乐器的造型。此乐器可能即唐书所载骠国所进之箜篌。宋代陈旸《乐书》有凤首箜篌图形,实际上就是三角形的箜篌,再加画上凤首。这种图形敦煌壁画中也有。

胡琴 古称奚琴、稽琴。唐代《教坊记》有稽琴条。孟浩然有“竹引稽琴,花邀载酒过”之诗句。宋代以后记述较多。陈旸《乐书》有:“奚琴,本胡乐也,出于弦鼗形亦类焉。奚部所好之乐也。盖其制,两弦间以竹片扎之,至今民间用焉。”榆林窟有胡琴图像,是我国壁画中最早出现的拉弦乐器图形。可以证实,在西夏至元代,胡琴在西北地区十分流行。

腰鼓　其特征为细腰，鼓形状如两个碗底部对接而成，两端张以皮革，以绳收束，使皮膜绷紧，敲击发音。演奏时系于腰间或置于面前，踞地演奏，用手拍或杖击发声。敦煌壁画从北凉至元代一贯始终，腰鼓也是舞伎表演的重要道具。经变图中，常有腰鼓独舞，或与反弹琵琶合组的双人舞蹈场面。

毛员鼓　腰鼓的一种。唐曾用于天竺、龟兹、扶南乐中，杜祐《通典》载："毛员鼓似都昙而稍大。"敦煌壁画中鼓面隆起者，腰身略粗者，可称之为毛员鼓。毛员鼓的特点是用手拍击，不用鼓槌。

都昙鼓　腰鼓的一种。唐代杜祐《通典》载："都昙鼓似腰鼓而小，以槌击之。"敦煌壁画中该鼓细长、直颈较小，图像完全符合文献所述。

答腊鼓　形状为扁平圆筒状，中间没有细腰，鼓面也为两片，由绳索连缀绷紧，鼓面直径略大于鼓框。演奏时一手托鼓，一手拍击，弹叩摩擦鼓面。古时也称揩鼓，敦煌壁画中出现频繁。

羯鼓　羯指古之月氏。羯鼓从西域传入中原，始于南北朝，盛行于唐。羯鼓居乐队指挥地位。羯鼓流行于唐代社会上层音乐表演之中，唐明皇就善击羯鼓，还创作了独奏乐曲。敦煌壁画羯鼓甚多，一般置于乐队前列或居于高处。敦煌羯鼓有两种形态：一为直胴状；二为直胴而又有绳索牵连，均横置于小木床上。演奏者或手拍或杖击。

节鼓　即今日通行之堂鼓。鼓框木制，两面蒙皮。节鼓是中型鼓，为汉族传统鼓。这种鼓壁画中多出现在零散乐伎的场面里。

檐鼓　隋唐时用于西凉、高丽诸乐部。《旧唐书·音乐志》载："檐鼓如小翁，先冒以革而漆之。"这种鼓可能是从西域传来。

齐鼓　隋唐时用于西凉、高丽诸乐部。《古今乐录》记："齐鼓如漆桶大，一头设齐于鼓面如麝脐，故曰齐鼓。"敦煌壁画中，此鼓形状若腰鼓形一头略大，横系于腰间，鼓面有一突出圆形物，即所谓之脐。

鞀鼓　也作鞉鼓、鞀牢，即今民间流传之拨浪鼓。《诗经》中有："应田悬鼓，鞉磬祝圉。"《周礼·春官》："掌教鼓鞀。"郑玄注："如鼓而小，持其柄摇之，旁耳还自击。"敦煌壁画所绘甚多，演奏这种乐器的乐伎，通常兼操两件乐器，同时腋间还夹一鸡娄鼓。这是隋唐燕乐独特的演奏形式。

鸡娄鼓　似球形，两端张以皮革，鼓面直径甚小，演奏时夹于腋间，一手拍击，夹鼓之手臂还持鞀鼓，摇晃同时发音。《事类赋》引《古今乐录》曰："鸡娄鼓，正圆，面首尾，可击之处平，可数寸。"陈旸《乐书》载："左手持鞀牢，腋夹此鼓，右手击之以为节焉。"敦煌壁画中鸡娄鼓甚多，独奏、合奏均用之，单独打鸡娄鼓者也有。

大鼓　亦称建鼓、大鼓，为佛教报时工具的"暮鼓"。在音乐活动中有时也用大鼓，宫廷乐队有此编制。敦煌壁画一般与钟相对，置于框架之中。

军鼓　古时军乐队之专用鼓。敦煌"张议潮出行图"中有此鼓图像，在前面引路骑马的数名军乐队员右手持槌，四马驮军鼓，鼓身扁平，立于马背，很像今日军乐所用之大军鼓。

手鼓　形似今日新疆手鼓，其形扁平，木框仅一面蒙皮。演奏时一手持鼓，一手拍击或以小槌击之，莫高窟及榆林窟均有描绘，出现于唐及宋、元时期。

扁鼓　似今日民间说唱所用之书鼓。鼓身扁圆，中间略突出，两面蒙皮，是敦煌壁画后期出现的乐器。

方响　始于南北朝之梁代。敦煌隋代壁画大型乐队中可见。其形类似编磬，由十余片薄厚不同、上圆下方，长方条状铁板组成，编缀于木架上。古代雅乐和俗乐都将方响列入编制，多用于宫廷。

铙　又称铜铙，与钹同类。此器可能随佛教由西方传入，是佛事活动的法器，也称之为浮瓯。马瑞临《文献通考》："铜铙，浮屠所用浮瓯,器小而轻,也俗谓之铙。”铙和钹在于大小之别,小者为铙,大者为钹。敦煌壁画中屡见描绘。

钹　与铙同类,比铙大,中间隆起呈半球状,有孔穿绳,手持对击发音。钹亦来自佛教,是常用的法器。东晋《法显传》有“敲铜钹”之语。唐代钹也写作跋或拔。钹是壁画后期的乐器,为数不多。莫高窟、榆林窟均有描绘。

拍板　亦称檀板、棹板,简称板。由上圆下方之长条木板四至六片缀合而成,双手对击发声。唐以后比较突出,五代、宋、元绘制的拍板最多。

钟　我国古代雅乐器的主要乐器。佛教传入中国后,是寺院报时的工具,与鼓相对,悬于钟鼓楼上。敦煌壁画里的钟不是表演性乐器,出现于“经变图”中。

锣　也称钲、铜锣、沙锣。钲原为古时青铜乐器的一种,唐代指盘形铜锣,敦煌乐伎演奏铜锣特殊,击响后抛入空中。在飞天乐伎中也有锣。奏法有两种:一为手拍击;二为以槌击之。

串铃　印度民间乐器,原名金基尼,为一种金属空心小球,边有缺口,内藏小珠,将单个小铃串连成环链,即为串铃,摇晃则发音。原为印度妇女之传统饰物,舞蹈时系于手足,顿足拍掌发出节奏性音响。敦煌早期壁画的菩萨、天宫乐伎多有饰戴。隋唐之后,衣饰逐渐汉化,串铃逐渐消失。

金刚铃　佛教传统的法器,专用于佛事活动。铃中间有舌,手摇发音。印度和中国藏汉僧侣至今沿用。早期壁画未见,中晚期甚多,尤其密教常用,多为金刚力士手持,有时多手观音也持。

通过对敦煌莫高窟音乐图像的构图形式、题材内容、形成和特色的研究,可以看到中原石窟寺乐舞图像的共同特色,主要有以下几个方面:

(1)中国传统乐舞画的延伸。以绘画来表现乐舞内容,是中国由来已久的传统。远古的岩画和彩陶、青铜器上的纹饰,已可说明“音乐画”漫长的历史和延续过程。汉代的画像石和画像砖,特别是魏晋南北朝时西北地区的画像砖对当时的社会音乐生活的描摹，是直接影响和启迪壁画创作的关键。因此,莫高窟壁画绘制的音乐形象,从一开始就不完全受印度和西域的影响，而且根据当地民间乐器及其表演形式进行创作。

(2)理性的内涵。敦煌壁画中的音乐图像除了依照佛经所示的天国景象进行构思外,还有一个重要的成分,就是融入了中国的礼乐思想。早在佛教进入中国之前,中国社会已经建立了根深蒂固的以“礼乐”思想为核心的儒家理论基础。古代“乐”字的含义甚广,它包含了音乐、舞蹈和诗歌。“乐”一方面可以满足统治阶级的享受,另一方面是教化人民、驯服人民最重要的工具。佛教进入中国后,很快就与中国的儒家“礼乐”文化融合,思想上达到了契合。石窟壁画可以说是佛教在各个历史时期面对社会开放的画廊，通过艺术形象营造了一种使人产生宗教快感而又能宣传佛教和儒家思想的精神。隋唐之后的经变画、说法图实际上是中国宫廷的缩影,它以隋唐宫廷的“燕乐”为基本构图模式。佛就是帝王的化身,渲染出一种宫廷威严豪华、金碧辉煌或欢乐的场面,应该说这是皇权的视觉标志,中国儒家的礼乐思想与佛教的净土思想得到完美的和谐统一，这就是敦煌壁画中乐舞图像的理性内涵。

(3)符号的特征。敦煌壁画存在着强烈的符号特性。中国绘画具有独特的表现方法,主要是着重寓意。它通过一个固定的形象,象征、隐喻一种事物观念,表达一种哲理。或由某种约定俗成的语言概念、人间物象凝缩成一个图形,代表一种群众共识的情绪符号,又经过不断地模仿、重复、再现。壁画图像正是许多符号构成的艺术载体,其大致可以分成两种情况：一是象征性符号，一些简单的、日常生活所见的图形，如器物、动物、花卉等，赋予特征内涵，约定俗成，直观即可意会。如乐器系以彩带，悬浮于空间，寓意天宫仙乐自鸣，又是对佛的礼赞和奉献。天王手持琵琶，寓意护卫佛法、庇护人类、威慑邪恶之意。还有佛教专用的符号图形，如莲花、狮子、象、海螺、卍字、忍冬花纹等等。二是具有情节性的符号，是由一个具体情节构成一幅图画，代表一个故事，或一个成组的语言观念，譬如“火宅”“九横死”“嫁娶图”“树下弹琴”等许多画面，人们一看就知道它是什么经变、什么故事，其构图已经程式化，成为一种图像的符号概念。

(二)云冈石窟

云冈石窟位于山西大同市西的武周山北崖，大同古称平城，曾是鲜卑政权北魏的都城。十六国时期佛教曾在凉州(今甘肃武威)建立佛教中心，后于公元439年，北魏太武帝灭北凉，掠凉州僧徒三千人，吏民三万户，迁至平城，在云冈建都，并兴建佛教石窟。因此云冈石窟是一项皇家工程。在石刻佛教造像中，它是中国石窟之先河，虽然与敦煌在时间上相差几十年，但是它与壁画不同，首创了“平凉模式”的石窟内容与形式，因系依山随势，整体雕琢凿刻，不如壁画绘制灵活方便、易于表现繁杂情节场面，所以在构图形式与人物造型上就必须趋于简略和概括，云冈的石刻以佛教造像为主体，附带也有一些装饰性的雕刻背景、简单的故事情节。它不似敦煌那种以多取胜的连续排列组合，而是采用零散或对称的构图形式。因此在构图上，就更接近印度的构图风格，吸取了印度神庙、佛塔大场面的雕塑处理手法，采用横向分层布置——阁楼、人物、背景集于一堂，有明显的犍陀罗、秣菟罗风格影响。但在人物造型上，却创造了中国特征。人物面相丰满，目大眉长，鼻梁高隆直通额际，唇薄嘴翘呈微笑状。飞天多为少女造型，身体健壮，眉宽目秀，头有束髻细腰丰臀，婀娜多姿，半裸披巾袒肩或为菩萨袈裟装。早期具有鲜卑民族形象和服饰特点,充分体现了我国古代的审美思想,凝聚了古人的物质和精神力量。在佛像的塑造及雕刻艺术上,显示了古人的高超技艺和才智,既保留了汉代石刻形体质朴、浑厚和线条劲健有力的风格,也吸收了印度犍陀罗佛教的艺术成分并有所发展,形成一种画面伸出石面的浮雕状的风格手法。如昙曜五窟的第 18 和第 19 窟等本尊和高浮雕群像, 雕刻手法大胆明快,是云冈石窟雕刻意味最浓的作品。

继昙曜开窟之后,在孝文帝太和年间(477—494 年)又进行第二期大规模开凿,在规模和雕刻内容上出现了新的因素。这个时期佛像比例缩小,早期的伟岸之势相对减弱,而和悦平易的世俗之感得以加强。菩萨、供养天人、护法神等类型逐渐增多,而且各具形态、生动活泼。大量的文殊与维摩诘辩经、佛本生故事、佛传故事及供养人行列也涌现出来,其中特别是加强了乐舞题材的内容。

云冈石窟所存音乐图像,是研究我国音乐史重要的一页。因为在中国石窟寺中,它是比较早的一段历史。它比较明确地记载了北魏时期音乐对宗教、宫廷、社会生活方方面面的影响,因为出现了大量的乐器,以及大量的乐伎演奏乐器的图像,除了佛国世界的天神伎乐之外,也夹杂着世俗社会的音乐表演状况,比如民间流行的百戏杂技等图形, 云冈石窟是佛教石窟寺, 以石雕为载体的艺术是雕刻造像先河,它与敦煌以壁画为载体的石窟年代接近。这两种类型所反映出来的音乐图像结合起来研究,可以看出当时音乐的社会现实。因此说,云冈石窟的音乐图像弥足珍贵。

云冈石窟雕刻乐器有三类:

吹奏乐器——横笛、义觜笛、两头笛、大小筚篥、竖笛、排箫、埙、法螺、笙、角、吹叶。

弹弦乐器——曲项琵琶、五弦琵琶、阮、箜篌、琴、筝。

打击乐器——腰鼓、齐鼓、担鼓、都昙鼓、毛员鼓、铜钹。

因为云冈石窟的音乐图像属于石雕艺术，它的特点是比较简略和写意，不可能像敦煌壁画彩绘那样具体和写实，又加之岁月的风化漫漶，有些图形确实难以辨识。音乐图像本身不是造像的主题，只是附属题材，况且雕刻工匠未必熟悉乐器，因此很难完全判断准确，有待于和其他洞窟进行比较研究。

（三）龙门石窟

龙门石窟始凿于北魏孝文帝迁都洛阳（494 年）前后，是山西云冈石窟的继续。历东魏、西魏、北齐、北周、隋、唐、五代和北宋诸朝代，相继大规模营造达五百年之久，形成大大小小的洞窟密布伊河两岸山壁，长达一公里多。龙门多数石窟与帝王祈求冥福有关，如宾阳洞为北魏宣武帝替父母孝文帝、文昭皇太后所建，古阳洞是百僚为孝文帝祈神冥佑所开凿，奉先寺是一代女皇武则天捐脂粉钱两万贯所建。龙门石窟佛教造像题材多为显宗尊像，有释迦牟尼、阿弥陀佛、弥勒佛、药师佛、胁侍菩萨、护法神将、天龙八部、供养天人、佛传故事、本生故事、经变故事等。尤以药师佛的供养最为突出，不仅反映了净土信仰的普及，亦反映出人们信仰中的功利思想。

龙门的佛教造像凝重、端庄，造型明显趋于清秀。雕刻技法明快、娴熟，衣裙层层垂悬，形成疏密有序、通体流畅的衣纹线条。古阳洞有文殊与维摩诘辩经，造型已为南朝文士宽衣大袖的儒雅风度。雕刻于龛下的礼佛行列，分别由僧民前导，男女贵族身着汉式褒衣博带服装，由手执羽葆伞盖的侍从簇拥，徐徐行进，衣袖飘举，生动地表现出游行队列的各种人物姿态，为石窟雕刻塑造“帝王礼佛图”做出先期的样式。

以莲花和火焰纹为龛楣或门楣装饰是龙门石窟北魏时期一大特点。另外还出现东王公、西王母等道教题材，说明佛教内容与道教的神话故事也能融合,形成带有中原文化特点的面貌。

龙门石窟寺的音乐题材,基本和云冈的表现方式相同,各种乐器多出现于供养天人、飞天手中,但是为数不多。而在京畿之外巩义石窟寺,却有突出的表现。巩义石窟寺原名希玄寺,为北魏孝文帝主持凿建。造像以释迦与多宝并坐,三世佛、维摩诘、文殊并坐,千佛及涅槃图为主。各龛楣两侧雕饰飞天、忍冬、蔓草、火焰纹。巩义石窟寺较小,但表现音乐题材十分丰富,伎乐天手持大量乐器,计有吹、弹、打三类。吹奏乐器有横笛、竖笛、笙、海螺等,弹弦乐器有琵琶、阮、箜篌、琴、筝等,打击乐器有腰鼓、羯鼓等。造型较准确,为典型中原地区当时流行之乐器形制。

(四)四川石窟寺

晚唐至两宋,我国西北部地区的石窟寺逐渐衰落,而西南部的四川石窟寺建寺却有所发展,进入了兴旺和高峰时期,正好与西北部建窟死衔接, 因此四川石窟寺是我国汉民族地区石窟寺重要的一个历史环节,形成中国传之有序的石窟寺历史脉络。

四川地区石窟寺,在北方中原石窟雕塑的影响下,从北魏开始营建,直至唐、宋、元、明、清都有延续。石窟造像遗存分布在八十个县市,从总体看,以广元、巴中、安岳和大足最具代表性。

四川石窟寺随佛教流传和发展,雕刻艺术突飞猛进,从内容到形式日渐精进, 成为我国石窟寺艺术的亮点, 这个优势一直延续到后来,璀璨夺目。

四川石窟寺尤以大足石刻为代表。自公元 893 年始建,前后达二百五十年,初具规模,晚唐至两宋的雕刻最为精彩,成为南方地区石窟和摩崖造像艺术的巅峰。其中北山、宝顶山和石篆山为典型,最有时代特色。

北山摩崖造像于晚唐昭宗景福元年(892 年)修建,至五代、宋均有延续。有雕刻造像的二百九十窟均为中小窟龛，主要佛像为阿弥陀佛、药师佛、地藏菩萨、神宗造像及各种石刻经变等。

宝顶山摩崖造像为南宋淳熙六年至淳祐九年（1179—1249 年）间营造。创始人为传播密宗的赵智凤。明、清时代继有开凿。宝顶山许多造像属密宗供养像，有禅宗造像，也有与儒教结合的产物。如“父母恩重经变”“大方便佛报恩经变”，以及“观无量寿经变”等。大足石刻雕刻数量很大，内容则进一步中国化、世俗化，更深入下层社会，题材更广泛。

大足石刻的艺术特征表现如下几个方面：

（1）佛教造像显密兼容。北山摩崖造像，龛多于窟，有显宗造像，也有禅宗和净土宗。而宝顶山出现密宗造像，是佛教多种教派共存共融的结果。

（2）三教合一。自东汉以来，中国宗教斗争激烈。佛、道、儒很难融合，都各自建立庙宇神龛，顶礼膜拜。而在四川石窟寺中，自两宋始却出现三教合一现象。释迦、老君、孔子合供一龛，这是一个新的变化和发展，说明两宋时期民族意识的包容性。

在大足的石窟寺中，有大量道教的窟龛雕塑。其题材有：元始天尊、太上老君、三清、四御、护法神将等，以及引申出来的东王公、西王母，以及三官、五通、山王、地母、土地、城隍、风伯、雨师、雷公、电母、牛王、马王、鲁班等题材，充分体现了道教方方面面的内容和仪轨。

另外，大足的石窟中，把儒家也编进了窟龛，作为偶像供奉，这是其他地区石窟中罕见景象。按理，儒家本不具备宗教特质。由于汉代董仲舒竭力宣扬殷周的崇天神学，确立以孔子为代表的神位，给儒学蒙上一层宗教色彩。至两宋，四川地区的石窟已把儒学变为儒教，模仿佛教设立窟龛偶像，供人膜拜。以“三纲五常”为教义，以“四书”“五经”为经典，信奉“天、地、君、亲、师”，以祭天、祭孔、祭祖为宗教仪式，立孔子和七十二贤为偶像,并封尊号为“大成至圣文宣王”。援儒入佛,在四川石窟寺中就有充分的体现。如妙高山第 2 号窟就有释迦、老君、孔子并列造像,供人瞻仰参拜。另外在雕刻中有明显宣传儒家思想内容的作品,如宝顶山的“父母恩重经变”等。

(3)世俗性较强。在大足的石窟雕刻中,各种造像有个突出的特征就是人性化日益增强,神性化逐渐减弱,不但继承了西北石窟民族化的风格,而且大量描绘了当时的社会风俗。造像造型在现实生活的写实基础上,也极具人间情趣。如第 122 号窟的“鬼子母神”,中年母亲与怀中幼儿的亲昵情态生动亲切,一派人间气息,完全没有鬼怪的狰狞,给人以温情、母爱的回忆与回味。第 125 窟的观音像,头戴花冠,长发披肩,宝缯飘曳,柔情妩媚,窈窕婀娜,体现出充满青春活力的女性特征,极为浪漫和写实。另外“牧牛图”“养鸡女”都是以人写神的佳作。

至于四川石窟内反映的乐舞题材,比较写实,远比云冈、龙门石窟丰富多样。主要也是表现在天宫乐伎、飞天、供养乐伎及供养人之中,持乐器礼佛表演,用以描绘佛国世界的欢乐。位置或跃于龛楣内外,或闪现佛背光间。或徒手舞蹈,或持乐器演奏。特别是飞天的造型丰富,多在窟顶、龛楣、背光或华盖周围,持乐器或托花盘飞动在云朵之中,体态婀娜,形成图案。同时造像间也有“不鼓自鸣”乐器出现。所用乐器为中原石窟常见乐器,有吹管乐器:笛、箫、笙、排箫等,有弹拨乐器:琵琶、阮、箜篌等,有打击乐器:锣、钹和各类鼓,乐器的形制按中原模式雕刻而成,比较准确,符合当时社会的流行形制。

在广元皇泽寺石窟中,有宋墓石刻伎乐图像,非佛教性质,为当时士绅豪门墓葬。其中有乐舞题材,如民间乐舞、说唱、演奏乐器场面,吹笛、击鼓、拍板等浮雕造像十分生动。另外成都有五代蜀王王建墓。石棺基座周围雕有大量伎乐图,极为精致和写实。这些墓葬虽非宗教性质,但可以看出时代、地域的乐舞面貌,无疑都会对石窟图像造型有直接影响。

(4)石刻技艺精湛。发展到宋代,四川大足石刻达到令人惊叹的艺术水平。人物造型端庄丰满,极具写实手法,如飞天的造型就较云冈、龙门石窟有长足进步。飞天在佛龛后壁或侧壁上方,横飞在窟顶或盘桓在华盖上,一般左右对称,多为浮雕或高浮雕,刀法简练、概括,极具装饰趣味。唐代之后,两宋雕刻吸收了各地经验,在构图或人物造型方面有了新的格局,佛像、供养天人面庞表情丰富,形体修长。飞天靠云朵及飘带飞行,不露足,上身半裸,下身着长裙、有火焰状衣纹,飞动感很强。这里的飞天群体造型,没有横列连续式构图,多为单个或对称成双出现,抑或一群飞天,也是纵横交错,有侧身、立身、俯仰等富于变化的构图。总之,体现了当时的审美追求。从雕塑的造型、色彩、神韵、气度、形式、意味乃至秩序排列中,都可以说这些石刻是中国石窟艺术中的精品。

三、西域石窟寺

西域自西汉时就是中国版图的一部分,与中国内地有着十分紧密的关系。西域的范围,在历史上有广义和狭义之分。汉代广义的西域,包括玉门关、阳关以西乃至中亚、西亚并远及欧洲、北非部分地方。狭义的西域是指玉门关、阳关以西,天山以南,昆仑山以北葱岭以东的地方。唐代西域范围有所扩大。我们今天所称的西域,一般是指我国清代所定的西域范围。自清代乾隆始,历史上称为西域的地方,同时也称作新疆。

西域佛教文化圈所涵盖的中心地域就是现今新疆地区。新疆的石窟寺主要分布在天山南麓、塔里木盆地北缘一带,即“丝绸之路”北道一线。自西向东主要有:

疏勒地区——喀什市三仙洞。

龟兹地区——拜城县克孜尔石窟、台台尔石窟、温巴什石窟；库车县库木吐喇石窟、克孜尔尕哈石窟、森木塞姆石窟、玛扎巴哈石窟、苏巴什石窟、阿艾石窟；新和县托乎拉克埃肯石窟。

焉耆地区——焉耆县锡克沁石窟。

高昌地区——吐鲁番市柏孜克里克石窟、雅尔湖石窟、七康湖石窟、胜金口石窟、伯西哈石窟、小桃儿沟石窟；鄯善县吐峪沟石窟。

龟兹石窟和高昌石窟是西域石窟寺最重要的两大石窟集中地，也是西域佛教艺术中音乐图像两大体系的代表地区。我们探讨西域佛教石窟寺音乐图像问题，主要就以龟兹石窟和高昌石窟为中心展开讨论。由于龟兹和高昌人文、历史、地理和佛教教派的不同，两地石窟壁画中的音乐形象存在着许多差异，兹分别论述。

1. 龟兹是西域三十六国中的大国，地理条件优越，经济发达，文化昌盛。公元前就与中原交往频繁，汉宣帝时，龟兹王绛宾，娶乌孙公主（汉解忧公主之女）为妻。元康元年（前 65 年）绛宾携公主去长安朝贺，汉宣帝赐给“车骑旗鼓，歌吹数十人”。以后绛宾“数来朝贺”，回龟兹后“治宫室，作徼道周卫，出入传呼，撞钟鼓，如汉家仪”[①]。这一重大改革，对龟兹乐舞艺术发展有深刻的影响。龟兹石窟早期壁画就出现了排箫、阮咸等中原乐器，与此段历史有关。

南北朝时期，在文化和民族大交流、大融合中，龟兹文化进一步发展，音乐舞蹈艺术日趋繁盛，成为西域一个乐舞胜地。十六国时的前秦国主苻坚，派吕光平龟兹，将一大批龟兹乐舞伎人带至中原，从此揭开了龟兹乐舞大规模东传的序幕。北周武帝（561—578 年）娶突厥阿史那公主为后，随嫁而来的有一批龟兹音乐家，如著名的苏祇

①《汉书·西域传》。

婆、白明达、白智通等。苏祇婆在中原传播了龟兹“五旦七声”乐律,对中国音乐的发展起到了历史性的作用。在北周、隋、唐宫廷乐部里,“龟兹乐”为西域诸乐部之首,在中原有巨大的声望。

唐初著名高僧玄奘去印度取经,回国后撰写了《大唐西域记》,他对当时龟兹音乐舞蹈艺术做了高度的评价,称:“屈支(龟兹)国……管弦伎乐,特善诸国。”在《新唐书·龟兹国传》里也载龟兹“俗善歌乐”。龟兹地区音乐发达,还可见诸其他一些史料,如唐段成式在《酉阳杂俎》中载:“龟兹国,元日斗牛马驼,为戏七日,观胜负,以占一年羊马减耗繁息也。婆罗遮,并狗头猴面,男女无昼夜歌舞。”在佛经典籍里也有关于龟兹音乐的记载,唐圆照撰《悟空入竺记》(《十力经序》)说:“安西(即唐安西大都护府,治龟兹)境内有前践山,前践寺。复有耶婆色鸡山,此山有水,滴流成音。每岁一时,采以为曲。”另在《宋高僧传》中也有类似的记载。关于龟兹的音乐史料,在历代典籍中多有记载,无论是正史的传记、志传,还是野史笔记和诗词歌赋中都有资料可证。

龟兹石窟音乐图像可分为两部分:一是音乐表现形式;二是乐器来源与形态。

(1)音乐表现形式。龟兹壁画里音乐图像主要出现在以下内容里:

①佛传故事,表现释迦牟尼从诞生到涅槃的一生传记。佛传故事里音乐图像很多,在释迦牟尼成佛前的各阶段生活里,如宫中娱乐、习武学艺、出家前夜等可见伎乐歌舞活动。这是主要介绍与音乐有直接关联的重要事件:

梵天劝请——释迦牟尼成道后,不拟向众生说法,大梵天闻知心生恐惧,即派帝释天和音乐神般遮前去请求说法,经过般遮弹琴吟唱,歌颂佛的恩德,佛最后应允说法,于是开始了“转法轮”事业。此是著名的“梵天劝请,般遮弹琴”的佛经故事。

度善爱乾闼婆王——佛将涅槃时，音乐神善爱乾闼婆王尚未度化，佛与善爱比试弹琴，用"神力"使其降伏，佛终于完成最后一位天神的度化。

这两件事被佛教界视为佛教音乐的重大事件，佛教文献上论曰："是以般遮弦歌于石室，请开甘露之初门。净居舞颂于双林，奉报一化之恩德。"①此二故事在克孜尔石窟壁画里都出现在显著的部位。用音乐故事重点描述佛的生平事迹，在其他石窟是少见的。这是本地繁盛的音乐对佛教艺术影响的重要实例。

②因缘故事，表现释迦牟尼成佛后四方说法、诠释因缘、广度众生的业绩。这是音乐形象最丰富的部分。释迦牟尼成佛后，在印度广大地区宣传佛教，事迹遍及四方。这是龟兹石窟最多和最重要的中心柱式的洞窟壁画的主题。在洞窟的券腹和两壁，布满佛教化众生、诠释因缘的故事。其中有不少乐舞故事，如"小儿摇鼗踊戏缘""鼓声因缘""舞狮女作比丘尼缘""度乾闼婆缘"。除了音乐故事外，在大幅的"说法图"里，乐伎遍布各处。"说法图"的布局是：高大的佛居中央，两侧是朝贺的天人，其中除梵天、帝释天外，就是伎乐天人。伎乐天人有男有女，有舞有乐，但音乐伎人居多。他们手持各种乐器，神态各异，为佛说法烘托出活跃的气氛。

③向佛的重大事迹作歌赞供养，最主要的是佛涅槃时的歌赞供养。龟兹石窟中心柱式洞窟的后室是表现佛涅槃的部位。后室正壁均或塑或绘佛涅槃像，顶部通常绘出大群飞天、伎乐天，场面壮观、气氛肃穆。龟兹石窟的飞天、伎乐天主要集中在这里。这部分飞天、伎乐天与大乘佛教"经变画"里的漫天翱翔的飞天不同。在涅槃的氛围中，展示了从天而降的急切、悲哀、怀念、虔诚和作乐赞颂的心境，完美地烘

---

①【梁】《高僧传》卷十三，《大正藏》第50册，第415a页。

托了“涅槃”境界之美。除了伎乐天外,还有拘尸那城民众以音乐向佛涅槃供养的情景。

④表现佛国的“胜景妙乐”的景象,主要形式是“天宫乐伎”。龟兹“天宫乐伎”有两种形式,早期为在佛或弥勒菩萨两侧一字排列各种乐伎,后发展为独立的形式,在中心柱式洞窟主室侧壁上方或绘或塑出分单元的各种乐伎。龟兹“天宫乐伎”的典型是蜚声中外的克孜尔第 38 窟“天宫乐伎”。龟兹石窟的“天宫乐伎”还有泥塑和木雕的造像。

以上这些音乐表现形式的依据，是龟兹地区流行的佛教派属所遵循的思想及其经典，主要是小乘佛教的《阿含》《本缘》《譬喻》《涅槃》类经典。音乐图像和其他形象一样,都为小乘基本观点——崇拜一佛一菩萨(一佛即现世释迦牟尼佛,一菩萨即未来佛弥勒菩萨)服务。总而言之,除了少部分大乘内容外,龟兹主流壁画贯彻一种理念,即“惟礼释迦”。音乐图像也完全围绕这个主题而展开。但是作为艺术,在宣扬佛教思想、义理,在描述佛教故事时,必然要选择本地喜闻乐见的艺术形式和图像特征。“梵天劝请,般遮弹琴”就是最典型的例子,它完全迎合了龟兹擅长音乐的审美心理,将音乐与佛理结合得相得益彰。又如宣扬因果关系的“小儿播鼗踊戏缘”,经文只是讲有一女富商的小儿在玩鼓嬉戏,玩的是什么鼓并没有说明,但是龟兹的画师却画为玩耍鼗鼓和鸡娄鼓,这显然是从当地生活中摄取来的,因为印度佛教艺术图像里没有此乐器。“天宫乐伎”形式在龟兹得到扩大和规范,直接影响敦煌、云冈“天宫乐伎”的发展。整个龟兹石窟音乐图像,受本地的艺术审美观的支配,非常明显。龟兹壁画突出音乐的内容和作用,就是“管弦伎乐,特善诸国”的鲜明反映。

(2)乐器的来源与形态。龟兹石窟壁画里乐器形象十分丰富,因历史和佛教派别的原因,龟兹石窟壁画乐器的形制基本是两大系统:

龟兹系统和中原系统。后者系特殊历史形成的,后面将详细叙述。

龟兹系统乐器是本地世俗间流行的乐器，其中包括虽然源自域外,但传入龟兹后,经过龟兹的吸收、改造和长期应用已经本地化,具有明显龟兹特征的乐器。同时还包括龟兹创造的新的乐器的组合形式。龟兹石窟壁画中出现的龟兹体系乐器有:

弦鸣乐器——弓形箜篌、竖箜篌、五弦琵琶、曲项琵琶、阮咸。

气鸣乐器——排箫、筚篥、横笛、贝。

打击乐器——大鼓、腰鼓、细腰鼓、羯鼓、鼗鼓、鸡娄鼓、答腊鼓、铃、铜钹等。

这些乐器与历史文献上隋、唐乐部中的“龟兹乐”的乐器的记载,可以大体对应上,现列表对照说明,供研究时对照参考:

乐器名称	弓形箜篌	竖箜篌	曲项琵琶	五弦琵琶	秦琵琶阮咸	排箫	横笛	筚篥	贝	笙	腰鼓	羯鼓	鸡娄鼓鼗鼓	毛员鼓	都昙鼓	答腊鼓	大鼓	铜钹	铃
《隋书》、《旧唐书》之“龟兹乐”		□	□	□		□	□	□	□	□	□	□	□	□	□	□		□	
龟兹系统壁画	□	□	□	□	□	□	□	□	□		□	□			□	□	□	□	□

上表仅为大体的对照，文献上记载也有许多歧义的地方，如在《新唐书》的“龟兹部”里,还增加了一些鼓类,如侯提鼓、骑鼓等。其目

的可能是加强“洪心骇耳”的效果，与“鼓舞曲多用龟兹乐”记载相符。值得研究的是，龟兹壁画里数量较多的弓形箜篌和阮咸没有列入宫廷“龟兹乐”里，而龟兹系统的壁画里没有毛员鼓、都昙鼓和笙。可能是因为宫廷乐部是根据需要经过规范、改造的缘故。弓形箜篌是印度音乐的代表乐器，宫廷将其专用于“天竺乐”。秦琵琶(阮咸)是中原的乐器故用于代表中原音乐的“清乐”里。笙用于“龟兹乐”的原因不明，可能是为了加强吹奏乐器。毛员鼓和都昙鼓都属于细腰鼓一类的打击乐器，龟兹壁画里难以区分和命名，或许其中就有此类乐器。

现就龟兹体系的乐器的来源与形态特点做分别介绍和考证：

弓形箜篌　印度的古老乐器。传入中原后被称为“凤首箜篌”。在考古资料上，尚见有龙首和蛇首等装饰，龟兹的弓形箜篌首部没有任何装饰，因其形状似一弯弓，故称弓形箜篌。此乐器在汉译佛经里称“琉璃琴”。根据资料研究，龟兹的弓形箜篌自成体系，音箱似为匏制，外敷皮囊，琴杆从中穿过。鸠摩罗什译的《大智度论》有一段记载与壁画弓形箜篌形状十分吻合：“譬如箜篌声，出时无来处，灭时无去处，众缘和合故生。有槽、有颈、有皮、有弦、有棍，有人以手鼓之，众缘和合而有声。”[①]弓形箜篌的演奏方法，在龟兹也得到改制，将乐器夹于腋下，可以双手弹奏。在库车苏巴什佛寺出土的舍利盒的乐舞图上也有弓形箜篌的图像，此舍利盒乐舞图的人物完全是龟兹世俗形象，因而证明，在龟兹世俗音乐生活中使用着弓形箜篌。弓形箜篌是龟兹壁画里出现最早、数量最多的乐器之一。

竖箜篌　西亚的古老乐器。龟兹壁画出现竖箜篌的时间在公元5世纪间，和丝绸之路发展、与波斯交通进一步加强的历史相一致。龟兹竖箜篌的形制，与波斯萨珊王朝时期的塔卡伊·波斯坦石雕及波

---

①《大智度论》卷九十九，《大正藏》第25册，第745b页。

斯银盘考古图像基本相同，只是音箱的顶部呈尖状，承弦的横杆与音箱之间设一支撑杆。近年来在新疆且末、鄯善墓葬出土了多件木质竖箜篌实物，其形制与龟兹石窟壁画属同一类型。这批竖箜篌的发现，不仅印证了龟兹石窟壁画中的这一乐器，也将西域音乐史的年代大大提前。

五弦琵琶　印度的古老乐器。最早的图像在印度阿姆拉瓦底大塔栏楯的佛传石雕中，年代约在公元2世纪。龟兹早期石窟壁画就已出现了五弦琵琶，且延续时间很久，晚期壁画里还能见其形象。龟兹五弦琵琶的音箱为梨形体，腹窄而细长，顶部的轸槽为三角形。克孜尔第8窟伎乐天人手中所执的五弦琵琶形象清晰，特别为中外音乐史学家所瞩目。唐初淮安靖王李寿墓石椁刻画伎乐图上的五弦琵琶与龟兹五弦琵琶形制完全一样，说明这种乐器较早就传到了中原。属于晚期的克孜尔第135窟保存了五弦琵琶的颈部图像，可见有四个半品柱，与唐《乐苑》所记“五弦四隔，孤柱一”相吻合，也与日本正仓院所藏的五弦琵琶实物的品柱形制一致。

曲项琵琶　西亚的古老乐器。大概与竖箜篌同时传入龟兹。曲项琵琶是龟兹流行的重要乐器，在龟兹石窟壁画中属数量较多的乐器之一。学者研究，龟兹乐师苏祇婆传播的龟兹“五旦七声”乐律，就是在曲项琵琶上演释的。曲项琵琶的东传是以龟兹为中介的，汉文史籍上常将该乐器称为“龟兹琵琶”。唐《通典》云：“自宣武（北魏，500—515年）以后，始爱胡声，屈茨（龟兹）琵琶、五弦、箜篌、胡置、胡鼓、铜钹、打沙锣、胡舞，铿锵镗镗，洪心骇耳。”龟兹曲项琵琶的项部后曲成角，与波斯文物上的形状一样。

阮咸　即唐以前所称的秦琵琶。关于龟兹壁画阮咸的来源，学者意见不一，一种认为是从中原传入的，来源可上溯到汉宣帝时，龟兹王绛宾赴长安朝贺带回的。一种认为从中亚传入，结论有待进一步研究后得出。龟兹壁画里的阮咸有两种形制，早期壁画出现一种音箱体积较大、弦杆细长、轸槽呈梯形的阮咸，中、晚期壁画中上述形制阮咸消失，出现了音箱较小、弦杆与音箱连接处较宽、颈部渐窄琴颈后曲的阮咸。第一种阮咸的形制与中原阮咸接近，后一种似为龟兹所持有。两种阮咸的关系和相关的分类问题需要深入研究。

排箫　在龟兹壁画中也是两种形态。早期排箫体积较大，箫管长短差别不大，几成长方形。这种形制的排箫，有的学者认为是古希腊乐器“潘”，也称“潘夫流特”。有的学者认为是从中原传入的排箫。大约在公元6世纪时，龟兹石窟壁画里的排箫发生变化，出现了体积略小、箫管排列由短渐长、管数增多并外扎篾箍的一种形制，与中原排箫比较接近。排箫在龟兹石窟各期壁画里都出现，说明排箫曾在龟兹长期流行。

筚篥　根据我国历史文献记载，是源于龟兹的乐器。唐段安节《乐府杂录》载：“筚篥者，本龟兹国乐也，亦曰悲篥，有类于笳。”宋高承《事物纪原》(引令狐揆《乐要》)称：“筚篥出于胡中，或出于龟兹国也。”龟兹壁画中多有出现，但管身较细，哨嘴与管身不分明。

横笛　笛类乐器在古代印度和中国的羌族中流行。横笛在早期龟兹壁画里就多有出现，应该是随佛教传入的。壁画里的横笛，一般绘得都比较细长，很难看出音孔。

贝　源于印度的乐器，佛教称法螺，因其声传得远和声腔勇猛，佛教认为有降魔威力，故用于法会中，佛经说：“若使人作乐，击鼓吹角贝。”在龟兹石窟壁画上，出现不多，仅在降魔图中出现过。

大鼓　龟兹壁画中的大鼓与中原流行的大鼓形象非常相似。在库车苏巴什舍利盒乐舞图上，有非常清晰的大鼓图像。

腰鼓　龟兹壁画的腰鼓与现在我国北方流行的腰鼓的形制基本一样，其鼓腰略侈，两端稍敛。与现代腰鼓不同的是，两端鼓面用绳索扎紧。另外,龟兹壁画腰鼓是用双手击打,而不用鼓槌。

细腰鼓　鼓的特点是鼓腰内敛，呈蜂腰式。腰部形状也多有不同。龟兹壁画中的此类鼓,实际上存在多种形状,汉文史籍上所谓“毛员鼓”“都昙鼓”“杖鼓”“汉鼓”“震鼓”等也都是细腰鼓类。因无充分的资料可循，尚难为各类细腰形鼓进行分类命名，只能统称其为细腰鼓。龟兹壁画中的细腰鼓,不见使用鼓槌,均是用双手击打。

羯鼓　羯鼓在唐代中原十分流行,演奏的技巧很高。演奏时羯鼓放在小床上,用槌击打鼓的两侧。龟兹壁画里的羯鼓是用手击打而不用槌,图像所见不多。

鼗鼓与鸡娄鼓　鼗鼓本为中原鼓类乐器,鸡娄鼓原为西域乐器。在龟兹、敦煌、云冈等佛教艺术里,所见的均是此两种乐器合由一人演奏。以后沿袭成俗,成为固定的形式。宋陈旸《乐书》记:“古人尝谓左手播鼗牢,右手击鸡娄鼓也。”此种形式的形成,似在西域或即龟兹。故音乐史学家说:“鼗是西域各族传授之于汉族,而与鸡娄鼓配合起来由一人兼奏之法,是汉族受之于西域各族的。”①鼗鼓与鸡娄鼓合为一起形成之始,可能在公元5—6世纪。

答腊鼓　又称揩鼓，以用手揩擦鼓面而为其特征。《古今乐录》云:“答腊鼓,制广于羯鼓而短,以指揩之,其声甚震,俗为揩鼓。”此鼓另一外形特征是鼓面之间用绳索斜拉，龟兹壁画早在公元4世纪就有答腊鼓的图像。

铜钹　古印度的击打乐器，随佛教传入西域，是佛教法事的用具。龟兹壁画中的铜钹形态很小,与唐慧琳《一切经音义》所记“铜钹……以铸成二枚,形如小瓶盖”完全一样。

如果说龟兹石窟音乐表现形式是在佛教理念和经典的框架下,

---

①[日]林谦三:《东亚乐器考》,人民音乐出版社,1962年,第125页。

吸收本地艺术观创造的新佛国形象、新音乐故事，是一种曲折反映现实生活的话，那么乐器的造型就不需要附加更多的佛教色彩而可以完全自由地摄取实际生活中的乐器形态。尽管石窟中壁画乐器造型有种种怪异和夸张之处，但龟兹石窟音乐图像具有很高的写实性。

公元7世纪以降，唐中央政府控制与管辖西域广大地区，在西域设安西都护府和北庭都护府。安西都护府移治龟兹后，有一批汉人官吏、庶民、士兵、工匠和佛教僧侣陆续落户龟兹，他们信奉的是中原的大乘佛教。据公元8世纪唐僧人慧超《往五天竺国传》记载："……又从疏勒东行一月，至龟兹国。即是安西大都护府，汉国兵马大都集处。此龟兹国，足寺足僧，行小乘法，食肉及葱韭等也。汉僧行大乘法。……有两所汉僧主持，行大乘法，不食肉也。大云寺主秀行，善能讲说，先是京中七宝台寺僧。大云寺都维那名义超，善解律藏，旧是京中庄严寺僧也。大云寺上座名明晖，大有行业，亦是京中僧。……龙兴寺主名法海，虽是汉儿生安西，学识人风不殊华夏。"①

在这个历史背景下，龟兹地区出现了中原大乘佛教内容的石窟和壁画，主要分布在距唐安西大都护府所在地较近的库木吐喇石窟和阿艾石窟。这些壁画大多是依大乘"净土"经典绘制的大型"经变画"，其模式和风格与敦煌莫高窟壁画十分相似。在这些壁画里，出现了中原汉地系统的乐器，计有：竖箜篌、曲项琵琶、排箫、筚篥、笙、筝、横笛、细腰鼓、大鼓、拍板、钟等。有趣的是，有些乐器本来是从西域东渐，经过在中原的发展变化形成中原形制的乐器，后又反馈回到龟兹。并与龟兹体系的乐器并存于咫尺之间。可谓是一大历史奇观，也是极为珍贵的龟兹与中原共同发展的历史见证。从音乐史角度看，在这里可以看到西域与中原同一乐器的不同形制、形态，从而进行比较

①《往五天竺国传笺释》，中华书局，1994年，第159、176页。

研究,是十分难得的资料。

需要说明的是,龟兹出现的中原大乘内容的壁画,大多是根据从中原赍来的“粉本”而绘,画工也是从中原来的。壁画里出现中原系统乐器,并不意味着龟兹当地已经流行这些乐器,因为现在还没有充分的考古资料证明龟兹地区使用属于唐代中原制式的乐器。但是,安西都护府在龟兹长达一个多世纪,中原文化对龟兹有着多方面的影响,在音乐方面,例如龟兹系统排箫形制的变化和𪔛鼓、鸡娄鼓的组合,似受了中原形制的影响。

2. 高昌在西域的地位也是十分重要的,它扼“丝绸之路”东段的要冲,是西域文化与中原文化的交合点。高昌有几代王朝为汉人所治,故汉文化根基较深。同时,又有来自北方和西域各国的影响,因而高昌地区具有多元化、混合型的文化特征。高昌地区音乐舞蹈艺术也很发达。“高昌乐”在唐宫廷乐部里也是重要的一部,但规模比“龟兹乐”要小些。“高昌乐”使用的乐器有:竖箜篌、曲项琵琶、五弦琵琶、排箫、筚篥、横笛、腰鼓、羯鼓、鸡娄鼓、答腊鼓和铜角等。高昌地区素有喜好乐舞的传统,至宋辽时期,乐舞活动仍很活跃。公元10世纪时,北宋使者王延德在《使高昌记》中说:“乐多琵琶、箜篌……好游赏,行者必抱乐器”,每到春季,人们到佛寺“群邀遨乐”。王延德在高昌北庭受到隆重接待:“……遂张乐饮燕,为优戏至暮。明日泛舟池中,池四面作鼓乐。”①

高昌石窟壁画中出现的乐器形象有:

弦鸣乐器——竖箜篌、龙首箜篌、曲项琵琶、筝。

气鸣乐器——横笛、筚篥。

---

①王延德:《使高昌记》,《丝绸之路资料汇钞》,中华全国图书馆文献缩微复制中心。

打击乐器——大鼓、串鼓、细腰鼓、拍板、铜钹。

另外在高昌石窟中还发现了绢画、纸画等,其中有鼗鼓和鸡娄鼓的图像。

高昌石窟性质比较复杂,佛教大小乘内容交织,西域和汉、回鹘风格并存,还有摩尼教杂糅其间。故乐器的体系和来源不易辨清,高昌地区乐器形制不像龟兹石窟乐器体系那样清楚。但总体说,高昌地区的乐器形制靠近中原系统,尤其是公元7—8世纪时与唐代形制更为接近。比较典型的是曲项琵琶,其琴首、琴体、覆面和音孔都与唐制相似,与敦煌壁画乐器形制为同一体系。值得一提的是,柏孜克里克第48窟的龙首箜篌,其构造与印度、缅甸等地遗存的箜篌(亦称弯琴)的形制相同。此种形制箜篌在中原有凤首,在中亚有蛇首,在高昌有龙首,说明此类箜篌注重首部的装饰。该箜篌还绘有十个弦轸,音箱上涂有彩色条纹,十分精美别致,是极为珍贵的图像资料。

对中国西域石窟寺音乐图像的考证后有以下几点认识:

其一,西域石窟寺音乐图像记录了公元3—12世纪中国西域音乐活动的真实状况。与历史文献互为印证,为中国音乐史研究开拓了崭新的领域,对正确而全面阐述中国音乐发展历史有重大意义。

其二,西域是"北传佛教"传播的重要桥梁和阶梯。印度音乐文化借佛教载体向传东方,但它首先是西域与当地艺术进行交流、融合,注入了西域繁盛文化的因子,形成西域式的佛教艺术,音乐艺术尤其如此。中国中原佛教音乐形式受到西域佛教音乐的直接影响。南北朝、隋、唐之际对中原影响巨大的"龟兹乐",其中一大部分是龟兹佛教音乐。龟兹石窟音乐图像为此提供探视的窗口。

其三,西域又是东西方经济文化大动脉——丝绸之路的中枢地带,地中海文明、两河流域文明和古波斯文明也汇集在西域。西亚、波斯音乐及其乐器被西域各地吸收,经过改革与调整成为本地乐器,再通过西域传播到中国内地。西域和内地石窟寺的音乐图像展现了这个汇合和传播的历史过程。

四、西域石窟寺

藏传佛教主要是在藏族生活地区发展和形成的。藏传佛教创始于公元7世纪,吐蕃松赞干布将佛教与苯教结合,建立密宗佛教,其时建寺译经,被称为“前弘期佛教”的开端。9世纪中叶,赞普朗达玛兴苯灭佛,“前弘期佛教”遂终止。10世纪后期,佛教又在藏区复兴,是谓“后弘期佛教”的开始。其间出现多种教派,在佛教与苯教长期相互影响、相互斗争中,以大乘佛教教义为基础,小乘佛教兼容,显密具备,尤重密宗,并以无上瑜伽密宗为最高修行次第,形成藏密教派,渐成今日的藏传佛教,有严密的寺院组织和学经制度,有严格的宗教仪轨,为广大藏族人民信仰的宗教。

现存的石窟佛寺遗址,遍及西藏各地,很清楚地反映出历代藏族同胞的繁衍和生存状态。因为藏族社会历来是政教合一,西藏的宗教控制着整个藏族社会的政治、经济、贸易和文化,只有僧人才掌握文字、历法、医学,甚至畜牧和农业生产知识。因此寺院就是联系广大人民和社会生活休戚相关的纽带。同时也创造了文化艺术,其中也反映出乐舞文化的发展和历史。

由于藏传佛教的密宗教义和显学教义在教理和仪轨上的迥异,在民族文字语言及社会生活上的差别,因此在壁画上反映出的乐舞题材,也不尽相同。在汉族地区的显宗佛画中大量反映出的天宫伎乐、佛国极乐世界,在藏传佛寺石窟中并无明显的表现。但受显宗影响,反映在如飞天、菩萨、罗汉、金刚、供养天人之中也屡见持乐器或作乐舞姿态的图像。在藏传佛画中,没有“不鼓自鸣”在空中漂浮的乐器的图像。但是在壁画空间,也偶见有各种乐器出现的情况,它不是用丝带系于上方,而是散缀于壁画的空隙。

藏传佛教壁画，有许多反映藏族王朝历史题材的社会庆典的乐舞场面,重点表现当时的王统、僧侣接受人民群众歌舞、杂技、吹打演乐狂欢的游行庆典场面，生动地反映了藏族人民古代的社会乐舞生活实况。

在西藏地区寺院壁画保存完好而又未经后代重绘的，除古格地区寺院和山南扎圹寺外,要数日喀则的夏鲁寺和江孜白居寺。两寺壁画数量大,内容丰富,形象精美,与扎圹寺外和古格壁画相互衔接,一脉相承,可探索出其间的传承递变。

夏鲁寺位于日喀则东南三十公里,为宋代元祐二年(1087 年)创建。夏鲁寺的佛画中,有大量的佛传故事、本生故事,其中有载歌载舞、鼓乐齐鸣的场面,有数人组成的乐队或吹号,或击鼓,或击钹,或打锣,或摇铃,或配合舞蹈,尽现民俗和现实生活的场景,也充分地描绘出当地的风土人情。

白居寺位于江孜镇西端,始建于 15 世纪初。建筑群以措钦大殿和白居塔为中心,分散布置十七个大殿,以及扎夏、僧侣等建筑。十七个扎仓分别隶属于萨迦、噶丹、格鲁三大教派,集三大教派于一寺,这在西藏也是极为少见的。佛殿内供养佛、菩萨、度母、各派祖师、天王、金刚,以及吐蕃赞普的塑像。壁画绘有各种佛传故事和本生故事、因缘故事,其中也表现了供养乐舞活动。

位于扎囊县江北的桑耶寺,始建于 8 世纪,经过多次火灾,早期壁画已毁。现存留有萨迦派重修后的作品,为明武宗正德元年(1506 年)的壁画,内容具有丰富的地方情趣。回廊壁画中有比武图,描绘了赛跑、赛马、击拳、摔跤、举重等活动。还绘有开光大典壁画,内有乐舞和杂技表演的场面。表演者表情泰然自若,观看者惊恐万状,这些生动的画面,都反映了当时的社会生活。

古格王国遗址,位于西藏阿里札达县。古格王国故城是古格王国当时的都城,地处喜马拉雅山和冈底斯山之间,西、南两面与印度交界,西北端与克什米尔毗邻,东、北两面分别与阿里地区的普兰县、噶尔县接壤。10—17 世纪的古格王国遗址,经过三百余年人为的破坏和自然的侵蚀,大多数地面建筑已破败不堪,成为残垣断壁,但大体还可以看出原有的规模格局。遗址中保存有较完整的五座佛寺和一些小佛堂,其中以白殿和红殿规模最大,护法神殿、曼陀罗殿、大威德殿亦形制完整,各具风格。这些佛殿中除佛像外,还保存有近九百平方米的壁画,大量彩绘建筑上的天花板图案,墙壁上下接连之处的花纹饰样,都是彩绘精品。壁画内容丰富,具有浓郁的西藏风格。

藏传佛教所供奉的尊像,极为丰富多样,按藏文提名统计:佛(七十余种),菩萨(四十余种),佛母、天母(三十余种),度母(五十余种),行空母、神母、金刚杵母、瑜伽母及其他天母(三十余种),诸天(十余种),阎婆罗(十余种),明王、金刚、护法(七十余种),天神、诸主、王、夜叉(十余种),供养天人(二十余种),还有古印度王释迦族王统世系(仅见一组壁画)、吐蕃王统、古格王统以及高僧大德,译师多为小像(共计四百余尊)。

古格的壁画内容繁杂,有大量的佛传故事、本生故事、经变故事等佛教传统的壁画形式。它既保留了吐蕃时期的藏佛教传统,又不断吸收外来因素以及显宗汉传佛教的内容, 形成了极具特色的古格壁画。它影响了后世藏传佛教的绘画传承,是我国藏传壁画艺术瑰宝。

古格遗址中的白殿(藏语为“拉康嘎波”)因外壁通涂白色而得名,位于故城东北侧,土木结构,平面呈“凸”字形。殿内有三十六根方柱,均加雕绘,富丽堂皇。天花板饰以彩绘,是殿内装饰艺术的重要组成部分。绘有各种图案,如莲花十佛、莲花五佛、飞天、力士、迦陵频伽、盘龙、象、狮、鹿、八吉祥、“卍”字、莲花、忍冬、联珠、如意云等五十余种纹饰图样。

殿内各壁墙面均绘有壁画,上下可分为三层,中间为壁画主体,与塑像紧密结合,浑然一体。除了佛像、礼佛、经变内容之外,表现世俗的礼佛图、庆典图是古格故城壁画中最精彩的部分。众所周知,藏族同胞自古能歌善舞,因此壁画中就大量出现世俗歌舞图像。在白、红两殿都绘有大致相同的庆典图,有鼓乐舞蹈、僧人舞、耍狮子、跑驴等,还有百戏杂技场面:爬竿、滑索、倒立行走、翻跟头、马技、射箭等,以及诸多体育表演场面。这些壁画均作大幅构图,各类人物大者尺余、小者寸许,莫不栩栩如生。

在古格壁画中,出现的乐器有吹奏乐器:横笛、长号、海螺、唢呐等;打击乐器:大鼓、扁鼓、法鼓、小鼓、手鼓、腰鼓、锣、钹、铃、串铃等;弹弦乐器:琵琶、扎木聂等。如贡康洞西壁下层的"供养宝"就出现了海螺、腰鼓、人头琵琶、铜钹、笛子等乐器。贡康洞绘制时间约在15世纪末,大约在中原明末清初时期,这些壁画乐器受到汉传佛画的供养伎乐影响,同时也融入了当地一些藏族民间乐器。乐器出现在供养天人、迦陵频伽、曼陀罗及庆典图中。

红殿(藏族为"拉康玛波")因殿外壁遍涂红色而得名,位于白殿南侧。有四层壁画,中间第三层为长卷式"佛本行经变"古格王室及僧侣、民众礼佛图。还有一些表现世俗生活的壁画,如寺院营建活动、运输进贡的场景,图中有骑马者、驮木材、背筐、驮箱、驮羊、牛马运木,王统、官吏或商人带队押运及看热闹的人群等情景。白、红两殿画风比较接近,白殿年代较早。而曼陀罗殿、大威德殿和贡康洞壁画布局较简单、呆板,但仍保留有早期壁画风格。

曼陀罗,意译为"坛""轮坛""聚集"等,为藏传佛教偶像绘制的一种形式,在一个大圆圈中绘上各种供奉的佛、菩萨像。古格曼陀罗殿的经变主尊像以地藏如来、遍智如来、无量光佛等五如来为中心画在四壁。这些像多头多臂,增加了藏传密宗佛像怪异诡奇的特色。

纵观古格壁画艺术,它在佛教艺术中确实独树一帜。它的绘画技巧,并不逊于内地显宗佛画。因古格王国地处各种文化的交汇处,故艺术风格受到多方面影响。总体看来受尼泊尔画派影响较大,又和稍晚的"藏孜"画派相近。这两种画风相融会,又加上古格时代自己质朴、写实的画风,所表现出来的艺术作品,极为突出和精致,是我国石窟寺佛教艺术极为宝贵的遗存。

(原刊于《中国石窟寺乐舞艺术》,与霍旭初合作)

敦煌石窟音乐研究

我是敦煌研究院的研究人员，在敦煌研究院研究了 15 年的音乐舞蹈史料。

现在我来讲一讲，我研究的敦煌壁画音乐，内容是属于哪个科类的？按现在的学科分类，它属于敦煌学的一个部分。但敦煌学内容浩瀚，几乎是一部百科全书。我研究的科目在这里是其中很小的一个领域，应该属于敦煌艺术史中的音乐史学研究。敦煌壁画中的音乐图像，是古代音乐史的一个专题。大家都知道，音乐史是文化史中的重要学科。但中国的音乐史研究和外国音乐史研究比较，我们中国的音乐史，目前还处于一种没有形成学科的阶段，还是一个模糊的学科。这几年，我们中国的音乐史在某些方面也有了一些进步和突破，但音乐史仍然还没有形成一个架构。尽管我们中国的古代音乐比较发达，各个朝代都有关于音乐的记载。但是对音乐史来讲，史书上记载的只不过是一种音乐的史料，构成不了完整的音乐史。音乐的社会性、民族性，或者说音乐的实际调查，还远远不够。如果拿我现在研究的被叫作“敦煌音乐”的科目来讲，过去就没有过，是随敦煌学应运而生的。而在外国近百年，音乐史研究走到了我们前头。过去中国史书里面，二十四史里面尽管有“音乐志”“音乐律志”等很多栏目，但都是一些名人轶事和名人音乐活动的史料、片段，实际记录音乐本身的东西是非常少的，非常模糊的。而且都是一代一代的传说传承，缺乏一种科学的调查统计，更无音乐作品、图像资料和系统音乐家分析介绍。

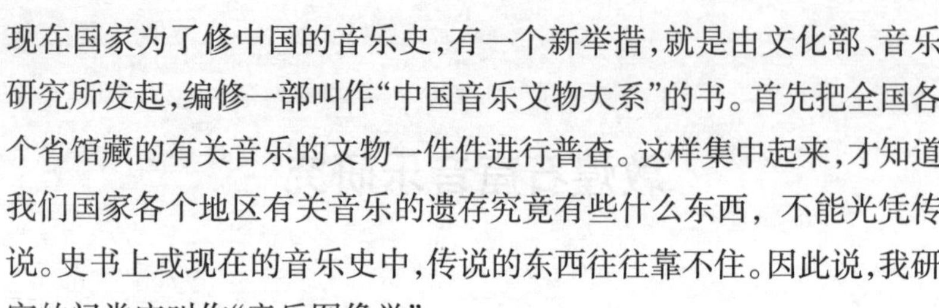

现在国家为了修中国的音乐史，有一个新举措，就是由文化部、音乐研究所发起，编修一部叫作“中国音乐文物大系”的书。首先把全国各个省馆藏的有关音乐的文物一件件进行普查。这样集中起来，才知道我们国家各个地区有关音乐的遗存究竟有些什么东西，不能光凭传说。史书上或现在的音乐史中，传说的东西往往靠不住。因此说，我研究的门类应叫作“音乐图像学”。

我尽量把这些年研究的内容，概括地给大家介绍一下。今天的讲座，我想笼统地讲这么几个部分：第一，石窟壁画是传统“乐舞画”的延伸；第二，敦煌石窟壁画的音乐内容，包括“乐拨”和“乐器”两大部分；第三，敦煌石窟音乐壁画的文化内涵；第四，敦煌壁画乐器的仿制研究。

一、石窟壁画是传统“乐舞画”的延伸

音乐舞蹈是人类文化最主要的组成部分，标志着人类的智慧和文明。音乐甚至产生在语言和文字之先。与音乐舞蹈的同时也产生了“音乐画”，直接记录了乐舞的历史。我国传统的音乐画特别丰富，有崖画、壁画、彩陶、青铜器、漆画、陶俑、石刻、画像石等，以及建筑上的一些雕刻。这些都记录有我国古代各个时期的音乐活动的图像。有的是刻的，有的是画的，但都反映了古代音乐的社会情况。石窟壁画是我国古代传统的绘画形式。东汉之后佛教兴起，至南北朝已经十分昌盛。西北河西走廊地区大兴佛教，开窟造像，标志着佛教已经十分普及。石窟壁画就是一个很重要的内容，壁画的内容除了包括佛教本身的内容、佛像、佛经故事画以外，还有大量表现音乐舞蹈场面的图像。从北凉开始，延续到元代。这么大的历史跨度，所绘制的大量的佛教音乐画，我们认为它是中国传统音乐画的一个延伸，是继承了在这之前的传统音乐画。我举个例子，大家都知道汉代的画像砖。画像砖的

内容是大量的，但并没有佛教的因素，它是中国社会的历史画，是当时的社会生活画。这里面出现了许多音乐舞蹈的场面。敦煌壁画就是沿着这些画像砖，特别是河西走廊、嘉峪关一带墓葬画像中的音乐画轨迹，一直延续下来的。后来在各个历史时期，它又有不断的发展和创造。早期的画像是墓葬画，就是描写一些墓主生活的场景。有了佛教洞窟之后，就从墓葬里头把它拿到地上，放在洞窟壁画里了。我们从大量的乐舞图、出行图的图像中的这些仪仗场面的构图形式，可以看到中国这种有关音乐的绘画的形式，是一脉相承的，是一种文化延续的结果。虽然很多佛教画大家都知道是印度和西域传来的，但是壁画里真正表现的那种西方社会生活的，印度的东西和西域的东西，都是非常少的，而主要反映的是本地社会音乐生活。我们能很清楚地看出，壁画里头反映的这种“音乐”，就是西北地区当时当地的那种乐舞生活。所以说，石窟中的乐舞壁画是中国传统乐舞画的一个延伸。这是第一个问题。

二、敦煌壁画的音乐内容

对于敦煌古代音乐，我们现在叫作“敦煌音乐”。这种说法很不确切。为什么呢？它并非研究现在敦煌地区的音乐，实际上研究的是敦煌的古代音乐。我们叫它“敦煌音乐”不合适，反正都已经上口了，说某某是研究“敦煌音乐”的，所以也不用正名了。

我们现在研究的“敦煌音乐”内容包括两个大方面。一个方面就是敦煌藏经洞出土的有关音乐的史料。音乐史料包括两个大内容：一个是敦煌曲谱；另外一个，就是在敦煌文书、档案等手抄卷里、寺院的文书档案、一些经济账目里反映出来的，当时社会生活方面的音乐文献。另一个方面，就是图像的研究。图像就是指壁画，我今天主要也就是讲有关壁画音乐图像。

先讲几个数字,莫高窟有492个洞窟,不是每个洞窟里都有音乐内容。其中经过调查,有240个存有音乐图像的洞窟。这些音乐图像,画有各种乐队490组,其中"经变画"乐队有294组,涉及的佛经有27种。画有拿着乐器演奏的人或是天人的乐伎,一共有3500余身。画有乐器44种,共绘4500余件。乐器画包括两种情况,一种情况是有人拿着的,还有一种就是没有人拿着的,扎一个丝带在空中悬浮着,这在佛教壁画里,叫作"不鼓自鸣"。就是在极乐世界,乐器悬浮在空中,没有人去演奏,自己就会发出音乐。这是人们对极乐世界的一种想象。这些数字表明了我国古代音乐文化相当丰富,涉及的内容,特别是音乐活动非常丰富。可以说,世界上没有哪一个国家,哪一个地区,能有如此集中,各个朝代延续不断地画了近千年的音乐图像。敦煌可以说是唯一的。

音乐舞蹈在社会生活中占有重要的比重。敦煌壁画中的音乐和舞蹈两个内容实际上是连在一起的,遗憾的是我们建立学科的时候硬是给分开了。实际上古代的"乐"、"舞"是不分的,在壁画里也不能截然分开。但是我们现在分割"音乐学院"、"舞蹈学院",研究史学也是分着的,各有一套说法,泾渭分明。实际音乐、舞蹈在壁画里反映的是一致的,现代的分类法把它们分开了,未必十分科学。而我在这儿专讲音乐,其实我也必须涉及舞蹈的内容。关于舞蹈的专题,以后可能还要请舞蹈史的专家讲。我现在讲的只是我对音乐现象的诠释和理解。

敦煌壁画音乐,可以分成两块来研究。一块是壁画里那些"乐伎"的研究,因为壁画里到处都画满了形形色色的乐伎。还有一块就是"乐器"的研究。先说说"伎"字。"乐伎"的"伎"字,在古代经常用,现在已不常用了。现在日本还有"歌舞伎",还用这个字,中国现在很少把演员叫作"伎"了。实际上汉代以后,"伎"字经常用在日常生活里,平常说演员、文艺表演者都叫作“伎”。过去有钱人家有“家伎”，公署内有“营伎”，名堂很多。

我们现在列表来说明，先看《敦煌壁画乐伎分类表》(见本书第39页)。从敦煌壁画里来看，乐伎铺天盖地。如果你不了解，不专业的去看时，就会晕头转向，不知都是什么。实际上佛经里分得很清楚。乐伎在各种场合，各种佛经里各司职守，有不同的表现。总的来讲乐伎可以分为两类，一种叫作“伎乐天”，一种叫作“伎乐人”，是人和天人的两种不同的演奏者，同时画在壁画上。“天宫伎乐”，一出于佛经，它就是“天人”，不是神，不是佛，都算是菩萨，但是不重要的菩萨。他们的职责是给佛和菩萨表演。就是天宫里的文工团。“天宫乐伎”是敦煌早期壁画的一种固定形式。从北凉到隋代的洞窟都绘有，后来他们逐渐被“飞天乐伎”代替了，“飞天乐伎”和“天宫乐伎”实际是一回事。敦煌洞窟早期画“天宫乐伎”，往往是围着洞窟一圈，画天宫栏墙，像宫阙门似的。在每一个格子里放一尊“天宫乐伎”，他们表演舞蹈或是乐器。它实际上给洞窟做了一种调和，如果洞窟里只是佛，只是那些佛教故事，就显得非常死板。而“天宫伎乐”出现实际上是佛教洞窟里的一种调节剂，把洞窟的气氛渲染的十分活跃，呈现欢乐的气氛，使人看到的就不只是佛的威严了。“飞天乐伎”是一种升华。“飞天”是洞窟里的一种很重要的艺术题材。“飞天”一词最早出现在《洛阳伽蓝记》这本书里面。当时《洛阳伽蓝记》里就有“飞天伎乐”一词，而后佛经里也经常引用，说佛在讲经时，或者是在佛出现时，都有“飞天”缭绕奏乐。“飞天”共有三种职能：一是奏乐，一是散花，一是礼拜，就是给佛做礼拜，是给佛的一种供奉。洞窟里出现的“飞天”，比“天宫伎乐”更为广泛。它不仅仅出现在洞窟上端，天宫栏墙之内，而且出现在各个角落，特别是佛龛的周围。围绕着佛遍布“飞天”的造型。所在位置，一是窟顶藻井四周；二是洞窟四周墙壁的上方；三是在中心柱，佛龛内外;四是在"经变画"上方。"经变画"有一定的仪轨,一般在上方两端。

我现在讲的是拿乐器的"乐伎",还有很多不拿乐器的,就不在我研究的范围之内。"化生伎乐",也是一种乐伎形式,佛教里面有个词,叫作"化生"。佛教中说世界上的六道众生有四种形态,一是卵生,一是胎生,一是湿生,一是化生。化生的意思是说无所依托,借业力而生,诸天神鬼都是化生,这是一种唯心的神鬼观念,虚无缥缈的不存在的世界。佛也是一种化生,是在莲花里生的,在佛教壁画里化生的代表就是一个莲花座,佛坐其中,因而处处都是莲花。有一种坐在莲花里奏乐的,我们就叫他"化生乐伎"。"化生乐伎"主要画在龛楣,就是在佛龛上端一个很狭窄的地方,必然要画上伎乐。还有一种化生乐伎在壸门。"壸"字,好像一个茶壶的"壶"字,下多一横。壸门就是佛床底下的座基,画有好多格子,每个格里头都画有化生乐伎。还有一种"天王乐伎"。其实,把天王叫"乐伎"也不科学。但天王也确有很多音乐活动,为了归类,我们把这类称为"天王乐伎"。天王,本来是印度神话的一种神祇,后来佛教就借用了。说印度须弥山上有一个山叫犍陀罗,有四个山头,居四个天王,各护一个天下。就称他们为"护世四天王",这是天王最早的出处,大概是没什么错的。但是天王这种偶像,到中国来变化就大了。我们往往把我们中国的民俗, 中国的文学形式,跟佛教融合在一起了。佛教在中国的很多的变化,都是我们中国创造的。上次我带着斯里兰卡的一位佛教长老看洞窟,就发现他们的说法和佛经不一样,跟我们的认识更不一样。可以很清楚地看出,我们中国的佛教经典、教义,很多是我们中国发明的。虽然佛教是印度传来的,可是内容经过了大大的改造,就拿天王举例吧,中国现在的寺院里,一进门就是天王殿,有四个天王,各手执一物,什么东西呢?宝塔、伞、蛇,还有一个拿着一个琵琶。琵琶在此就不是演奏音乐的乐器了,成了一种镇压性质的法器。把乐器变为武器,这也是到中国后的一种变化。还有一种叫“乐伎金刚力士”,金刚力士也是为佛和菩萨服务的,也是一种保护神,一般的特征就是手拿金刚铃,或者金刚杵,都是法器。还有一个是“药叉乐伎”。药叉也叫夜叉,是天龙八部里的一部,也是佛的保护神。它虽面目狰狞,但不是鬼,是一种神灵,也是为佛服务,保护佛的,是小的神灵,地位低,所以在底下。最底层画的一圈就是药叉。药叉有很大一部分持乐器,这大概也是对佛的一种奉献和礼拜的意思。按照原则,上面画“天宫乐伎”,下面画药叉,就该叫作“地宫伎乐”了?可是并不这么讲,叫“药叉乐伎”。还有一种拿乐器的天上飞的,叫“迦陵鸟乐伎”。“迦陵鸟”的特点是人首鸟身,也是来自于印度的神话。迦陵鸟又叫美音鸟,也称迦陵频伽。在印度为音乐之神,迦陵鸟是一种乐神,也是为佛服务的。佛经里有记载,佛在讲经,或是佛涅槃时,迦陵鸟就围绕着佛飞翔歌唱,表示对佛的奉献,对佛的礼拜。迦陵鸟有的是一个人头,有的是两个人头并在鸟身上,也称“共命鸟”,也是迦陵频伽的一个类型。在敦煌壁画里,从隋代以后才有迦陵鸟的形象。此后没有衰落过, 壁画里一直都有迦陵鸟的形象。主要表现在,一是窟顶,一是藻井。藻井的中心有时也画一条龙,有时是龙凤,有的时候画的就是迦陵鸟。经常出现的地方是说法图的最前沿。说法图的基本结构是云端中有琼台、楼舍、桥廊、水池,前头两侧有乐队,中间是佛在说法。最前沿一般都画有迦陵鸟,或迦陵鸟乐队。这样画,使佛说法图显得非常的空灵,就有了天宫极乐世界的感觉。还有一个有趣的现象,令人费解的是,有翅膀的迦陵鸟从来都是跟人一样,站立表演。而飞天没有翅膀,靠着巾带,靠着身体在飞翔,这是很浪漫的处理。许多学者、专家都做过分析,中国人高明就高明在这儿。外国人画飞天,像那个小天使呀,一直是带着翅膀的。中国人的飞天没有翅膀,却更自由。用身体的动作状态来使人感觉它在空中飞翔,用巾带衬托飞翔状态,这是中国人的智慧。

现在我讲经变画里的乐伎，这是具有实质性的乐队。虽然经变画里也是天人，他们也是菩萨，但实际上画的是演奏乐器的乐队。经变画乐队有两种，一种是礼佛乐队，就是我们所说的说法图乐队。第二就是文殊、普贤乐队。文殊、普贤乐队在敦煌壁画里，也是一种固定形式，是一种行进中的乐队，一般画在佛龛的两侧，一边画文殊，一边画普贤。大家都知道，文殊骑狮子，普贤骑大象。这两种固定形式，成为一种标志的符号。一有狮子，就代表了文殊。一有大象，就代表了普贤。骑着狮象是赴法会，在他们的两侧都设有行进中的乐队。第三种叫作“胁侍菩萨乐伎”，在后期的壁画里经常出现。后期的壁画，受密宗的影响比较大。还是汉密，就是画入了观音和曼陀罗这些造型。在曼陀罗上画佛，在曼陀罗周围画一圈小的菩萨，其中就有拿乐器表演的，不过，都是单身的表演，我们叫它“胁侍菩萨乐伎”。还有一种叫“故事画乐伎”，画得很零散。敦煌壁画里有一种叫作故事画，故事画有本生故事、佛传故事。无外乎就是释迦牟尼的生前身后的事迹编成的故事，故事的各种情节也是社会生活的反映。释迦牟尼出了四门，深入百姓中间去。百姓中间有说唱的，有拿着乐器演奏的，这就是故事画里的乐伎。经常出现的。有“乘象入胎”，有“夜半逾城”“火宅喻”“树下弹筝”。是什么意思呢，我稍微解释一下，“火宅喻”就是《法华经变》里的一个品，是讲太子要出家，家里不让出去，用一些娱乐歌舞，让他整天享受这些世俗的生活，太子不愿意。悟及耽于声色如同置身火宅。画的是一个小房子火焰四射，寓示“火宅”里头，有很多人在跳舞、演奏音乐。在敦煌壁画里，已形成程式化的构图。有意思的是，已经演变成了一种符号式的表现程式。符号表现方法有两种情况。一是单一的物件，如我们常见的莲花，代表了佛。画一个狮子也代表佛。或画一个“卍”字，也寓示佛。这些都是佛教的一种语汇，用一种符号表现出来。时间久了以后，人们一看到这种东西，就联想到一种佛教语言。还有一种,不仅仅是单一物件图像,而是有情节性的符号。刚才讲的“火宅”“夜半逾城”,还有“乘象入胎”,画一个大象,有飞天托着,有演奏乐器。一看托着大象的画,就知道是佛教故事有的情节符号。

我刚才讲的都是“伎乐天”范畴的图像。还有一种反映世俗的“伎乐人”的图像。反映当时社会生活的一些乐舞图像。这些乐舞图像中的伎乐人,也叫供养乐伎。这些供养人的表现,没有前面说的那些丰富,一般都是零散的单个的音乐表演。所以,分量就小于“天宫伎乐”的音乐场面。称为供奉人,主要是指窟主,或者说是供养佛的人。他们想树碑立传,就把自己和亲属也画进壁画,修窟、建窟时就以供养人的身份出现,把供养人的名字也写上去。最早的时候,只在窟脚下,写的范围还比较小,但逐渐膨胀夸大。到了晚唐、五代以后,供养人画的比佛像还大,比我们现在的人还要高,以此显示他们的功德。供养人也有伎乐。最早有北凉的 275 窟,最明显的是一排吹着大角、横笛、竖笛的乐队的图像。后来到了北周、隋代,都出现了专门的供养人乐队的场面。

我们前头讲过敦煌壁画是我国乐舞画的延伸。在汉代,画像石出现了一种形式叫“出行图”。“出行图”画的就是给墓主、窟主、当时的地方长官显示功德的场面。其中也有音乐活动,实际上反映的就是当时社会中的音乐生活。莫高窟壁画里有四组“出行图”。一个是“张议潮出行图”,一个是“张淮深出行图”,一个是“曹议金出行图”,一个是“慕容归盈出行图”。最早的是“张议潮出行图”,是晚唐 156 窟的一个很大的场面,围绕着墙壁整个下面的一圈画的都是张议潮出行。张议潮是当时河西节度使,皇宫里封的官,因为他打败了吐蕃,收复了河西地区。出行图就是庆功出行的一个场面。我们从这里得到什么启发?它有一种很完整的军乐队排列形式。这种军乐的排列,牵涉到我国一个古代的卤簿制度。卤簿制度就像我们现在似的,军一级的,师一级的,团一级的,都有一定的乐队编制,甚至用什么乐器等,在古代都有记载。我国的这种古代的军乐制度,过去只能看到文献上的一些记载。而敦煌壁画清楚地绘出,窟南壁前头有军乐队,还有很大的一个歌舞场面。张议潮本人骑着大马,军乐队和舞蹈都是拖拖拉拉的,这么大的一个场面,但它确实是当时的那种序列,那种排列方式。这个出行图证明了我国的古代军乐制度。对面北壁上画有他的夫人“宋国夫人出行图”,图是相对的,前者为军乐开道,后者是百戏开道,也有乐舞。图中的百戏,就是顶杆,头顶上一个很长的杆子,古代称为“寻橦”,就是现在的杂技。研究杂技,可能是我国最早的最形象的图了。除了出行图之外,还有一些表现世俗音乐场面的,就是“嫁娶图”,婚礼的场面。“嫁娶图”里有乐队,有表演,有跳舞。它后来也成为一个程式了。整个莫高窟大概有7处嫁娶图。还有“宴饮图”,就是喝酒、吃饭伴有乐舞,《维摩诘经变》常画有宴饮图。佛经上讲的是维摩诘深入民间,到酒肆喝酒,体察民情。

前面我讲数字的时候,说在敦煌莫高窟的墙壁上有几千种乐器,这是世界上的一个奇迹。敦煌壁画乐器的价值和特点何在?就是它的持续性。其中乐器大概画了近10个朝代,从未间断,世界上再没有这样持久的壁画。研究印度,研究埃及,壁画中的一些乐器,都是间断的。这标志了我国古代的音乐文化的先进性。我在研究音乐史时,感觉到古代音乐气氛的八音分类的方法,八音是金、石、竹、土、革、丝、木、匏8个字。那个时期的乐器,以质料分类,极为科学、具体、丰富。如果我们环顾当时世界, 大部分还是处于茹毛饮血的时代。尽管印度、埃及的音乐不比我们迟,但他们绝没有我们种类丰富,这是确切无疑的。中国最早能够在这么大的土地上酝酿种类繁多、表现形式多样的乐器,是中国人在音乐上的智慧,文化的底蕴。与其他国家的音乐发展很不一样。大家都知道,到汉以前,我们中国就实行的雅乐制度、礼乐制度，把音乐当作一种政治活动，这是中国音乐文化的特点。汉代以后，音乐发生了革命，青铜乐器太笨重了，也很不普及。于是老百姓搞一套，宫廷搞的另一套。宫廷搞的是笨重的，仪仗礼乐的那套东西，走进了一种僵化的死胡同。史书上有记载。有个皇帝讲：我怎么听了这种音乐，就想睡觉？这说的是统治者自己也并不喜欢这种音乐形式。从汉代就发生了变革，逐渐把民间的乐器引到宫廷。自南北朝以后，中国的音乐已经基本形成。敦煌壁画上的乐器反映出基本上成熟了。但在每一朝每一代都不断地演进，都在变化。这就是敦煌的音乐和乐器的历史。

敦煌壁画里的乐器基本分为四大类。我们都习惯分成吹、拉、弹、打四大类。敦煌出现得最早的乐器是以弹拨、打击乐器为主。这两种乐器十分的丰富。当然管乐器也有，但没有弹拨乐器那样丰富。我逐步分类讲一讲。

第一个大类就是吹奏乐器。当时有横笛、凤笛、异型笛、竖笛、筚篥、排箫、笙、角、画角。因为时间关系，我不能一件一件地讲，只能把乐器的实际状况讲一讲。因为每一件乐器都是一个课题，比如，吹的乐器里就有两种，用得比较多的就是“角”“蠡”“埙”。“排箫”是比较早期的原始乐器。以后就是“筚篥”“竖笛”“横笛”，再后来就有大量的乐器出现了。

第二大类就是弹弦乐器。我们也把它分一分。这分类方法不是我自己杜撰的，是按照现代音乐学上的分类方法，把它分出来。但是也有用我们敦煌自己的特点命名的。另外，乐器的名字都是按照史书上的定名。但是，也有一些找不到的，我们也自己慎重地定了几个，以后我会讲到。弹弦乐器在弦乐里也叫“弹拨乐器”。弹弦乐器里有一种颈箱型共鸣箱，即“颈箱乐器”，大概有琵琶、五弦、葫芦琴、阮、弯颈琴。我们中国古代往往把乐器作为一种象征性的吉祥符号。

在汉代是用古琴为标志,敦煌壁画里的代表符号是琵琶,所以琵琶的数量最大,俯拾皆是。弹弦类乐器还有另外一种,就是板箱类,例如古琴、筝等。它的共鸣箱是长条箱子。第三种就是框箱形的,就是箜篌,它的共鸣箱是一个框架。箜篌在敦煌乐器图像里的数量仅次于琵琶。其他乐器我就不多讲了,请见乐器分类表。现在我讲一讲琵琶。我把典型式样选出 50 个图形,这 50 个形态基本是各朝各代流行的形制。最后又从这 50 个图形中筛选出大概有 10 种,把它试做成实物了。琵琶这件乐器给了我们很大启发,从敦煌可见古代的琵琶有几个特点。第一,它的形态不是十分规范定型,在同一个时期也是多种多样的。北凉最早 272 洞窟里,就画着一个圆形的琵琶,同时也画了一个很窄条的。同时存在着这两种形制。往后,它的形制就逐渐规范统一了,宽、圆的逐渐多一些。和我们现在使用的琵琶也是不一样,我们现在使用的琵琶是明清以后的形制。还有一种情况,就是乐器改革跟它的演奏方式有关系,古代的乐器是坐在地上演奏的。这也是世界乐器演奏的一种进化。现在印度乐队,还是跟我们唐代一样,在地上坐成一排演奏。但是我们后来有了家具,就逐渐坐在椅子上、坐在几上演奏,必然演奏方法技术也随之变革。直到宋代才发现有整个乐队坐在椅子上演奏的,在唐代以前都是席地而坐的。在新疆的少数民族中现在仍然还有这样的遗存。另外还有一种情况,演奏琵琶的姿势从横抱着,逐渐演变到现在的直过来。直过来的琵琶音位也多了,现在的琵琶已经有了 12 品、23 品,有 6 相,古代的琵琶只有 4 相,是非常简单的。

另外我再讲几个敦煌特有的乐器。敦煌壁画中反映的乐器现在有三种情况,一种是从古代一直流传下来的,民间都共有的,譬如说琵琶、古筝、琴,是一直沿袭下来的。另一种是壁画里有,但是现在失传了的,譬如说箜篌、排箫、方响现在基本上不用了。还有一种是文献上也没有，别处也没有，只敦煌壁画上有的这种乐器，我叫它敦煌特有的特异乐器。这些乐器包括花边阮、葫芦琴、弯琴，只在敦煌壁画上有。敦煌220窟有一种花边阮，是圆形的，周围有一种梅花状的花边。这种阮，从拿的姿势和体积来看，比现在的阮要大一些，相当于我们现在大阮的结构。我们把这种阮试制了，演奏时的声音效果非常好。它是椭圆的、有花瓣的，有个好处，放在身上时，比较固定，是很实用的一种乐器。

第三大类是打击乐器，敦煌壁画打击乐器极为丰富，尤其是鼓，品类繁多，无与伦比。不仅画得漂亮，造型也奇特。从我们中国史书上看，鼓的名字也很多，敦煌壁画中的鼓基本上都能与它对上号，类型大概有20多种。我们现在的乐队用鼓也不过四五种，乐器的形制很单一，古时的丰富美丽都不见了。这些鼓的名字有腰鼓、毛员鼓、都昙鼓、答腊鼓、羯鼓、节鼓、檐鼓、齐鼓、鼗鼓、鸡娄鼓、大鼓、军鼓、手鼓、扁鼓等等这么多种类。鼓，现代叫作"膜鸣乐器"。还有一种"体鸣乐器"，有方响、铙、钹、拍板、钟、锣、串铃、金刚铃，都是本体自身发音。敦煌的乐器，我们刚才讲的，形制是多样性的。从这些乐器得到一个启发，就是中国乐器的多样性有一个族类派生性的特征，由于有了琵琶，就产生出了五弦。有了阮，就产生了花边阮，这些都是从一个乐器延伸出来的，是中国乐器的一大特点。所以，在研究音乐史，研究乐器发展史时，我认为是应该持非常慎重的态度，不能贸然断语。日本学者也编写了一个音乐史。根据调查，我觉得有悖于中国的史实。譬如他们讲，琵琶是波斯传过来的，五弦是印度传过来的。从我研究敦煌乐器的情况来看，基本上可以认为，查无实据，是一种臆测，琵琶和五弦虽是两件乐器，其实是一回事。就如同我们现在，有二胡，就有中胡。胡琴有二根弦的，就会有三根弦的、四根弦的，我们现在就有四胡。它们是一种缔结、派生的结果。这就给了我们治学上一些启发，我们研究音乐史的，不管是哪国说的，还是传说的，都要有大量的、可靠的证据，重新谨慎审视和研究，不能人云亦云，要讲求实事求是。

第四大类是拉弦乐器，在敦煌拉弦乐器出现得较晚，莫高窟没有，只在榆林窟 3 号窟和 10 号窟发现，是西夏时期绘制的，但在音乐史上极为重要，它是我国最早出现的胡琴的图形。

现在我要讲一讲敦煌壁画中乐舞壁画的分期。我认为可以分四个时期，就是早期、中期、盛期和晚期。为什么分四个阶段？就是因为它有四种不同的面貌，有不同的形式和内容。早期的有北凉、北魏、西魏(380—556 年)。早期壁画基本是模拟西域的东西比较多一些。画人物大体上是西域画的形态，人物以男性为主，线条比较粗犷，身子短，袒胸露腹，赤足、深目、厚唇、直鼻、耳垂，可以说基本是模仿西域的特征画的。中期，我把敦煌音乐舞蹈壁画分出了一个“中期”，在其他的专业中，都不这样分的。我说的中期，是指北周和隋代的音乐舞蹈图像。因为我觉得这一部分的音乐画很有独特的形态，是唐代盛世的乐舞壁画之前的一种酝酿，一种创造。这时期的飞天是最漂亮的。隋代和北周这时期，飞天从色彩、线条来看，最有创意，最有艺术性。隋代虽然时间很短，只有 38 年，可对敦煌壁画的发展，却是一段非常重要的时期。这一时期它的特点是什么呢？就是从胡人形态转入汉化，就是人物的形态的转型。脸型画得比较丰满，穿的服饰也基本上已经是中国汉族的。男穿袍子，女穿裙子，窄袖的裙子。画的飘带一般都是牙旗形，逐渐进入了一种绘画的新程式，乐舞的汉族特征也很明显。我们把早期叫萌发和模仿时期。中期称为创意和变革时期，就是北周和隋代。第三是盛期，就是唐、五代，是敦煌最辉煌的时期。这时期绘制的说法图，构图和布局都已经进入了一个极规范的时期。它的特点就是豪华，人物造型丰满，体格健壮、脸型肥硕的一种造型。另外唐代社会妇女的那种珠光宝气，脸上贴花，带臂钏、手镯、项链等首饰，头发梳的式样，带的头饰，都非常清楚，而且官、俗表现分明。我们把这一时期就叫作鼎盛和辉煌期。还有一个衰落期，就像其他壁画一样，敦煌的壁画进入了五代以后，宋、西夏、元代就是衰落期。为什么这一时期乐舞壁画衰落，可不是社会乐舞本身衰落了，而是壁画里面的乐舞衰落了。为什么呢？还有几种情况，一个是政治中心转移，到了宋代以后都城就不在长安了，敦煌远离了首都。另外一个是，当时在少数民族内部，佛教信仰也发生了一些变化。密宗进入了佛教，进入了少数民族地区。主要是党项、吐蕃族，他们信奉密教。藏传佛教作壁画音乐舞蹈的场面比较少。我们看现在的拉卜楞寺，里面都不太多，不像我们汉族画的佛教图像画那么重视乐舞。宋以后洞窟，画千佛较多。

敦煌壁画音乐的构图，实际上已经符号化，形成固定的程式。我从大量图像中，分类整理，把常见的具有典型意义的构图形式，归纳出 14 种，每种又有几种构图。

三、敦煌石窟音乐壁画的文化内涵

下面我再讲讲敦煌石窟音乐壁画的文化内涵。音乐壁画除了它本身的内涵、本身的艺术魅力和音乐史的价值之外，同时还存在着文化观念上的内涵。第一，这些音乐壁画的音乐舞蹈场面，基本上是反映了宫廷音乐的气氛，它实际就是我国古代礼乐典章制度的形象图解。第二，敦煌壁画具有符号性质。其特点是将单纯的图像，或者有情节的图像编成语汇，使人联想和意会，将形象转化为意象，起到教化作用。乐舞图像很大成分都是这种符号式性质。第三，敦煌音乐壁画具有民族性、民间性，它的特征就是民间性和民族性的创作。第四，敦煌音乐壁画反映了佛教和儒教在政治观念上的融合，与音乐思想上的默契。佛教进入了中国以后，影响很大，延续千余年。脱离佛教影响的时间是很短暂的。如果用一天24个小时做比喻,从现在的历史上看,有23个小时都有佛教的影响,只有一个小时是咱们中华人民共和国成立以后的事,这时期的佛教的影响,确实是很弱了。从这里就可以看出来佛教在中国文化中的渗透,是潜移默化和根深蒂固的。中国的封建社会很早就形成了以儒学为基础的礼乐思想,把音乐视为统治阶级的专利,便于宣扬统治阶级的威严,教化人民,极端地强调了音乐的政治作用。早期的礼乐比较僵化教条,汉以后佛教进入了中国,经过长期的磨合酝酿,在思想体系、政治利益上得到了统一。佛教的乐舞壁画主要是宣传封建社会的这种宗法、皇权和等级制度。在帮助儒家宣扬了三纲五常的同时,融入了佛教的那种善恶因果、出世牺牲、逆来顺受等等思想,所以,我认为这是它文化的主要内涵。

四、敦煌壁画乐器的放置研究

我在敦煌长期的研究工作中,除了撰写一些论文外,还做了一件工作,就是完成了"敦煌壁画乐器仿制研究"的科研课题。

经过多年的调查、统计,使我们了解敦煌壁画中反映出的古代乐器,其品类远比今日传世的乐器丰富。于是我萌生了一个想法,能否将这琳琅满目的乐器图形,进行筛选,择其典型做成实物,使古代的乐器文化,再展现于今朝。或供研究,或供展览,或供演奏。希冀追回一个"敦煌乐"的新境界。经过论证和准备,设立了"敦煌壁画乐器仿制研究"课题。本人担负了总体设计、绘制简图、筛选式样等工作,并亲至各乐器厂车间,与工人师傅磋商研制。先后试做了三批,共用近40年的时间。完成了仿制乐器30余种,200余件。此项科研成果,经技术鉴定认可,并获得文化部科技进步二等奖。

仿制乐器,以壁画乐器形制为基本依据,不单纯的复古,而是运用了现代乐器发展的先进经验,对选材、内部结构等都进行了一些研究。主要是希望有良好的声音品质、独特的外观工艺造型。特别吸收了古代乐器的绘画装潢特点，将大量的敦煌壁画图案，画进了乐器，使每件乐器都能达到良好的听觉和视觉效果。

经过几年的社会实践和试用，无论专家、乐器演奏家，还是一般观众，均认为这是一项很有意义的探索，也是民族乐器全方位的改革试验。现在工作仍在继续中，我们正与音乐家合作，进行音乐作品的创作，筹措排练和演出活动。希望使其在民族音乐的园地中开花、结果。谢谢大家！

（发表于《敦煌与丝路文化学术讲座》第一辑，国家图书馆善本特藏部敦煌吐鲁番学资料研究中心编，北京图书馆出版社，2003 年，第 310—334 页。）

敦煌飞天艺术研究

敦煌飞天艺术综论

飞天是佛教造型艺术。在漫长的历史过程中，飞天图形几乎贯穿于我国各地、各个时期的石窟寺院及民间工艺之中。她以不同风格，不同表现手段、不同绘制空间，形成一种独立的艺术形式。其实，现代人在观赏石窟佛寺之后，除了对佛教偶像感兴趣之外，对那些色彩斑斓的壁画，对那绚丽多姿的飞天，也会留下不可磨灭的印象。飞天的艺术效果，早已超越了原本宗教应该宣示的范围，把人们引向一个天宫琼宇、云涌星驰、天乐齐鸣、仙女翩翩的虚幻浪漫世界。

佛教绘画中的人物造型，大概可以分为三大类：第一类是尊像画，它是以佛祖释迦牟尼为主，有严格造像仪轨，供人顶礼膜拜的偶像。其中包括：佛、菩萨、罗汉、天王及簇拥在佛左右的侍从、弟子、供养人以及诸天、神将等；第二类是经变人物画，它是以佛经为依据，用图解形式，由画工创造出的故事画。其中人物造型，不论描绘天上或人间的神或人，都是当时世俗社会的客观反映；第三类是图案人物画，是画家为了美化洞窟，亦根据佛经提示，任意创造出的具有装饰性的人物造型，如千佛、天宫乐伎、飞天、天王、药叉、神众等，这些也属于天界神灵的人物，是壁画的陪衬和点缀。凡此三类人物造型，交汇成佛教人物画主要的题材内容。飞天属于第三类画。

一、飞天溯源

关于飞天的由来，表达的内涵，其在中国形成的依据，论说颇多，归纳起来,大概有如下情况。

(一)随佛教由印度传入

可据之说法为东汉明帝永平二年(59年),佛教始经西域传至中国,除佛经之外,也兴起了寺院、石窟,带来了佛教艺术,包括佛像、壁画,其中就有飞天这个题材。

(二)出自印度神话及佛经

佛教之飞天,源自印度,出自古老印度神话。据佛经载,为"乾达婆"和"紧那罗"二神的衍变。乾达婆,梵文 Gandharva 的音译,出自印度神话,为婆罗门教崇拜的群神之一。据说其形状丑陋、多毛、鬈发、半人半兽、执武器,住天上或空中守护苏摩。另一说法,谓其为丰采之美男子,常飞游于菩提树下、云霓彩雾之间,歌舞散花,因之,称其为"香音神""寻香""香神"或"音乐之神"。《大智度论》卷十说:"乾达婆是诸天伎人,随逐诸天,为诸天作乐。"紧那罗,梵文 Kipnara 之音译,印度神话中乐神,传说为乾达婆之妻,人身马头,出自梵天的脚趾,为天上能歌善舞者。《慧琳音义》十一说:"真陀罗,古作紧那罗,音乐天也,有微妙音响,能作歌舞。男则马首人身,能歌;女则端正,能舞。这些天女,多与乾达婆为妻室也。"《起世经》中说:"毗舍离北,有七里山,七里山北有香山,于香山中有无量无边紧那罗住,常有音乐歌舞之声……有一乾达婆王,名无比喻,与五百紧那罗女,具受五欲,娱乐游戏。"《法华经·譬喻品》里说:"诸天伎乐,千百万神于虚空中一时俱起,雨诸天华。"由以上诸项可以看出,乾达婆和紧那罗是个复数名称,并非指一人,而是一群能歌善舞的小神灵,为佛散花礼拜的"天人"的统称。

佛经上还有明文记载,将此二神列入"天龙八部"。天龙八部是护卫佛的八位护法神,包括天、龙、夜叉、乾达婆、阿修罗、迦楼罗、紧那罗、摩睺罗迦。这八位神祇,原为古印度婆罗门教和各种外道的崇拜偶像,各有独自的来历和说法。传至中国后,石窟壁画中也各有各自人形化的造型，其中寓意乾达婆和紧那罗的飞天为数最多。佛经上说,每当佛讲经说法之时,或佛涅槃之时,他们都脱掉衣服,凌空飞舞,奏乐散花。中国译出的佛经也沿袭了上述说法,这是解释飞天由来最主要的依据。

“天龙八部”众保护神中有两个有趣的形象特征:一是多以鸟的形象出现，二是多以表演音乐的形象出现。其中的“迦楼罗”梵文(Garudas)汉译为金翅鸟,或称美翅鸟。传说其两翅相距为 336 万公里,能食龙,常发悲苦之声音。传至中国,在敦煌壁画中也有反映。如莫高窟第 158 窟，有一头饰鸟冠的勇猛武士形象，就是迦楼罗的造型。另外还有一部称“摩睺罗迦”,也是一种乐神。其造型为贵族相,头饰蛇冠,手持乐器。还有“夜叉”,形态丑陋,也是持乐器,或作舞的保护神。

在佛教壁画中,禽鸟的形象比比皆是,主要是为了营造一种幻想的极乐世界,寓意天境到处充满祥瑞欢乐的景象,因此,各种鸟类的造型被设想出来。佛经《阿弥陀经》有这么一段描述:“……彼佛国土,常作天乐。黄金为地,昼夜六时,天雨陀罗华……彼国常有种种奇妙杂色之鸟:白鹄、孔雀、鹦鹉、舍利、迦陵频伽、共命之鸟。是诸众鸟,昼夜六时,出和雅音。”据上罗列,这些鸟的种类和形象,在壁画中充分地得到表现,其中多为自然界的禽鸟,也有一些虚幻构想出来的神奇的形象,如人首鸟身的“迦陵频伽鸟”和双人头鸟身的“共命鸟”就是常见的形象。它们虽不属于天龙八部的成员,但也属于佛的供养和护卫之类,在洞窟的绘画中烘托神秘的气氛。有趣的是,没有翅膀的飞天却飞舞在空中,而有翼的“迦陵频伽”“共命鸟”却被安排站在地上,令人费解。总之,这些来源于印度传说或佛经的依据,是一些相当模糊的概念,被佛教含混地借用,很难给飞天找出一个确切的诠释。

(三)表现帝释天宫伎乐

另一种说法认为,飞天与“天宫伎乐”同出一辙,是表现帝释宫的活动,反映帝释所居宫殿众伎乐菩萨欢乐歌舞之美妙情景。帝释,也称释伽提桓因陀罗,为印度神话中的保护神,被称为忉利天之主,所筑广厦楼阁称帝释宫。《吠陀经》里言其能杀魔鬼,饮苏摩酒(即甘露,一种不死之酒),乃法力无穷之“天神”,印度教中称“因陀罗”。传说他出身于婆罗门,与知友三十三人,生前共修福德,后升天,为忉利天,亦称为三十三天之主, 居住在须弥山之善见城内。天宫伎乐的 “天宫”,即其所居宫殿。众伎乐天人则是宫内专司乐舞唱歌,或散花之侍者,亦可称为伎乐菩萨。

(四)兜率天宫之乐舞活动

关于飞舞在天宫的伎乐,在佛经上还有一种说法,是说弥勒佛所居之“兜率天宫”的乐舞活动。释迦和弥勒二佛,同是禅修和观像的主要供奉对象。《观弥勒菩萨上生兜率天经》有这样一段描述:“尔时,此宫有一大神,名劳度跋提,即从座起,遍礼十方诸佛,发弘誓愿。若我福德,应为弥勒菩萨造善法堂,令我额上自然出……化为四十九重微妙宝宫,栓楯万亿摩尼宝所共合成,诸栏楯间自然化生九亿天子、百亿天女,天子手中化生无量亿万七宝莲花,莲花上有无量亿光。其光明中具诸乐器,如天乐不鼓自鸣。此声出时,诸女自然执众乐器竞起歌舞。”这些奇妙的内容,正与壁画中飞天吻合,特别是隋唐以来经变画之说法图的构图依据。

(五)赤裸造型的依据

飞天的造型,为何均为赤身半裸?经查证,在佛经上也是有依据的。鸠摩罗什译《妙法莲华经·譬喻品》云:“尔时四部众、比丘尼、优婆塞、乾达婆等天人,见舍利佛于佛前受阿褥多罗三藐三菩提记,心中欢喜踊跃无量。各个脱身上所着上衣,以供养佛。”这大概就是飞天造型袒胸露腹的合法根据。正因为此，画工们在创作飞天时，大胆而无忌惮地摆脱了佛教的“不事声色”的戒律，摆脱了封建社会衣不露体、非礼勿视的礼教桎梏，以对佛的奉献为名，开放性地打开了一个创造人体艺术，并以女性曲线美造型为主的缺口。更有甚者，在新疆、敦煌、云冈的飞天中，还有全裸的图像，如敦煌莫高窟的西魏第285窟、北周第428窟及炳灵寺石窟均有全裸飞天。

（六）“飞天”的含义

“飞天”一词最早出处见于《洛阳伽蓝记》，该书成于东魏武定五年（547年）。其卷二有一段记载：“石桥南道，有景兴尼寺，亦阉官等所共立也。有金像辇，去地三尺，施宝盖，四面垂金铃七宝珠，飞天伎乐，望之云表。”由此可知，此名称古已有之，而且与今所见之石窟壁画中飞天图形同步。

飞天，可以解释为“飞翔的天人”。“天”这个字，在佛教中概念复杂，有特殊意义。它是“提婆”（Deva）、“索洛”（Sura）的汉译，可释为天界、天道、天趣等。它不仅指天国、天堂，还寓意一种最高的、最优越的境界，或者最理想的生存环境，具有宇宙的层次概念。佛教认为：有“天人”和“天众”之分，只有修习十善，修习根本四禅的人，才能升入天部。还有一个概念：“天”是神的尊称和异名，如吉祥天、欢喜天、三十三天等。汉译佛经，用“飞天”这两个字，是很贴切的。它是专指供养天人和礼佛、奉献、飞舞着的天人。

（七）我国远古羽人和飞仙意识

其实，在佛教传入中国之前，我国传统文化中羽人、飞仙的意识早已形成，我们可以从古老的原始艺术、史前图腾文化、岩画中看到端倪。根据发现考证：在公元前5世纪至公元前3世纪，我国云南、贵州、广东、广西，以及越南、老挝等东南亚地区，曾是我国古代的南方。那里的“百越”“百濮”民族在一些器物，如铜鼓、钺、牌饰、贝质器物等上面铸有精美的花纹,绘有羽人图像。这些羽人或头饰羽毛,或身披羽衣,或作飞翔之状。羽人的形象标志着古代原始宗教的意识形态,或者说在当时的社会生活中,人们幻想着有飞人的存在。

近年在广西左江流域发现了类似羽人的岩画,它是我国南方原始时期鸟图腾崇拜的见证,也是人类飞翔于天空最早的图形。这说明,我们的祖先在与自然斗争中,首先希望能像鸟一样自由飞翔,进而发展成为古代神话、巫术和宗教。如:由道家方士所幻想的、超出人世的升仙思想,相继产生出各种飞游霄汉、羽化升仙的论说及图形。屈原在《楚辞·远游》中说:"仍羽人于丹丘兮,留不死之旧乡。"《山海经》有:"羽民国在其东南,自生羽、其人为长颊。"后王逸引《九怀》曰:"《山海经》言,有羽人之国,不死之民。是以羽民即仙人也。"东汉王充《论衡·雷虚篇》中说:"飞者皆有翼。"《太平御览》中有"天仙品"载:"飞行云中,神化轻举,以为天仙,亦云飞仙。"从传统的图像资料来看,非佛教性的图形比比皆是,如湖南马王堆出土的帛画中,就有神仙、羽人、云纹的造型;长沙出土战国时期楚帛画两件,一为陈家大山墓,一为子弹库墓,系在丝帛上画有墓主肖像,一男一女,皆表现死者驭龙凤于虚空、飞翔升腾之图像。这是佛教尚未进入我国之前,中国产生游仙思维的原始形态。后来在汉画中产生了大量的人与动物飞翔的图景,有羽人、龙、凤、双阙四灵、日月神等祥瑞之物,以为天宫仙界象征。南阳画像石刻中,表现羽人的图像甚多,如《羽人朱雀白虎图》《翼虎羽人图》《应龙羽人图》等。羽人早期特点都是背生翼,作飞腾状。汉代之后,更见频繁。甘肃酒泉丁家闸晋代墓葬壁画中,就有羽人升仙的图形。敦煌莫高窟西魏第249窟窟顶所绘的神话故事中就有非佛教的各种神灵。如雷公、电母、飞廉、雨师、开明等,均为有翼之奇禽怪兽,或人兽结合的形状。北宋武宗元(990—1050年)所绘《朝元仙仗图》,是我国闻名遐迩的道教绘画;此画有临本《八十七神仙图》,内容是描绘帝君召往、谒元始天尊的神仙行列;此画绘有仙女凌空,衣巾飘舞,太虚幻境的飞仙景象,实际上也是在中国传统的“飞仙”意识上创作出来的。

唐宋以来,飞天造型与我国脍炙人口的民间传说“嫦娥奔月”这个美丽的神话故事有一定关系。这个故事的起源也早于佛教东传,最初见之于《山海经》,谓帝俊之妻,称为“常羲”(即嫦娥);后又见《淮南子》,谓后羿之妻,称为“姮娥”,“因羿请不死之药于西王母,姮娥窃食以奔月”,后世民间将此传说编为美丽的神话。在汉代,“姮娥奔月”的图形常见于画像砖中,如河南南阳就有“姮娥与蟾蜍图”,出现了巾带飞腾的仙女形象;至唐代又有所发展,演绎成“唐明皇游月宫”的故事。在古人的想象中,“月宫”是个虚无缥缈的仙境,有晶莹碧透琼楼玉宇的“广寒宫”,有枝叶婆娑的桂树,有婀娜俏丽的仙女嫦娥,有勤劳的吴刚伐桂,伴有温顺的玉兔,遂构成我国千古佳话,为中秋节之典故。这个重要的形象因素,自然会影响到飞天艺术的创造。

除此之外,类似嫦娥的形象也出现在其他的神话故事之中。如“洛神”“麻姑献寿”“天女散花”“何仙姑”等女性形象,也多采用飞天的造型,塑出各种轻盈飘逸、巾带凌空的模式。因此,可以说飞天是以民间固有的嫦娥为原型,这一点是不能忽视的。

中国道教的云游太清、羽化升仙意识,与佛教的天宫净土、极乐世界的思想,后来也融合混淆,甚至影响到佛经的翻译。如姚秦鸠摩罗什译《首楞严三昧经》中有:“情少想多,轻举飞远,即为飞仙大力鬼王、地行罗刹,皆谓之飞行仙,系十种仙之一,飞行空中之仙人也。”这里说的飞仙,当然不是道家的神仙,而是印度的飞仙,经过修炼后,可以飞天入地,出入三界。这也说明,道释两家在理解上有相互渗透、借鉴、求同存异的趋向。

关于我国远古时期羽人的构想,还有一个更有说服力的发现:四川广汉三星堆遗址出土我国最早的青铜器实物，其时间为新石器时代晚期至商周之际。在巴蜀国文化遗址出土的大量青铜器祭祀器物中,有一具人首鸟身的雕像,现此像已被复制成一大型雕像,造型极为精美。据此可知,人首鸟身、人鸟结合的神话造型,我们中国出现得更早,比印度的“迦陵频伽鸟”要早几千年。这可能是世界人类文化萌生的同步现象,但可以证实,我们中华民族也早已有之。

(八)东西方飞天之比较

飞天造型创造的思维逻辑、表现形式和方法，其实也是世界性的,不仅在东方的印度、中国有,在西方也是存在的。

公元之初,佛教从印度传入中国的同时,欧洲大陆也酝酿着宗教运动,出现了基督教和拜占庭艺术。当时的罗马帝国大兴教堂,雕塑神像,绘制壁画,并以爱神“丘比特”为依据,塑造了一种形象:一群背有翅膀、手持弓箭、赤身裸体的小男孩,活泼可爱地飞舞在神像周围,或装饰在教堂拱门、墙壁的顶端。这种丘比特可以说就是西方的“飞天”。有趣的是,东西方宗教艺术在处理方法上是不谋而合的,甚至是同时期产生的。如西方教堂的偶像布局、壁画构图,与东方之佛教的构想如出一辙:西方的有翼小天使,与东方的衣裙飞舞的飞天一样,对称地盘旋在主尊神像的上方,与佛教的“说法图”布局极为相似。这种偶合以笔者之愚见,不一定是流传的结果。应该说,这是人类幻想自然、编造神话的规律,是人类艺术思维的同步,也是宗教创造意识和对偶像装饰构想的同步。

查西方“天使”的由来和说法,亦是相当复杂。在西方古代文化遗迹中,有翅膀的人和动物的形象也是早已有之。其在古希腊雕塑中的出现,是古希腊神话的反映。后来基督教文化产生,借用了这些神话和传说,称这一形象为天界和人间的使者,成为簇拥在耶稣周围的侍从。后经过不断发展衍变,造型也发生变化,不仅是小男孩的形象,成为有男有女神像附属的造像，天使的种类也很多，甚至还有善恶之分。在西方，一个经常被引证的来源是公元500年左右狄奥尼修斯所写的《古希腊的天人体系》一书。该书将天使划分为九个体系，不同名目有不同形状特征，掌管不同的职能，在神殿中居不同的位置。嗣后，又经演绎，创造出很多动人的神话和传说，成为后来西方天使造型的依据。其中寓意作用、构图形式多与佛教相似。

不过，东西方的飞天在艺术造型、表现技巧上还是有很大差异的。表面上看，差别在于有无翅膀，实质上是现实主义与浪漫主义不同创作原则的区别。西方艺术家追求的是现实主义创作手法，把人体的再现、人物造型的准确、逼肖自然的艺术形象作为审美的最高准则，把人体的造型美当作诗来创作，当作哲学来思考。而东方的飞天则以浪漫主义为创作基调，用"写意"的方法来营造艺术，所出现的飞天造型也就不在乎人物自然存在的形态，而是用高度概括、抽象的技巧，装饰性地设计变形的画面。因此，就出现不同形态、不同绘制方法的飞天，巧妙地不用翅膀，而由人体直接飞翔，借衣裙和飘带显示空间和飞舞，画面更具天宫仙境的神秘之感，使艺术境界得到升华。

西方的艺术，实际上也通过丝绸之路传入我国。据《斯坦因西域考古记》所述，斯坦因于1906年在新疆米兰遗址发现中国"有翼的神像"。他曾这样写道："这些壁画的构图和色调，把我又带回到埃及、罗马墓葬画中所绘希腊少女及青年美丽的头部上去了。在希腊式佛教美术造像中，以有翼的爱罗神为其直接的祖先……但是，这些天使之成为真正中国境内佛寺里的装饰画像，却不难于解释。犍陀罗派希腊式佛教雕刻，从有翼的爱神抄袭来的画像，现在用以代表佛教神话中借自印度传说，普通称其为乾达婆的飞天。"从这一段文字中，可以看出斯坦因认为他发现的"有翼神像"来源于希腊爱罗神，在印度佛教中是乾达婆，在中国就是飞天，是乾达婆的化身。因此，斯坦因为他的

“东方文化西来说”寻找了一个证据。但他不清楚,中国飞天的形成有诸多因素,虽然有外来基因,但更多的是本土文化衍变的结果。

继斯坦因之后，我国学者王炳华先生等人在塔克拉玛干楼兰遗址的考察中,也发现两幅并列的有翼天使图像,与斯坦因所见完全相同,而且有佉卢文题记,说明壁画的绘制时间为公元 2 世纪左右,还有绘画者姓名,颇具古罗马风格。楼兰即古时鄯善伊循城旧址,位于塔里木盆地东南端,是丝绸之路的重镇。有翼天使图像在这里发现,是西方文化在古代传入东方的见证。这种纯属基督教造型艺术的图像闯进了东方的佛寺之中,绝非偶然。在天山南麓古代西域遗存的建筑、壁画、藻井的图案里发现很多希腊罗马风格的绘画,甚至在龟兹、高昌的壁画中,都有身着希腊式衣冠的妇女造型。这说明,佛教文化在孕育过程中也是兼容并蓄,吸取各方面营养的。特别在西域,确实受到西欧、中亚、印度各方面的影响。在早期,它甚至跨越印度,直接吸取古希腊罗马绘画的艺术风格。因此,我们中国的飞天也不能说绝对没有接受过西方艺术的影响。

(九)飞天的音乐意识

中国境内的飞天有个很重要的发展,那就是强调音乐性。壁画中所谓的“音乐”,实指乐器和演奏乐器的图像。原来印度的飞天持乐器的图形是非常少的,传入中国后,大见超越,“伎乐飞天”已成飞天的主流。这原因并不难理解,中国音乐文化自古就居世界领先地位。以音乐表演为绘画内容是中国绘画的传统,也是一种表达艺术的优势。佛教只不过是很巧妙地借用了这个题材，并加以发挥，甚至喧宾夺主,逐渐发展成为佛教画的重要内容。它利用音乐场面烘托出一种欢乐气氛,使森严的宗教殿堂得到和谐与平衡。在中国,乐器同样也是一种吉祥物,寓意喜庆欢乐,历代常将乐器的图形作为文明的象征。汉代之前,以钟、鼓、古琴为代表,汉以后则以琵琶为代表,作为符号性的图纹，经常装饰在建筑或生活器物之上。敦煌壁画中常见的“不鼓自鸣”乐器图，即是这种文化意识的反映。随着壁画的发展，飞天表演音乐的场面愈来愈多，手中所持的乐器也愈见丰富。据统计，仅莫高窟持有乐器的飞天乐伎共 637 身，手持各类乐器 40 余种。飞天翩翩飞舞，同时演奏乐器，给人们除了视觉之外，增加了听觉的联想，使洞窟倍增欢乐。这种艺术效果是飞天传至中国后一种重要的创造和变革。

飞天伎乐手中所持的各种乐器，反映了古代各个时期的社会音乐生活，对研究世界乐器史是极其珍贵的资料。如敦煌出现的葫芦琴，为隋代第 423 窟中的图形。安西榆林窟出现的胡琴图，为西夏第 10 号窟飞天图形。这个图像非同小可，它是我国最早的拉弦乐器图像，就世界来说也是最早的史料。另外，云冈发现的北魏时期的异觜笛，篪的图形，炳灵寺、麦积山阮的图形，均为壁画或石刻中飞天所持乐器图形，可称最早出现的乐器图像资料，都是研究中国乐器史的重要资料。

（十）飞天的舞蹈意识

飞天在创造过程中显然和社会上存在的百戏、伎乐、舞蹈表演节目有关系。在印度，据说飞天的造型、飞天动态都出自印度传统的舞蹈，出自古时名为婆罗多编写的“舞蹈经”，所以印度的飞天有强烈的舞蹈意识。我们中国的飞天，从所见之造型、动态、奏乐、舞姿、服饰等特点，同样可以看到当时艺术表演的影子，还可以和文献、诗词，以及有关的传统绘画内容相对应。早在飞天之前，中国的各种图像就善于表现歌舞伎乐题材，如汉晋墓葬壁画、画像砖、石刻画中，都存在着大量的百戏、伎乐、舞人形象，其中就有巾舞、长袖舞、鞞舞、拂舞、白纻舞、绸舞、霓裳舞。舞蹈在我国文学作品中的描述更为多见，如“折腰应两袖，顿足转双巾”，“弦无差袖，声必应足，香散飞巾，光流转玉”，

“露巾曳彩虹，流香动舞巾”，“姻婉回风态着飞，飘然转施回雪轻”等，不都是飞天的意境、飞天的参考？因此，当时社会中客观的乐舞形态，也是飞天创造的重要蓝本和依据。

综上所述，可以看出飞天的形成是多种因素交织、积淀的结果，它在中国文化土壤上，经过嫁接、开花、结果，早已不是原来印度的模样，已经形成名副其实的“中国飞天”。

二、飞天的内容和形式

按佛经所示，飞天职能有三项：一是礼拜供奉，表现形式为双手合十，或捧供品呈赞颂奉献状；二为散花施香，表现形式为手托花盘、香炉，或持花瓶、花束，作散布状；三为歌舞伎乐，表现形式为手持各种乐器，作演奏、舞蹈状。根据这三项职能原则，古代艺术家发挥了极大的聪明才智，以惊人的想象力和创造力，把一个毫无情节可言的题材表现得淋漓尽致，并逐渐形成完美的程式，其表现形式可谓是百花齐放，在造型、布局、线条、敷色上绝不雷同，充分地显示了艺术风格和个性。

从全国各地飞天遗迹看，主要是根据石窟、寺院具体情况，因地制宜，创造出几种飞天艺术表现形式：一是绘画，二是石雕，三是浮雕泥塑（也称影塑），四是木雕。绘画是飞天最主要的表现形式，为数最多，遍及各个地区石窟寺院之中；集大成者应属敦煌，它以单线平涂、彩绘为特征；石雕则以云冈及龙门为代表，以浅浮雕为特征，原制时也敷以色彩，后经岁月而褪色；泥塑飞天以半浮雕、施重彩为特征，莫高窟第 437 窟及金塔寺东窟尚有遗存。木雕飞天为全圆雕或半圆雕，雕后涂彩漆，以福建泉州开元寺为代表，为晚期寺院建筑装饰。

经流传，飞天在全国已独立地成为一种装饰画，有其构图规律。从现存形形色色的飞天来看，大概有如下几种构图形式：

(一)连续式的构图

此为石窟壁画飞天主要的形式。固定位置为:藻井四周、人字坡两侧、窟壁上方,环窟横向伸延,呈带状画面。一般采用“多方连续”形式,即用一身飞天做单位,向四周展开,首尾相衔,连续构成图案。每个飞天手持乐器、花盘,或伸臂作舞。动态迥然不同,有横卧、有升腾、有俯仰,甚至有倒转身体的,作各种姿态和表情。总体排列对称、均衡,并配以统一色调的装饰纹样,如云纹、水纹、火焰纹、巾带、花卉、卷草,形成一种特定的格式。它没有对称的轴线,而是依靠人们视觉的重心来平稳画面,既有全局照应,又有个别动态。这种构图多见于壁画,石雕洞窟极少见。

(二)对称式的构图

为了装饰、美化石窟的空间,使人产生平衡感觉,在说法图两侧、龛楣两侧、佛像背光两侧、平棋四周的三角地带,多对称地画(雕)有飞天,以衬托主要的画面。这种形式多见于早期壁画,盛唐以后逐渐减少,飞天趋向有固定的位置。但是在石雕洞窟中,此种构图仍为主要的形式,如云冈、龙门等。

(三)零散式构图

我国民间的绘画传统有个重要特点,就是“满”。画家为了使画面丰富、充实,往往见缝插针,在壁画中用飞天来填补空白,把画面安排得满满的。再者,就是画工因地制宜,随形就范,采用散点铺陈、单独构成的方式,任意在壁画中点缀飞天,有成群的,也有单个的。也有在一些大面积的壁画的龛顶、龛内、龛之两侧无规则地、不成行列地绘制成群飞天,有时甚至直接插入说法图或故事画之中,穿梭于楼阁之间,显示空间仙境。这种构图多见于石雕类型的画面和石窟中心柱周围的泥塑、浮雕作品。

飞天的称谓范围是有限定的,它只限于在天空、在云层飞舞的天人,而并非有巾带周身缭绕的都可以称之为飞天。他们同化生伎乐、供养菩萨或是经变画中的伎乐等,属于不同门类的天人。另外,人首鸟身的迦陵频伽,也不属于飞天类,它另有典故。

三、飞天的地域特征和衍变

中国飞天从传入、衍变,到形成自己的模式,经过了漫长的消化、创造过程。由于时代的发展,民族、地域性的差异,各地的形态很不相同。总的来说,是经由一个由粗到精,从简到繁,从不定形到程式化,从模仿到确立自己的风格,从幼稚到成熟,逐渐完美的衍变过程。

中国的佛教石窟数量最多,分布最广,延续最久,内容最丰富,可谓世界上最宝贵的历史文化遗存。它分布在新疆地区、中原北方地区和南方地区。每个地区的石窟都有其独特的风格、模式。概括地说,可分龟兹、凉州、平城、大足等不同的模式。为了说明问题,我们现将主要的石窟飞天艺术的具体特点、发展脉络,分地区略做介绍。

(一)印度飞天

为了说明飞天发展的历史,必须从源头讲起,因此,首先介绍印度的飞天。印度是世界四大文明古国之一,处于恒河流域,属于热带,土地肥沃,雨量充足,生物繁茂,极具生命气息。那里的人民聪明、智慧,富于幻想,偏重于感性思维。那是个充满诗情画意的国度。因此,那里能较早地产生人类文明、哲学思想、宗教、神话、传说和民间故事,产生音乐、歌舞、绘画和雕塑艺术。

佛教作为意识形态,产生于公元前6世纪,相当于我国春秋战国时代。在印度,佛教经过几个世纪的酝酿,形成了足以影响世界的宗教信仰势态。大约在公元前后,佛教传入我国,先传至西域,公元2世纪左右传入中原。

印度佛教除创立宗教理论、传播教义之外,也同时产生了佛教艺术。由于偶像的产生，首先推出的是雕塑艺术、建筑艺术，出现了寺庙佛塔、石窟及大规模的雕像和壁画。在印度，最早的雕像和壁画出自犍陀罗，最初曾受希腊文化的影响，佛像、附属神像及装饰花纹有浓厚的希腊雕塑风格。如现存的印度犍陀罗、阿富汗的巴米扬等地石窟、建筑中都有明显的希腊造型痕迹，石刻中的飞天也承袭了希腊神话中的"小天使"的造型。在印度本土，佛教艺术经过长期实践也在发生变化，逐渐与希腊形式分离，印度本民族的美术理想得以发展。在笈多时代，马吐拉的艺术风格逐渐形成。马吐拉艺术风格的特点是：造型洗练，男性表现为体格健壮，肩宽胸实，肌肉匀称；女性则表现得姿态妩媚，裸露健壮，衣纹轻薄贴体，腰身和肢体修长，呈"三屈法"程式，一般是头部左侧，胸部向右扭转，臂部左耸，构成优美的S形曲线，明显反映出印度妇女的自然美感。总的来说，比较写实，重视解剖透视。在马吐拉，最著名的《药叉女神像》即为代表风格。其造型完美地展示了古代印度妇女的形象：神态妖媚，肢体肥硕，细腰、丰乳、宽臀、披巾，半裸或袒露右肩，赤足，佩耳环、臂钏、腕钏、腰环、脚铃等装饰。这种造型给后世的飞天奠定了一个基本模式，造成极为深远的影响。这种曲线优美袒露，具有诱惑性和世俗情感的形态，一直延伸到印度各种宗教的神庙、寺院。它标志着印度独具特色的审美特征。印度的寺庙、石窟是以宏大的建筑和雕刻艺术为基础的。飞天女神的造型作为附属装饰，扩散至各地。在印度，除马吐拉石窟的拱门、石柱上有飞天外，在其他各地，如桑奇大塔、巴尔胡特、阿旃陀、拉姆加山、卡尔里、阿默拉活蒂、埃洛拉石窟群和神庙的建筑雕塑中，都有大量的飞天形象。

印度飞天的特征有如下几方面：

1. 雕塑飞天多为浮雕作品，人体造型比较完美，比例适度，强调女性丰满曲线之美，衣裙、肌肉质感较强，但飞动感较差。

2. 绘画飞天造型方法以色块为主，线条表现意识薄弱。画面大多平涂，其造型准确，较为写实；因用色浓重，全面铺彩，经氧化后，飞天多呈黑色；背景处理比较繁杂。

3. 早期为童子造型，后来多为印度妇女的形象，脸型略方，长眉大眼，眉间点有吉祥痣，丰乳宽臀，动势扭曲，全裸或半裸。服饰亦类若印度民间妇女装束，如头戴宝冠、花环，肩披长巾，腹有遮羞布，或裹长裙，佩有项圈、臂钏、手镯，赤足、露背等。

4. 飞天构图多为单身、成双或左右对称，多出现在神像上方、门楣等处，无连续构图或群体飞天。

5. 除早期有翼飞天外，多数为无翼，身体弯曲成飞舞之状，但未利用衣裙飘带，因此动感较差。

(二)西域飞天

古代西域，即今日我国新疆地区，它是欧亚文化交汇点和商业集散地。就佛教文化而言，这个地区是印度佛教传播的中转地，接受印度佛教艺术较早，大约在公元前3世纪就与印度有联系，后来更大程度上是接受了中原文化的影响。这一地区在西方、印度、中原几种文化冲击之下，加上风格强烈的本土文化，形成了艺术上多元化的混合体。

新疆地区石窟中的飞天，是研究中国飞天衍变重要的一页。从发生的时间来看，它早于敦煌、河西地区及中原内地。其人物造型、衣饰、所持乐器都有独特的地域、民族风格。这里4世纪的飞天与敦煌早期洞窟所绘飞天，正好相似接轨。5世纪之后新疆的飞天接受汉风影响较重，但也有其自身民族的面目特点，与内地所绘并不完全相同。

新疆地区石窟可以分为三个区域：一是古龟兹地区，以今日库车县为中心，主要有克孜尔石窟群(3—8世纪)及库木吐拉石窟(4世纪中叶—11 世纪);二是古焉耆地区,主要是七格星石窟(3—4 世纪);三是古高昌地区,主要有吐峪沟石窟(5 世纪)和伯孜克里克石窟(9—13 世纪)。这些石窟主要分布于天山南路北道,塔里木盆地北沿,由西渐东。其中以龟兹所建石窟为最早,再由龟兹传至其他地区。新疆壁画内容反映出由小乘佛教转向大乘佛教,由印度风格转向龟兹土著风格,再转向中原风格的渐进过程。

西域飞天的分期和特征如下:

1. 两晋时期(公元 3 世纪左右)

早期的西域石窟承袭了印度画风,甚至可从中看到希腊艺术雕刻风味。飞天绘制于中心柱窟的券顶,呈零散的个体出现。飞天为半裸体,有翼,表现比较开放,甚至有裸体拥抱的飞天。在绘画技法上,采用凸凹法,以色块的明暗对比表现身体的块面,较少用线。用色多为石绿、蓝、棕、黑等。平涂效果,很少追求形体的结构,只注意大的轮廓变化。此时的飞天粗犷、厚重,飞动感较差,飘带的变化生硬、简单。

2. 南北朝时期(公元 4—5 世纪左右)

随着佛教在西域的流传,建佛寺、立大像盛行。此时在中心柱窟的券顶和方形窟的穹窿顶上,在大佛画(雕)像左右绘制单身飞天,同时在以本生故事、因缘故事为主要题材的克孜尔菱格画中,也有飞天绘制。飞天上身裸露,翅膀不见了,以飘带舞动取而代之。下身裙较长,赤足,头戴宝冠,有头光,广额、圆面、深目、高鼻,体态粗壮。在绘画技法上,以相当熟练的“屈铁盘丝”线描与凸凹法,多层圆环晕染,表现身体的高低、明暗的体积感。色彩绚丽,以白、石青、石绿、朱砂、土红等颜色为主,因而对比性强,形成了独特的龟兹风格。古龟兹民族能歌善舞,性格爽朗,这种民族心理结构决定了飞天艺术的气质和氛围。男性飞天雄健,充满西域青年的阳刚之美;女性则妩媚妖娆,丰乳细腰,肌肤细润。飞天造型以人体美为表现手段在空中纵跃翻腾,作散花供奉或演奏乐器状。它所表现出的质感、空间感和节奏力度，甚至超过中原绘画。如敦煌画的飞天太贴近生活，则显得拘谨、琐碎，以致稍嫌单薄。西域所画飞天充溢着自由、浓厚的几何意趣，整体效果浑然、强烈，极富感染力，其典型代表为克孜尔石窟早期的飞天。

3. 隋唐时期(公元6—9世纪)

中原的佛教画经“丝绸之路”西传，由许多中原画工西行绘制。西域壁画从题材内容、构图形式到画技风格，都受到中原影响，因而许多壁画与敦煌隋唐壁画十分相似。例如，飞天伎乐手中所持乐器多为汉民族乐器品种，只有个别的绘制有少数民族乐器。飞天已无头光，面颊丰美，神情飘逸，体态婀娜多姿，体现了东方的形象美。绘画技法则是用简练流畅的线描勾勒轮廓，追求线条的韵律感。以线来表达平面，造成肌肉的起伏、衣薄贴体的感觉，较为写实。飘带的处理灵活多变，并用朵朵祥云增加飞动感。敷彩以石青、石绿、天蓝、土黄、土红为主。

4. 唐末、五代时期(公元9—10世纪)

漠北回纥汗国灭亡，其主体分三支西迁，分别迁至河西走廊、葱岭西，接受中亚粟特文化，创立回鹘王国，称雄于西域诸国，当时的中心是高昌。现存新疆回鹘时期的石窟和壁画，有强烈的回鹘时代风格。人物形象方面，女着折领，窄袖长袍，领边宽，且有绸花图案，头梳椎髻，缀满簪钗，或戴尖角花饰冠。有时也绘飞天，以墨色线画轮廓，或墨线内附土红线，双重色画轮廓，以绿、蓝、黄、浅红加以渲染。飞天体形粗壮，蛾眉，小口，面目妖美。以身体弯曲、扭动和飘带的飞舞，表现飞天的动感，气氛热烈，色彩艳丽。

此外，在龟兹、于阗地区，也见有这个时期的飞天造型，大多接受中原画法，间有地方民族内容。

(三)甘肃省飞天

甘肃是石窟最多的地区，据统计有五十余处。它们分布在河西走廊、陇中及陇东地区。论时间，最早有纪年题记的，当属炳灵寺石窟（420 年）。其盛于北朝（北魏、西魏、北周）及隋唐，衰没于宋代、西夏、元代。部分地区在明清乃至民国初期，尚有余绪，但都为改建、重绘，作为佛教寺院香火之用，垂于消失。这个地区的飞天以壁画为主，也有一部分泥塑和石刻，现分述如下：

敦煌地区石窟飞天。敦煌位于河西走廊西端，古代为绾通中西的丝绸之路上的咽喉重镇。因此，以莫高窟为佛教的中心圣地。敦煌石窟除莫高窟外，尚有附近的中小型石窟，如榆林窟、西千佛洞、东千佛洞、五个庙等，现统称为敦煌石窟。敦煌石窟有如下特点：

1. 跨越的时间较长，保存得最完好。飞天这个题材从敦煌建窟伊始，出现于壁画中。从前秦建元二年（366 年）到元代至正二十八年（1368 年），一直延续了 1000 年，从未间断。由于地处边陲，加上气候干燥，是至今保存最完整的石窟。绝大多数的飞天壁画完好如初。

2. 数量最多。敦煌为飞天荟萃之地，据统计仅莫高窟的 492 个洞窟，就有 270 多个窟绘有飞天图像，共计 4500 身之多，加上榆林窟、东西千佛洞等，飞天的数目近 6000 身。最大的飞天每身约 2 米多长（第 130 窟大佛殿内），最小的只有 5—6 厘米长。绘制飞天数目最多的窟是第 209 窟，共画飞天 156 身。

3. 质量最高。敦煌之所以为世界瞩目，在于它曾汇集了大量的古代艺术家用了 1000 年的时间，完成了宏伟壮观的传世杰作，至今仍为人们惊叹不已。其中飞天作品亦居全国之冠。因绘制时代不同，风格迥异，每个洞窟的飞天都有其独自的风貌。

4. 敦煌飞天有两个艺术种类，一是壁画，二是泥塑。泥塑见于早期洞窟，多为中心柱、佛龛上方之影塑，因年久，多数已脱落坏损。唯壁画飞天保存完好。

敦煌飞天的分期和特征如下：

1. 北凉至西魏时期

4 世纪初，飞天越过昆仑山，进入阳关，首先出现在敦煌壁画上。初期虽属于模仿照搬，但也结合本土文化，发生了一些变化。最初是情调比较阴郁、沉重，原来印度、西域那种明快、欢愉的气氛受到了抑制。壁画内容都是一些反映人世受难的本生故事。那些痛苦、牺牲的场面，也是当时国情的反映。社会战乱，民生困苦，再加上佛教对人性的禁锢，这些凄惨无奈的社会现实，必然地反映到壁画中。所以，早期飞天虽非主要绘画情节，但是也画得十分沉重。

北凉时期，飞天吸取了西域画风，也继承了河西一带晋魏墓葬画法，以粗犷的线描，浓重的色块，晕染结合，形成当时的画风。其特征是用色鲜明，以大红铺底，以黑灰敷线，加以石青、石绿、黑、白、朱砂等。在构图和造型上虽简单稚拙，但亦生动可爱，比过去单线涂彩的墓葬壁画，已进了一步，但仍然处于壁画的萌芽状态。

这个时期的飞天造型有强烈的西域特征，为男性，身体粗短，矫健，束发髻，深目高鼻，上身半裸，袒臂赤足，腰系围裙，肩披大巾，下着长裙，似西方僧侣模样。动作笨拙、僵硬，用身体扭曲表示飞动。飘带飞动单一，身体呈 V 状居多。飞天在壁画中所占比重很大，也见于窟顶、龛楣及平棊格中。代表洞窟为第 272 窟和第 275 窟。

北魏时期有所发展，造型趋向汉化，脸型略长，五官匀称，身材也渐修长，动势也稍轻缓，开始运用巾带表示飞翔。着色渐丰富，线条也渐流畅，装饰趣味浓厚。代表洞窟为第 251、248 窟。

西魏时期，乐伎飞天增多，人物造型趋向女性，为半裸，彩云中长裙飞舞，头束高髻或披肩长发，体态婀娜，柔软飘逸；所用线条准确，着色更见丰富艳丽；所持乐器品种增加。如第 285 窟南壁，在主要的位置上画有 12 身伎乐飞天，非常俊美动人。代表洞窟除第 285 窟外，还有第 249 窟。

由于岁月久远,北凉至西魏时期的壁画颜色发生褪变。原来粉红色的硫化汞和碳酸铅氧化,因而使晕染层次、线条都产生了变化。特别是眉目间原来的粉红肉色褪色后,只留下白色、青灰色,面部变为两个大黑圈,形成一种“小字脸”(即白鼻梁、白眼珠),或“五白”(即白眉、白鼻、白眼、白牙、白下巴)的效果。变化后的壁画,别有一种稚拙、夸张、粗犷、质朴的艺术趣味和魅力。

2. 北周、隋时期

这个时期较短。北周时，敦煌为鲜卑族宇文王统治，共 24 年(557—581 年);隋代为杨坚、杨广统治时期,共 37 年(581—618 年)。对敦煌来说,这是一个极重要的阶段。因为佛教的盛行,建窟较多,北周建了 15 个窟,隋代建了 70 个窟。这是敦煌壁画从早期进入中期的一个过渡、变革时期,在风格和画法上有很大变化。如采用了线条粗细对比的画法,衣服、身体用线较粗,给人以厚重、结实的感觉,而五官和手足则用细线勾描,给人以清秀、灵活的感觉。粗细相间,很富有层次感。在精神氛围上亦逐渐转化,从沉闷、悲苦的情调过渡到平和、安详、朴素、自然。

飞天的形态,一部分还保持“小字脸”的风格,为上身裸露、腰系长裙、头戴宝冠、体态健美的男性飞天。另外一部分,进入隋代主要为女性的造型,特点为脸型趋于清瘦,眉清目秀,身体修长,动作舒展轻柔,服饰、发髻明显为宫娥造型,飘带流畅,多呈牙旗形状;飞天数量也日增,除环窟四周绘制外,在窟顶藻井四周及佛龛、背光左右也有飞天云集;在背景云纹、火焰纹、花卉图案映衬下,色彩斑斓。画面讲究色块的搭配,用色多为土红、白色、蓝灰相间,形成了这一时期格外华丽、生动的风格。隋代常见的佛传故事画“夜半逾城”“乘象入胎”中的马和象四蹄由飞天托举,在天空飞行,极富浪漫效果。因此说,这段时间虽短,却是飞天艺术最有生机、最活跃的时期。北周代表洞窟为第428窟和297窟。隋代代表洞窟为第390窟和第420窟。

3. 唐、五代时期

唐代是我国经济、文化发展的高峰时期，此时社会安定，经济繁荣，佛教文化成为当时社会主体的意识形态。在朝廷、官署、民间三结合的推动下，全国寺院林立，建窟造像，显示功德，已成社会风尚。敦煌莫高窟的遗存，正反映了这个时期的兴盛。由此可以推测，全国佛教文化多么恢宏壮观。其实，当时我国文化中心在长安、洛阳，敦煌只不过是个边陲重镇。但岁月悠悠，中原绝大多数寺院只存建筑，其他资料所留甚少，唯敦煌给后人留下许多历史图像资料。

唐代壁画中的飞天十分繁盛和成熟。因为这个题材正好表现欢乐兴旺、歌舞升平的景象，同时也便于艺术家们发挥艺术想象，施展艺术才华。所以从初唐之后，飞天创作就进入高潮。洞窟中原来的天宫伎乐、沿窟上方四周的宫门栏墙从此消失，原位置为飞天取而代之。同时在藻井四周、龛楣背光处、说法图上端，都必画飞天，并成为固定程式。

此时飞天已女性化，成为翩翩起舞的仙女形象，为宫廷贵族仕女写照。脸型丰满，姿态妩媚，明眸皓齿，衣饰、发髻雍容华贵，人体比例适当。上身均裸露，下系长裙，飘带旋回，衣纹流畅，线条颇具功力。这个时期的飞天伎乐骤增，所持乐器的品种亦多样，而且极具演奏情态。托花盘、香炉散花飞天也甚多，扬手倾泻，轻盈潇洒，千姿百态。其中以第321窟西壁的佛龛南侧之双飞天最为生动、优美，堪称绝世佳作。唐代代表洞窟为初唐的第331窟和第375窟，盛唐的第76窟和第231窟，中唐的第112窟和第159窟，晚唐的第85窟和第156窟。

从晚唐进入五代，飞天创作意识淡薄，多为因袭前朝之作，绘制水平下降，但仍然不乏富丽堂皇的场面。从动态和装饰上看，已趋于平庸和衰落。人体已不是那么丰满婀娜，转为清瘦素雅，已无盛唐那种昂扬、激荡之势，略有呆板、沉重之感。程式化倾向已开始显露。五代代表洞窟为第 98 窟和第 100 窟。

5. 宋、西夏、元时期

这个时期为敦煌壁画的晚期，一般认为此时敦煌壁画已进入衰落和程式化的尾声阶段。由于本地区战乱的原因，也因佛教教派兴衰的影响，建窟和绘制壁画已濒临惨淡经营境地。因此飞天艺术亦不景气。尽管民族之争战此起彼伏，但是曹氏政权统治敦煌的时间还甚长。佛教仍为当地主要信仰，中原佛教艺术的影响在敦煌还起主导作用。

宋代建窟不多，多为修改重绘，飞天逐渐减少，洞窟多绘千佛。宋之飞天，继唐、五代之画风，墨线勾画，平涂，用色缺乏亮丽，较淡雅；画法写实，线条纯熟，但缺乏力度；造型千篇一律，均为高髻，披巾横飞彩云中，飞舞散花奏乐，面孔长圆，吊眉细眼，削肩细腰。虽为仕女画风格，但神情呆板，公式化，缺乏神韵。宋代代表洞窟有第 367 窟。

西夏时期，河西地区为党项族统治。党项族虽有其本民族的文化，但亦接受汉族文化，尊崇佛教，多次派使团入中原宋室朝贡取经。此时在河西一带，如武威的天梯山、酒泉的文殊山、张掖的马蹄寺建立了一些石窟。敦煌的莫高窟和榆林窟中也有西夏建立的洞窟。除此之外还将前期洞窟改建、重绘，多为用石绿作底色的"绿壁画"千佛，并普遍运用金色装饰。在继承宋代壁画艺术的基础上，糅合了本民族的成分。如部分飞天图有西夏党项民族特征，鼻梁长直且高，腮大面圆，衣饰裙带也有变化，尤以榆林窟西夏窟最为显著。这个时期作品格调欠佳，世俗性强，精品不多，代表窟有莫高窟第 327 窟，榆林窟第 3 窟，以及东千佛洞几个石窟。另外榆林窟第 10 窟内有一组伎乐飞天，手中各执一种乐器，其中一身所执为胡琴，为我国最早的胡琴图形。

元代为敦煌壁画之末期,这个时期建窟很少,同时佛教密宗教派兴起。蒙古族信奉密宗,所以窟中基本不绘飞天。汉密洞窟尚有余绪。莫高窟第3窟南壁千手千眼观音像上方,绘有一组飞天,造型为头梳长髻,脸型丰圆,长眉秀眼,手执莲花。

甘肃省境内除莫高窟为重点外,飞天有特色的石窟尚有以下几窟:

金塔寺石窟:在南窟中心柱上,有泥塑飞天群体,为北凉时期珍贵的遗存。这群飞天有浓厚的民间情趣,多为单色重彩,面部及裸露之胸、腹、臂、足均涂白色,眉眼用浓墨勾画,采用塑绘结合手法,衣裙飘带用色鲜艳,多用红、绿、蓝、赭相间,形态活泼生动。

马蹄寺石窟:有北凉壁画飞天,与敦煌莫高窟第275窟北凉壁画十分相似,为V形构图,服饰飘带也出于一辙。

炳灵寺石窟:在西秦建宏元年(420年)造第169窟之飞天壁画,为早期飞天造型,结发髻,裸上身,下着裙,赤足,巾带飞扬;勾线简练、生动,与河西其他地区北凉的飞天壁画略同。

麦积山石窟:麦积山石窟的石刻造像最为著称。其中北魏的浮雕飞天非常生动,技巧纯熟,神形兼备,不仅造型优美,而且形式多变,体现了我国浮雕飞天的较高水平。第5窟(隋代)窟顶彩绘飞天,围绕着奔马,配以火焰、云纹,极为活泼生动。第4窟(北周)门顶上方一伎乐飞天,手持之阮,极有史料价值。

(四)河北省飞天

河北省地处平原,山脉不多,因此古时兴建石窟较少,唯存邯郸响堂山、隆尧县宣雾山及宣化下花园石窟。其时间与中原其他地区略同,为北魏、北齐、隋、唐所建,其形制、艺术风格也趋同。

响堂山石窟位于邯郸市峰峰矿区,分南、北及小响堂三处,始凿于北齐;石窟多为方形,平顶,有中心塔柱和三壁开龛两种窟形;在窟顶、藻井及龛内背光处,多见飞天造型,形态生动,雕刻精美;风格与当时其他地区之飞天一脉相承,无明显艺术特征。

除石窟石刻飞天之外,河北省寺庙壁画及碑刻中也常见飞天造型,如正定县隆兴寺之遗存飞天,就很令人瞩目。

隆兴寺始建于隋代,原名龙兴寺,清代康熙改名“隆兴寺”;现存佛像为宋、明、清时陆续建造;在大悲阁内,存有 11 米高之铜铸千手观音佛像,下部为石质之须弥座,刻有浮雕飞天,造型完美,线条舒展,比例匀称,为北宋初年之佳作。

(五)山东省飞天

山东省现存石窟也不多,主要在济南兴隆山、青州驼山与云门山等地,规模均不大,其中也有飞天浮雕石刻,多为隋唐时期作品。

近期(1996 年 11 月)在青州发现我国保存较好的窖藏文物。在隆兴寺遗址出土的窖藏文物中,有数百尊佛像。其中有北魏时期之造像石碑,碑顶刻有飞天;在火焰纹的衬托下,一群浮雕飞天造型十分精美,有的高达 10 厘米,全部凸出于石碑上,手脚部分采用镂雕手法;有的持乐器,乐器有箜篌、腰鼓、笙、横笛、排箫等;有的手托宝塔,或挥动长袖翩翩起舞。

(六)山西省飞天

云冈石窟在山西省大同市西郊,大同古称平城,曾是鲜卑政权北魏的都城。十六国时期,佛教曾在凉州(今甘肃武威)建立佛教中心;公元 439 年,北魏太武帝灭北凉,掠凉州僧徒 3000 人,吏民 3 万户,迁至平城,在云冈建都,并兴建佛教石窟。从北魏中期开始,经过 1500 多年的营建,至今遗存 53 处洞窟,有龛 1000 余,造像 5 万余身,集中于武周山北崖,东西绵延 1 公里,形成一个非常壮观的石雕艺术宝库。

在石刻佛教造像艺术中,云冈可谓典型,人称“平城模式”。石刻与壁画不同，因系依山随势，整体雕琢，不如壁画灵活方便，易于表现繁杂的情节、场面，因而在构图形式、人物造型上就必须趋于简略和概括。云冈的石刻是以佛像为主体，附带也雕刻一些装饰性背景、人物和简单的故事情节，因此，就不似敦煌那种以多取胜的连续的排列组合，而是采用零散构图，对称的构图形式。在构图形式上，吸取了印度神庙、佛塔大场面的雕塑处理手法，采用横向分层布置，楼阁、人物、背景集于一堂，有明显的犍陀罗、马吐拉的风格。但在人物造型上却创造了中国的特征，如面相丰满，目大眉长，鼻梁高隆，直通额际，唇薄嘴翘，呈微笑状。飞天多为少女造型，身体健壮，眉宽胸挺，婀娜多姿，半裸披巾，偏袒右肩，或为佛像着袈裟装，头有束髻。早期的具有鲜卑民族形象和服饰特点，充分体现了我国古代的审美理想，凝聚了古人物质和精神力量，可谓时代的丰碑。

云冈的飞天数量很多，多为浮雕，作为佛像背光装饰，以及龛楣、窟顶的装饰。如第 7 窟后室南壁一排 6 躯飞天，两手抚于胸前，面带微笑，披巾飘逸，凌空飞舞，疾徐自如，舒适自然，被当地人称为“美人窟”，体现了古代匠师高超的想象力和创造力。

第 6 窟是飞天最集中的一个洞窟，在佛龛背后、门楣、中心柱四围及故事画中都有飞天出现，显得气氛异常活跃。

云冈飞天的另一个特征为早期露足，后来均为长裙遮蔽；再有就是伎乐成分很重，反映了当时世俗乐舞的生活现实。

天龙山石窟在太原市西南，天龙山东西两峰崖壁。开凿时代晚于云冈，当在东魏、北齐时期，后来唐代也有继续。有洞窟 21 个，一般规模不大；窟顶雕有飞天，与云冈的繁华富丽雕塑大异其趣，具有素净简洁的效果，但亦甚生动；人物造型为汉族特征。

（七）河南省飞天

龙门石窟在河南洛阳市南郊之龙门口，是继云冈之后，北魏中期孝文帝迁都洛阳(494年)陆续修建的石窟。洛阳为“九朝古都”,龙门是历代王朝帝王发愿造像最集中的场所。从北魏孝文帝、宣武帝,至唐武则天,都在此为自己树碑立传,进行了巨大的工程。现有窟龛2100多个,造像10万余身。龙门的石雕艺术,集中地表现了我国中原地区的雕塑传统。如北魏时期的飞天,就明显地与河南邓县北朝画像石相似。在佛像的雕刻技法上,较云冈有明显的变化,由云冈石窟的直平刀法转向圆刀,过渡到圆润有层次、有透视角度,形成由云冈的浑厚粗犷转向优雅端庄、清秀俊逸的风格。除了佛像之外,龙门的飞天是相当多的,在窟顶、龛楣佛的头光、背光处,常饰有小坐佛或飞天,并加以飞舞、飘动的火焰纹,交织成极为热烈、灵动的气氛。作为装饰,使佛像更显得庄严、肃穆。

龙门石窟的飞天,以宾阳洞(140窟)最有特色:窟顶为穹窿形,中心刻大莲花,形成大型宝盖图案,围绕四周;浮雕一组8身,形体秀美的飞天伎乐乘风飞舞于彩云之间;外层为花幔流苏,共同构成一个瑰丽壮观的华盖藻井;飞天为中原仕女造型,衣饰、裙带、莲冠、霞帔,面目清秀,体形修长,姿态飘逸,神情端庄,可谓飞天中的佳作。

巩县石窟,在今河南巩义市东北8公里之山崖下,创建于北魏后期,现存5处洞窟,从北魏、北齐至唐、宋,共有230个小龛。洞窟为马蹄形,有中心柱,窟顶平面作方形,藻井有平棋,方格中有浮雕重瓣凸起之莲花,四周绕以飞天,四隅有莲花化佛。飞天造型端美典雅,四肢舒展自如,圆刀雕刻,线条流畅,衣纹简洁,曲线飘逸,疏密有致,井然有序。

巩县石窟的壁下、柱基与窟顶飞天对应,有一圈浮雕,为伎乐天人形象,每躯持一件乐器,为研究音乐史之重要资料。上有飞天下有伎乐,别具一格,创造了一种佛国欢乐的气氛。

（八）四川省飞天

大足石刻是南方地区的石窟和摩崖造像艺术的代表，创于唐代（892 年），盛于两宋，在四川大足市附近，以北山佛湾和宝顶山为主，与北方石窟表现方法迥异，艺术水平甚高，题材也甚广泛。主要特征有：

1. 世俗性较强。其中不但继承了中原的风格，而且大量描绘了当时的社会风俗；人物造型也各具神态，具有现实生活写实基础，在服饰、装束上也体现了当时社会的风情。

2. 以佛教题材为主，但也渗入了道教和儒家的内容，特别是密宗、禅宗、道家的成仙修道和神鬼观念，以及儒家的孝道等集封建文化大成的题材内容，反映出当时社会多种宗教混合的情况。

3. 石刻艺术水平极为精湛，规模宏伟，人物造型端庄丰满，具有写实手法。

飞天多出现在佛龛后壁或侧壁上方，横飞在窟顶，盘桓于华盖之上；一般左右对称，多为浮雕或高浮雕形式；刀法简练、概括，极具装饰趣味。唐代飞天雕刻得面庞丰满，形体修长，靠云朵及飘带飞行；不露足，上身半裸，下身为长裙所裹，有火焰状衣纹，飞动感很强。这里的飞天群体造型没有横列连续式构图，多为单个造型，或对称成双出现。纵然一群飞天也是纵横交错，侧身、立身、俯仰构图。四川境内除大足地区之外，尚有广元地区存有飞天遗迹。皇泽寺现存摩崖造像以北朝浮雕飞天最为精彩。其造型装饰性极强，左右对称，在佛的背光之上，造型娟秀，刻工精美。千佛崖飞天不多，但在一些供龛中也在佛的背光处见有浮雕飞天，表现一般。

（九）福建省飞天

开元寺在福建省泉州市内，为我国著名古刹，始建于唐代，后经火焚，于明代重建。在大雄宝殿的斗拱上有木雕飞天 24 身，造型精美，为一群天真的民间少女形象，有宽大的翅膀，头戴花冠，身着薄裙，袒胸露背；身体飞动，飘逸自然；手中各执一物，为各种管弦乐器、文房四宝；其雕工精细，线条流畅，色彩浓郁，极富装饰趣味。

（十）西藏地区飞天

佛教有显宗、密宗之分，显宗信奉释迦牟尼佛所传的经典，密宗信奉大日如来佛所传的秘奥大法。显宗主张公开宣道弘法，要人悟道；密宗则重视承传秘咒真言，要人修持。我国西藏地区人民多信奉密宗佛教。藏传佛教有其特定的佛像、神祇，其中有许多和显宗相同，有些独自成为体系，形成特定的绘画和雕塑艺术形式，但是，飞天这种形式还是为藏传佛教接受，并有所发展，历史也相当久远。最近考古新发现，西藏阿里古格王国的遗址中有飞天图形。此外，阿里西部地区的皮央—东嘎石窟群中所绘精美的壁画，也有头戴花冠，全身赤裸，舞动飘带，身体在空中浮动的飞天。在当前的西藏寺庙中，在壁画及唐卡中，也经常可见到飞天的形象。其画法与显宗略同，一般也是飞旋于佛的左右上方。还有一种现象，飞天画作僧侣状，有喇嘛飞天的造型：在定日县发现一玛尼石刻，一喇嘛手持两鸟腾空飞舞。总的看来，藏传佛教的飞天数量不多，只在大场面的佛画中才有。

（十一）其他国家飞天

飞天美丽的造型除我国曾广泛流传外，也为毗邻国家所接受。在日本和朝鲜的寺院中也常有出现。如在日本京都平等院凤凰堂内，佛殿上端有一组阵势庞大的木雕飞天，共计 25 身。每身飞天都有头光。危坐于云端的伎乐菩萨，手持各种乐器，或经幡、香炉、彩带等物，眼睑低垂，姿态十分安详优美，造型也颇准确。飞天头上束髻冠，上身半裸，斜披巾带，下着裙，赤足。所持乐器品种较多，是唐代中国常见乐器。因其为立体木雕，故是很重要的乐器史料。此木雕飞天群体，为日本平安时代阿弥陀净土变之供养伎乐。

此外，在其他邻国，如泰国、缅甸、柬埔寨等也有飞天。

四、飞天的美学思考

飞天这种古老的宗教艺术，为什么历经千余年而不衰，有如此的覆盖力？为什么直到现代，仍然受到人们的喜爱？作为一种审美意识形态，从美学角度来探讨一下它的美学风貌，是非常必要的。

佛教画的创作思想，主要是突出和颂扬佛祖。佛像是创作的主要内容，其他造型均为附属和衬托。飞天就是起衬托作用的。其创作内容完全是阶级社会等级观念的再现。其实，佛教在教义和戒律上，严禁“声色娱乐”。但是颇具讽刺意味的是，飞天这种袒胸露腹、表现女性人体的图画，得以畅行无阻，而且还愈见开放和流传。可以说得过去的理由是：古代艺术家们虽然强调了给佛的敬奉和描述的是天界，却巧妙大胆地运用夸张和想象，在所剩有限的、可以灵活掌握的空间，创作出一幅幅超越了宗教内容，表现和美化社会现实生活的民间风俗画。

飞天之所以有生命力，首先是具有强烈的民族性和民间性。民族性的特征是，有自己民族喜爱和惯于接受的人物形象、服饰、风尚习惯和本民族传统的纹样图案。民间性的特征是，以民间画工创造出来的乡土艺术、民间情趣，率真地表达个性，无拘无束。就如创作民间剪纸，既可工笔精细描绘，也可写意夸张，不屑形似，不专细节，表现出天真、质朴的自然之美。

飞天的美，大概可以从以下几个方面来看：

（一）寓意美

飞天这种形式的产生就是一个很了不起的创造，它用人体在空中的飞翔，象征着人类征服自然、驾驭宇宙空间和对未来、自由、和平的向往，也象征中华民族昂扬奋进的精神；其美学基调既不是狰狞恐怖的恫吓，也不是消沉颓废的呻吟，而是升腾、开朗、乐观的情趣。这是一种浪漫主义与现实主义相结合的创作思想。产生这种思想的过程,“溯源”一节已略谈,不再赘述。

(二)构图美

综观全国各地各类飞天,在构图形式上早已超越了希腊、印度飞天的格局,形成了一种中国风格的构图方法。它是一种人物装饰画,用连锁辐射、群体出现,或零散、对称等形式,营造出令人愉悦的构图,并达成共识的程式,使洞窟原有的禁严、呆板的格局得以缓解,在视觉上得到调和、平衡。

飞天构图除人物外,也包含背景图案纹样的设计。背景的纹样十分丰富,敦煌常见的有云纹、火焰纹、莲花纹、连珠纹、忍冬纹、卷草纹、葡萄纹、石榴纹等。这些纹样,是佛教艺术的产物。如莲花、忍冬、瓔珞等,具有特定的意象。纹样图案既有曲线缭绕的空灵,又有风云流传的韵律,敦厚静谧,色彩斑斓。所以说,背景是构图的基石,是衬托飞天的重要表现手段,其中有无穷的构思技巧。

在构图中,“简”和“繁”是辩证的。简,即大胆地概括取舍或夸张变形,把不重要的部分省略,只紧紧抓住形象神态特征。如飞天有的只画头和手足,中间为翻飞的裙巾飘带或云层遮掩;有的只画飞动的形态,而省却细部的描绘;有的画面运用空白,体现了三维空间的深远,犹如音乐中的休止符,或书法中的布白,使画面得以松缓,形成简洁、疏朗的画面。繁,即铺天盖地,填满画面。用现代眼光看,往往有琐碎拥挤之感;但古代画家却能合理地组合人物与背景的关系,善于分出层次;即使画得很满,也多而不杂,满而不堵,突出主题。

在构图上利用各种对比关系也是飞天的一个特征。如运用了大与小、粗与细、多与少、曲与直、明与暗、疏与密、虚与实、静与动等因素的对比关系,形成一套熟练的构图技巧,使形象更为生动完美。

(三)形体美

古希腊哲学家认为:“在万物中,唯有人体具有最匀称、最和谐、最庄重、最优美的特色。人体是一种高度精密的有机体,是有思想的万物之灵。”因此,人体是艺术中永恒的主题。不论哪个国家,其原始的艺术都是以人的自身美作为艺术的中心题材。

飞天正是我国古代的人体造型艺术。古人抓住这个题材,用各种手段进行创造,并随时代和审美观的转移而变化。比如早期飞天脸形消瘦,所谓“瘦骨清像”是也;唐代肥硕丰满,男性则表现雄健壮美,女性则表现柔软曲线,在升腾、俯仰、伸屈、翻腾中体现人的形体美。进入唐代,画工技巧熟练,一般画得体态匀称、比例适当,线条功夫极高。它不仅表示出一个简单的形,而且运用线的技法,还表现虚实、平面、立体、空间和质感,使人体的气质、神态突出出来,即古人所说的“气韵生动”。

早期飞天的造型,虽具粗、重、厚、简陋的特征,但却古朴、稚拙、憨厚可爱。它有时身体长短、粗细不合比例,有时动作夸张,远近关系也不合焦点透视,但是不减其气势之美。犹如读乐府诗和观古铜镜、瓦当、陶俑一样,有一种浓郁的浪漫主义色彩。这种变形、古拙的人体美感特别接近现代形式主义的美术思潮。

(四)动态美

表现人体美,不能都如偶像一样静止地正襟危坐,必须在造型上利用各种动势来体现生命,体现活动的人体之美。这样,它与静止僵化的佛像形成对比,动静结合,才使洞窟富有生气。飞天的动态人体造型,通过形体变化,如身体的翻转、扭曲,四肢的伸展、摆动,衣裙飘带的走势,以及背景纹样的流动感,使画面产生运动感。犹如电影的定格,虽属静止画面,内中却充满流动的意态,产生出勃勃生机。这就是由力量、运动和速度构成的动态之美。

（五）服饰美

飞天的画面显示了各个时期的妆饰式样，充分体现了我国古代服饰艺术之美。

从唐代开始，我国妇女的服饰日趋华丽。宫廷妇女上有珠光映鬓，下有彩锦绕身。民间妇女也纷纷效尤，极力模仿“宫装”。唐代妇女基本装束为：上穿窄袖短襦，下着紧身长裙，裙腰束及腋下，然后用绸带系扎。飞天也是以这种模式描绘的，不仅袒胸露腹，披巾拖带，有时也穿着当时的裙襦、衣衫，描绘得十分得体入时，并且不时加以创新。如上衣就有圆领、尖领、窄袖、小袖、半臂衫裙、披肩、披巾等。花纹、色彩更是争奇斗妍，各有千秋。

除服饰外，在髻形、头饰、花冠上也多有变化。如有高髻、双髻、斜髻、垂髻、宝冠、花环、环带等，不一而足。

当时妇女还极为重视面部妆饰，如贴花、画眉（仅画眉就有长眉、柳眉、蛾眉、阔眉等形式），还有斜红、面靥、点唇等技巧。这些在飞天的造型中都充分地得到反映，也说明古代妇女的审美习尚是一个很值得研究的美学领域。

（原刊于《中国飞天艺术》，与台建群合作）

敦煌书法研究

敦煌写卷书法钩沉

20世纪初，敦煌藏经洞遗书的发现，使全世界学者大为震惊，这些珍贵的文献资料，对研究中国古代文化，提供了大量翔实、可靠的历史信息。至20世纪末，研究者蜂起，中外学人对敦煌所出，数以万计的经卷、文书，分门别类地展开了广泛而又深入的探索，其范围犹如一部百科全书，涉及各种学科，各个方面。终而形成了当今所谓的“敦煌学”，这一为全世界瞩目，热门的文化课题。

众所周知，藏经洞所出之遗书，均为古代先民手写之墨迹，其数量之多，跨越年代之久远，书体之多姿，笔法之变异，风格之奇巧，功力之深厚，令人叹为观止。可见古人在书法艺术上之造诣、睿智并不逊于今人。遗憾的是，“敦煌学”已经研究了近一个世纪，而对敦煌写卷中书法艺术的研究还是个空白，除披露少数作品，有个别研究文章外，大量的写卷内容还鲜为人知，仍然处于沉睡之中。为此，笔者在敦煌工作之余，接触了大量的写卷，每览都有拍案惊绝之感，觉得这是一个亟待开发，刻不容缓的研究领域，首先应将其介绍出去，让更多的有识之士参与研究，为此，笔者不揣浅陋，初步进行了探索，经过研究选择，挑出一批可称为精品的选样，公之于众。并对写卷的形式特征、写卷的内容、历史分期、书体衍变、史学及艺术特征等诸方面的问题，略做归纳探讨，望书法界同仁及读者予以审正：

一、敦煌写卷规格形式

继秦汉简牍记载文字的时代之后，从晋代开始，我国造纸业兴起，社会上已广泛地使用纸和毛笔书写文字。最初，人们还不知道装订成册，而是以写本手卷形式，即将很多纸粘连成为一长形横幅，再用木轴卷起，故称其为“卷”，无论官署公文、寺院敕牒、经书、民间书信、记事、经济文书，都是用写卷方法记录文字。自南北朝以后，十多个世纪，这是中国书籍最主要的形式。敦煌藏的写卷，大多亦是这种形式。

敦煌写卷多为毛笔书写，充分地表现了各种书体的情趣，但也有部分写卷为硬笔书法，系当时民间创造，硬笔书法亦颇具风姿，更多见于少数民族文字。

写卷之用墨，也甚讲究，从大量写卷墨迹来看，大多字迹尚乌黑光亮，未有漫侵褪色变质之虞，可见古代制墨之科技水平，并不逊于今日。写卷除用墨书写外，尚有用金银粉末书写者。也有虔诚的佛教徒，用自己的鲜血和墨写经，足见其奉献牺牲之苦心也。

写卷的书写格式，一般皆从右至左竖写，少数例外，亦发现过从左至右横写的卷子，可见横写文字，古亦有之。

由于纸幅宽窄不同，字的大小不同，每行的字数，行距亦不同。写卷为小楷形式，每字约在一厘米左右，最大也不超过两厘米规范。写经一般每行17个字，每张纸写28行。也有一种称为“细字”写经（中唐以后），每行有30字，行距甚紧密。早期写卷纸幅较窄，愈后稍宽，一般写卷纸幅约宽20—30厘米，长为40—50厘米。通常每纸规格约一尺。因之，古代信函有“尺牍”，或“尺素”之称。为便于阅读，使书写行距整齐、美观，有部分写卷，在行距间，用墨笔或用铅石竖格打线，称之为乌丝栏，用红色画线，称之为朱线栏。也还有用金、银粉画线者。

写卷分段用纸写好，为连接成长卷，古人用一种有黏性的植物汁液黏接，黏力甚强，经久平整不会脱落，也诚为古人之巧妙发明。

隋唐之后，纸质明显进步，民间写卷，习惯“染以黄蘖，取其辟蠹”，即在纸上涂一种黄色的防虫剂，也称之“入潢纸”或在黄纸上再加腊研光，称为“硬黄纸”，这种加工后的纸，质地坚硬，可防虫蛀，防水，是民间写卷的保护措施。

古时纸价昂贵，寺院用纸需向群众募捐，和布匹一样。有一个写卷(P4640)反映出当时情况，曩为计量单位，布帛称“匹”，而纸称“帖”，犹如今日称之为“刀”者，纸可分三类：细纸、粗纸与画纸。写卷所用之纸三类通用。

二、敦煌写卷内容及时间

敦煌写卷的内容十分广泛，因为出于寺院，绝大多数属于宗教性质的，主要是佛经、寺院的文件，或以寺院为中心的社会经济文书。也有其他宗教的写卷，如道教、景教等方面的材料，非佛教的写卷约占15%，但历史价值极高。

总体分类，可以分为：宗教经典、儒学典籍、文学资料、史地资料、语言文字资料、民俗资料、社会经济资料，及科技资料等。社会文书方面，包括当地官署的公文档案，比较多的是归义军时期的牒状等等。真可谓包罗万象，俨然一个图书馆的藏书，这对研究古代社会、经济、文化提供了最珍贵的第一手资料。

藏经洞究竟有多少写卷，尚不知确切的数字。仅就目前各方面材料汇集，粗略估计已经超过四万件了，其中仅有三分之一存于我国，而绝大多数写卷，则流落国外。英、法、日、俄、德、韩国、印度、丹麦、瑞典、奥地利均有收藏。有些还在私人手中。流落国外大量的还是藏于英、法两国，为斯坦因、伯希和所劫走。我国学者对此无不痛惜，认为：“敦煌者，我国学术之伤心史也。”

敦煌写卷的抄写年代，最早有题记的写卷为《大般涅槃经》，题有“永兴二年二月七日”，为西晋时代所书（305 年 3 月 21 日）。最晚的一个写卷为《大般若波罗蜜多经》，题有“惟大宋咸平五年，王寅岌七月十五日”（1002 年 8 月 25 日）。近闻苏联公布，其所藏敦煌遗书目录，第 229 号，为宋真宗景德三年（1006 年）。全部遗书，从时间、数量来看，还是隋唐、吐蕃、归义军时期写本最多。

从最早到最晚的写卷，其时间跨度为八个世纪，从书法史的角度看，这八个世纪，正是中国汉字发展最关键的时期；这四万多写卷的作者，正是与两晋南北朝的陆机、卫夫人、王羲之父子开始，以至隋唐的褚遂良、虞世南、欧阳询、李世民、颜真卿、柳公权，五代的杨凝式，及至宋代蔡襄、苏轼等名家，为先后之同时代人。

写本中标有年代题记的近千卷，其余大部分写本未注书写时间，必须从其他方面综合考证。

三、敦煌写卷书法内涵

前已述，敦煌写卷内容包罗万象，无所不及，仅从书法艺术角度探索，亦有其丰富的内涵，目前只披露少数材料。尚有大量的还有待于识者发现和考证，犹如明珠埋于沙砾之中。笔者亦如大海捞针，在大量的墨迹中，仅得其一二。现将有关书法之内涵，归纳介绍于斯，并举例如下：

（一）敦煌写经

所谓“写经”，是佛教为弘布流通经典，用纸墨抄缮，进行宣传的一种活动形式。敦煌写经，包括经、律、论三大类，其中包括：经文、经目、注疏、释文、赞文、陀罗尼、发愿文、启请文、忏悔文、祭文、僧传等。

而汉字写经竟占90%。

藏经洞遗书中,写经占最大的比例,其确切数字尚不得知,据近年来国内外公布的敦煌遗书编号及目录估计,大约有32000卷,约占遗书总号的85%。全部写经,有不同名目之佛经约400种。

三万多件佛经的抄写,确是一项十分壮观、艰辛的工程。可以这样推测:敦煌仅为我国西北边陲的一个佛教据点,再说也不会有内地寺院的规模,竟也有如此浩繁之收藏,可想当年,全国寺院林立,佛教文化是多么宏伟博强。但岁月悠悠,绝大多数寺院只存建筑,而人物俱已消逝,文书更荡然无存,然独敦煌例外,历代之积文弃纸终成后世之瑰宝。

写经,是我国的一种民间风俗。在一个漫长历史时期,普遍在民间流行。它是以佛教的信仰崇拜为心理基础,以寺院为集散中心的一种全社会投入的文化活动。先民们承先启后,以最大的毅力,用抄写佛经这种形式,来表示对佛门的皈依,表达自己对佛祖的虔诚和奉献,对社会所尽的功德。因此,全社会各阶层,无论官署、庶民、僧俗百姓,都投入这项活动,源源不断地,将写成的各种经卷汇集于寺院。

中古时代寺院所写经典,缮写或出自僧侣本人,或由经生代书,写经人自己的署名称谓,也颇多样,如善男子、善女人、信士、信女、弟子、佛弟子、优婆夷等等。官方则更为严格,从宫廷至基层官署,有专职的写经班子,设专职人员缮写和监督。一般寺院则有经生、官经生、书手、楷书手、典经师等名称,说明在当时,已有写经这种专业人员和组织机构。

凡官寺之写经,卷尾部都有详尽的抄写情况,如抄写年代,抄写人姓名,用多少纸张,并注明抄写班子职称和署名,其名称有:孔目官、装潢手、初校手、再校手、三校手、详阅、判官监制等,有的竟达十余项名目之多。可见当时写经之严肃和慎重,已经形成制度。

凡佛经均为恭正之楷书。只有注释、讲解和其他佛教寺院文书,可用行书或草书,而且时代愈晚,行草书体愈多。不同时期,写经有不同的形态,其书写格式、形制、书体的面貌也不相同,而且一直在发展和变革之中,在纸幅、边框、字数、行距、书写格式、校勘程序、署名方式、题记用语等,均具时代特征。

传统书学,称写经的书体为"经体""写经体""经生体"。笔者之愚见:写经是一种古代的书法形式,敦煌写经是遗书中的一个内容,它本身并未形成书体。写经的书体是随着时代的发展,变化中的书体。其实,写经的书体五花八门,什么式样的都有,并没有一个固定的类型,也并非一种专用的书体。因此,敦煌写经,准确地说,它是各个时期,社会上流行的多种风格,是从隶到楷,衍变过程中形形色色的楷书体。

(二)写卷中之拓本

写卷中藏有古拓本三件:欧阳询书《化度寺邕禅师塔铭》(P.4510),为唐李百药撰文,正书,贞观五年(631年),于长安终南山佛寺所镌。此碑早不复存,敦煌写卷中为唐拓残本,仅存十二页,现藏巴黎国立图书馆,开头两页,共八行,另为八页藏在大英博物馆。此拓本虽残泐,文义不接,但笔力遒劲,法度森严,于腴润之中见其峭峻,有清逸之风神与俊秀之骨格。欧阳询之楷书,以行笔险峻、整饬著称,历代书法家皆奉之为典范,宋代姜夔对此碑尤为赞赏,谓其优于《醴泉》。敦煌藏此拓本与坊间流传之宋代拓本亦有迥异。

柳公权书《金刚经》(P.4503),为一卷装拓本,此卷首尾完整,纸墨如新,首尾题名《金刚般若波罗蜜经》,卷尾有题记五行,书曰:"长庆四年(824年)四月六日,翰林副书学士朝议郎,行右補阙,上轻车部尉,赐绯鱼袋柳公权为右街僧录准公书,强演,邵建和刻",此卷为横石拓本,每行11字,是柳公权为长安西明寺题写之碑铭。该碑毁于宋代，后世多见传拓，极负盛名。此碑为晚唐，柳公权46岁之代表作，精力充沛，神采焕发，表现出笔锋刚健俊秀，于坚挺匀称之中，见其潇洒之风采特性，有一气呵成、全局照应之功力。这个拓本可称纯正楷书之模式，他的笔势，已无一字留有篆隶之余法，完全摒弃颜真卿尚存之蚕头燕尾，波折提顿，隶法进楷之形态，诚一发展也。因此，可以说柳公权的书法，是唐代楷书发展的一种定式。所以说这个拓本极为重要。

唐太宗书《温泉铭》(P.4508)，为行书剪装拓本，共存50行，为唐拓，唐裱，有初唐《永徽四年》的题记，乃唐太宗御笔，书于贞观二十二年(648年)，内容为赞颂温泉之碑刻。唐王李世民酷爱书法艺术，其书骈丽圆劲，雍容大度，有明显的二王书风，此碑久负盛名，已成为学书之范本。以行草书体刻碑，唐太宗为第一人。

(三)写卷中古帖临本

写卷中见存王羲之十七帖临本三件：为《龙保》《瞻近》《旃罽》三残片，系十七帖中第三、七、十四段之片段，均为唐代临本。王羲之真迹，古时已荡然无存，而所见者皆为后来各时期之临本，最早的临本，当视之更为珍贵。如今，所见者多为宋以后之临摹，而唐代之临本，存世者不过十余件。此三残片当又为其增辉。

《瞻近》《龙保》《旃罽》是王羲之十七帖书信中开头二字。这是王羲之写给其好友益州刺史周抚的书信，《瞻近》表示希望与其结邻友好的愿望。《龙保》帖则表达对众从兄弟的问候，盼望相见的心情。《瞻近》帖部分残损，而《龙保》帖只存数行，笔法相当纯熟，牵丝转笔，锋棱毕现。“旃罽”帖只剩后半部分，共四行较前二段更具神韵。此三临本为一人之手迹，都可称精品，无论章法、笔势、气韵都保持了人们印象中王羲之的笔法和情趣，并不逊于唐人其他高手之临本。

另P.2544卷中有“兰亭序”全文，系经生所书，虽书体不佳，但可见王羲之作品已在民间广为流传矣。

(四)写卷中的书法理论

关于书法理论的写本,见之寥寥,可能尚未发现。目前见有二残卷,亦颇令人注目。一为P.4936号,有一论述写字方法的残卷,首尾均残缺,全文不可得,残泐中尚存20行墨迹,为讲述写字规律,对写字的"结体""书势"列举许多禁忌,如笔画比例关系,粗细,长短,宽狭,字与字的大小关系,都有详尽和精辟的论述。此文并非诸名家之书论传本,乃民间传抄之写字方法论。为一件不知作者的写字经验之谈。但其中引用了王羲之"笔势论"的语句原型。

另一件为王羲之"笔势论"残卷(P5背)为传说的王羲之书论《笔势论》十二章的片断,全文已不可辨,只留存序言之前数十字。此卷系在一回鹘文字写卷背后发现,书写时间当是五代末至宋初之间,至少可以证实,在宋以前,王羲之"笔势论"已经传抄于民间了。

(五)童蒙读物

在遗书中,有许多古代启蒙性识字和书法课本。为数最多的要算《千字文》的写本了。据统计:敦煌写卷中,有《千字文》的写卷31种。众所周知,《千字文》乃南朝梁周兴嗣撰,他选王羲之遗墨中,不同之一千个字,编成四言韵文,叙述社会、历史、伦理道德、日用器物等知识,内容精练概括。这个作品亘古千年,经久不衰,为儿童启蒙之语文读物。而历代书家,均书写之,以表现各自的书法才能,异彩纷呈,传诸后世。至今传世之千字文,有数十种,成为群众临写的范本,在敦煌写卷众多的写本中,唯贞观十五年(641年),署名蒋善进之真草合书之写本最为精彩(P.3561)。此卷亦为残本,仅存34行,遗170字,显然是临摹智永禅师之写本。其形式、运笔、结体,与永师无殊,字体端庄规范,纯熟流畅,圆劲秀润,纯为初唐之书法风范。

除此之外,启蒙性读物还有很多,如:《开蒙要训》《新商略古今字样提其时要并行俗释》《杂集时用要字一千三百言》等等，都是民间流行的识字课本，为手抄墨迹，有的并不十分工整，但属于民间俚俗之书法范畴，可从中窥知古时民间书法及书法教育状况。

（六）写卷中的硬笔书法

敦煌藏卷中，硬笔书法很多，其中有汉文、梵文、粟特文、吐蕃文、于阗文、回鹘文等。其实，从许多资料看，硬笔书法早于毛笔书法，敦煌所存古时硬笔书法作品，以粟特文写本为最早。斯坦因于 1907 年在敦煌西北一个烽火台内，发掘出 6 封硬笔书写的粟特文信函。专家们判断书写时间不出公元 2 世纪末。汉文硬笔写卷也存在一些，书法水平都不佳，但也有一定的硬笔书法趣味。说明我国硬笔书法自古就有之，以木笔或苇笔所书。因此可知硬笔书法，并非始自近代之钢笔和铅笔。

（七）民间写字的创造

在写卷中，有些墨迹与上层士大夫书法趣味截然不同，反映出庶民阶层，无拘无束，自由率意，发挥创造的书体。字形与写法，与宫廷官署，文人大相径庭者，屡见不鲜。这里面有简笔字、合体字、异体字、代用字，亦见有时代特征的避讳字。还有各类的标点符号，校勘批注符号。甚至还有美术字，组字画，类似双钩的图案式字形，勾勒之中绘以花纹。也见有用文字组成的宝塔组字画，回文诗等等，以文字作为游戏的内容。足见古时民间书写形式和内容是非常丰富、生动、有活力的，充分体现了先民的书法艺术才能。

（八）篆刻

篆书在遗书中所见极少，只见两个卷子（P.4702，P.3658），为篆书《千字文》之残片，一片为七行字，一片为五行字。两残片原为一卷，明显出于一人之手笔。笔法古朴自然，圆转合度，比较规范，为甚有功力之佳作，不知出于何人之手，源于何帖，篆书旁边注有楷字对照，以便识别。

在遗书中,还有一部分历代印鉴,反映出当时的篆刻艺术。这些印鉴,均见于官署文书,为归义军时期的敕牒,状文之钤记,押印于公文之首尾,表示职权和等级,诸如:《归义军节度使之印》《瓜沙洲大王印》《沙洲观察处置使之印》《瓜洲团练使印》等等,这些印鉴,继承了汉印的传统,印文盘曲,整齐而不呆板,夸张参差,布白宽博,雍容古拙,篆法相当规范,反映了当时官职制度及篆刻艺术。唯仅见于公章、未见私印。

(九)少数民族文字写卷

少数民族文字写卷,数量甚多,也是敦煌写卷的一大特色。敦煌为我国西北毗邻西域之重镇,历史上也曾被多种民族占据。因此,在遗书中汇集了多种民族写卷,最多的是吐蕃文写卷,其他有梵文、粟特文、回鹘文、于阗文、西夏文等。写卷还有几种文字对照的,可见当时这里的僧侣活动,是多种语言文字混杂使用的。这其中有的文字是古代文字,今已废弃,尚未全部有人通识,国内外学者正致力研究,但困难较大。这些少数民族文字,多数用硬笔,也有用毛笔写的,相当工整流利、富有节奏感和独特的审美情趣,这其中的奥妙,尚待研究。

(十)绢书 题字

随同写卷发现的,还有一些寺院收藏的绢画、经幡、器物等。这上面均有题字,有的也和写卷同样形式,卷轴收藏,这些题字工拙不等,除少数精良外,大部为画工信手所书,有古朴稚拙之乡土气息,虽系民间创作,但也是敦煌书法的一个方面。

四、写卷的书体与衍变

综览敦煌墨迹,弥足珍贵的一点,就是它比较翔实、清晰地反映出我国汉字衍变的脉络和发展的轨迹。

现存之写卷，其时间跨度，相当长远，前已述及，它始于西晋，扩与北朝，盛于隋唐，终于五代、宋初。历时八个世纪，熟悉书学史的同志，就会理解，这八个世纪是汉字发展史的关键时期。从性质上说，它是继秦汉之后，汉字从象形符号进入表意兼标音符号的阶段；由具象变成抽象、由抽象再进化成意象的阶段。具体地说，就是从隶书过渡到楷书的嬗变时期。

隶书，是篆书进化的结果。它是将篆体圆转的笔势，变成方折的一种书体。至此，中国汉字的基本形态——方块字，得以确立。隶书的形成，给人们的书写方式提供了方便。但是它最早的结构形态，还未脱离篆书的束缚。这一点从汉简和帛书“篆隶合参”的书法形态中可以得到验证。在从篆到隶的过程中，可以看到这一发展的轨迹。但是隶书也并非尽如人意，它四平八稳，波折提按趋于呆板和程式化，写起来亦够麻烦。为此，在魏晋南北朝时期，人们就探索寻求一种变革，希望把不够简洁流畅的隶书规范化，使其易于书写。于是就逐步产生了创造楷书的要求。在楷书尚未定式之前，亦存在着一个“隶楷合参”的时期，而且是一个相当漫长的酝酿时期。这个变革过程，是一个新旧书体交替，由量变到质变的过程。敦煌遗书，在隋唐以前的墨迹，充分地给人们揭示了这一时期的变革实况。

敦煌写卷的书体，从全部写卷的纪年排列看，大致可以如此分期：

（一）魏晋南北朝时期（305—580 年）

这个时期，始自西晋，经十六国、北魏、西魏，至北周，为时约 200 年。这期间的敦煌藏卷，其书体，可谓汉字书体发展的一个“转型期”。即从隶书过渡到楷书的萌发转化阶段。此时的书体比较单一，是以隶书为母体的不甚成熟之楷书模式。这 200 年内的写卷中先后出现了两种形态：

1. 隶楷型——当是汉隶、简牍之余绪。以北凉时期书体为中心，方笔体势为其主要特征。表现在横划起笔皆为由细至粗，有明显的挑势，末笔一捺，保留隶书的重按，其中字形尚遗隶书写法，起笔出锋，收笔下顿，有燕尾波势。但又摆脱了隶书拘谨的分张之态，字形略扁，上窄下宽，每字皆有一重顿之笔画，或横、竖，或撇、捺，显得稳健，富有节奏。这种以横捺取势的隶楷，纯属民间创造。在各家碑帖中，尚未有雷同者，是一种古朴、自然、淳厚的形态。在西北地区有一定的地域和普及性。

隶楷型的代表作品有：

①晋《三国志·步骘传》(敦研 287)；

②建初元年(405 年)《十诵比丘戒本》(S.797)；

③皇兴二年(468 年)《康那造幡发原文》(敦研 343)；

④北魏《大般涅槃经》(敦研 19)；

⑤兴安三年(454 年)《大慈如来告疏》(敦研 007)。

2. 魏楷型——是隶楷的一种进化，以北魏书体为中心，圆笔笔意是这种书体的特征，结字平正，形态匀称圆润。笔画的特点是，字呈扁平状，起笔收笔皆无方角，横划与捺有轻微挑势，有一定的波折，但不似隶楷那样重顿。全字笔画均匀，无重按重收之突出笔画。这种书体，端庄凝重，富于活力，避免了呆板机械的成分。与同时代的南北朝时期碑刻、墓志铭有酷似之处。此即今人称之"魏碑"书体。为此，我们将这一种类型书体称为魏楷型。

魏楷型的书体时间较长，跨经北魏、西魏，及至北周。形态也多种多样，流通的地域也较广泛。书法史上有南朝与北朝之分，但都向楷书继续过渡。在敦煌写卷之中，发现有南朝僧人带到敦煌的写本，比较端正，圆润娟秀。而敦煌本地写本就显得幼稚呆板。看来，还是中原内地较之敦煌发达进步。

魏楷型的代表作品为：

①正光二年（521 年）《大方等陀罗尼经》（S.1524）；

②天监五年（506 年）《大般涅槃经》（S.81）；

③《北朝写本佛经》（P.4527）。

魏晋南北朝的写卷，以楷书为主。虽然这个时代已经产生行书和草书，但是敦煌反应却比较迟钝，行书和草书的写卷甚少。

（二）隋唐时期（581—780 年）

这个时期始自隋，经初唐，至盛唐，为时亦约 200 年。此时期，可谓楷书的定型期，即正楷确立，隶、魏之余绪逐渐消失。以楷书大家褚、欧、颜、柳为楷模的正楷书法，强有力地影响了全社会。周正、端庄、圆润、方饬的楷书形态基本定式。但楷书的风格还是多种多样。这些名家的生根土壤还是民间。敦煌写卷中就有些楷书酷似四大名家，但时间却先于名家。其中一些楷书作品面貌清新独特，甚至有超越名家功力。

隋代时间虽短，但在敦煌，却是一个佛教文化兴盛时期。书法亦然，上承魏晋南北朝转型蜕变之遗风，下开唐代宏图扩展，趋向繁荣、规范的局面。此时的写卷，风格是以朴拙与绮丽相济，汇集南北各派之优势，凝聚成正统的，以楷书为中心的书法。

进入唐代，是中国书法的黄金时代。此时国势强大，社会经济、文化艺术等各方面都进入繁荣的高潮。书法名家辈出，全社会的书法意识逐浪升高。除楷书迅速猛烈发展，形态已经完美定型外，写卷中行书和草书亦有空前的发展。行书和草书的形态、结体，是以二王的模式为中心，但并未受二王的羁束，灵活多样，神融笔畅，各有姿态和风貌，逐渐得到全社会的承认，并规范化，形成了一定的法度。总的看来，行书还是以王羲之的《兰亭序》、颜真卿的《祭侄稿》为基本模式。草书则以孙过庭的《书谱》为基本模式。全社会雅俗共赏，约定俗成，形成了隋唐时期书法艺术的高峰。

敦煌写卷，在隋唐时期亦和社会上的其他文化同步发展。这个时期写卷，质量高，数量大，视野宽阔，内容丰富。其中出现很多精品，无论在用笔、结字、章法布局上，都达到登峰造极的地步。

隋唐时期敦煌的写卷代表作品为：

①隋大业四年（608 年）《大般涅槃经》（P.2117）；

②唐开元二十三年（735 年）《阅紫錄仪》（P.2457）；

③唐《太玄真一本际经》（P.2170）；

④唐《高适诗选》（P.3862）；

⑤唐《众经别錄》（P.3848）；

⑥唐《文心雕龙》（S.5478）。

（三）吐蕃至宋时期（781—1006 年）

这个时期，始自中唐的德宗建中二年（781 年），为吐蕃占领敦煌，及张曹氏归义军时期，经晚唐、五代，又延至西夏统治时期，直至藏经洞封闭为止，时间约两个半世纪。这段时间的敦煌书法有如下特点：

1. 各种书体已经成熟定型，汉字的写法已形成以楷书为中心，以行草为辅的标准形式。写卷的体势亦多样化，但质量明显下降，纸质、装潢、注释、校勘都不及前朝认真、工整。多见潦草拙劣的写本。这个时期的壁画也逐渐在用色、布局、表现上趋于单调、程式化、简单化。这可能与政局不稳、社会动乱有关。写经人大多为农民、手工业者，他们身受水深火热的阶级与民族压迫，只能寄希望于宗教，以求精神上的解脱，因此雇人写经以积功德。所以这个时期的写卷数量虽多，但质量不高。

2. 这个时期的行书特别发展。表现于社会文书、民间的实用书写，如课本、书仪、契约、药方等。特别是官方及军营的牒状、帐籍，大多用行书，书体相当流利和规范。也有一些写卷行草掺和，虽纵意而不失法度。还发现有些纯正的草书写卷，如《因明入正理论》（P.2063）《妙法莲华经、明决要述》（P.2118）等，笔画简约、定型、平顺、匀称，结体严谨，而且秀媚纤巧，疏密有致。堪称精绝之佳作，与今草之标准写法，已基本相似。

后期代表作为：

①张议潮书封常清谢死表闻（P.3602）；

②曹元忠状二通（致回鹘可汗）（P.2155）；

③《因明入正理论议疏》（P.2603）；

④众经别錄（P.3848）；

⑤沙洲百姓状（P.2063）。

五、结　语

综览敦煌写卷，瀚海无涯，深邃莫测，的确是一个书法艺术之渊薮。尽管其沉睡千年，但这千姿百态、绚丽变幻的墨迹，仍然熠熠生辉，给人以新颖之感。观赏之余，抚案沉思，这些写卷的历史价值，艺术特征，究竟何在？笔者于千头万绪之中，初步总结几点，仅奉读者参考：

（一）史学价值

敦煌写卷，其史学价值，最弥足珍贵的一点，即它是历史遗存的实物。数以万计的先民遗墨，为文字学、书法史学提供了翔实可靠的证据。跨越了漫长的历史空间，使现代人可以追溯到一千年以前，先民们在各个朝代、社会生活中，在文字书写活动中攀登过的阶梯。从文字的结构形态，各种书体的变异，特有的异体、俗写字形，用笔方法，章法布局，书写形式，以及遣词造句，看各时期的风貌和特征，以及原始的书法艺术思维形式。

敦煌写卷的发现，给中国书学史填补了一个重要的空白。过去书法的“正史”，把各种书体的发端，都说成是某个人的创造，而且世代相袭,牵强附会,含混不清。特别是楷书的形成和出现,十分唐突。在汉隶之后,突然出现了以钟、王为代表的,相当成熟的楷书和行书,这中间似乎缺少过渡时期,转化性的作品。而现存的大量敦煌早期写卷,完全可以说明问题,弥补了这个断层。其实,任何书体的形成,都是经过漫长酝酿时期的,是必须有一个逐渐过渡、完善的过程。敦煌写卷还有力地说明群众是创造文化的主流。中国书法史的视野不应只局限在帝王将相方面,在文人,士大夫所创造的文化背后,还是别有洞天的。

(二)佛教与书法

佛教于东汉末期传入我国。当时,尽管我国在哲学思想、文化艺术上已十分发达,但在文字、书体的形成以及书写形式上,尚未成熟。从南北朝起,佛教大兴,寺院林立,信奉佛教的人愈来愈多,当时风尚,把写经视为功德,于是全社会掀起了以写经为中心的群众性的书法活动,在相当长的时期内,上自帝王,中至官署、寺院,下至黎民百姓,皆潜心投入,浸淫成风。这就促成了汉字的文字改革和多种书法风格的形成。因此,可以说佛教和书法,是个因果关系,佛教的传播,促进了书法的形成和发展,书法的流传,也促进了佛教的兴旺、繁衍。当然,中国书法的兴起也不完全依赖于佛教,但从现有的资料看,佛教的因素是巨大的,如:绝大部分传世之碑帖、摩崖、刻经,以及其他书法作品,其题材内容属于佛教范畴。历代许多赫赫有名的书家出身于僧侣,如智永、怀素,直到后世的石涛、朱耷,这说明僧侣在书史上有过重大贡献。另外,就从二王、钟、张,直到颜、柳、欧、赵的作品,所书碑铭,内容也多属于佛教题材。而大量的敦煌写卷与佛教之关系,更是不言而喻的。

(三)民间性

敦煌写卷为古代民间书法大成,其最主要之特征就是具有民间性。所谓民间性，就是有浓厚的地域和乡土特色，就是区别于官府贵族文化，就是风格多样，为人民大众喜闻乐见。因为这些作者都是不见传名，地位卑贱的平民百姓，他们受上层文化影响有限、有充分表现自我之余地，把写卷变成抒发个性、自由创造，尽意发挥情感的天地，于是就形成令后人折服的艺术精品，这些作品，或为变形稚拙，追求自然古朴，或为雍容宽博，追求肃穆端庄，或为娟秀妩媚，追求圆润整饬，或为勇猛雄健，追求跌宕险峻等等，不一而足，因此写卷表现得自然，质朴，不矫饰做作，不故弄玄虚，生机蓬勃，简单易写，并且发棘大瞻，不受什么法度约束，形成与宫廷、士大夫书写截然不同的风貌。

（四）实用性

敦煌写卷作者，多为一般庶民，或系被人雇用的写经生。缮写文字的初衷，并无书法表现意识，纯为实用。因此，简便、易写、易识、整齐、规范，是其主要目的和原则。但熟能生巧，久书成艺。尽管没有明确的表现意识和艺术目的，不论自觉与不自觉，其中都进入了艺术创造，蕴藏着极为丰富、质朴的审美趋向，得到了极佳的效果。每件作品的写法都不雷同。由此，可以证实，古人写字虽然实用先于审美，但意蕴充盈，终归成为后人赞叹的艺术品。其实，名家也是如此，颜真卿、柳公权在为朝廷、寺院书写碑文，也首先出于实用，为内容服务，也未料到他们当时的作品为后世作为欣赏的艺术瑰宝，或临池之范本。

（五）调和共济

中国的文化艺术，向来有雅俗之分。如音乐有“雅乐”“俗乐”。美术有宫廷和民间之分。二者长期共存，共相补充，兼容并蓄，构成整体的民族文化，而敦煌写卷，可谓“俗书”，它与官方的书法，即今日所谓的“法书”，泾渭分明，它是庶民文化，有自己的书写风貌和情趣，在改朝换代中，传递变异，形成自己的规律与体系，并且承前启后，代代相传。但是，两种渠道，在历史的进程中，并非不相关地独立发展，而是

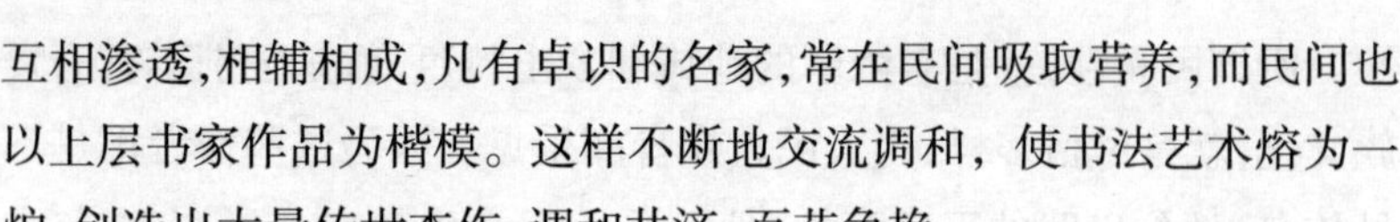

互相渗透，相辅相成，凡有卓识的名家，常在民间吸取营养，而民间也以上层书家作品为楷模。这样不断地交流调和，使书法艺术熔为一炉，创造出大量传世杰作，调和共济，百花争艳。

（六）关于美学的思考

毫无疑问，研究敦煌写卷艺术，最终还是应归结到美学的高度，用美学的理性去思考问题，笔者在这方面尚无确切之见地，因有几点朦胧的看法：仅供美学家思考：

1. 笔者总觉得，写卷中有一种，在士大夫阶层中，即文人的书法中看不到的气息，它有一种顽强的个性和生命力，尽管出自古人，虽埋没了千年，但一露真容，却傲然挺立在万花丛中，格调清新。有如我们欣赏民间年画、布老虎、木偶、皮影戏的感觉。

2. 写卷中不同的内容，不同的身份，写出的字形风格迥然不同。比如：缮写佛经用恭正之楷书。注疏、释文等属于评论注解性质的写卷，就可以放松随便一些，甚至可恣意发挥，因而多见行、草书体。官署及寺院文书，属于例行公事，就写得灵活草率，大字雄健、粗犷而缺乏文雅。一些军营文书，如归义军时期的关防牒状，或军事上的书信，则书写得雄强勇猛、大刀阔斧，颇具武夫之豪迈性格。一般儒家典籍则写的娴熟娟秀，温文尔雅，有书卷之气韵。这些不同的面貌，反映出各阶层、各行业各种内容不同的审美情趣和时代的特征。

3. 敦煌写卷在人们的审美情趣上，还有一个与欣赏壁画的同步现象。那就是人们更喜爱的是早期的作品。人们觉得那些有隶味的楷书与壁画，有异曲同工、珠联璧合之妙。在欣赏书法时，为什么对楷书形成之前的写卷，对那粗犷稚拙的书体，那么倾心和钟爱，为什么对早期壁画，更有兴味，这种在审美意识上，书法与绘画的偶合，是人类审美情趣的回归？抑或现代人与古人审美意识的反差？还是人类创造各种艺术的同步趋势？这是很值得深思的一种现象。

唐代书法艺术与敦煌写卷

唐代，是中国历史较长的一个朝代，它的统治时间为280年，由于政治稳定，经济繁荣，在文化艺术上也进入了一个辉煌的时期。如果从书法艺术的角度来审视唐代书法以及敦煌藏经洞发现的唐代写卷，无论从时代的书风，地域性的特征，当时全社会的书法活动，书法意识，以及书体的衍变，民间的表现形态，都有某种特殊意义。为说明这些情况，笔者拟从下列诸方面，略作阐述：

一、书法的盛唐气象

中国书法自秦汉、魏晋之后，隋唐是个重要的时期，由于汉字书写的普及，社会文明的日益发展，文化艺术的传播，佛教文化的兴盛，各种因素的汇合，在唐代形成了一个书法艺术空前繁荣的时期，我们把这段时间称之为书法艺术的盛唐气象。

研究敦煌写卷书法，不能孤立地研究，它是在全国书法形成、发展、传统的大趋势下，产生的局部文化现象。尽管我们发现敦煌写卷琳琅满目，瑰丽多姿，但它尚未有自己的独立体系，纵然现在常说的“经生体”，也毕竟是大气候中的小气候，因此，不能割裂总的历史背景，还必须看全国的书法潮流。

唐代开国之先，是隋代统治时期，隋代时间只有38年，时间虽短，但在书法史上，却十分重要。这一点从大量的隋代遗存的墨迹中可以看出，它合南北书派为一体而结束了魏晋时期以隶书为中心的书法面貌，开拓性地形成了以楷书为中心的书法局面。由于隋唐书风颇为相近，其间关系紧密，书法史上往往称为“隋唐书法”。在隋末唐初，相继出现了以智永、虞世南、欧阳询、褚遂良、薛稷等为代表的书法名家。以他们独具风格，既有继承又有革新的书法创造，强有力地影响了全社会的书法意识和书法活动。

唐代书法所以能形成高潮，主要也是与宫廷、官署的重视、提倡有关。所有的皇帝都是热情的书法艺术爱好者，并且身体力行，参与书法创作、研究和推广普及工作。从历史记载看，自太宗李世民之后、高宗李治、中宗李显、睿宗李旦、玄宗李隆基、肃宗李亨、代宗李豫、德宗李适、顺宗李涌、宣宗李忱乃至窦后、武后都有大量篇幅，记述他们在书法活动上的事迹，当作德政表彰。不但如此，就连他们左右的亲王、侍臣亦均笃好书法。由于上层统治者的提倡、偏爱，使得书法艺术列为文艺之首，并靡成风尚。乃至国家采取了以书为教，以书取士的政策。据通典记载：“自贞观二年(628 年)，复置书法，设书学博士，收徒讲学。”当时，朝廷中之崇文、宏文两馆，要求必须“楷书遒美，皆得正样”，诏令文武官员研习书法，国子监内设书学博士，但必须以王羲之书法为楷模，公开采取行政措施，弘扬书法艺术，以书法铨选官吏的政策。

纵览唐代书法，可分为三个时期：

初期，继隋代虞、欧、褚、薛之后，王羲之曾被推崇到一个极高的境地。这主要是唐太宗李世民独尊二王的结果，他本人书法极有功力，曾有不少碑帖传世。当时，李世民的书法，也是社会上风行的范本。他癖好二王，传说不惜重金求购二王墨迹，命人大量临摹王羲之“兰亭序”等帖，分赐给朝臣权贵。因此，当时书法家冯承素、赵模等的临摹作品，风靡一时，为迎合时尚，诸名家、士大夫皆宗法右军。

但是，艺术的规律总是要发展的，于是出现了创新、蜕变的情况。

在崇尚二王之风延续了相当的时间，直到开元之后，颜真卿书法的出现，才把社会的书风转向了一个新的视野。因为二王之书风，毕竟还是晋的藩篱，还算不得是唐代所创立的书法风格，唐代的书风，应从颜真卿的“变法”开始，颜真卿继承了前辈的传统，“纳古法于新意之中，生新法于古意之外”。后来宋代黄庭坚曾做过这样的评论：“回视欧、虞、褚、薛辈，皆为法度所窘，岂如鲁公，萧然出于绳墨之外。”就一针见血地说明唐代书风创新，是从颜真卿开始的。颜真卿的楷书结体粗壮，点横竖笔重横笔轻，方笔圆笔互用，以竖笔之环抱取势，线条雄沉肃穆之中寓飞逸舒和，形成别开生面，划时代的创举。颜真卿不仅楷书创新，他的行草，也独树一帜。据说他曾拜张旭为师，并从二王书法中汲取了很多养料，自己创出新的行草书体。从他的《争座位》《祭侄稿》即可以看出颜真卿重在用笔，新在具有个性，龙蛇生动，神采艳发，他能把篆隶笔法，用于行草书中，折钗、屋漏、印泥、画沙兼而有之，从结字、谋篇都超越了王羲之的面貌。与此同时，还出现了许多书法家，如孙过庭、张旭等，都是唐代初期的名家。他们的著作和作品，对草书的规范、定式，在全社会有极大的影响。

中期，唐代开元之后，以颜真卿为代表的书风，蔚成风气。继颜之后，又出现怀素、李阳冰等大家，对唐代中期的书法，起了推波助澜的作用。

经过一番酝酿，颜真卿的书法，特别是他的楷书，又进入了低谷。人们觉得他的楷书，体势肥厚，仍受隶书影响，于是又出现了柳公权、沈传师书法形态，但这时已进入了唐代晚期。唐代中期，涌现出的书法家有：贺知章、李邕、徐浩、李阳冰等人。

晚期，以柳公权为代表，继承颜体衣钵而青出于蓝，并有新的发展。他的楷书既避“欧体”之劲险，又扬弃“褚体之过于柔媚”，也一改“颜体”雄浑肥厚，隶法遗绪，开辟出自己的风格，确立了坚挺、端庄、骨架匀称、字形方整的形态。可以说，直至柳公权，楷书才确立了标准字形，走进了完全成熟的境界，彻底摆脱了隶法捺、顿的余绪。晚期除柳公权之外，尚出现裴休、杜牧等名家。

书法的盛唐气象，也表现在书法理论的著述方面。当时的书法理论包括：书法历史，书法美学，书法艺术哲学，书家评论，作品评说，字样字形规范，技法探讨，笔势，书体分析等诸多方面，经过官方刊布，民间传抄，有力地指导和促进全国的书法进程。有些极为精辟的论著，至今为人们借鉴。如孙过庭的“书谱”，张怀瓘的“书断”“书议”“用笔十三法”，张彦远的“法书要录”等。

综上所述，是唐代书法的“大气候”，是书法正史所记载的情况。但是书法艺术的发展，还有另外一条渠道，那就是民间的书法历史。敦煌藏经洞所出的写卷，充分地表现了这个渠道的情况。

二、书法与佛教

佛教，在我国传统文化中，影响深刻。自汉魏至明清，这一外来文化，不但渗透在各个领域，而且有喧宾夺主之势。因此，不能回避，从文化的角度看，它在中国的影响，是极为深远的，甚至超过了它在印度的影响。

单讲我国书法艺术，就与佛教有不解之缘，可以这么说，佛教与书法，是个因果关系，佛教的传播，促进了书法的形成和发展，而书法的发展，也促成了佛教的兴旺和繁衍。当然，中国书法的历史过程，是多种文化渠道促成的，并不完全依赖于佛教，但从大量资料来看，佛教因素是巨大的，绝不可低估。

我国汉字的形成，由来久远。从萌发、衍变，到发展成熟，时间相当漫长。如果从殷商甲骨文时期算起，文字的历史有五六千年之久。但实际上社会通用共识的文字，其时间只有两千余年。此时正是印度佛教兴起并传入我国。当时,尽管我国在哲学思想、文化艺术上已十分发达,但在文字上尚未成熟。无论从字形的确立、书体的形成、书写形式、书写工具、传播方法上还相当落后。直到魏晋南北朝,通过佛教经典的流传,文字才趋向普及。之后佛教大兴,寺院林立,信奉佛教,参与佛事,已成为我国朝野僧俗重要的精神生活,而且势如潮涌,信奉人愈来愈多。为了表示虔诚,当时最重要的一项活动就是把译成中文的佛经写在纸上,或刻在石上,将传播佛经视为功德和时尚。很快就扩及全国,掀起了以写经为目的的书法活动。上自帝王,中至官署、寺院,下至黎民百姓,皆潜心投入,浸淫成风。因此,就大大地促进了文字的改革,形成了手写汉字的多种风格和传播方式,到了唐代发展至高潮。

抄写佛经的集散和组织工作,除宫廷、官署有其专业机构和职业缮写佛经生员外,一般基层都是由寺院来承担的。

寺院,是政府协助兴办的,原为僧侣聚居修行供佛的场所。但在我国古代,它的功能远远超过了本来的范围,它是文化活动的摇篮,除了参与一定政治、经济活动之外,也还承担了社会的教育和文化艺术事宜,犹如今日的文化馆,它以其宗教信仰的凝聚力,对社会各阶层开放,是沟通宫廷、官署和庶民,联系群众开展各种活动的场所。

从现在莫高窟遗迹看来,唐代敦煌地区的佛寺是非常兴旺的。据资料反映,唐时比较大的寺院就有十八座,可以想象到当时香火之盛况。正因为寺院林立,佛事活动频繁,所以藏经洞内收藏了大量的写卷,这些写卷数量最多的也是唐代的墨迹。

佛教经典,除了民间大量手抄本外,还有一种形式,是刻在石头上以求永久保存的,所谓:“缣湘有坏,简策非久,金牒难求,皮纸易灭”,因此,就采取凿石刻经的办法,以求隽永。石刻经文、经幢,也多见于寺院之中,因其工程耗费巨大,一般民众难以承担,多为官方或大寺院镌刻,多为名家高手所书,也有供人观赏书法的意图,因此,也属书法作品,有极高价值。

综览传世之碑帖,其中绝大多数的内容与佛教、佛事有关。佛教题材充满中国书法作品之中,历代名家如张芝、钟繇、王羲之、颜、柳、欧、赵以及各朝代的帝王将相,无一不参与佛教的书写活动。由此可见,佛教渗入我国书法文化,是多么势力雄绝。

历代僧侣,善书者甚多。唐代就有:怀仁、怀素、鉴真、贯休等高僧多人,其作品传世,在书法史上有重要作用和地位。

缘何佛教对我国书法文化,有如此之渗透力,其实也不难理解。佛教进入我国成为我国全民的精神生活,哲学思想,文化艺术乃至民众的日常信仰,佛教均占主导地位,潜移默化,烙印深刻,已有两千多年的历史,而真正衰落,失去主导位置才不过近百年,用数字比例为:20:1 而已,因此,难怪有如此之影响。

三、敦煌唐代写卷

在发现藏经洞的写卷之前,历史上的书学多为相袭承传之说,把视野局限在仅有的碑帖、拓本领域,对屈指可数的历代名家书法,经过包装之后,形成评论定式,实际上比较片面,所宣传的都是帝王将相、上层文人的书法历史。当然,也应承认那些书法作品,确实是传统文化的精华。但它毕竟是局部名人之作,而且缺乏科学的论证,往往似是而非,含混模糊。所见作品又都是几经转折,临摹或拓本,而真正能看到的古代墨迹,却是凤毛麟角。宋代以前的真迹很难见到,偶有残遗之唐人墨迹,则视之为惊人秘籍。从敦煌大量各朝代的写卷发现,确使人们开阔了眼界,这些活生生的材料,给中国书法史翔实地填补了空白,不但显示了唐人书法,甚至上溯到魏晋时期的墨迹,说明了"法帖"之外尚有洞天。

遗憾的是，虽经发现，但大量的写卷已流失国外。目前只能看到缩微胶卷或出版的部分写卷，以及国内收藏少量的材料，但欲研究古代之书法原貌，还是不甚方便。

笔者因学识有限，仅就见到的一些材料，对唐代的写卷，略做如下介绍：

（一）在藏经洞发现的写卷

上迄两晋，下至宋元，很多没有纪年题记，但就有纪年可循的写卷，几乎每个时代、年号的作品都有，它可以连接起来看每个时期的书法特征。在五万多件的写卷中，唐代的比重较大，粗略估计可占总数的百分之七十以上。因此，唐写本可谓主流。

唐代的汉文写卷，不仅是佛经。其内容比较广泛，有其他宗教的经典，有儒家经史典籍，有文学诗词作品集抄，有寺院、官署文书，民间课本，杂抄等。因此，书写人的社会层次较宽广，书体、风格也趋多样，瑕瑜并存，鱼龙混杂，除有大量精品可以称为书法艺术作品之外，也存在着大量不成体统、质量低劣的墨迹。

（二）有关书法资料

1. 见存王羲之十七帖临本残件三纸（53753、P.4642），为“龙保”“旃罽”“其书”三帖残片，三件似为一人手书。十七帖是王羲之草书中最有代表性的作品，它是亘古千年的传世瑰宝，最早文字记载见之晚唐张彦远的“法书要录”，传说有初唐之刻本，但宋代以后才见有刻本、拓本。因此，敦煌有此写卷，弥足珍贵，此残片均为唐时墨迹。清代乾隆皇帝只收藏有三十余字的“快雪时晴帖”的摹本，即视为珍宝，以“三希堂”命名，建阁珍藏。现敦煌所示之三件，当更珍稀。

2. P.2555 号卷中，有一组唐人诗集，其中突见“王羲之宣示表”一段，宣示表原为钟繇所书，此文张冠李戴，显然有误，但写者对王羲之作品颇为熟悉，写成“王羲之白”，也说明这两位名家，在民间有相当之影响。

3. 写卷中，有蒋善进书“真草千字文”临本一段，起于“(侍巾)帷房，纨肩贞洁”，终至末句“焉哉乎也”。卷尾有题记：“贞观十五年七月临出此本，蒋善进记。”蒋氏所临此千字文，功力极佳，牵丝连带，平稳自然，精神气韵酷似智永所书之拓本原貌，绝不逊于当时其他摹本。遗憾的是所存太少，只有三十四行一百七十字。此确为初唐之作品，实为难得的精品。

4. P.2780 卷，《大唐三藏圣教序》片段系临摹褚遂良之作。用笔结体，乃至异体字用法，均宗褚字的原样。

5. 篆书千字文残片，共见二纸(P.3658、P.4702)，此篆书千字文，原为一卷，明显出自一人手笔，一为七行，一为五行，共计一百二十字。此为民间流行的篆书，它类似道家符篆之用字，造型古朴自然，结体盘曲，弯转自如，寓圆于方，左轻右重，疏朗空灵，有一定的古篆法度，但与《说文解字》距离较大，属于民间创造的字样，其中甚至有隶法、楷法的成分。在敦煌写卷中，有一道教符篆写卷(P.2865)《太上灵宝洞玄灭度五练生尸妙经》，与此篆书有异曲同工之妙，其文字虽然不得识，但确系汉字偏旁、部首组合而成。这种有神秘色彩的字形，也并非随心所欲而成，它们是汉字经过变形，具有符号性质，其中融汇篆、隶、楷书，弯曲回环，参差叠绕，变化离奇。抽去其宗教内涵，应该说也是民间的一种文字现象。

6. 兰亭序全文(P.2544)，为民间抄录的写卷，书体欠佳，但从此卷看唐时流传的全文内容，字里行间也可见有冯承素临本的面貌。

7. 欧阳询书《化度寺故僧邕禅师舍利塔铭》，为唐李百药撰文，贞观五年(631 年)镌石，此碑早已不复存，传世有几种拓本，但多已失真。敦煌所出此拓本，当是接近原貌，只是此拓本现分藏英、法两国。欧阳询书法结体倾向于平扁，圆润淡雅，宗法钟王，受汉隶影响，古朴险劲。

8. 柳公权书《金刚般若波罗蜜经》(P.4503),为一卷装拓本,此卷首属完整,卷末有题记五行署曰:“长庆四年(824 年)四月六日,翰林副书学士朝议郎、行右补阙,上轻车都尉,赐绯鱼袋柳公权为右街僧录准公书,强演、邵建和刻。”此碑为柳公权 46 岁时代表作,精力充沛,神采焕发,表现出笔锋刚健俊秀,于坚挺匀称之中见其风骨特性,有一气呵成,全局照应之功力。

9. 唐太宗《温泉铭》(P.4508),为行书剪装拓本,共存 50 行,有初唐“永徽四年”之题记。为李世民之行书御笔,其书骈丽流畅,雍容大度,有明显的二王书风。此行草书体刻碑,唐太宗为第一人。

10. 马云奇诗《怀素师草书歌》(P.2555),为歌颂唐代草书名家怀素之诗文,赞叹怀素之书法造诣,诗为七律古体,作者马云奇事迹未详。唯其内容与怀素之《自叙帖》情况有异,是研究怀素的重要史料。

(三)有关“字样”“字宝”

在唐代的写卷中,有很多字书,诸如“字样”“字宝”“碎金”等等。这类名目的墨迹,是汉字普及、规范的启蒙读物,也是民间认字、写字、普及教育的重要材料。

自东汉许慎《说文解字》之后,相继出现了一系列的字书,如《字林》《玉篇》等。社会上使用文字相当混乱,存在着正体字与俗体字并存的情况。为了统一和规范文字,唐代官方机构,进行了一些文字改革、研究、整理并编纂了一些字本,如颜元孙著《干禄字书》、欧阳融的《经典分毫字样》、张参的《五经文字》、唐玄度的《新加九经字样》、玄应著的《一切经音义》等,收罗了大量朝野通行文字,厘定所谓:正、俗、通、讹的文字,实际就是当时的字典,对社会文字的规范起了积极的作用。

除官方推行字书之外,在民间还另外有自己的文字流通渠道,这

就是写卷中涌现的大量字书,其名目很多,不及细载,今拣一些重要的,列举如下:

《正名要录》(S.388)、《时要字样》(S.5731)、《新商略古今字样》(S.6208),还有《千字文》《太公家教》等类带有释意、训诂类字书。这些字书,没有编著者姓名,分类、注释方法也不相同,为自编、自用、自行增减的民间传抄的课本教材,这是当时社会上唯一传播文字的方式。其中和官方刊布的字书有一定距离,充分的灵活机动,反映出民间用字之丰富和时代的文字语言特征。甚至有方言、口语字书。总之,这些就是"俗字"字典。这些字书,对儿童及成年人的识字、写字都极为实用。

另外,写卷中有许多民间创造的字,其中有简笔字、合体字、异体字、代用字,也有唐代的避讳字。这些字查无出处,也未见字书收录,但简括、省略、实用。计有:形声、会意、增减构字部件、草书楷化、偏旁部首移位等方法。无拘无束,大胆发挥创造和约定俗成,形成浓厚的敦煌地方特色。

(四)唐代写卷中的书法理论资料

民间书字,比较重视实用,很少咬文嚼字地研究写字的理论,因此,写卷中传抄的官方有关书论甚少,但也有一些:

一为P.4936号,是王羲之《笔势论》唐代抄本残件,首尾均残缺,残泐中尚存20行墨迹,并没注明"王羲之"及"笔势论"字样,但从遗文所见,确系王羲之笔势论的内容,此为民间流传,经过加工,后人发挥、注释而成的文章。经与其他传世的版本对照,只有三分之一为原文,更多为民间的杜撰,主要是论述写字方法,对"结体""书势"列举许多禁忌,如笔画的比例关系,是短、宽、狭,字与字的排列秩序,都有详尽和精辟的论述。因全文较长,现援举两段如下:

"若欲学书者,细看书大此脚不宜赊……角不用峻,峻则生混,混则成棱,重字不宜长,长则大丑。单字又宜小……字不宜大,大则也破单,密胜短胜长。”

“字体之法,并宜上宽下狭,□头小尾,大小相称。复不伤密,密则疴瘵缠身,不能舒展,复疏则似溺死之人,诸处伤慢。伤长则死蛇挂树,腰间无力。伤短则似踏暇蟆,横阔则大丑也。此乃书之大忌,且勿为之。”

可以说,这是根据王羲之“笔势论”改编的一篇写字方法论。

另一件为王羲之残卷(P5 背),此卷在一回鹘文写卷之背后,全文已不可辨,只留序言的前数十字。

在写卷的字里行间,有时也夹杂着一些民间的书论,如 P.3189号《开蒙要训》,尾题有一首诗云:“闻道侧书难,侧书实是难,侧书须侧立,还须侧立看。”这就是一种美学观点,“侧”就是欹斜,不正。写字需要有正欹的变化对比,反对平正呆板。

(五)唐代写卷的书体

唐代的写卷,虽然各种书体齐备,但总览全局,大部分还是楷书、行书或草书。隶、篆的使用很少,所以还是以主流为对象进行探讨:

唐代写卷的楷书

楷书,是隶书蜕变的结果,它是在隶书的行体和草体的基础上发展而成的。唐代的楷书,是我国汉字从隶法进入正楷的成熟和完善阶段。从一些有代表性的名家的楷书面貌看,已经逐渐地摆脱了隶法的笔意,基本上已摒弃了蚕头燕尾、分张提顿的古拙、质朴的隶法书体,确立了以端庄、周正、方饬、圆润、倚丽为特点的形态。并扩展到全社会,明确了楷书的规范式样。

细诘敦煌写卷中的楷书,唐代的风貌,可分为三种类型:

1. 严正型:以当时名家为楷模,严格遵守法度,以典雅、凝重、稳健的笔法,毕恭毕敬书写的正书。这种端庄、严正的楷书,多见于录写佛经、道经或其他宗教的经卷，写得整齐，遒劲有力，通篇一丝不苟，犹如印刷品。其中有些酷似欧阳询、颜真卿的楷书，功力深厚，书写时间甚至先于诸公。但也有许多过于严谨，失去灵活生动，形成呆板、僵化，状若算子的局势。

写卷中楷书的精品有：P.3642《金刚般若波罗蜜经》，P.2088《维摩诘经》，P.3471《仁王般若经》，敦研336《佛说大药善巧方便经》，P.2804《越州诸暨县香严寺经藏记》，P.2173《御注金刚般若波罗蜜经》，P.3831《三藏圣教序》。

此外，在写卷中有一批道教的写卷，写得漂亮，有功力，几乎件件俱佳。这是值得注意的一个问题。缘何佛教寺院中，存有大量精致的道教写卷，且优于佛教写本，可见当时，佛道兼容并蓄，互为借鉴之实况。

道教写卷楷书精品有：P.2624《颜师古撰玄言新记明老部》，P.2465《太上本际道本通微妙理》，P.2170《太玄真一本际经》，P.2457《御本阅紫灵仪三年一说》，P.3663《残道经》，P.2602《无上秘要卷第廿九》。

②行体型：这是一种近似行书形态的楷书，其结体疏朗舒展，一笔一画并无连带，属楷书范畴，但字体并非方饬端正，具有行笔轻快，流水行云，飘逸自如，有明显的行书的速度感。这种楷书俊秀有活力，文质彬彬，有浓厚的书卷气息。多见于宗教以外的儒家典籍写卷。唐代中后期，这类型的楷书，逐渐增多。

行体型楷书有：P.2510《论语》，P.2540《春秋经传》，P.3847《景教三威蒙度赞》，P.2155《曹元中状》。

③个性型：这是一种具有艺术趣味的楷书风格，它与社会上流行的楷书都不一样，有自己的个性、风姿。而且非常成熟和定型，已经成为个性的笔势规律。

个性型楷书有：敦研328《说苑反质》，字形略扁，似元代赵孟頫楷书。P.3862《高适诗集》。字形宽博、圆润、疏朗、厚重,有颜字风格,酷似清代何绍基的楷书,此卷当为极精之作品。P.2617《周易经典释文》,酷似颜真卿书法,用笔厚重,横细竖粗,浑雄有力,不逊于颜体,另有其敦实魅力。P.2155《唯识廿论序》,小楷细字,笔法酷似宋代赵佶的瘦金体。P.2838《云谣集》,用笔飘逸、放纵,欹斜有序,是一种率意的楷书。

(六)唐代写卷中的行草

汉字书体的衍变,按习惯说法,人们自然会排出这么一个简单的衍进思路,即:篆—隶—楷—草—行的过程。其实不然,从现在所见之材料,特别是一些出土的、民间的书法遗迹看,各种书体孰先孰后,尚待斟酌。如:湖北云梦睡虎地秦简的发现,它已不是当时小篆的形态,很明显的已经成了简易、可辨的隶书,而且已有侧锋、出锋、连带的行草用笔特征。甘肃居延汉简、长沙马王堆的帛书的发现,已见楷、行、草的端倪;另见秦汉时代的砖文,民间早已产生行书,甚至今草的迹象。由此类推,汉字的各种书体的形成是个错综复杂的问题,有待于综合地探讨。但是,从中可以很明显地看出两个特点:第一,民间是各种书体的创造源泉,无论哪种书体,都是先从民间萌发开始的,都是走在前面的。第二,各种书体都是混杂出现的,很少单一地使用一种书体。以实用为出发点,没有清规戒律。

回过头来看敦煌的写卷,也是书体驳杂,相兼并用的。细审唐代的行书和草书,它受全国大气候的影响,这就是以王羲之、智永、张旭、孙过庭、怀素等大名家为楷模。也同时有地域性小气候的特点,表现在书体风格上形式多种,异彩纷呈。

写卷中的行书

行书,是民间最常见的书体,敦煌写卷中数量较多。它是楷书与草书中介的书体,是一种楷书快写,草书慢写的形式。

当然,从严格的意义上讲,行书作为一种书体,是应有其基本结字法则的，但实际上它与楷书、草书在习惯上却难解难分。在写卷中像《兰亭序》那种纯粹的行书并不多，而常见的却是“行楷”或“行草”混杂的书体。

写卷中行书用途甚为广泛，除了正规的写经之外，一些辅助性的经文注释、疏讲、略述及寺院的经济文书，官署的牒状，民间的书信、医方、杂写等多用行书。因其易认、易写、方便快捷，所以发展得很迅速，行书的艺术趣味也各具姿态。有的剑拔弩张、雄浑健壮，有的娟秀纤细、温文尔雅，也有突出的精品。如有一写卷 P.4640 号，全卷甚长，其内容有两个部分：前半部分为敦煌地方志和高僧传记，后半部分为寺院用布疋、纸张的账目。通篇用流畅的行书记写，笔法老练，有一气呵成之势。此卷纯系敦煌当地书手之遗墨，完全可以作为行书字帖。可见当时行书的水平极高，应视为当时当地民间的代表。

写卷中的草书

草书，是书法艺术进入高级阶段的一种自我表现，最完美的浪漫主义的艺术形式。时至唐代，草书已经发展到相当成熟的境界，从写卷中可以反映出来。

行草书法与敦煌写卷

书法,乃中华民族一种独特的艺术。它的形成、流传和发展,是有其深远历史和复杂的文化背景,它联系着社会、民族、政治、经济,渗透在文学、艺术、哲学、宗教等方方面面,是社会生活中最重要的一种文化现象。

书法的载体就是汉字, 虽说我们中华民族已有五千年的悠久历史,但汉字的产生,为时并不遥远,除去古文字时期之外,现在通行的"方块字",只不过两千年左右,而从汉代末至隋代初,这几百年却是我国文字成型、蜕变、发展的活跃时期,也就是从简牍进入用纸和毛笔来记载文字的时期。我国书法中的各种书体——篆、隶、草、行、楷的书写形式,接踵而生。汉字的演变和发展,包括两个方面:一是字形的变化,二是结构的变化,这两方面紧密地联系在一起,经过不断的改革和传播,构成了汉字的发展历史。

为什么汉字的字形和结构要不断地变化呢? 这是因为文字毕竟是为记录语言而书写的一种符号, 人们总是要求它在不妨碍表达语言的前提下,尽量使用简便和快捷,容易辨认,容易书写。因此,在不同的场合,就有不同的字形和结构的需要。比如,在庄重的场合,要求字写得端庄、规矩一些;在平时记载一些事物,或信件来往时,就可以写得潦草一些。因此,文字就自然地产生了各种不同的写法和形态。于是,各种"书体"便应运而生。隶书,就是篆书变革后,产生的一种简化的书体,它是楷书的前奏,它的特点是改变了篆书的圆笔结构,改曲画为直画；将篆书删繁就简，省略了某些多余部分，用简单的部分，代替了复杂的部分。结体方整，棱角直挺，形成结字扁横，有波磔挑顿的笔势。隶书的形成，使中国汉字进入了“方块字”的模式。

各种书体，篆、隶、草、行、楷形成的次序，孰先孰后？很难说清。如按正统的书史来观演变的过程，从现在看，很多地方是牵强附会，说不通的。特别是近些年，考古发现的资料，证实了很多说法并不可靠，应该重新认识各种书体嬗变的历史，特别是应从古代的民间书法，诸如楼兰文书、敦煌写卷中，以及各地民间遗存的砖文、陶文中寻求解释，其中确有很多令人信服的例证是可以填补空白的。本文拟重点议论一下行草书法的形成、演变、特征问题，同时也谈谈楼兰纸文书和敦煌写卷中的行草书法问题，以便读者在学习敦煌写卷书法中，得到一些有关的启示。

一、行草书法的由来

草书，先于行书，是由隶书脱胎演变而成的书体。曾有“藁草”“藁书”之称，出于草稿之意，东汉许慎之《说文解字·叙》有：“汉兴有草书”之谓，汉代初期的“草书”，是隶书的草写，也称“隶草”，或“章草”。

章草

章草书体是隶书的简化和草写。它的特点是笔画留有隶书的波磔提顿，横笔上挑，以方劲的笔势代替篆书的圆转，横笔是蚕头燕尾之状，最后一笔重按，形成波磔。每个字都独立成形，字与字不做连接。

除了上述规范的章草基本字形外，章草在发展中还另有一个类型，即是陆机《平复帖》那样写法，基本还是隶书的间架结字，但不用蚕头燕尾和波磔提顿，这种形式很有行书的意趣。新疆楼兰出土的纸文书大多是这种类型的写法。看来章草发展到晋代，这种写法也是一种社会需求的书体变革。

章草书体的代表人物和作品：

张芝（？——约192年） 东汉书法家，字伯英，东汉敦煌渊泉（今甘肃安西）人，传说其有征不仕，勤学而有操节，以“池水尽墨”的刻苦精神和“超俗绝世”的博学才华，在崔瑗、杜度的基础上，将章草推向历史高峰，后又创立“今草”书法，被誉为“草圣”。他的草书如“惊蛇入草，飞鸟入林”，古人谓之“一笔飞白”，“独成一家”。后世之《淳化阁帖》收其《冠军帖》《终年帖》《今欲归帖》《二月八日帖》和《与府君书帖》传世。他的《冠军帖》今草之法已十分完备，书风纵横狂放。两种草体风格兼备，是否为其真迹，书家尚存争议。

皇象 三国书法家，字休旺，广陵江都（今江苏扬州）人，曾官侍中青州刺史。皇象善八分、小篆，而尤善章草，独入神品。他的作品《急就章》，为章草书体传世之典范，长达一千三百九十四字，从笔法上看多用方笔，横画起笔藏锋，保持隶书之形态，横画蚕头燕尾，收笔重按，又以尖锋挑出，形成下面钝角，末笔出锋上挑，字字独立，毫不相连，构成章草之基本笔法，其中也还施用了一些楷书简化的笔法。从艺术风格看，皇象的书法比较自然质朴，稚拙而妍媚相兼，统一之中表现多样，笔墨之外尚有韵味。近年出土的东汉民间有手刻之《急就章》，书法粗放率意，可以看出民间传统的范体确系存在。

皇象尚有《天发神谶碑》传世，为篆隶书体名作。

索靖（239—303年） 西晋书法家，字幼安，敦煌人，为张芝姊孙，官至尚书郎雁门及酒泉太守，拜左卫将军，公元303年在洛阳保卫战中阵亡。索靖是能撷取众长、独立创新的书家。时人评述谓其“传芝草而形异”，“精熟至极，索不及张；妙有余姿，张不及索”。其章草法度严谨，功夫扎实，作品有《月仪帖》《出师颂》《皋陶帖》等。

卫瓘（220—291年） 字伯玉，乃著名书法家卫觊之子，官至尚书令、司空、太保。他学张芝并参酌父觊之法，其草书接近今草，基本去掉波势，风格更加清新秀美。《醇化阁帖》中有其“顿首州民”一帖。

陆机(261—303年)　字士衡，三国时期著名文学家、书法家。其《文赋》为代表作，书法《平复帖》为传世最早之真迹，被称为“天下第一帖”，其特点也是章草体，而无波磔体顿之法。

今草

章草流行于汉末，在社会上流行时间很短，主要是上层推行，民间并未普及和形成风尚。至晋代，汉字书写又发生骤变，出现了“今草”。

今草亦称“小草”，史籍传说创始人为东汉张芝。唐代张怀瓘说：“章草之书，字字区别，张芝变为今草，加以流速，拔茅其茹，上下牵连。”宋刻《淳化阁法帖》又出现张芝今草四帖。其实，张芝书迹，早已寸纸无遗，而新兴今草的出现，理应是在今楷的笔势基础上，蜕变而生的书体，而张芝时代尚无完备之楷体。

今草的特征，是在章草的基础上，继承了章草的简化原则。依据当时已出现的楷书字形，以楷书笔法的使转，规范了偏旁部首，省略了笔画的组合，加强了笔画的连带，连点为画，并将带有挑势、捺笔的章草成分去掉，上下、左右注意呼应，间作勾连搭配，字形大小、长短、宽窄都可自由，字与字之间也可连带。今草的出现，很快就风靡全社会，得到广泛的流传和普及，它使汉字的书写得以升华，更具艺术特性，除了简括之外，又给人以婉转、清爽、逸宕之情趣。在魏晋之际逐渐臻于成熟，这在形体、结字和用笔上为一大突破性变革，并为后世奠定了牢固的基础，使草书的改革得以完成，衍至今日，仍未脱离和超越当时的模式。

今草的代表人物和作品：

王羲之(321—379年)　东晋书法家，字逸少，琅琊临沂人，居会稽山阴，官至右军将军会稽内史，世称“王右军”。早岁从卫夫人学书，博览前代名家书法，并采众长，研习变法，草书取法张芝，真书得力于钟繇，增损古法，一变汉魏书风，创造出真、行、草之新体。其真书，势巧形密；行书，遒媚劲健；草书，浓纤折中，千变万化，体势娟秀。所书《兰亭序》《十七帖》等为行草之经典性代表作品，千秋传递，全社会视为范体。唐代李世民独钟爱王羲之书法，相传求得大量真迹，竟以殉葬。故其真迹已无从可循，今所见者，唯后世名家临本，或传拓之作也。

王羲之后代，多为书法家，第七子王献之(344—386 年)，四世族孙王僧虔为书家及书学理论家。第七世族孙智永，以“真草千字文”著称，他们的行草书法作品，都是传世范本。

孙过庭　生卒年代不详，为唐代书法家、书学理论家。江苏人，官率府录事参军，博学古今，尤以草书著名，师法二王，工于用笔，隽拔刚断，尚异好奇，凌越险阻，然所谓“少用功，有天材”。其著《书谱》，是一篇具有高度哲理性的书法论文，又是一部表现精湛草书艺术技巧的法帖。历代书家都十分重视这件作品，它是学习草书的入门津梁，它在文辞、寓意、逻辑、书法等方面的美学思考，以及本身的书法表现、结字、笔法、章法，都给人一个完美的境界，后来传世的《秘阁续帖》《太清楼》《三希堂》都有“书谱”的摹刻本。现藏北京故宫博物院，有其笔迹手卷，共三百五十一行，三千五百多字、衍文七十多字，该墨迹为孙过庭于垂拱三年(687 年)所出，学者认为现存之《书谱》仅为原著之前半部分，其后半部已损失。也有学者说就是全部，说法不一。

狂草

狂草，也称“大草”“连绵草”“一笔书”，是继今草之后出现的书体。严格地说，是今草派生出来的一种狂纵的写法。狂草的产生，是唐代以后的事。其特点是，笔势勾连回绕，结字更为简略，甚至脱离原型,连笔带过,字形变化繁多,可以任意变化,大小字参差,上下字讲求贯穿一气,诡奇繁险,无所拘束。但狂草不易辨认,往往与今草、行书合并书写,是书法艺术表现个人性情、具有宣泄性的一种最高境界。

敦煌写卷中,未见有狂草作品,因写卷多为小字横幅形式,不适于狂草的发挥,但偶也见在尾题标注中有狂草的个别片段。

狂草的代表人物和作品:

张旭　生卒年不详,唐代书法家,江苏苏州人,官金吾县史,称"张长史"。楷法精深,尤擅狂草书,逆笔涩势,连绵回绕,体态奇峭,是继王羲之后,又创一新书体,风格狂放强烈,有"草圣"之誉。韩愈在《道高闲上人序》称"旭善草书,不治他技,喜怒窘穷,忧悲愉快,怨恨思慕,酣醉无聊,不平有动于心,为于草书发之"。当时有"颠张醉素""以狂继癫"之称,颜真卿曾向其请教,对后来书法影响很大。张旭有《古诗四帖》墨迹传世。在唐代,张旭的狂草,李白的诗歌,裴旻的舞剑,并称为"三绝",传为佳话。

怀素(725—785 年)　唐代书法家,僧人,俗姓钱,长沙人,上元三年(762 年)诏住西太元寺。工书以狂草著世。兴到运笔如骤雨旋风,飞动圆转,变化莫测,而法度严谨。晚年书法趋于平淡。学书时贫无纸,种芭蕉,取叶以练字,铭其居为"绿天庵",相传秃笔成冢,书板皆穿,与张旭齐名,传世笔迹有《自叙帖》《苦笋帖》《小草千字文》,刻本《圣母帖》等,对后世影响极大。

宋代赵佶、黄庭坚,明代的祝枝山、徐谓等也是狂草高手,他们的作品传世,有范本意义。

行书

行书,亦称"行押书"。相传为汉末刘德升所创。最早的行书,见诸简牍或砖文陶文。它曾是篆、隶书的快写衍变而成。为了简化、便捷地书写,介于楷书和草书之间的一种书体。严格意义上的行书,是在楷书形体的基础上发展产生的。它是晋代之后，社会上发生并逐渐普及,成为最流行的一种书体。行书的特征是运笔行而不停,著纸而不刻,轻转而重按,如流水行云,无少间距。行书所贵者,浓纤兼备,血脉相连,筋骨老健,风神洒落,姿态万千。行书多与草书混合运用,或与楷书相间运用。因此,除独立的行书体外,有“行楷”与“行草”的提法。

行书的代表人物和作品:

行书古代多推崇者，使群众趋之若鹜的还是以王羲之为最高典范,他的《兰亭序》对后世的影响和教育作用,确实不能低估,《兰亭序》被称为天下第一行书。其内容是在东晋永和九年(353 年)三月三日,于山阴(今浙江绍兴)与谢安、孙绰等四十一位友人集会,在兰亭“修契”所作的诗序。内容反映了当时文人的闲情逸致,感慨人生无常、触景伤情的情绪。全篇二十八行,三百二十字,其章法、布白,浑然一体,结字变化多姿,疏密斜正有序,字形大小参差,形成特有的节奏和韵律,和谐而完美。现在我们见到的是唐代冯承素的钩摹本,以及褚遂良、虞世南的临本。

颜真卿(709—785 年)　为唐代书法家,陕西西安人,曾任平原太守,官至吏部尚书、太子太师,封鲁郡公,书称“颜鲁公”。书法初学褚遂良,后请教张旭,真书笔力雄厚、端庄、弥满,气势森严。行书阔达雄健,一改二王之行草书风,他的《争座位》《祭侄稿》以娴熟的用笔、结字、行气、章法,并注入了自身气质,使情感、内容、书势有机地糅合起来。它保留颜楷的开张宽绰的结字特点,用笔挥洒自如,有时潦草粗糙,有时端庄精练,章法布白尤为精到,疏密和谐,互相陪衬,节奏紧凑,令人舒畅,不感沉闷堵塞。全篇行、草、楷兼用,果断连贯,有一泻千里之势。这种浑雄苍劲的行书风格,大大地超越了前辈王羲之的婉转清秀的书风,他的《祭侄稿》被后人誉为天下第二行书。

二、楼兰纸文书中的行草书法

20 世纪初，除敦煌藏经洞的发现之外，我国新疆也有重大的文化遗址发现，这就是被学术界认为可以和古罗马庞贝古城媲美的楼兰古城遗址的发现。其中发现了大量先民的纸文书墨迹，对研究我国书法史，提供了极为重要的史实依据，特别是对汉字草书和行书的研究，具有极为重要的考古价值。笔者认为楼兰纸文书墨迹应与敦煌写卷墨迹合并起来研究，是一脉相连、先后发生的文字现象。它是魏晋时期，我国汉字衍变最关键的时期，用这些第一手资料，正可以窥视汉魏之间我国书体嬗变过程，对史籍上的说法，做一些必要的匡正。

有意思的是，楼兰和敦煌都是处于中原之外；都是曾被历史和大自然湮没的废墟；又都是由外国人捷足先登将文物资料席卷一空，劫至国外；也还都是被发现之后，经过了一段懵懂期，沉默了大半个世纪，直至 20 世纪之末，人们才意识到此乃国之瑰宝，是极其重要的学术课题，于是贤才学子蜂拥而上。

楼兰古城，位于新疆罗布泊西北，塔里木盆地东最低洼处，古代楼兰是魏晋及前凉时期西域县吏的治所，丝绸之路重镇，西汉时称为楼兰国，是西域十六国之一，史书曾有明确记载，后来这个城市消失了，给人们留下不解之谜。经过一千五百年之后，这个沉睡的废墟又被发现，神秘的面纱才被揭开。遗憾的是发现者多为外国探险家，有瑞典人斯文赫定，有英国人斯坦因，有日本人桔瑞超等。中国人是在 20 世纪 70 年代才有学者进入发掘和考查。

楼兰古城的发现，除了对研究历史具有重大意义外，对书学史研究也弥足珍贵。这些魏晋时期的纸文书，是一些庶民，或是下层军人戍属之间的不经意之作，但却反映出当时本地区汉字书写的实况，即隶书、八分书、章草、楷书、行书交织同时出现的实例。

楼兰文书共出土五批,发掘简牍、文书六百七十件。单以纸文书的统计:第一批于1901年由斯文赫定挖走三十五件。第二批由斯坦因于1904年挖走四十六件。第三批由桔瑞超于1909年挖走三十九件。第四批由斯坦因于1914年挖走四十二件。第五批为我国学者侯灿先生率队于1980年挖获两件。大批文书已流失国外,实令国人痛惜。

以上文书在国外,有许多学者研究。我国学者罗振玉、王国维、侯灿、黄文弼等先生也陆续做了研究和考察。

这些纸文书最早的是曹魏嘉平四年(252年),最晚为前凉建兴十八年,即东晋咸和五年(330年),从书法史角度看,这是一段极为关键的历史时期。这些墨迹反映出魏晋时期,中国民间书法的进程,虽然上下限仅为七十八年,但这个时期正是王羲之的有生之年,从时间上看,它上接汉末的文字变革时期,下接敦煌写卷的最初时期,这两段时间接轨,完整地形成我国西北地区书学史的全貌,意义重大。

楼兰文书的书学特点是:

(一)内容广泛,它包括当时行政机构驻军的公文记事、小官员的私人信札,其中以《李柏文书》最引人注意。《李柏文书》共一表三书四件,是日本人桔瑞超发掘的。李柏为前凉西域县吏,是他给焉耆王龙照的书信草稿,有题记时间为4世纪40年代。李柏所用书体,为当时社会尚未定型的行书和今草合体书法,用笔飞动,中锋为主,方圆兼用,分行布白,参差错落,其中也还夹杂一些隶书的点画,有章草的余绪,李柏写这些书信时,王羲之只有四十岁,为同时代人。

(二)这些纸文书书体繁杂,结字造型多样化,其中有浓厚篆隶意字形;有隶楷相间的真书;有熟练规范的章草;有率意自然的行书;和进入成熟阶段的今草,这一点尤为令人惊奇,当时社会上尚未发现有如此完备的今草形态。

（三）笔法生动自然，饶有艺术趣诣。结字规范，有严格的法度修养，可见当时当地庶民百姓的写字教育功夫深厚，水平不低。

（四）与内地当时的书法对照，从结字书体及谋篇遣词用语方面来看，相似之处甚多，如其中发现的《急就章》片段，系史游撰文、皇象所书的抄件，用楷书和章草对应作成，显然是当时之习字。其楷书带有隶意，章草则遒劲规范。有一纸为西晋遗物，有纪年永嘉四年与六年（310 与 312 年）其书“正诸人……承白”者，秃笔纵书，有章草与行书之间的书体六行。这种结字，特点是摒弃波磔，率意行笔，非常类似陆机之《平复帖》、索靖之《出师颂》，由此可见章草书体后来有这一类型之变化，它是从章草到今草的一种过渡形式。另外，有些草书文书确与传王羲之《十七帖》《孔待中帖》《姨母帖》等在结字、行气、书信用语及笔法上，有异曲同工之妙，可以找到王羲之的影子。

（五）还有一个重要现象，就是楼兰文书与敦煌写卷中早期笔迹，有许多相似的特征，如带有隶书的楷书混杂驳用的行草书。因此，笔者认为它是敦煌写卷前期的书法形态，是西北地区社会的书体模式。

三、敦煌写卷中的行草书法

敦煌，在古代是有书法传统的，这里曾出过许多大书法家。汉代张芝，晋代索靖，声威全国。此外尚有张怀瓘在《书断》中提到的赵袭，说他“以能草见重关西”；还有张越“仕至梁州刺史，亦善草书”。此外，张芝之前尚有崔瑗、崔寔，都是敦煌人。崔瑗是汉代负有盛名的书家，著有《草书势》，对汉代的草书兴起有重大影响。

正因为敦煌书法人才辈出，在佛教兴起之后，这个地区较长时间保持着一种书法优势。又值佛教的写经运动的展开，从北凉时代开始，这里民间的书法意识、书写风尚也日益增强，如雨后春笋蓬勃而生。随着丝绸之路的开通，敦煌地区是中原通往西域的交通要道，当时为一片绿洲，为经济富饶之地，寺院林立，僧侣频繁的交流，中原内地文化源源不断地深入敦煌，也是促进社会书法发展的重要因素。佛教，作为一种文化，很快地就占领了全社会的各个方面，尤其中国的书法发展，是与佛教的兴起有重大关系的。佛教的传播，促进了书法的形成和发展，而书法的发展也促进了佛教的兴旺和弘扬。

面对藏经洞出土的写卷，细诘敦煌笔迹中的行草书法，可以说是最具有艺术魅力、最令人喜爱的一个部分。敦煌写卷中的行草书法，有如下现象：

（一）因写卷多用小字，表现的结体方正，或线条圆浑，字形大小与线条粗细都变化不大，字字独立，很少连接，适宜用行草体书写。

（二）在写卷中，严格意义的“章草”，如《急就章》《月仪帖》那样的写法不存在。因为隋唐之后，今草书体的形成，民间使用今草时也不乏还保留一些章草的用笔，还存在一些带有波磔的余绪。

（三）写卷中今草书体，十分显眼和活跃，风格面貌异彩纷呈。其中也有些共性，一般来说都是雍容大度，态妍情丽，清峻挺拔，凝练沉雄。但寺院所出书法，总有一种宗教禁锢拘束的性情，缺乏放纵自由之气。当然其中也出现一些精品，如：《因明入正理论》P.2063，《妙法莲花经》P.2118，《大乘起信论略述》S.2721，《文心雕龙》S.5478 等这些书作，都是笔法纯熟，体态严谨，结字规范。类如孙过庭《书谱》，因毕竟为小字写卷，缺乏《书谱》那种纵横驰骋的气度，但在简练厚重上另辟蹊径。

（四）行书在写卷中是为数最多、用途最广的一种书体。除了正规的写经，必须用恭正的楷书书写外，一些辅助性的经文注释、疏讲、略述，以及寺院的经济文书、官署的牒状、民间的书信、医方、杂抄、课本等多用行书，因其易认、易写、方便、快捷，所以势必成为书写的主要书体。

行书在群众中广泛地流传应用，变得多姿多态，由于性格不同，内容有别，书家气质各异，因之写卷的行书形态也各有千秋。文人学士一般写得娟秀纤细，温文尔雅，有书卷之气；僧侣书写佛教经典，则循规蹈矩，胸怀古井，千篇一律；官署公文，关防牒状，多见剑拔弩张，雄浑健壮，具有大刀阔斧、武夫气质。有些行书堪称绝代精品，不逊于古人之“法帖”。像王羲之《兰亭序》那样的作品，那样的水平也发现甚多，如有一写卷P.4640为敦煌地区僧传、经济账目，行笔老练，法度十分严谨，结字造型优美，挥写自然，全篇一气，极具观赏价值，完全可作为范本临摹。

还有一个特点，在写卷中行草相兼并用，也是经常出现的，前述草书《文心雕龙》就是行草书体，唯草书成分较多的一个写卷。

（五）狂草，在写卷中几乎不存在，像张旭、怀素、黄庭坚那种放纵的草书作品尚未发现，但在写卷中也偶见有批注、尾题，字数不多，即兴而写，龙蛇飞动的笔迹，具有狂草性质，品位极高。

除写卷中呈现行草书体外，与碑帖书史有关的资料也发现甚多，兹列举如下：

（一）见存王羲之《十七帖》临本残件三帖，为《瞻近帖》《龙保帖》S.7753，《旃罽帖》P.4642，此三帖残片，为唐人临本，说明唐代《十七帖》在民间流传的版本，与后世传刻的《三希堂》《淳化阁》及《太清楼》等版本多有差异，但基本字形，排列行距，确为王羲之书写形态，可以作校勘之依据。

综观敦煌写卷之行草书体，显然受二王的影响很大，在书写风格、结字、用笔上，基本上接受了二王的风范，而且功力十分扎实，如《劝纳谏文》S.1835，后有草书题记，笔法遒劲，结体挺拔，章法体态，承意自然，很有王书之俊逸风骨。

写卷中有蒋善进临《真草千字文》P.3567，临本一段起于“（待巾）

惟房，纨肩贞洁”终至末句“焉哉乎也”。卷尾题记：“贞观十五年七月临出此本，蒋善进记。”

智永《真草千字文》在唐代负有盛名，传说智永闭门三十年，临写了八百本，散与人间，“江南诸寺备留一本”。现在世上流传有几种版本，一是唐传日本之墨迹本；二是北宋大观三年（1109年）薛嗣昌刻本；三是南宋《群王堂》四十行残本；敦煌出现蒋善进临本，是第四种。与上述对照，唯与薛嗣昌刻本非常接近，笔法相同，精神气质也惟妙惟肖。

蒋氏所临千字文，功力极佳，牵丝连带，平稳自然，气韵酷似智永之原貌，不逊于其他临本，遗憾的是只存了三十四行，一百七十字，此确为初唐之精品。

另有，唐太宗李世民之《温泉铭》P.4508，为写卷中之拓本残件，共存五十行，有初唐“永徽四年”之题记，其书体为楷、行、草兼备，骈丽流畅，雍容大度，有明显的二王书风，李世民是用行草写碑的第一人，除此之外尚有山西之《晋祠铭》，二碑珠联璧合。《温泉铭》碑已荡然无存，因此敦煌存之拓本，就格外珍贵。

有一首诗抄写卷《怀素师草书歌》P.91，系诗一首，作者为马云奇，描写了狂草书家怀素的生平事迹。历史上写怀素的诗歌有很多，李白就有“怀素上人草书歌”，后来又多人写此诗。马云奇这首长诗，对研究怀素生卒年月、生平轶事，有重要的历史意义。古代书法家是为了抒发胸中的情愫和表现自己的审美理想与旨趣，而民间书法出于实用，无意于创作，就是在平庸的书写生涯中发挥出天才睿智和艺术灵性，在稳健刚毅的书写中时出新致，跳出纯朴的奇巧。因此，结体变化无常，给人以清新愉悦或神秘诡谲、不可端倪之意境，在书法的欹正、疏密、长短、大小、宽窄、向背等诸多对比因素的应用中，处理得协调适当，极具生命活力。民间书法和宫廷士大夫的书法比较，如果追根求源,从书体的产生、字形结构的变化来看,应该说还是率先于官府的。中国书学史,文献记载的正史,从来都是帝王将相、贵族文人的书法史,直至清代才有阮元、包世臣、康有为等,勇敢地打出尊碑抑帖的旗帜,对正统书学才有所抵牾,但对民间书法的理解还很不够,缺乏科学的调查研究。应该说,民间书法才是中国书法艺术的源泉和母体。这也是最重要的学术意义。

(二)中国书法"正史",往往强调个人的功绩,把书法的肇始,常归结是某人的发明,究诘这些历史名人,却还是贵族文人或武将,如仓颉造字,蒙恬造笔,都不可信。其实,像文字、书体这样的文化现象,绝非个人力所能及,势必由全社会的酝酿、变化而成。我们从敦煌写卷中很明显地看出这个道理,远在颜真卿、柳公权之前,类似的书体,在民间早已出现。因此,可以说,文化并非圣贤创造,确实出于庶民。

(三)尽管敦煌古时出了许多书法名人,这个地区也出现了大量的作品,但它是在全国书法形成、发展的大趋势下,所产生的局部文化现象。尽管敦煌写卷琳琅满目,瑰丽多姿,但尚未形成自己独立的体系。我们还发现这样一种现象,现收写卷中的书法精品,往往都是外地流入敦煌寺院的墨迹,而一些道教的经卷书写质量偏高,也都非本地区的经生所写。因此,笔者不同意"经生体"这种提法,因为写经是一种形式,并未构成独立的书体,无论从结字、用笔、谋篇及书写形式上看,它还都是社会上通行的体法。因此,不能脱离全国书法的大气候,孤立地看敦煌地区的书法。

(四)写卷墨迹,并非都是书法作品。粗俗劣差的还是很多,可以称为佳作的是极少数。其中也确实出现了令人惊绝的精品,如行草写卷的《因明入正理论》P.2063,《文心雕龙》S.5478,是我们前所未见的绝妙之作。它们的艺术价值有待于学术界评议,但可以说品位并不逊于王羲之、颜真卿等名家的行草作品,而我们书法研究的任务,正是要把这些珍珠般的精品撷取公布于众，推向社会，而不是鱼龙混杂，不分青红皂白，凡是古人笔迹都奉为至宝。根据这个原则，我们编了《敦煌写卷行草书法集》，希望能引起全社会书法爱好者的关注。

汉字的衍变与佛教的写经、刻经

一、汉字的衍变

中华民族有五千年的文明史。说其“文明”,主要依据就是,文字的产生和发展的历史。从远古的象形文字开始,我们的祖先就萌发了书法意识。汉字的造型发展,是不断地创造美的视觉感受,从低级到高级,从自然发展到法度完善,不断衍变而成的。随着社会的发展,汉字的造型由殷商的甲骨文,到西周的金文,到战国时期的籀文,直到秦代的小篆,各具特色,都充满了书法艺术趣旨。这个时期都是汉字发展的前期,属于古文字时期。

严格意义的汉字,即“方块字”的形成,为时并不遥远,只不过有两千年的历史。它是从隶书开始的。从汉代之后,魏晋南北朝的二三百年的时间之内,是我国汉字的成型、蜕变、分化、发展最活跃的时期,也是汉字书体发生革命性变化的时期。其特点是,书写方式从简牍进入用纸和毛笔,来记载文字,同时而来的书体的变化发展,隶书形成,并由隶书孕育出草书、行书和楷书。

汉字的演变和发展,包括两个方面:一是字形的变化,二是结构的变化。字形的变化,就是我们常说的“字体”或“书体”,是汉字的体势,外观形态的变异。具体说,就是从甲骨文、金文、蝌蚪文、鸟虫文,到大篆、小篆、隶书、草书、楷书等等。结构的变化,是指汉字的偏旁、部首,笔画的组织和安排。在民间的写卷和石刻中,表现得十分丰富。

这两个方面紧密联系在一起，经过不断地改革和传播，构成了汉字的发展历史。学者们研究书法史正是研究这两种变化的规律。

关于书体发展的次序，隶、草、行、楷书体，孰先孰后，很难说清。如按正统的书法史来解释，其演变过程是说不通的。特别是近些年，考古发现的资料，证实了很多正史的说法并不可靠，因此，应该重新认识各种书体嬗变的过程。其症结是，正统的书法史，仅记载了帝王将相、御用文人的书法历史。那点信息是很片面，不完整的。应该看到还有一支强劲的书法大军，即古代民间的书法，还有待于揭示和研究。如已经出土的墓葬铭文书法，摩崖刻经，已发现的楼兰文书，敦煌写经，以及散见于民间的砖文，陶文等，均可以寻找出答案。其中确实有很多令人折服的，是可以填补书法史空白的资料，说明史实的内容。

中国传统的文化，历来就有雅俗、文野之分。无论文学、诗歌、音乐、戏剧、美术、书法，都有宫廷和民间两股道路。而且是二者长期共存，互相补充，兼容并蓄，共同发展。这样就构成了中国文化的发展历史。

汉字的衍变，在中国书法“正史”中，往往强调个人的功绩，把文字的肇始，工具的产生，常常归结为某人的发明，如仓颉造字，蒙恬造笔，蔡伦造纸，以及把书体的创造，归结为：程邈创造隶书，王次仲创造楷书，张芝创造草书等等。其实并不可信，像文字、书体这样的文化现象，势必由全社会的酝酿，变化，推广而成，绝非个人力所能及。笔者在研究敦煌写卷中，很明显地看出这个道理，远在褚遂良、欧阳询、颜真卿、柳公权之前，类似的书体，在大量的写卷中出现，比比皆是。因此，可以说汉字、书法在民间，确实有着广阔的天地，而且丰富多彩。相对来说，官方的书法，还是比较滞后的。

当然，光强调民间的书法，也是片面的。正统的历代名家作品，仍然应视为瑰宝,是我们学习的典范。但是,民间书体也同样应编写进历史,合二而一,才是完美的中国书法历史。

二、佛教的写经与刻经

东汉以后,佛教在中国兴起,并迅速扩张和流传,中国的文化和社会生活,因之发生了变化,中国的汉字和书法的发展,首当其冲地受到影响。佛教和书法,是相辅相成的因果关系。可以这么说,佛教的传播,促进了书法的变化和发展,而书法的流传,又促进了佛教的兴旺和繁衍。

从魏晋南北朝之后,佛教大兴,全国城镇,寺院林立,乡间山谷也造寺开窟,造像。上自帝王、官宦,下至黎民百姓,皆虔诚信仰佛教。佛教仪轨的表现形式,有两个重要的内容,一是造佛像,供人们观瞻和顶礼膜拜;二是诵念佛经,抄写经文,宣传释迦牟尼的教义,以做功德。因此,写经和刻经,就成为一种群众性的运动。

(一)写经

所谓"写经",是佛教为弘布流通经典,用纸墨抄写,进行宣传的一种活动形式。我们从敦煌藏经洞发现的写经中,看到内容有:经、律、论三大类,其中包括:经文、经目、注疏、释文、赞文、陀罗尼、发愿文、启请文、忏悔文、祭文、僧传等,可以统称为写经。由于大量的翻译,从写经的目录统计,既有不同各目的佛经400余种,而总数达40000余卷。如此浩瀚的写卷,汇集在一个寺院藏洞之中,这是多么的壮观,多么艰辛的工程,可以这样推测,敦煌只不过是我国西北边陲的一个佛教据点,再说也没有内地寺院之规模,竟有如此浩繁之收藏,可想当年,全国的佛教文化是多么宏伟博强。但岁月悠悠,绝大多数寺院经卷已荡然无存,只留下建筑遗址。敦煌所以称之为佛教艺术之瑰宝,唯其独存,而别处未曾留之而已。

敦煌所藏写经，其书写时间，跨度相当大，以题记为证，从西晋永兴二年(305 年)至最晚一个写卷为宋咸平五年(1002 年)。其时间跨度为八个世纪。从书法史的角度看，这八个世纪，正是中国汉字发展、衍变的最关键时期。这四万多件写卷的抄写者，正是与两晋南北朝的陆机、卫夫人、王羲之父子，隋唐的褚遂良、虞世南、欧阳询、李世民、颜真卿、柳公权，五代的杨凝式，及至宋代的蔡襄、苏轼等书法名家，为先后之同时代的人。因此，这些经卷的历史价值，就弥足珍贵，不言而喻了。它跨越了漫长的历史空间，使现代人可以追溯一千年以前，先民们在各个朝代、社会生活中，在文字书写活动中，攀登过的阶梯，从文字的结构形态，各种书体的变异，特有的异体字写法，俗字、简笔字，到用笔方法，书写形式，隶法布局，以及遣词造句等等。其中可看出各历史时期的风貌和特征，以及古人的书法艺术趣旨、思维形式，也均是现代人最好的借鉴。

综览敦煌写卷，它确实反映出古人之千姿百态的书法艺术。写卷作者多为一般庶民，或被雇用的写经生，他们缮写文字的初衷，一无功利要求，二无书法表现意识，纯为实用。因此恭正、规范、易写、易识、简便、整齐，是其主要的要求和原则，但熟能生巧，久书成艺。不自觉地进入了艺术创造的境界，得到了质朴的审美效果。每件作品写法都不雷同，各领艺术趣旨。这里面有浓郁的地域和乡土特色，有充分表现自我之余地。很多作品令人看了拍案叫绝，妙不可言。内中有一种是在士大夫、文人书法中找不到的气息，有顽强的个性和生命力。作品有的肃穆端庄、古朴稚拙，有的追求圆润或方饬，或娟秀妩媚，或跌宕险峻，或为大刀阔斧，勇猛雄健，遒劲有力，不一而足。总的说来，是自然率真的佳作。这些民间的书写，虽也经过严格的训练，但不受什么法度约束，形成了与宫廷士大夫的书写又截然不同的风貌。

就书体而论，敦煌写卷，早期的作品多为隶书，或隶书向楷书过渡的诸多种变体写法，但多还保留隶书的按捺和重笔突出，字形略扁的特征，中晚期的则完全进入了楷书的阶段。

写经、刻经是书法历史中的姊妹篇，应该合并起来研究。

(二)刻经

刻经是我国古代文化中很有特色的一项活动。最早的“经”是儒家的经典，根据文献记载：两汉时期王莽就曾令甄丰摹刻《易》《诗》《书》《左传》于石。自此以后，有东汉《熹平石经》《曹魏三体石经》等。后来，佛教进入中国，利用了这种形式，就在各地开始了刻经活动。

为什么要把字刻在石头上呢？有一个《鼓山唐邕刻经铭》说得很清楚：“缣湘有坏，简笔非久，金牒难求，皮纸易灭。”所以佛教徒，才选用了石刻，以求隽永。还有个原因，北魏和北周有两次灭佛运动，为了永久的“护法”，想出这么个办法，把佛经刻在山峰石岑之上。

在北京的房山云居寺，就有连续了一千多年，总数为15000多块石板的刻经，其中刻佛经为1025种。这是我们的祖先一种辛劳的壮举，世界的奇迹，是一笔极为珍贵的文化遗产。其中的书法艺术极为丰富多彩，尚待大家认识研究。

石刻，摩崖书法，遍布全国，但是山东是我国文化萌发的摇篮，是孔子诞生和讲学的圣地，我国最著名的石碑铭刻，及摩崖刻经，大都产生集聚于此。因此，为国内外学者景仰和瞩目。

石刻书法，乃我国特有的一种书法表现形式。它是用刀在石上完成的艺术效果。有其独特的艺术魅力，主要是有强烈的力度感。一般都表现得俊峭挺拔，宽博厚重，凝重而肃穆，和毛笔写出的效果截然不同。它是一种第二次创作的艺术，是经过推敲而又加工的艺术品。因此使人得到以神写形最完美的视觉效果。它是我国书法历史中，最为珍贵的宝藏。

中国的书法发展，佛教的因素是巨大的。首先是现在见到的碑帖、摩崖刻经,大量的书法作品,其题材内容大多属于佛教范畴。同时,历史上的书法名家,很多出身于僧侣,如:安道一、智永、怀素、高闲、晉光、贯休,直到后世的石涛、朱耷等,他们均是走在书法活动的前沿,有过重大贡献的。还有,就是重要的书法名家,如:二王、钟、张,直到颜、柳、欧、赵诸大家,他们都是虔诚的信仰者。其传世作品,所书之碑、帖内容,也多涉及佛教题材。而且大量传世的民间书法作品,也大都与佛教有关。由此可见,佛教对我国的覆盖力、传播力、渗透力、凝聚力是多么的宏伟雄强。

三、隶楷过渡的变体

隶书是由篆书衍变而成的。秦代流行的是篆书,后期有隶书的萌芽。隶书主要出现于汉代。汉代初期,文字的结体和笔法,曾出现篆、隶、草三种书体合参的阶段。即具有篆书圆体的结构,又略带隶书的波磔笔画,同时也萌生了草书连笔求快的绕法。但是,还是未脱离篆书的范畴。这些书体,见之于西汉的简牍及帛书。

隶书过渡到楷书,也同样有一个隶楷合参的发展过程。最早出现的是秦隶字形,以湖北云梦睡虎地出土的秦简为证。后来出现汉隶字形,汉隶则以甘肃武威和敦煌两地出土的汉简为证,而严格意义上的隶书,则是以东汉以后,碑刻上的字体为模式的。东汉盛行刻碑,蔚为风尚,主要为歌功颂德,记事铭文。当时的碑刻书法,竞相发挥创造,姿态万千,名碑甚多。如:有方饬凝重的《礼器碑》《史晨碑》《华山碑》《乙瑛碑》,有方正、浑厚、开张、遒劲的《衡方碑》《张迁碑》《鲜于璜碑》,有圆润娟秀的《曹全碑》《朝侯小子残石》,有奇纵恣肆的《石门颂》等等。这些具有示范性的作品,揭示了那个时期隶书的基本形态。

但是久而久之,隶书的写法,也并非尽如人意,它四平八稳,波折提按,趋于呆板和程式化,写起来亦够麻烦。于是,从魏晋南北朝开始,先民们就探索寻求一种变革,希望把不够简捷流畅的隶书再加以变化,使其易于书写。于是就产生了创造楷书的要求。在楷书尚未定式之前,有个多元化的酝酿时期。在这个过程中,涌现出了各式各样、千变万化、绚丽多姿的书体形式,而且是民间的书法走在其前列。我们可以从早期的"敦煌写卷"和新疆出土的"楼兰文书"中,看到端倪。

魏晋南北朝,在中国历史上,是个大动荡、大变化的时期。长期的战乱,两汉文化上的专制,各民族文化的共融,形成了文化上的骤变。思想上趋于自由开放,占有统治地位的儒家经学和谶纬之学走向崩溃,玄学兴起,各种意识形态发生激烈碰撞。特别是佛教的传入,在客观上促使中国的学术、文艺进入了一个空前繁荣和发展的阶段。而书法艺术,正是在这个时期得到前所未有的变革,可以说这是一个高峰期,各种书体,就是在这短短的几百年之中完成的。

魏晋南北朝的书法,大略可分两个时期:魏和西晋为前期,东晋和南北朝为后期。前期是隶书的奠定、成熟阶段,而重要的是后期的表现。现存大量的书法佳作,是在后期产生的。而最活跃的、最兴旺的是南北朝,即所谓的"魏碑"书法时期。

南北朝时指刘裕于公元420年灭东晋,建立"刘宋"王朝,直到公元589年,杨坚取代北周政权。这一段历史时期,是汉字发展的中古时期,是汉字书法有转折性的阶段。

由于毛笔和纸的普及,全社会的书法意识的增高,书法水平也日益提升。在书体的变化上,呈现出多样化。但究竟还是未脱开隶书的藩篱,还是以隶书为母体,进行着各自的书写创造。

魏帝曹操曾于建安十年(205年)下令,禁止树碑立传,于是社会上出现"转碑为墓志"的风尚,南北朝遂出现了大量的墓葬石刻书法作品,如造像题记、墓志铭、碑版、摩崖刻经,以及石经、憧刻等等。其中出现很多精彩的隶书变体的造型,书体相杂,每石都有独自的风貌。用笔方圆兼备,有的以方笔取胜,方饬峻峭,朴拙凝重,有的则以圆笔运行,笔锋内涵宽博遒美。

综观魏晋南北朝时期,大约250年,是我国书法从隶变楷的过渡期。根据现存资料分析,笔者认为,先后可分两种形态:

1. 隶楷型——当是汉隶、简牍的余绪。以方笔为字形的主要特征,起笔出锋,收笔下顿,有燕尾波势,横划起笔皆为由细至粗,有明显的挑势,末笔一捺保留隶书的重按。字形略扁,上窄下宽,每字皆有一重顿之笔画,显得稳健富有节奏。这种以横捺取势的隶楷,在敦煌写卷中,已形成规律。在西北地区的碑刻中,也经常见到。

2. 魏楷型——是隶楷的一种进化,以北魏书体为中心,圆笔笔意是这种书体的特征,结字平正,形态匀称、圆润。笔画特点是,起笔收笔皆无方角,横划与捺有轻微上提挑势,有一定的波折,但是不似隶楷那样重顿。字形是扁平状,全字笔画均匀,无重按重收之突出笔画,这种书体端庄凝重,宽博而有张力,平衡而富于活力,避免了僵化呆板的成分。这种书体,在写卷及南北朝的墓志铭中,比比皆是,有普遍意义。它已经接近了楷书的构架。

清代康有为特别赞扬北朝的碑刻。他在《广艺舟双楫》中,将北朝碑刻艺术特点分为三大类:一为《龙门造像》——为方笔之极轨。二为"云峰石刻"——为圆笔之极轨。三为四山(冈山、尖山、铁山、葛山)之摩崖——通隶楷,备方圆,高浑简穆,为擘窠之极轨也。康有为还对北朝碑刻有"十美"的赞誉。即"魄力雄强""气象浑穆""笔法跳跃""点圆峻厚""意态奇逸""精神感动""兴趣酣足""骨血洞达""结构天成""血肉丰美"。这"十美"大体上把魏碑书法的用笔、结体和风格都准确地概括了。

书法中的隶楷过渡,大约经历了汉末魏晋南北朝,约四百年的时间,最后到隋唐之前,完成了过渡。

由此可见，中国汉字形态的变化，书体的衍变，是随着时代的变革，社会生活的变化，而逐渐过渡形成的。决非突发性的创造，如果将视角关注到古代民间的书法，其发展的脉络就十分清楚了。否则按“正史”所述，在晋王羲之行楷的出现，就显得非常唐突。这是很值得研究的问题。

以上为笔者近年来研究敦煌写卷的一些体会和认识，可能有谬误，不揣浅陋，敬奉方家读者指正。

（发表与 2003 年山东国际摩崖会议）

音乐人物传记

琵琶宗师李廷松传略

李廷松祖籍江苏苏州,1906 年 2 月 10 日生于上海,祖父是个工人,父亲为小商。廷松自幼聪颖,爱读书,在敬业中学(初中)、青年会中学(高中)受过良好的教育。毕业后在天利洋行、英美烟草公司当跑街。1930 年任其父开办的协丰搪瓷厂经理。

廷松在万竹小学时就表现出特殊的音乐才能,他偏爱乐器,学过二胡、琵琶,对琴、筝、笛、箫等乐器都曾下过功夫,后对琵琶有高度兴趣,从 15 岁开始主攻琵琶。第一位启蒙老师詹启宏是位业余演奏家。第二位老师是崇明派名手施颂伯,主要学习崇明派小曲及江南丝竹音乐。第三位老师吴梦飞是清代琵琶大师李芬园的传人。后来经安徽籍茶叶商人胡光天介绍,廷松得识其同乡琵琶大师汪昱庭。随从汪氏潜心研习多年,深得其艺术精髓,汪氏对李廷松亦尤为器重,后李廷松被公认是汪氏艺术传承之代表人物。作为一种衣钵的传递,汪氏在临终遗嘱上交代,将其一支名贵的琵琶留给廷松,此琵琶为象牙盘龙四轸,双狮戏珠覆手,牛角雕头,背上标有"张伯年"字样。此琴为清代所制,已成著名文物。李廷松的琵琶艺术,青年时代就已闻名沪上,1924 年他参加上海国乐研究社,1925 年亲自发起并邀集当时志同道合的民族音乐家李振家、孙裕德、俞樾亭、王孟禄、李廷栋、李廷梁、凌其阵、李芷谷等人组织了"霄霓国乐学会",李廷松亲任会长,每周六、日在其家活动,从此他半专业性地致力于民族音乐的研究、整理工作,一直延续十余年。廷松竭尽工资、精力,取得丰硕成果;他整理乐谱,把琵琶传统乐曲以及许多民间音乐进行梳理、删节、变奏,并加以配器,改编成合奏曲谱。同时,试制和改革了一系列的民族乐器,即时用于音乐会上,并经常组织排练和演出活动,在上海影响颇大。1935年11月,在上海兰心大戏院演出的"霄霓国乐学会十周年纪念音乐会",盛况空前,受到各界人士称赞。

1937年,抗日战争爆发,上海沦陷。基于强烈的爱国热情,廷松愤然携全家离开上海,辗转于云南、贵州、四川、广西、越南等地,开始了颠沛流离的流亡生活。为养家糊口,不得不四处寻找工作,曾任军政部驻昆明办事处主任马晋三中将的私人机要秘书（名义上是上校英文翻译官,另一位翻译官是后任台湾国民党政府"外交部"部长的沈昌焕),并负责与驻华美军的联络工作。就职条件是:不听训政、不穿军装、不领官饷(薪水由马晋三私人付给)。就此先生的音乐活动也并未停止,他在各地搜集民间音乐,并举行义演,鼓舞抗日将士,在当时的大后方影响颇大。抗战胜利后他返回上海仍任协丰搪瓷厂经理。1949年新中国诞生,廷松先生感到无比的欢欣,他当时在上海参加了各种义演,诸如抗美援朝捐献飞机等活动,受到了党和人民政府的表彰。1952年李廷松全家迁至北京定居。1954年他应邀参加由文化部、中国音乐家协会组织的"中国民间古典音乐巡回演出团"(由查阜西、蒋风之、冯子存等著名音乐家组成)至全国十大城市巡回演出。廷松以充沛的热情和精湛的技艺，赢得各地广大听众的赞誉，名声大振。此后全国各地到北京向他求教的学生络绎不绝。

廷松列席我国第二届"文代会"期间,受到毛泽东、刘少奇、周恩来等国家领导人的亲切会见。并结识陈毅元帅,后与之成为挚友,感情甚笃,并多次受邀在中南海做客与表演,曾被文艺界传为佳话。

从1953年起,廷松先后受聘任教于中央音乐学院、天津音乐学院、解放军总政治部文工团、沈阳音乐学院、哈尔滨艺术学院、吉林艺专，并为中国音乐研究所聘请为特约演奏员，吸收为中国音乐家协会会员，同时参加了历年来举行的多种音乐会。可以说新中国成立以后，他全身心地献给了祖国的音乐教育事业。

一、精湛的艺术造诣

李廷松先生的艺术成就垂诸后世，他的睿智天资、勤奋好学和艺术实践，决定了他的成功之道。

（一）音乐思想

长期的艺术生活，使先生形成了他的独特、完整的音乐体系。廷松是位热情洋溢的爱国者，他扎根于中华文化的土壤之中，是以无比的自豪感，敏锐的审美洞察力来进行他的艺术事业的。在充分研究、理解的基础上，建立了他独特的音乐逻辑和创造意识。比如，他经常说："中国音乐是世界上最美的艺术，尽管西方的音乐技术在近一二百年比较发达，但我们中国音乐蕴含着深远的哲理，体现着中国民族的灵魂，它以儒家的仁、礼为基础，包涵着中国人善良、淳朴、和平的性格。中国的音乐只能用中国人的意境来解释，只能意会，不可言传，只有反复地演奏，才能领悟其中的奥妙。""我从来都是以欣赏的角度来进行演奏的。""尽管我演奏了无数遍，每一次演奏，我都会萌生新鲜的感受。"他又说，"中国民间流传的音乐，本身就魅力无穷，那是先辈千锤百炼的产物，我们能理解它，原原本本地把它表达清楚，就已经不容易了，不应轻易地改动。要依靠本身的魅力去感动听众"。正因为如此，先生的演奏是忠于乐曲的原貌，是深思熟虑的结果，一经确定，是绝不轻易变动的。他反对演奏中"即兴创作"以及各种音乐之外的夸张和外在动作的表演。

先生的音乐思想还表现在他对音乐演奏的处理上。他有许多精辟的见解，有大量的音乐辩证法的言论，如他常说：在演奏中应文中有武，武中有文；粗中有细，细中有粗；动中有静，静中有动；快中有慢，慢中有快。他强调慢要防“滞”，快要防“乱”。在处理和掌握节奏时，在一定节拍之内允许有小的偏离：即在有规划的节奏中，应有不规则的处理倾向。因此他自己的演奏，就有很多独特的处理手法，如他左手的“推”“拉”滑音的速度就有多种变化，令人神往。

廷松善于解释音乐的结构特征。他常教诲学生：要像分辨语言一样清晰地领会音乐的性质，比如起承转合、上下句的对称关系、句读与韵脚、重复和再现等等，才能心中有数，胸有成竹。先生有时自谦地说：“我并不是对乐曲都能吃透，有些处理得还很浅薄，还待研究。比如《月儿高》吧，这是一首气魄很大、内容深邃的音乐。我虽然弹了数十年，总不满意。”实际上今日《月儿高》的传谱，大多用的是先生的记谱和处理，唱片与出版的乐谱亦然。

（二）琵琶艺术

先生有着得天独厚的艺术条件，他手指修长、灵活，听觉和反应敏捷，因此琵琶上的种种技巧，对他来说轻而易举。又因其从少年开始就开始训练，所以基本功夫扎实。他的演奏风度潇洒、稳健，有大将之风度，没有丝毫内在的压力与外部夸张，没有勉强的成分。演奏起来表现得轻松自如，宛如泉水之倾泻，流畅舒展。

琵琶之技巧，先生掌握得比较全面。他的轮指细密圆润，急徐相济，有种特殊的音色。他的“凤点头”，可称绝活，为琵琶界传为佳话，至今未见谁能模仿。主要特点是速度快，大指摇指同时作食指的弹抹，不但均匀，而且有强弱的变化。他左手换把敏捷，按指及揉弦十分微妙，他擅长在“推”“拉”中取得效果，对各种滑音有明确的力度和速度的变化要求。他在音乐的处理上，层次感十分强，不论文曲、武曲，他都有定型的处理手法，正因为在技巧上娴熟、准确，在音乐上处理有方，因此他的演奏都是有把握的，可以说几乎都是成功的。

先生在舞台上的演奏，能把观众紧紧地吸引到他的音乐之中，使人屏住呼吸。每到曲终，场内鸦雀无声，停顿数秒之后，才爆发掌声，显然，他的音乐绝对地控制了听众的心情。在晚年他的演奏更是充满活力，鹤发童颜，更为成熟老练，观众的掌声，则更为激烈。遗憾的是“文化大革命”扼杀了他的艺术，中止了他的演奏。

先生的演奏艺术有口皆碑，我们从如下几件记载，可以看出他的艺术成就：

1.《聂耳全集》下卷第302页，聂耳1931年9月6日日记中，记载了他在上海中华检德会听了以李廷松为首的霄霓乐社演奏的《普庵咒》后，认为“完全表现出深山古寺的风味”，“听起来真是飘然如仙境”。

2. 1931年年底世界著名小提琴家海弗斯到上海，曾与廷松先生同台在兰心剧院演出。当时先生正直年轻时代，风华正茂，能与外国大师并驾齐驱，曾轰动上海。

3. 日本著名音乐家近卫秀麿，1935年在上海曾听过李廷松演奏，久违心仪。50年代初又访北京，专邀先生在北京饭店举行音乐会。近卫秀麿听后，极为称赞，当场在一张自己的大相片背后，写了数行曲谱，以为奉和，赠先生作为永久纪念。

4. 著名文学家徐嘉瑞，在40年代，曾写长诗《听李廷松弹琵琶歌》(仿唐代白居易《琵琶行》之格律)，文辞华丽优美，为近代文学史上的一段佳话。

先生还是掌握各种乐器的多面手，而且都具有独奏表演能力。早在30年代，我们从霄霓乐团音乐会中看到，他除独奏琵琶外，还演奏了筝、瑟、三弦、二胡等乐器。50年代初，参加张伯驹组织的“十番音乐”的演出活动，这是一种民间以打击乐为主的合奏形式，节奏非常复杂。先生饶有兴致地以大锣领奏，他以非凡的节奏能力，演奏得十分出色。除此之外,他还用高胡与潘紊女士的琵琶表演二重奏,他的高胡拉得细腻、舒展,十分漂亮,使晚会引起轰动。

(三)音乐理论方面的贡献

1. 先生对琵琶的记谱问题进行了长时期的探索。早在 30 年代初,他发明用坐标纸来标记工尺谱,用小方格的数目来标志节拍和小节,并加注了他创立的左右手的指法符号,可以说是较早的一位改革者。他也比较早地使用简谱,并有一整套的指法符号,很有实用价值,与今日流行的杨荫浏先生创制的符号,基本相似。

2. 传统琵琶乐曲经先生整理后比较实用、准确,有一整套的曲目。现各艺术院校的琵琶教材中流传着他的多种曲谱,已经出版的有《十面埋伏》《霸王卸甲》《清莲乐府》《夕阳箫鼓》等单行本(五线谱和简谱版),并灌制唱片数张。

3. 他曾经到无锡采访过道教音乐(研究手稿惜已遗失),访问过著名民间艺人华彦钧,对阿炳的琵琶技艺,李廷松十分赞赏。

4. 抗日战争期间先生曾著有《路南夷属音乐概说》一书,系深入云南彝族地区考察音乐的实录。

5. 1964 年先生在《音乐论丛》发表《传统琵琶的音律和音阶》,这是一篇律学论文,是学术界认为有重要价值的著作。此为先生多年来在琵琶上的艺术实践于理论上的总结,其中对琵琶的源流、发展以及音位排列、音律音阶的特点,做了精辟的分析。

二、丰富的教育成果

廷松先生的艺术实践,包括演奏与教学活动,二者是相辅相成的。新中国成立后他主要从事教育工作。他治学严谨,循循善诱,讲求实效,经验丰富,已经形成了一套教学内容和形式。兹就其主要方面,分述如下:

(一)倡导音乐教育。先生一直是美育的先行者,他认为音乐教育是一个国家文明的标志。我国是礼乐之邦,有着深远的音乐传统,音乐有美化人心灵的作用。因此,他经常大声疾呼要重视音乐的普及和教育。他曾上书给中央,希望能重视音乐教育,希望我们中国的孩子都能会一样乐器,同时他还希望能发展民族乐器的制造工业,并呼吁有一个乐器的检验制度,不能使用粗制滥造的乐器,影响孩子们的听觉发育。

(二)为人师表,以身作则。廷松对教师本身提出很多警语,很值得人们深思。如他经常说:“师德为根本”,“衡量教师,主要看教学效果”,“教师不是万能的,要坦率、诚恳,要敢于承认自己不如学生的某些方面。”“要尊重学生,平等待人!”“时代在前进,艺术也不断地进步,因此教师也要学习,而且要走在学生的前面,不能吃老本。”“教师在学识和技巧方面,要保持一定的优势。”“教音乐首先要能准确地示范,不能给学生做示范,不宜作教师。”这些也说明了他的教育思想,他自己就是身体力行,以身作则的。

(三)强调教学的实效。先生十分强调教学要讲究实效,他和学生常说:“和我学,有两年就够了,不必无尽无休地和我学。”凡是和他学习的学生都有这样的共同感觉:即变化最大,学习效率最高。先生曾尖锐地提出:“我们中国训练音乐人才有自己的体系,应该重视研究民间艺人的培训办法。”认为学生的琴房训练应与舞台实践相结合,生理训练和舞台的演奏意识相结合,经常使学生处于演奏的竞技状态是十分必要的,才不至于害怕上舞台。因此,他认为音乐院校的教学改革是迫在眉睫的事。

(四)启发式的教学。先生的上课是很有意思的,他善于洞察学生的情况,往往用一些特殊的办法启发学生的理解,语言尤其简练和概括。他善于用一些精辟之辞,辩证的音乐思想,或形象的比喻来提示学生。如他提出在乐曲的段落中,要加注一些表情的注释,处理的手法。如他提出文曲武弹,武曲文弹,就有明确的要求。他要求学生在弹《十面埋伏》《霸王别姬》两首武曲中,对其中的"吹打""箫声""楚歌"等要突出其歌唱性,与其他段落的激烈场面形成对比。他对一些乐曲都有一个字的提要:如《浔阳月夜》要"美";《塞上曲》不但要"悲"还要"壮";《月儿高》要"清";《普安咒》要"空"。这样的概括简而明,确实具有画龙点睛的揭示作用。

(五)廷松强调科学的技巧训练。他对学生的要求是严格的,对琵琶上的两只手的技巧提出了一整套的规格标准,如右手的轮指、夹弹、扫弦,左手的按音、换把、推拉等,都有明确的要求。他认为每个人的条件都不一样,应因材施教,对不同学生采取不同的办法。应该使每个学生都学会,都能顺利地掌握技巧,达到预期的效果。

廷松主张初学时,运动量宜大些,应从"武曲"入手。他一般都选用《霸王别姬》作为开蒙,将这首乐曲分解开来,作为练习曲,分段掌握各种常用指法。既熟悉了曲调,又掌握了基本节奏形式,使学生学的有兴趣,效果显著,这确是一种很有创造性的经验。廷松对我国的民族音乐教育事业的贡献是显著的,今日各音乐学院的教授、副教授,各文艺团体的一、二级演奏员中,他的学生就有五六十名之多,从此也可以看出先生的功绩。

三、崇高的道德风范

廷松先生不仅在艺术、学识、教育上博得世人的尊敬,他在道德、人品各方面,亦给后人留下极为深刻的印象,长久在文艺界传为美谈。

先生对人坦诚,性格豁达豪爽,热情好客,有侠义之风。唯好饮酒,每遇学生或朋友来访,必延之畅怀对觞,谈笑风生。席间常即兴演奏,此时先生风采神韵充溢,雄激委婉,痛快淋漓,聆者如置身仙境,无不倾倒。

先生常言:“我对任何人都一视同仁,有求必应。”因之,知交甚多,亦颇为广泛。不论地位高低、长幼。专业或业余求教者,上至元帅,下到平民工人、待业青年都愿与其交往,先生都极其诚挚地予以接待,大家都愿与先生亲近,认为他是最可靠的朋友和长辈,先生也都毫无区别地予以相处。他从没有夸耀自己,没有盛气凌人和居高临下的时候,就连对他的子女、学生,也从来是和颜悦色地对待。先生乐于助人,常为别人奔波办事,遇有困难者,常解囊相助,倍加亲切,并习以为常。

先生对青年学生的热心和关切可谓罕见。一经收留在身边学习就视若亲生子女,格外爱护。他全心全意地为学生操心,似乎这就是他精神生活中最大的安慰和满足。他教学生都是义务性的,从不收学生学费。他的原则是:只收公费送来的一些规定的学费,不收私人的任何报酬。不但如此,他甚至慷慨无私地向学生提供学习用具、用品,甚至食宿。

先生在东直门内东扬威胡同租赁了几间民房,居住条件十分拥挤和恶劣。但他家里,经常还腾出一间房子给外地的学生居住。这个客房也是教室、琴房,每天都有学生去上课,他都挽留学生在家吃饭。年复一年,月复一月,先生的陋室成为一种特殊的琵琶人才的训练班。现今很多成名的演奏家、教授,当年都是在这一小块苗圃中,得到过先生的栽培。殷切之情,令人难以忘怀。

殊不知,先生自己的生活异常贫寒和清苦。他一生乐善好施,两袖清风,从无积蓄。而且收入微薄,子女又多,致使这位国内外闻名的艺术家经常处于拮据状态。可是先生视金钱为鸿毛,他从不给别人找麻烦,很少向人吐露困难,而且保持一种乐观轻松的情绪。他自己的生活极为简朴,吃饭、穿衣都不讲究。人们都还记忆犹新,他的一件咖啡色的丝绵袄,穿了十多年。如果上台演出,也仅在外面罩一件洗净的布中山装,如此而已。

先生的精神境界是十分爽朗和充实的，他对任何姊妹艺术都喜爱。他爱听京剧、地方戏、曲艺,和一些著名演员交往甚密。他喜欢围棋,还喜欢看足球赛,有时看得手舞足蹈,像个天真的孩子。因此他的情绪总是处于乐观欢乐的状态。

先生有一个非常和谐美满的家庭，他的夫人袁义贞是一位非常贤惠而又富于牺牲精神的女士,一生陪伴先生,相濡以沫,衔草结环。有子女七人,均受到良好教育。继承父业,从事琵琶者,仅四女慧云及季子光祖二人。

十年动乱时,先生被污指为“反动学术权威”遭到批斗和迫害,后因年老体病,从吉林艺术学院退休回北京,又蒙街道造反派的凌辱。面对当权者的压制，面对无端的攻击，面对一些人昧着良心所谓的“揭发材料”,对这一系列的摧残,先生十分伤心!在最后的日子里,他变得十分沉默,寡言失笑了。

先生正直一世,从不阿谀权贵,亦不逢迎时尚,从不吹捧自己,也不非议他人,对任何人都是满腔热忱,竭诚以待。为什么世界突然变了呢?他想不通,内心极为悲伤。此时这位已经七旬的老人只有对天长叹。由于激愤成疾,这位善良的老人终于在1976年8月11日溘然去世,闻者无不顿足惋惜。

附　录

郑汝中先生论著目录

一、学术论文

1.《“敦煌音乐”中的若干问题》,《敦煌研究》1986年第2期,第79—81下转20页;收入林保尧、关友惠主编:《中国敦煌学百年文库·艺术卷》(三),甘肃文化出版社,1999年,第401—405页。

2.《敦煌壁画乐器研究》(摘要),《敦煌研究》1988年第2期,第53—55页。

3.《敦煌壁画乐器研究》,《1987年敦煌石窟研究国际讨论会文集》(石窟艺术卷),辽宁美术出版社,1990年,第277—294页;收入林保尧、关友惠主编:《中国敦煌学百年文库·艺术卷》(四),甘肃文化出版社,1999年,第264—272页;氏著:《敦煌壁画乐舞研究》,甘肃教育出版社,2002年,第75—93页。

4.《敦煌壁画中几种特异乐器》,《新疆艺术》1988年第5期,第39—42页;收入氏著:《敦煌壁画乐舞研究》,甘肃教育出版社,2002年,第117—124页。

5.《敦煌壁画乐器分类考略》,《敦煌研究》1988年第4期,第10—25页;收入林保尧、关友惠主编:《中国敦煌学百年文库·艺术卷》(四),甘肃文化出版社,1999年,第112—126页;氏著:《敦煌壁画乐舞研究》,甘肃教育出版社,2002年,第94—116页。英文刊载《CHIME》(磬),1993年第7期。

6.《敦煌壁画中的乐器》,《文史知识》1988 年第 8 期,第 68 页。

7.《敦煌壁画中的乐伎》,《敦煌研究》1989 年第 4 期,第 14—24 下转 33 页；全文转载人复印报刊资料《造型艺术研究》1990 年第 3 期,第 103—113 页;收入林保尧、关友惠主编:《中国敦煌学百年文库·艺术卷》(四),甘肃文化出版社,1999 年,第 179—191 页;氏著:《敦煌壁画乐舞研究》,甘肃教育出版社,2002 年,第 33—52 页。

8.《敦煌壁画舞伎研究》,《新疆艺术》1991 年第 2 期,第 45—52 页;收入林保尧、关友惠主编:《中国敦煌学百年文库·艺术卷》(四),甘肃文化出版社,1999 年，第 273—283 页；氏著:《敦煌壁画乐舞研究》,甘肃教育出版社,2002 年,第 60—74 页。

9.《敦煌书法管窥》,《敦煌研究》1991 年第 4 期,第 32—42 页;收入林保尧、关友惠主编:《中国敦煌学百年文库·艺术卷》(三),甘肃文化出版社,1999 年,第 36—47 页。

10.《新发现的莫高窟 275 窟音乐形象》,《敦煌研究》1992 年第 2 期,第 1—4 页;收入林保尧、关友惠主编:《中国敦煌学百年文库·艺术卷》(四),甘肃文化出版社,1999 年,第 306—310 页;氏著:《敦煌壁画乐舞研究》,甘肃教育出版社,2002 年,第 53—59 页。

11.《敦煌壁画乐器仿制研究技术报告》(附:敦煌壁画仿制乐器分类和编号),《敦煌研究》1992 年第 3 期,第 12—17 页;修订后题作《敦煌壁画乐器仿制研究》,收入氏著:《敦煌壁画乐舞研究》,甘肃教育出版社,2002 年,第 139—154 页。

12.《敦煌书法概述》,《敦煌书法库》(第一辑),甘肃人民美术出版社,1994 年,第 3—14 页。

13.《榆林第 3 窟千手观音经变乐器图》,《1990 敦煌学国际研讨会文集》(石窟艺术卷),辽宁美术出版社,1995 年,第 273—287 页;收入林保尧、关友惠主编:《中国敦煌学百年文库·艺术卷》(四),甘肃文化出版社,1999 年,第 422—430 页;氏著:《敦煌壁画乐舞研究》,甘肃教育出版社,2002 年 9 月,第 125—138 页

14.《敦煌写卷书法钩沉》,《敦煌写卷书法精选》,安徽美术出版社,1995 年,第 1—11 页;又载《书法之友》1996 年第 1 期,第 6—9 页;《书法之友》1996 年第 2 期,第 3—6 页。

15.《唐代书法艺术与敦煌写卷》,《敦煌研究》1996 年第 2 期,第 120—129 页;略作修订后收入敦煌研究院编:《敦煌书法库》(第四辑),甘肃人民美术出版社,1996 年,第 1—15 页。

16.《敦煌乐舞壁画的形成分期和图式》,《敦煌研究》1997 年第 4 期,第 26—44 页;收入敦煌研究院编:《1994 年敦煌学国际研讨会文集——纪念敦煌研究院成立 50 周年》(石窟艺术卷),甘肃民族出版社,2000 年,第 183—216 页;氏著:《敦煌壁画乐舞研究》,甘肃教育出版社,2002 年,第 1—32 页。

17.《甘肃音乐文物综述》,《中国音乐文物大系·甘肃卷》,大象出版社,1998 年,第 1—6 页;修订题作《甘肃音乐文物的特色》,收入氏著:《敦煌壁画乐舞研究》,甘肃教育出版社,2002 年,第 194—220 页。

18.《行草书法与敦煌写卷》,《敦煌研究》2000 年第 4 期,第 72—78 页;又载《书法之友》2001 年第 5 期,第 3—9 页;收入郑汝中编:《敦煌写卷行草书法集》,甘肃人民美术出版社,2000 年,第 1—9 页。

19.《敦煌曲谱研究简述》,《敦煌壁画乐舞研究》,甘肃教育出版社,2002 年,第 155—158 页。

20.《敦煌石窟音乐研究》,《敦煌与丝路文化学术讲座》(第一辑),北京图书馆出版社,2003 年,第 310—334 页。

21.《汉字的演变与佛教的写经、刻经》,《书法世界》2003 年第 7 期,第 12—17 页。

22.《敦煌壁画中的古琴》,《文物天地》2004 年第 1 期,第 32—33 页。

——与台建群老师合作撰写论文

23.《飞天纵横》,《美术史论》1995 年第 3、4 期,第 113—125 页;修订后又载郑汝中、台建群主编:《中国飞天艺术》,安徽美术出版社,2000 年,第 1—15 页;又题作《飞天艺术纵论》,收入郑汝中著:《敦煌壁画乐舞研究》,甘肃教育出版社,2002 年,第 159—193 页。

24. On the Flying Devis,《中国飞天艺术》,安徽美术出版社,2000 年,第 16—39 页。

二、音乐人物研究

25.《琵琶演奏家李廷松》,《艺苑·南京艺术学院学报》(音乐版)1991 年第 2 期,第 58—59 页。

26.《精湛的技艺 青松的品格——琵琶演奏家李廷松》,《小演奏家》2004 年第 7 期,第 56 页(节选自《中国近代音乐家传》)。

27.《精湛的技艺,青松的品格(上)——琵琶演奏家李廷松》,《乐器》2011 年第 11 期,第 69—71 页。

28.《精湛的技艺,青松的品格(下)——琵琶演奏家李廷松》,《乐器》2011 年第 12 期,第 65—67 页。

三、书法艺术介绍

29. 郑汝中供稿:《敦煌写经集萃》(节选一),《书法之友》1994 年第 2 期,第 25—32 页。

30. 郑汝中供稿:《敦煌写经集萃》(节选二),《书法之友》1994 年第 3 期,第 24—30 页。

四、著作(或主编)部分

1. 郑汝中编著:《琵琶指境》,台北学艺出版社,1967 年,第 326 页。

2. 郑汝中编著:《雪墨书影》,安徽美术出版社,1994 年,第 49 页。

3. 郑汝中、赵声良供稿:《敦煌写卷书法精选》,安徽美术出版社,1995 年,第 11、194 页。

4.《中国音乐文物大全》,郑汝中、董玉祥主编:《中国音乐文物大系·甘肃卷》,大象出版社,1998 年,第 299 页。

5. 郑汝中编:《敦煌写卷行草书法集》,甘肃人民美术出版社,2000 年,第 332 页。

6. 郑汝中、台建群主编:《中国飞天艺术》,安徽美术出版社,2000 年,第 335 页。

7. 郑汝中著:《敦煌壁画乐舞研究》,甘肃教育出版社,2002 年,第 5、220 页。

8. 敦煌研究院主编,郑汝中、台建群编:《敦煌石窟全集 15·飞天画卷》,商务印书馆(香港)有限公司,2002 年,第 240 页;同济大学出版社,2015 年。

9. 敦煌研究院主编,郑汝中编:《敦煌石窟全集 16·音乐画卷》,商务印书馆(香港)有限公司,2002 年,第 256 页;同济大学出版社,2015 年。

10. 郑汝中著:《佛国的天籁之音(解读敦煌系列·第一辑)》,上海人民出版社,2007 年,第 175 页。

11. 郑汝中著:《飞翔的精灵　(解读敦煌)》,华东师范大学出版社,2010 年,第 167 页。

12. 郑汝中编著:如《鍾字韵》,自印本。

13. 郑汝中编著:《雪墨书法选集》,自印本,2011 年,第 217 页。

五、参与编辑、撰述著作部分

说明:以下为作者参与部分章节、词条编撰著作

1. 敦煌研究院编:《敦煌书法库(第一辑)·魏晋南北朝时期》,甘肃人民美术出版社,1994 年。

2. 敦煌研究院编:《敦煌书法库(第二辑)·魏晋南北朝时期》,甘肃人民美术出版社,1995 年。

3. 敦煌研究院编:《敦煌书法库(第三辑)·隋唐时期》,甘肃人民美术出版社,1995 年。

4. 敦煌研究院编:《敦煌书法库(第四辑)·唐代》,甘肃人民美术出版社,1996 年。

5. 季羡林主编:《敦煌学大辞典》,上海辞书出版社,1998 年。

6. 马德主编:《敦煌石窟知识辞典》,甘肃人民美术出版社,2000 年。

7.《丝绸之路大辞典》编委会编,周伟洲、丁景泰主编:《丝绸之路大辞典》,陕西人民出版社,2006 年。

8. 孺子莘主编:《中国石窟寺乐舞艺术》,人民音乐出版社,2009 年。

(李国 编)

《陇上学人文存》已出版书目

第一辑

《马　通卷》马亚萍编选　《支克坚卷》刘春生编选
《王沂暖卷》张广裕编选　《刘文英卷》孔　敏编选
《吴文翰卷》杨文德编选　《段文杰卷》杜琪　赵声良编选
《赵俪生卷》王玉祥编选　《赵逵夫卷》韩高年编选
《洪毅然卷》李　骅编选　《颜廷亮卷》巨　虹编选

第二辑

《史苇湘卷》马　德编选　《齐陈骏卷》买小英编选
《李秉德卷》李瑾瑜编选　《杨建新卷》杨文炯编选
《金宝祥卷》杨秀清编选　《郑　文卷》尹占华编选
《黄伯荣卷》马小萍编选　《郭晋稀卷》赵逵夫编选
《喻博文卷》颜华东编选　《穆纪光卷》孔　敏编选

第三辑

《刘让言卷》王尚寿编选　《刘家声卷》何　苑编选
《刘瑞明卷》马步升编选　《匡　扶卷》张　堡编选
《李鼎文卷》伏俊琏编选　《林径一卷》颜华东编选
《胡德海卷》张永祥编选　《彭　铎卷》韩高年编选
《樊锦诗卷》赵声良编选　《郝苏民卷》马东平编选

第四辑

《刘天怡卷》赵　伟编选　《韩学本卷》孔　敏编选
《吴小美卷》魏韶华编选　《初世宾卷》李勇锋编选
《张鸿勋卷》伏俊琏编选　《陈　涌卷》郭国昌编选
《柯　杨卷》马步升编选　《赵荫棠卷》周玉秀编选
《多识·洛桑图丹琼排卷》杨士宏编选
《才旦夏茸卷》杨士宏编选

第五辑

《丁汉儒卷》虎有泽编选　《王步贵卷》孔　敏编选
《杨子明卷》史玉成编选　《尤炳圻卷》李晓卫编选
《张文熊卷》李敬国编选　《李　恭卷》莫　超编选
《郑汝中卷》马　德编选　《陶景侃卷》颜华东　闫晓勇编选
《张学军卷》李朝东编选　《刘光华卷》郝树声　侯宗辉编选